Rückkehr unerwünscht
Joseph Drexels ›Reise nach Mauthausen‹
und der Widerstandskreis Ernst Niekisch
Herausgegeben von Wilhelm Raimund Beyer

Deutscher
Taschenbuch
Verlag

dtv

Oktober 1980
Deutscher Taschenbuch Verlag GmbH & Co. KG,
München

Umschlaggestaltung: Celestino Piatti
Vorlage: Eingangstor zum Konzentrationslager Mauthausen
Gesamtherstellung: C.H. Beck'sche Buchdruckerei,
Nördlingen
Printed in Germany · ISBN 3-423-02924-2

Inhalt

Die Reise nach Mauthausen 7

Zwischenbemerkung des Herausgebers 177
Das Geheimurteil des Volksgerichtshofs vom 10. 1. 1939 im Prozeß Niekisch-Drexel-Tröger 185
Das Konzentrationslager Mauthausen. Aus den Akten des Nürnberger Hauptkriegsverbrecher-Prozesses 333
Aus den Akten des Reichssicherheitshauptamtes 343

Anmerkungen 361

Joseph E. Drexel
Die Reise nach Mauthausen
Ein Bericht

Vorwort

Die inzwischen nicht nur in die Akten der Geheimen Staatspolizei und des Volksgerichtshofes eingegangene »Widerstandsbewegung Ernst Niekisch« war entstanden aus den Lesern der Zeitschrift ›Widerstand‹. Ihre Organisation war in einer Art von konzentrischen Kreisen erfolgt, in etwa nach Maßgabe dessen, was dem einzelnen Zugehörigen an Widerstandstätigkeit gegen den Nationalsozialismus zugemutet bzw. zugetraut werden konnte.

In zahlreichen Veröffentlichungen der Nachkriegszeit wird diese Widerstandsbewegung – ob zu Recht oder zu Unrecht bleibe hier dahingestellt – unter der Sammelbezeichnung »Nationalbolschewismus« eingestuft. Diese Etikettierung bietet sich zwar gefällig an, trifft aber nicht den Kern der Sache.

»Widerstands«-Kreise und -Gruppen gab es seit 1932 über das ganze Reich verstreut, namentlich aber in den Großstädten. Ihre Mitglieder setzten sich aus allen Ständen und den verschiedensten politischen Bekenntnissen zusammen: vom marxistischen Arbeiter über den bürgerlichen Intellektuellen bis zum Reichswehroffizier.

Eine solche Widerstandsgruppe befand sich auch in Nürnberg. Sie flog im März 1937 durch einen in die Gruppe eingeschleusten Spitzel auf. Eine sich über das ganze Reich ausdehnende Verhaftungswelle folgte. Für einen großen Teil der Verhafteten erwuchsen außer Vernehmungen, kürzerer oder längerer Untersuchungshaft und selbstverständlich späterer Überwachung entscheidende berufliche und persönliche Nachteile, auch wenn es nicht zu einer gerichtlichen Bestrafung kam.

Eine Gruppe von zwanzig Personen aber wurde nach fast zweijähriger Gestapo- und Untersuchungshaft dem Volksgerichtshof überstellt und in zwei Prozessen zu langen Freiheitsstrafen verurteilt.

In dem ersten, eine Woche dauernden Prozeß vor dem Volksgerichtshof, 1. Senat unter Thieracks Vorsitz, erhielten zwei von den drei Hauptangeklagten wegen »Vorbereitung zum Hochverrat« hohe Zuchthausstrafen; das Urteil für Ernst Niekisch lautete auf lebenslänglich.

Ich habe meine Zuchthausstrafe im Zuchthaus Amberg, Bayern, verbüßt, wurde anschließend der Gestapoleitstelle Nürnberg wieder überstellt und nach mehrwöchiger Haft, während derer über mein weiteres Schicksal befunden wurde, aus Bayern ausgewiesen, mit der Auflage, ohne ausdrückliche Genehmigung der Gestapoleitstelle Nürnberg nicht mehr nach Bayern zurückzukehren.

Ich hatte mich zuerst nach Innsbruck gewandt und dort, bei zweimal wöchentlicher Meldung, in der tröstlichen Nachbarschaft Ludwig von Fickers, des Herausgebers des ›Brenner‹, gelebt.

Wenige Monate später wurde mir von der Gestapostelle in Innsbruck eröffnet, daß Nürnberg gegen meinen Aufenthalt in Innsbruck Einwendungen erhoben habe, angeblich wegen der Nähe der italienischen Grenze. So wurde ich wieder abgeschoben und nahm meinen Aufenthaltsort in Stuttgart.

Nach einiger Zeit wurde ich bei einer meiner regelmäßigen polizeilichen Meldungen einem Sachbearbeiter der Gestapo Stuttgart, namens Thum, vorgeführt, der mir eröffnete, nicht auf seine (Thums) Anordnung, sondern auf Veranlassung der Gestapoleitstelle Nürnberg habe er meine Aufenthaltsbedingungen zu verschärfen. Sie waren von da ab denen der Juden ziemlich angeglichen.

Auf meine Frage, ob er wohl glaube, daß zu gegebener Zeit ein Gesuch um einen befristeten Aufenthalt in Bayern zwecks Regelung familiärer Angelegenheiten Aussicht auf Genehmigung habe, erwiderte Thum, er glaube wohl und er würde auch ein solches Gesuch von sich aus befürworten. Von diesem freundlichen Hinweis machte ich in der Folge dreimal Gebrauch und kehrte auch immer wieder ungeschoren nach Stuttgart zurück.

Ich muß freilich gestehen, daß ich es mit meinen Aufenthaltsbestimmungen, wenn man von der wöchentlich zweimaligen Meldung, die ich korrekt einhielt, absieht, nicht übermäßig genau nahm. Meine Tätigkeit als Verkäufer von Schmiermitteln für Gießereien ermöglichte mir innerhalb Württembergs und Badens eine relativ unauffällige Reisetätigkeit. Mein politisches Unterrichtungs- und Kontaktbedürfnis war größer als das damit verbundene kalkulierte Risiko. Alsbald hatte ich auch guten Kontakt zu einem Beamten des Schweizer Konsulates, zu Offizieren des Heeres und der Luftwaffe, zu einem bekannten Zentrumsabgeordneten, zu einem gleichgesinnten, hochgestellten Wehrmachtsbeamten und zahlreichen anderen Personen. Wer sich lange genug in der Illegalität bewegt hat, bekommt eine zuverlässige Witterung für seinesgleichen.

Im Sommer 1944 aber begann ein völlig unerwarteter, neuer und entscheidender Abschnitt meiner Häftlings-Odyssee. Entscheidend deshalb, weil er alles bisher Erfahrene in den Schatten stellte.

Als ich 1945, körperlich zwar dezimiert, aber geistig ohne entscheidenden Bruch, wieder in die Bereiche der Freiheit zurückgekehrt war, meldete sich das Bedürfnis, das Erlebte niederzuschreiben, mich von dem Alpdruck der Erinnerung zu befreien. Ich wußte, daß neue Aufgaben, welcher Art auch immer, auf mich zukommen würden. Das Leben war noch nicht zu Ende. Und so, wie der Soldat bei ihm abgeforderten außergewöhnlichen Anstrengungen sich »Marscherleichterung« verschafft, so war es mir darum zu tun, die Last der Erlebnisse loszuwerden, nicht auf die Weise des Vergebens und Vergessens freilich, sondern etwa so, wie das vollständige und unversehrte Insekt im Bernstein eingeschlossen ist, stets gegenwärtig zwar, aber nicht mehr zu neuem Leben zu erwecken. Auf die Frage, ob mir das zulänglich gelungen sei, würde ich heute mit einem unbedenklichen Ja antworten.

Zurückblickend auf acht Jahre der Verfolgung vermochte ich die Größenordnung der einzelnen Erlebnis-Abschnitte und ihrer nachhaltigen Einwirkung auf mein Wesen nicht zu übersehen. Verhaftung, Aufenthalt in Gestapogefängnissen, Untersuchungsgefängnissen, Zuchthaus und Ausweisung mochten so schlimm wie immer gewesen sein, sie erschienen mir doch unwesentlich im Vergleich zu Mauthausen. Dort mehr als irgendwo anders hat mein Leben grundlegende Veränderungen und neue Prägungen erfahren.

So entstand – unmittelbar und aus unverwischter Erinnerung – im Frühsommer 1945 dieser, vielen heute wahrscheinlich als zu leidenschaftlich empfundene Bericht einer ›Reise nach Mauthausen‹.

Seither ist nichts mehr an diesem Bericht geändert worden.

Nürnberg, im Sommer 1961 — Joseph Drexel

Im Juli 1944 hatte ich an die Staatspolizeistelle Nürnberg zwecks Regelung von Familienangelegenheiten ein Gesuch um befristete Aufenthaltsgenehmigung nach Nürnberg und Stauf gerichtet. Über die Staatspolizeistelle Stuttgart bekam ich einige Wochen später die Mitteilung, daß mir eine befristete Aufenthaltserlaubnis von acht Tagen von der Nürnberger Staatspolizei genehmigt sei.

In solchen Fällen war es üblich, sich bei Ankunft bei der zuständigen Gendarmeriestation (meine Familie wohnte auf dem Lande in der Nähe von Thalmässing) zu melden. Überraschenderweise war mir diesmal eingeschärft worden, mich bei Ankunft in Nürnberg sofort bei Sturmbannführer S. persönlich zu melden (S. war der Vertreter des Leiters der Gestapostelle Nürnberg, O.).

Ich begab mich also unmittelbar vom Bahnhof in das Gebäude der Stapo und meldete mich ordnungsgemäß. Der diensttuende Beamte eröffnete mir in Abwesenheit und Vertretung des Sturmbannführers S., daß mir während des diesmal genehmigten Aufenthaltes das Betreten des Stadtgebietes Nürnberg bei Gefahr einer sofortigen Verhaftung verboten sei. Ich wurde verpflichtet, mich auf dem schnellsten Wege nach Stauf zu begeben und mich dort bei der Gendarmeriestation Tahlmässing zu melden. Meine Bitte, mir wenigstens den Besuch meiner in Nürnberg lebenden Mutter zu gestatten, ehe ich weiterreiste, wurde mir abgeschlagen.

Ich machte weiter darauf aufmerksam, daß ich das Stadtgebiet von Nürnberg ja bei meiner Rückreise zwecks Erreichung des Anschlußzuges nach Crailsheim betreten müsse. Darauf bemerkte der Stapo-Beamte spöttisch, ich hätte also doch wohl die Absicht, Nürnberg heimlich zu besuchen, was ich verneinte. Ich erklärte ihm, ich könne die Rückreise über Roth–Augsburg–Ulm antreten, ohne Nürnberg zu betreten, allerdings entfalle dann die sonst übliche Abmeldung in Nürnberg. Der Beamte erklärte sich sofort damit einverstanden: Ich könne die Rückreise wie angegeben antreten, ohne mich abgemeldet zu haben.

Ich hatte den unabweisbaren Eindruck, daß irgend etwas Besonderes gegen mich vorliegen müsse und frug auch nach dem Grund der Verschärfung meiner Aufenthaltsbedingungen. Der Beamte erklärte, ohne meine Frage zu verneinen, daß er nicht befugt sei, mir eine Begründung zu geben.

Ich wurde noch gefragt, ob ich mich mittlerweile überzeugt hätte, daß der Nationalsozialismus die einzige richtige Regierungsform für Deutschland sei, was ich dahin beantwortete, daß ich während meiner Haftzeit nicht genügend Gelegenheit gehabt hätte, mich davon zu überzeugen. Ich mußte noch anschließend die obige Abmachung wegen Nichtbetretens des Nürnberger Stadtgebietes unterschreiben und konnte dann gehen.

Einen Tag nach meiner Ankunft in Stauf meldete ich mich vorschriftsmäßig bei der Gendarmeriestation Thalmässing, Polizeimeister R., dem ich seit langem persönlich bekannt war. Auch bei dieser Gelegenheit war eine ungewohnte Zurückhaltung und dienstliche Miene bei R. zu bemerken. Ich schloß daraus, daß er von Nürnberg verschärfte Bestimmungen über meine Behandlung erhalten hatte. R. nahm deshalb auch die Gelegenheit wahr, mir einige spöttisch gehaltene, verfängliche Fragen über das mögliche siegreiche Kriegsende zu stellen, die ich nicht oder ausweichend beantwortete.

Wenige Tage später erhielt ich zuverlässig davon Kenntnis, daß meine Briefe überwacht wurden. Die für meinen Aufenthaltsort Stauf zuständige Poststelle Eysölden war von der Staatspolizeistelle Nürnberg beauftragt worden, alle für mich am Aufenthaltsort eingehenden Briefe der Staatspolizeistelle Nürnberg zuzuführen. Ein Auftrag, der von dem damals diensttuenden Postbeamten in Eysölden auch mit großer Gewissenhaftigkeit ausgeführt wurde. Die Mitteilung von dieser Verfügung erhielt ich vertraulich von einem alten, bereits pensionierten, aber während des Krieges wieder zum Dienst herangezogenen Postboten, dessen unverbogenes Gewissen ihm nicht erlaubte, dieses ›Dienstgeheimnis‹ für sich zu behalten. Dieser ›Vertrauensbruch‹ stellte seiner Ehrenhaftigkeit ein schönes Zeugnis aus.

Ich nahm sofort Gelegenheit, per Rad in verschiedene der benachbarten Landstädte zu fahren und unterrichtete von dort aus, meist telegrafisch und mit unverfänglichem, geschäftlichem Text meine sämtlichen Freunde von der über mich verhängten Postüberwachung.

Die noch unterwegs befindliche und nicht aufzuhaltende Post langte dann auch mit etwa fünftägiger Verspätung nach Prüfung durch die Gestapo Nürnberg wieder bei mir in Stauf an. Sie wies äußerlich für das ungeschulte Auge keine Zeichen einer Öffnung auf. Eine genaue Untersuchung ergab jedoch einwandfrei, daß die Briefe wie üblich unter Dampf geöffnet und wieder verschlossen worden waren. Die Briefbogen wiesen auch Spuren von Aktenklammern auf, mit welchen der geöffnete Briefumschlag vorübergehend an den Brief geheftet worden war, offenbar zwecks Vorlage an den prüfenden Beamten.

Etwa am 10. Juli erschien ein Beamter der Staatspolizeistelle in Stauf unter dem Vorwand, beauftragt zu sein, nachzuprüfen, ob meine Angaben zur Begründung eines befristeten Urlaubs auf Wahrheit beruhten. Er ließ sich eine Reihe geschäftlicher Unterlagen vorlegen, machte sich verschiedene Notizen, unternahm eine allerdings flüchtige Haussuchung, die ergebnislos blieb und entfernte sich nach einigen Stunden mit seinem mageren Ergebnis wieder.

Allen diesen Maßnahmen mußte ein tieferer Sinn zugrunde liegen. Aus späteren Vernehmungen ergab sich zweifelsfrei, daß die Geheime Staatspolizei schon seinerzeit, also Wochen vor dem Unternehmen der Generale gegen Hitler, von den geplanten Maßnahmen der Vorbereitung eines hochverräterischen Unternehmens Kenntnis gehabt haben mußte, wahrscheinlich sogar die Fäden dieses Unternehmens wenigstens teilweise schon in Händen und unter Überwachung hatte. Es ist nicht ausgeschlossen, daß einige in das Unternehmen verwickelte Offiziere, sei es aus charakterlicher Schäbigkeit oder weil sie nachträglich Angst vor ihrem eigenen Mut bekamen, der Gestapo als Spitzel gute Dienste leisteten. Es darf angenommen werden, daß die Verschwörung der Generale bis weit in Einzelheiten hinein der Staatspolizei bekannt war, ja, daß sie möglicherweise sogar an der termingemäßen Vorbereitung ihre Hand mit im Spiele hatte. Diejenigen, die zu schieben vermeinten, waren vermutlich, ohne es zu ahnen, längst die Geschobenen.

Anfang August kehrte ich auf dem Wege über Augsburg–Ulm wieder nach Stuttgart zurück. Da mir strengstens untersagt war, bayerischen Boden ohne Genehmigung der Gestapo Nürnberg zu betreten, hätte ich auch die Fahrt erst nach Überschreitung der bayerischen Grenze unterbrechen dürfen. Indessen drängte es mich, in Augsburg, trotz des damit verbundenen Risikos, den mir befreundeten Rechtsanwalt Franz Reisert zu besuchen.

Diesen hochintelligenten und charakterlich ausgezeichneten Mann hatte ich etwa ein Jahr vorher auf eine merkwürdige Weise kennengelernt. Auf einer meiner von Stuttgart aus und unter Umgehung der mir gemachten Auflagen unternommenen Reisen saß ich im D-Zug Stuttgart–München einem auffallend asketisch aussehenden Manne gegenüber, der, wie aus der Art seines Sitzens zu schließen war, offenbar als schwer gehbehindert gelten mußte. Das Coupé war voll besetzt. Ich musterte, einer bewährten Gewohnheit folgend, meine Mitreisenden und gelangte sehr rasch zu der durch physiognomische Übung unterbauten Feststellung, daß sie alle, auf welche Weise auch immer, dem System verbunden waren, mit Ausnahme meines Gegenübers. Ich vertiefte mich daraufhin in Ernst Jüngers ›Marmorklippen‹, Ablenkung und Trost zugleich suchend. Doch fiel es mir schwerer als üblich, mich zu konzentrieren. Zu aufmerksam ruhten die Augen meines Gegenübers auf mir. Schließlich begegneten wir uns in einem Lächeln, das den Auguren alle Ehre gemacht hätte. Erst ganz gegen Ende der Reise wechselten wir ein paar nichtssagende Worte. Und als ich mich bereits zum Aussteigen fertig machte, fand ich mich – unüblich genug in dieser Zeit – mit der Visitenkarte meines Gegenübers in der Hand und der Aufforderung, ihn doch einmal in Augsburg zu besuchen. Nun wäre es ja wohl an mir gewesen, mich meinerseits vorzustellen. Ich unterließ es wohlweislich, auf die Gefahr hin, als unhöflich zu gelten. Ein Mann in meiner Lage tat gut daran, sich nicht unnötig zu präsentieren.

Als ich einige Monate später der Aufforderung folgte und Reisert in Augsburg besuchte, hatten wir vom ersten Worte an Kontakt miteinander und lachend bestätigten wir einer dem anderen, wie wir uns mit untrüglichem Instinkt sogleich bei der ersten flüchtigen Begegnung im Zuge gegenseitig als das erkannten, was wir waren: Gegner der Nazis ohne jede Einschränkung. Wir schlossen eine Freundschaft, die erst viel später noch ihre Bewährung finden sollte. Reisert war zu jener Zeit ein maßgebliches Mitglied des Kreisauer Kreises des Grafen Moltke. Ich kam von Ernst Niekisch her. Die Verständigung zwischen uns war selbstverständlich.

Ich unterbrach also wiederum meine Reise in Augsburg und begab mich in Reiserts Kanzlei. Ich traf ihn aber zu meinem lebhaften Bedauern nicht an und erhielt von seinem Kanzleiteilhaber ausreichende Antworten, die in mir den Verdacht wachriefen, daß mit Reisert etwas nicht in Ordnung sein könne. Mit weiteren Fragen in den halb verschüchterten, halb ärgerlichen Mann zu dringen, schien mir nicht geraten. Ich verabschiedete mich auf das höflichste, bestieg den nächsten Zug nach Stuttgart und blieb meinen Kombinationen über den nicht angetroffenen Freund überlassen. Viel später erst erfuhr ich, daß ich mit meinen Besorgnissen auf der richtigen Fährte war. Reisert war ebenfalls im Zusammenhang mit dem 20. Juli verhaftet und vom Volksgerichtshof unter Freisler, wo er die Anklagebank mit Pater Delp teilte, wegen »Nichtanzeige und Mitwisserschaft« zu einer hohen Zuchthausstrafe verurteilt worden. Sein Schicksal war an einem Faden dünner als ein Frauenhaar gehangen: Mit knapper Not war er dem Schafott entgangen.

In Stuttgart selbst zeigten sich keine Anzeichen einer verstärkten Überwachung durch die dortige Staatspolizeistelle, mit der ich, wie erwähnt werden muß, auf einigermaßen verträglichem Fuße stand. Der Leiter des Überwachungs- und Schutzhaftdienstes der Stuttgarter Staatspolizeistelle, Thum, erwies sich während meiner langjährigen »Betreuung« durch die Gestapo Stuttgart als vernünftiger und einsichtiger Beamter, bemüht, Schwierigkeiten unsachlicher Art zu beseitigen und nicht zumutbare Härten soweit als möglich zu mildern. Er verwaltete sein Amt mit jener lockeren Hand, die im Rahmen der üblichen Nazimethoden nicht selten wie Sabotage anmuten mußte.

Schon einmal, kurz nach meiner Übersiedlung nach Stuttgart, bekam ich Beweise dafür, daß die Stapo Nürnberg die Stapo Stuttgart mit einer Verschärfung meiner Überwachung beauftragt hatte. Ich war zunächst verpflichtet worden, mich am Orte meines Wohnsitzes (Stuttgart) zweimal wöchentlich bei der zuständigen Staatspolizeistelle zu melden. Alsbald aber wurde ich auf die Staatspolizeistelle gerufen; es wurde mir eröffnet, daß ich auf Anweisung der Staatspolizeistelle Nürnberg folgende Bedingungen zu unterschreiben habe:

a. statt zweimaliger wöchentlicher Meldung, dreimalige Meldung,

b. Kino- und Theaterverbot,

c. Gaststättenverbot mit Ausnahme einer Gaststätte, die ich mir wählen konnte, die aber aktenmäßig festgehalten wurde,

d. Verbot des Verlassens meiner Wohnung von abends 9.00 Uhr bis 6.00 Uhr morgens,

e. Verbot des Verlassens des Weichbildes der Stadt Stuttgart ohne Genehmigung.

Auch diesmal, nach meiner Rückkehr von meinem »Staufer Urlaub«, machte die mir gewogene Sekretärin des Kriminalrats H., Fräulein K., eine diesbezügliche Bemerkung, daß seitens der Staatspolizei Nürnberg etwas gegen mich im Gange sei.

Wenn der offenbar verschärfte Überwachungsauftrag jedoch nicht fühlbar zur Ausführung kam, so erklärt sich das daraus, daß sich damals Stuttgart infolge einer Reihe kurz nacheinander erfolgter Luftangriffe in ziemlich chaotischem Zustand befand und die Möglichkeit einer Überwachung auf ein Mindestmaß herabgesetzt war.

Ich hielt es dennoch für geraten, mich nicht länger als nötig in Stuttgart aufzuhalten und begab mich tageweise auf Reisen, jeweils morgens oder abends meiner Meldeverpflichtung nachkommend. Obwohl auf diesen Reisen ohne spürbare Überwachung, erwähne ich der Vollständigkeit halber und zur Bestätigung meines Verdachtes nachfolgende Episode:

Etwa am 9. August war ich in Göppingen im Hotel Apostel abgestiegen. Am Spätnachmittag begab ich mich in das Göppinger Schwimmbad. Kurz nachdem ich mich auf dem Rasen vor dem Schwimmbecken gelagert hatte, kamen zwei Männer ins Bad, die sich in auffälliger Weise umsahen und angekleidet mehrmals durch die Reihen der Badenden gingen, sich dann ebenfalls entkleideten und sich in meiner Nähe niederließen. Ich hätte diesem Vorgang keine weitere Bedeutung zugemessen, wenn nicht eben die gleichen Personen am Abend in meinem Hotel erschienen wären und wiederum am Nebentisch Platz genommen hätten. Ich hatte ein Ferngespräch nach Leutkirch angemeldet. Als die Verbindung zustande gekommen war und ich mich durch den langen Hotelkorridor in die Telefonzentrale begab, folgte mir einer der Männer und hielt sich während meines Gespräches in der Zentrale auf unter dem Vorwand, ebenfalls ein Gespräch anzumelden. Das von mir geführte Gespräch war völlig unverfänglich und privater Natur. Jedenfalls hatte ich Verdacht geschöpft und traf für alle Fälle entsprechende Vorbereitungen. Es ereignete sich aber nichts weiter, und ich reiste am nächsten Tag nach Geislingen weiter, nicht ohne vorher im Hotel versucht zu haben, zu erfahren, wer die beiden Männer waren, was mir aber nicht gelang.

Am 29. August abends kehrte ich von einer Reise nach Crailsheim und Schwäbisch Hall zurück. Trotz des späten Abends schrieb ich noch zwei Briefe: einen kurzen Geburtstagsbrief an ein junges Mädchen, z.Z. im Arbeitsdienstlager Gammerdingen, und einen zweiten Brief an Dr. Elmar Schoene, Stettin. Beide Briefe lagen unverschlossen zusammen mit einem Betrag von 500,–RM, den mir ein befreundeter Intendanturrat, der zur Behandlung im Olga-Krankenhaus lag, zur Einzahlung auf ein von ihm bestimmtes privates Konto gegeben hatte, auf meinem Schreibtisch.

Am frühen Morgen des 30. August erschienen zwei Beamte der Stuttgarter Staatspolizeistelle, die mir vorher nicht bekannt waren, und erklärten, eine Haussuchung machen und mich im Auftrage der Nürnberger Staatspolizeistelle verhaften zu müssen. Auf mein Befragen nach einem Grunde erklärten sie glaubhaft, einen Grund nicht zu wissen, Befehl sei Befehl. Während der eine Beamte sich der Lektüre der beiden oben erwähnten, am Tage vorher geschriebenen Briefe widmete und meine geschäftlichen Korrespondenzen durchblätterte, durchsuchte der andere meine sämtlichen Kasten, Schubladen, Koffer etc., ebenso die Rückseite meiner sämtlichen Bilder; er nahm es überhaupt sehr genau, bemühte sich aber, alles wieder in leidlicher Ordnung zurückzulassen.

Den Geburtstagsbrief erhielt ich zurück mit dem Bemerken, ihn abschicken zu können, der Brief an Dr. Schoene wurde beschlagnahmt, desgleichen die Bücher: Dr. Seyß-Inquart: ›Idee und Gestalt des Reiches‹, Hans v. Hentig: ›Psychologische Strategie des großen Krieges‹, welche beide von mir mit Bleistift-Randnotizen versehen waren. Sonst wurde nichts sichergestellt.

Einer der beiden Beamten entfernte sich daraufhin; von dem zweiten Beamten wurde ich aufgefordert, mich fertig zu machen. Ich nahm eine große Mappe mit, in welcher neben anderem meine Firmenkartei, mein gesamtes geschäftliches und privates Adressenmaterial, einige Briefe von Freunden und etwa 2000,– RM waren. Auf dem Wege zum Untersuchungsgefängnis fiel mir ein, daß es besser und für die Neugier der Staatspolizei zuträglicher sei, das Adressenmaterial und die Briefe zurückzulassen.

Unter dem Vorwand, daß ich mein Waschzeug vergessen und überhaupt auf eine längere Haft, auf welche mich der Beamte unterwegs gesprächsweise aufmerksam gemacht hatte, nicht eingerichtet sei, gelang es mir, den Mann zu bewegen, nochmals den langen Weg zu meiner Wohnung zurückzugehen. Dort setzte er sich in einen Lehnstuhl, nahm sich eine Zeitung vor, während ich mich umkleidete und so eine Gelegenheit hatte, die fraglichen Gegenstände verschwinden zu lassen bzw. den Rest mit ein paar Zeilen an meine Frau zurückzulegen.

Gleichzeitig konnte ich noch meinen Hausherrn, Herrn Karl Hausmeister, bitten, die notwendigen Schritte einzuleiten, um meine Frau zu verständigen. Hausmeister, hochbetagt, der, dem Vorgang nicht gewachsen, in Tränen ausbrach, war aber verständig genug, sich sofort zu der Firma Hahn & Kolb zu begeben, wo eine Hausgenossin von mir als Angestellte am Fernschreiber tätig war. Diese fand zur Verständigung meiner Frau den der weiblichen Schlauheit das schönste Zeugnis ausstellenden Weg: Sie formulierte folgenden Text: »Graphit gestern von Crailsheim angekommen, heute abgeholt, kommet sofort.« (Ich hatte damals eine Vertretung in Graphiten inne.) Diesen Text brachte sie mittels Fernschreiben an die Fa. M.A.N. Nürnberg z.Hd. des Leiters der Exportabteilung, Dr. Werner Foth, einem meiner ältesten Freunde. Der Name des trefflichen Stuttgarter Mädchens ist: Elisabeth Röttger.

Nach den üblichen Aufnahmeformalitäten und der Abgabe aller »Effekten« wurde ich im Untersuchungsgefängnis Stuttgart in eine Zelle gebracht.

»Lauter anständige Leute« versicherte mir vor dem Aufschließen der Zelle treuherzig der schwäbische Wachtmeister, nachdem ich ihm meine Raucherkarte großmütig zur persönlichen Verwendung überlassen hatte. Seine Ansage hat Wort gehalten.

In der Zelle befanden sich fünf Männer, alle den besseren Ständen angehörend: ein Stuttgarter Fabrikant, der Führer des Stahlhelms Trossingen, ein Ingenieur, ein älterer schwäbischer Zentrumsabgeordneter, persönlicher Freund Hindenburgs, wie sich gesprächsweise herausstellte, ein bulgarischer Journalist und ein hochgewachsener, eleganter und gepflegter Herr, der im Pyjama wandelte und sich mit einem Malkasten beschäftigte. Der Mann im Pyjama stand sofort auf und stellte sich förmlich vor:

»von Hahn«.

Ich sagte: »Drexel.«

Er: »Kennen Sie mich nicht?«

Ich: »Leider noch nicht.«

Er: »Sie sind kein Stuttgarter?«

Ich: »Nein.«

Er: »Dann können Sie mich freilich nicht kennen. Mein Name ist von Hahn, von den Nazis getauft ›Der rote Hahn‹, von den Kommunisten ›Der Würger der Revolution‹. Ich war Polizeipräsident von Stuttgart bis 1933.«

Auf die Frage nach dem Grunde seiner Verhaftung erklärte von Hahn, sie sei deshalb erfolgt, weil er vor einiger Zeit sein Gut am Bodensee dem steckbrieflich gesuchten Oberbürgermeister Goerdeler verkauft habe. Herr von Hahn war sehr lange in Sorge um das Schicksal seiner Familie, im übrigen aber von tadelloser Haltung.

Ich erfuhr bei dieser Gelegenheit von einer großen Verhaftungswelle, die sich über das ganze Reich erstreckte und fast alle früheren Parteifunktionäre und politisch unzuverlässigen Elemente erfaßte, alles im Zusammenhang mit den Ereignissen des 20. Juli. Wir waren uns alle einig, daß wir dieser Kategorie zuzurechnen seien, sahen aber unserem Schicksal sämtlich äußerst zuversichtlich entgegen.

Gegen 12.00 Uhr mittags erschienen zwei Beamte der Staatspolizei Nürnberg, denen ich vorgeführt wurde. Unter ihnen befand sich der bereits oben erwähnte Kriminalassistent, der einige Wochen vorher in Stauf die Haussuchung durchgeführt hatte.

Es wurde mir in strengem und höhnischem Ton eröffnet, daß ich jetzt nach Nürnberg transportiert würde, und zwar befehlsgemäß in gefesseltem Zustand. Die Eröffnung machte auf mich, der ich von der Stapo nie anders als gefesselt transportiert wurde, weniger Eindruck als auf den braven Stuttgarter Gefängnisbeamten, der entrüstet und in unverfälschtem Schwäbisch zu den Nürnberger Stapo-Beamten sagte: »Ha no, ihr werret doch zu zwoit den Ma ohne Feßle transportiere könne.«

Die Nürnberger bestanden jedoch auf ihrer Absicht und zeigten sich ob ihrer strengen Dienstauffassung unverkennbar stolz und den Stuttgartern überlegen.

Gelernt ist gelernt: Ich legte die Handgelenke wie üblich übereinander und im gleichen Augenblick schloß sich auch die bekannte vernickelte Kette, die im Laufe der folgenden Stunden die Handgelenke unerträglich einschnitt und scheuerte.

Im Fußmarsch begaben wir uns daraufhin – ein Beamter links, ein Beamter rechts – durch das zerstörte Stuttgart, wo noch überall von dem voraufgegangenen Luftangriff die Trümmer rauchten, zum Bahnhof.

Während der eine Beamte sich nach den Zügen, die damals schon nicht mehr fahrplanmäßig verkehrten, erkundigte und der andere abseits stand, kam ein Mann in Arbeiterkleidung auf mich zu und steckte mir mit einem »Mach's gut« zwei Zigaretten unauffällig in die gefesselten Hände.

Nachdem ich belehrt worden war, daß die Beamten bei einem Fluchtversuch unnachsichtlich von der Waffe Gebrauch machen würden, nahmen wir den Personenzug nach Aalen. Da kein gesondertes Gefangenenabteil vorhanden war und der Schaffner mit unverkennbarem Unwillen über die Zumutung der Gestapoleute erklärt hatte, kein Sonderabteil freimachen zu können, bestiegen wir ein bereits ziemlich besetztes Abteil der II. Klasse. Ich kam zwischen die beiden Beamten zu sitzen.

Eine mir gegenübersitzende junge Frau hätte das Bedürfnis gehabt, sich mit mir zu unterhalten. In Kenntnis der Vorschriften antwortete ich nicht. Als sie ihre Bemühungen fortsetzte, wurde sie von einem der Bewacher heftig angefahren und sofort war die Stimmung des ganzen Abteils unmißverständlich gegen die Stapo-Beamten.

Unterwegs kam der Zug durch ein Gewitter, wie ich es an Heftigkeit noch nie erlebt hatte. Schließlich war jede Sicht derart unmöglich geworden, daß der Zug auf freier Strecke halten mußte. Der Aufruhr der Elemente versetzte mich unerwartet in eine äußerst gesteigerte Lebensfreude und Daseinslust. Ich wünschte mir irgendeine Katastrophe und war überzeugt, daß ich heil daraus hervorgehen würde. (Unzählige Male hatte ich mich in meiner langen Haftzeit solchen Wünschen hingegeben.) In Aalen stiegen wir in den D-Zug nach Nürnberg um. Diesmal bekamen wir von dem diensttuenden Beamten der Reichsbahn das Schaffnerabteil angewiesen, nachdem meine Begleitung sich als Beamte der Gestapo mit dem Auftrag: »Schwerverbrechertransport« ausgewiesen hatte. Eine Episode verdient Erwähnung:

Die Zugschaffnerin, derb und aus dem Arbeiterstande stammend, aber in jener »feschen« und auffallenden Aufmachung, die das Proletariermädchen in Nachahmung bürgerlicher Lebensgewohnheiten und im Angleich an Filmausstattungen bevorzugt, war alsbald der Gegenstand des lebhaften männlichen Interesses meiner begleitenden Beamten. Sie gaben sich alle Mühe, die übliche Schäkerei in Gang zu bringen, stießen aber auf einen beinahe provozierenden Widerstand. Das Mädchen antwortete grundsätzlich auf keine Frage und ließ sich nicht stören in ihren Vorbereitungen, auf einem Spiritusschnellkocher ihren Nachmittagskaffee zu wärmen.

Schließlich, nachdem sie sich selbst gestärkt, goß sie einen Trinkbecher voll, schnitt ein Stück Kuchen ab und stellte es auf den Platz neben mich, der frei war. Das alles geschah wortlos. Sie verließ daraufhin das Abteil. Der zweite begleitende Beamte glaubte es aber mit seinem Gewissen nicht vereinbaren zu können, daß mich Zivilpersonen verpflegten. Das schien ihm die

Caritas zu weit getrieben und er nahm, ebenfalls wortlos, den Becher, öffnete ein Fenster und goß den Inhalt hinaus. Der Kuchen konnte freilich nicht den gleichen Weg gehen, denn ich hatte ihn inzwischen schon zum größten Teil verschlungen.

Ich hatte in der Folge eine ganze Reihe gleichartiger oder ähnlicher Erlebnisse mit Zivilisten. Wie sehr hatte sich die Zeit seit 1937 und 1940 verändert, wo die Zivilbevölkerung noch in einer Mischung von Schaudern und Vergnügen die gefesselt transportierten Häftlinge wie exotische Tiere bestaunte und uns mit ihrem Gegaffe das Leben schwer machte. Damals sah man auf den Gesichtern noch im gleichen Maße Befriedigung wie jetzt offenen Unwillen, ja Widersetzlichkeit. Diese Erfahrung hätte ich nicht um Gold verkauft. Sie war eine unbeschreibliche Quelle von Kraft und Lebensmut und für das mühsam aufrechterhaltene Selbstgefühl eine Hilfe, die nicht hoch genug eingeschätzt werden konnte.

Um so beschämender war der distanzierende Hochmut der Offiziere eines Transportzuges auf dem Bahnhof Crailsheim, wo wir abermals umzusteigen hatten. Sie scheuten nicht die Mühe auszusteigen und mich auch von allen Seiten zu betrachten und sich bei den begleitenden Beamten, zwei windigen Kerlen in SS-Oberscharführer-Uniform, nach kameradschaftlicher Begrüßung die erwünschten Informationen zu holen. Da standen sie herum, in vollem Kriegsschmuck und jeden Augenblick ihrer Würde gewärtig und der siegreichen Sache eines verantwortungslosen Abenteurers verschworen, stolz auf ihren Fahneneid, der sie »gottlob« hinderte, den Henkern ihrer eigenen Generale in den Arm zu fallen. Indem sie sich im Hochgefühl ihrer eigenen Bedeutung sonnten, merkten sie gar nicht, wie sehr sie schon im Schatten der kommenden Katastrophe standen, unter deren Anhauch sie hätten frösteln müssen, wenn sie sich nicht allen Instinktes begeben gehabt hätten.

Gegen Abend, aber noch bei vollem Tageslicht, kamen wir in Nürnberg an. Frisch und ohne Verlegenheit und keineswegs bemüht, meine Handschellen zu verbergen, überquerte ich den Bahnhofsplatz meiner Heimatstadt und bestieg die vollbesetzte Straßenbahn, die zum Polizeipräsidium fährt. Ich hätte nichts mehr gewünscht, als daß mir Bekannte begegnet wären. Es lag mir daran, die Kunde meiner Verhaftung so rasch wie möglich bei meinen Freunden verbreitet zu wissen, nachdem ich selbst außerstande war, sie zu verständigen. Aber kein Bekannter kreuzte meinen Weg.

Das Polizei-Schutzhaftgefängnis im Polizeipräsidium war mir noch in allen Einzelheiten aus den Jahren 1937 und 1940 geläufig. Es war freilich inzwischen, wie ich alsbald feststellte, durch umfangreiche Um- und Neubauten ganz wesentlich erweitert worden.

Gefängnisbauten waren eine Bedürfnisfrage für das Dritte Reich. Sie waren recht eigentlich die repräsentativen Staatsbauten des großen Baumeisters Adolf Hitler. Aber soviel man davon auch baute, sie waren nie ausreichend. Das erwies sich auch hier. Man war zusätzlich zur Aufstellung von Holzbaracken übergegangen, die nun den ganzen, weiträumigen Hof ausfüllten und alle, wie sich zeigte, voll belegt waren. Auch das Gefängnispersonal hatte sich vervielfältigt. Eine ganze Flucht von Büros füllte das Erdgeschoß, und im Hofe stand alle 50 Meter ein Polizeidoppelposten unter Gewehr. Viele von ihnen konnten nur schlecht verbergen, wie unglücklich sie sich in dieser Rolle fühlten, andere freilich wieder waren hier auf dem Wege über die Polizei zu ihrer wahren Berufung gelangt und betätigten sich auch dementsprechend an den ihnen anvertrauten Häftlingen. Geschrei von Mißhandlungen war so alltäglich, daß man schon gar nicht mehr darauf hörte.

Dagegen muß als fortschrittlich im Vergleich zu früher verzeichnet werden, daß es den Angehörigen nunmehr erlaubt war, den Häftlingen zweimal in der Woche Wäsche und Eßwaren zu bringen. Indes ist diese Maßnahme kein Ausfluß reiner Menschenfreundlichkeit gewesen, vielmehr war die Verpflegung nachweislich so unzureichend, daß sich die Polizei mit der Zulassung von gelegentlicher Verpflegung von außerhalb lästige Klagen vom Halse schaffte und bestimmte Verantwortungen verschieben konnte.

Erwähnenswert ist in diesem Zusammenhang, daß die im Polizeigefängnis Nürnberg untergebrachten Häftlinge – im Gegensatz zur Gepflogenheit in anderen Großstädten, wie etwa München oder Stuttgart – bei den immerhin sehr zahlreichen Luftangriffen auf Nürnberg schutzlos in ihren Zellen eingesperrt oder gar in den Baracken verschlossen blieben, obwohl ausreichende Kellerräume vorhanden waren. Im Laufe des Krieges entstanden auf diese Weise mehrmals bedeutende Verluste unter den Häftlingen. Einige verloren vor Angst den Verstand.

Trotz der erwähnten wesentlichen baulichen Erweiterung waren alle Zellen überfüllt. Zellen, die für *einen* Mann bestimmt waren, waren mit zehn bis zwölf Häftlingen belegt. Die Gesamtbelegung betrug etwa zu dieser Zeit 500 bis 600 Personen, darunter sehr viele Ausländer aller Nationen, vor allem Franzosen, Dänen und Russen, Menschen, die teilweise schon acht Monate in Haft waren, ohne bisher einmal vernommen worden zu sein. Da sie keine Angehörigen in Deutschland hatten, die ihnen zusätzlich mit Kleidung, Wäsche oder Nahrung hätten helfen können, befanden sich die meisten in einem unbeschreiblich bejammernswerten und teilweise völlig erschöpften Zustand. So unter anderen ein dänischer Kapellmeister aus Kopenhagen, ein, wie man aus seiner Gestalt und seinen Zügen sehen konnte, früher ansehnlicher und stattlicher Mann, jetzt völlig abgemagert, mit einem wohl Monate nicht mehr geschnittenen schmutzig-grauen Bart, von Ungeziefer zerstochen, mit rot unterlaufenen Augen und völlig zerrissener Kleidung, bestehend aus einer Hose und einem zerfetzten Hemd.

Ich hatte mich nach meiner Einlieferung mehrmals beim Wachtmeister zur Arbeit gemeldet, und zwar zu Schreibarbeiten. Ich hoffte, mir auf diese Weise vielleicht Einblick in die Gefangenenlisten zu verschaffen, denn ich war interessiert, zu erfahren, ob bzw. welche Bekannten mein eigenes Schicksal teilten.

Meine Absicht erfüllte sich alsbald auf kaum zu erwartende Weise. Ich wurde während mehrerer Tage damit beschäftigt, neue Gefangenenlisten zu erstellen. Ein Wachtmeister öffnete die einzelnen Zellen und überließ mich zur Aufstellung der Liste einige Zeit meiner Tätigkeit ganz ohne Aufsicht, so daß ich nicht nur im Laufe der Tage jeden einzelnen Gefangenen kennenlernte, sondern auch Gelegenheit hatte, mit ihnen zu sprechen.

Mir beigegeben war ein als Kalfakter tätiger Jugoslawe aus Marburg, der auf den Vornamen Jan hörte, aber auch mir gegenüber sich weigerte, seinen vollen Namen zu nennen. Jan sprach fließend Deutsch, war ständig und täglich mit den neuesten politischen Nachrichten versehen, die er an seine Vertrauensleute weitergab. Jan war Kommunist und stand unter dem Verdacht der Betriebssabotage. Er war ein außerordentlich gewandter und anstelliger Bursche.

Von ihm hatten auch wir in unserer Zelle die neuesten Nachrichten über den Vormarsch der Alliierten in Belgien und Frankreich erhalten und der Optimismus kannte keine Grenzen. Alle meine Mitgefangenen waren sich darin einig, daß die

Ereignisse uns in wenigen Wochen überrollen würden und der Krieg spätestens im Oktober sein Ende finden würde. Ungern, aber unvermeidlich mußte ich Wasser in diesen Wein der Zuversicht gießen. Ich nannte als wahrscheinlichen frühesten Termin des Kriegsendes Pfingsten 1945 und wurde darüber verlacht. Aber ich stellte mich vorsorglich darauf ein und sollte es nicht zu bereuen haben.

Meine Zellengenossen waren aus allen Schichten und wegen der verschiedensten Motive verhaftet.

Ein Chauffeur (Nationalsozialist) aus der Gegend des Nordostbahnhofes, weil er an einer Schwarzschlachtung beteiligt war. Er konnte es der Stapo nicht verzeihen, daß sie bei der Haussuchung aus dem kochenden Topf die Bestände einer ansehnlichen Metzelsuppe beschlagnahmt hatte. Und er erging sich in bilderreichen und für alle quälenden Schilderungen von trefflichen Mahlzeiten. Nachts schlief er neben mir und hatte schwere Träume.

Ein Fürther Fabrikant, angeklagt wegen nebenamtlicher, nicht genehmigter Ausübung einer Heilpraxis, der gewisse »verdächtige« Momente nicht abzusprechen waren. Ein Coburger Fabrikant wegen Schwarzhandels mit Metallen. Ein Jugendlicher wegen Einbruchs in die Kantine seiner Fabrik zum Zwecke des Erwerbs von Zigarren.

Ein Berliner Kellner tschechischer Nationalität, der geistig aufgeweckteste von allen, der uns lange und ausgiebig mit Anekdoten, nicht immer für jungfräuliche Ohren bestimmt, aus seinem Kellnerdasein unterhielt; er war ein ausgewachsener, aber liebenswerter Schlawiner.

Ein Sudetendeutscher, wegen Astrologie bereits vor Gericht gewesen und freigesprochen, aber nach dem Urteil in Schutzhaft behalten. Er litt am linken Fuß an einer schweren Blutvergiftung und wurde von uns, so gut es ging, mit Kaltwasserumschlägen Tag und Nacht traktiert. Der Fuß selbst glich einem violettfarbenen Klumpen, die Wade war dick geschwollen bis zum Knie, das ebenfalls bereits verdächtige Veränderungen zeigte. Wir meldeten den Sachverhalt täglich morgens beim Rapport in allen Tonarten, freundlich und entrüstet, ohne je mehr zu erreichen, als daß eine amtierende Arzthilfe uns einmal heimlich ein paar Tabletten gegen Fieber zusteckte. Das Schicksal dieses Mannes war besiegelt. Er wurde aus der Zelle geholt, als die Agonie schon eingesetzt hatte.

Der Nürnberger Gewerkschaftler Gehr, der, wie ich später erfuhr, noch im gleichen Jahre hingerichtet wurde.

Später kam noch ein junger Nürnberger Arbeiter in unsere Zelle, der einiger antinazistischer Witze wegen verhaftet war und deswegen einer besonderen Erwähnung bedarf, weil sich in seiner Gegenwart unsere an sich schon erfreulich gute Stimmung bis zur Ausgelassenheit steigern konnte. Unerschöpflich in Erfindungen und Späßen, von einem unbeschreiblichen Mutterwitz, mit welchem er die kleinsten Verrichtungen begleitete, sportlich bis zur Artistik durchgebildet, kräftig, mutvoll und von unübertrefflicher Kameradschaftlichkeit. Diesem Typus Mensch gehört die Zukunft der Welt. Er braucht sie nicht zu erobern, sie fällt ihm zu.

Bei völlig unzureichender Entlüftung und ungenügender Verpflegung, ohne Eßbesteck, ohne Schlafdecken, ohne Schlafpritschen, die Nächte auf dem blanken Fußboden zubringend, waren wir doch alle guten Mutes, niemals unwirsch oder gereizt, einander immer hilfsbereit zugetan und fröhlicher Dinge. Gegen Abend hockten wir im Kreise und kannten uns genügend, um über politische Fragen der Gegenwart, aber auch der Vergangenheit und Zukunft zu sprechen. Gehr, politisch ausgezeichnet geschult, hielt regelrechte Vorträge, denen sich eine eifrige Diskussion anschloß, wobei der Tscheche sich als außerordentlich aufnahmefähig und urteilssicher erwies.

Die relative Einheitlichkeit unserer Ausrichtung störte lediglich vorübergehend die Anwesenheit eines zwar braven, aber auch unwahrscheinlich törichten Menschen: eines alten Mannes, seines Zeichens »ernster Bibelforscher«, der seine Tagstunden und leider auch die Nachtstunden darauf verschwendete, uns mit den Ergebnissen seiner Forschertätigkeit des langen und breiten vertraut zu machen, ohne zu ahnen, daß die Absurdität seiner Offenbarungen uns ebensoviel Pein bereitete, wie sie ihm selbst zum Trost gereichte. Mir ging dabei auf, wie gleichgültig es im Grunde ist, *was* ein Mensch glaubt, wenn er nur überhaupt zu glauben vermag. Der abstruseste Aberglaube, sofern er nur recht geglaubt wird, erweist sich der nobelsten Skepsis überlegen. Schließlich bestand darin ein nicht unwesentlicher Teil der nationalsozialistischen Lehre; in diesem »credo quia absurdum« enthüllt sich der letztlich religiöse Kern ihrer Lehre, säkularisiert freilich, aber hinreichend einseitig genug, um daraus einen der unduldsamsten Missionsansprüche abzuleiten.

Von einer Ecke des Fensters aus – von der Scheibe hatten wir die blaue Übermalung mit Hilfe eines Nagels weggekratzt – sahen wir, wenn wir einer auf des anderen Schulter stiegen, mit dem hingebungsvollen Interesse, mit welchem Gefangene die kleinen Geschehnisse ihrer Umgebung beobachten, die Besuche kommen und gehen. Und immer waren zwei damit beschäftigt, diesen Beobachtungsposten gewissenhaft auszufüllen und uns, die wir auf die Schritte der Wachtmeister zu lauschen hatten, um die Beobachter nicht zu gefährden, über alle Vorgänge auf dem Hofe zu unterrichten.

Meist waren es Frauen, die da kamen und gingen, einige mit Kindern, vermutlich in der Hoffnung, durch ihren Anblick das Herz der diensttuenden Beamten sanfter und die uniformierten Automaten für Antworten gesprächiger zu machen.

Das war freilich eine Illusion, denn sei es im langjährigen stumpfsinnigen Gefängnisdienst verhärtet, sei es, wie bei den neueren, im Besitz eines Zipfelchens jener Macht über andere, nach der im verborgenen ihr ganzes lebenslanges Sehnen ging, waren sie nahezu alle, mit kaum lohnenden und erwähnenswerten Ausnahmen, menschliche Schemen, die ihren Dienst mit tierischem Eifer und tierischem Ernst versahen und dies für höhere Objektivität hielten. Nazis oder nicht, sie hätten sich für die Grundsätze des nationalsozialistischen Ordnungsstaates in Stücke reißen lassen. Sie waren diesem Staate verhaftet, hatte er sie doch aus der Anonymität ihrer zivilen Existenzen zu Herren über das Wohl und Wehe von Tausenden gemacht, aus Getretenen zu Tretern. Sie stellten einen beträchtlichen Teil jenes Lumpenproletariats dar, das sich aus Kleinbürgern rekrutierte und im Staate Hitlers alle Merkmale einer Klassendiktatur praktizierte. Aus dem gleichen Lumpenproletariat wie Hitler selbst hervorgegangen, gleich ihm aus unkontrollierbaren Stimmungen und Ressentiments lebend, in Illusionen schwelgend, im Siege übermütig, in der Niederlage feige, Sturheit mit Charakterstärke verwechselnd, maßlos in allen Ansprüchen, sahen sie in ihm ihren Herrn und Meister, ihren Heilsbringer und Wundertäter, ihren Propheten und Gott.

In Figuren wie Ley, dem Leiter der Deutschen Arbeitsfront, der größten Arbeiterorganisation der Welt, einem Manne, der seine sozialpolitischen Kenntnisse in Bordellen und rheinischen Kneipen erworben, erhielt das wirkliche Proletariat eine historische Demütigung, die nur der als unerträglich begreift, der je mit politisch geschulten deutschen Arbeitern zu tun gehabt hat.

In Figuren wie Göring, dem Reichsmarschall und potenzierten Titelträger, Schuldenmacher und Morphinisten, Brandstifter und Organisator von Bilderdiebstählen in grandiosem Ausmaß, einem Manne, der aus der Uniform einen Karneval machte und seinem Prunk orientalische Märchenmaße verlieh, erhielt das Preußen Friedrichs jenen Ministerpräsidenten, der es allein durch seine Person vor der Welt bloßstellte. Das Heer der Handlanger aber war nicht besser als ihre Meister.

Der nationalsozialistische Staat, sofern ein trunkener Kongreß überhaupt als Staat bezeichnet werden kann, hat die natürliche Rangordnung der Schöpfung in einem Willkürakt verkehrt. Er machte zu Sklaven, wer nach seinem Wesen zum Herrschen bestimmt war und erhob zu Herrschern die, die als Sklaven geboren. Aber das führt zu Betrachtungen, die nicht im Rahmen unserer Aufgabe liegen.

So sahen wir also wechselweise von unserem Beobachtungsposten aus die Frauen kommen und gehen. Und wir sahen sie gerne und liebten sie alle im stillen, auch wenn sie uns nichts oder wenig angingen, und kümmerten uns nicht darum, ob es junge, nett gekleidete Dinger oder ältliche und sorgenbeschwerte Matronen waren. Sie waren Frauen, Frauen von Gefangenen, Mütter, Gattinnen, Bräute, Schwestern, mit einem Wort, es waren *unsere* Frauen, die Gefährtinnen unserer Nöte, Menschen, die mit uns und für uns litten, eine besondere Art von Frauen, und ihre Gegenwart flößte uns Achtung, Mut, Haltung und Hoffnung ein.

Mit ihren Schicksalen beschäftigten wir uns mehr als mit unseren eigenen. Wir fühlten ihre Gedanken und Wünsche durch unsere Mauern dringen wie einen heißen Strom und erwiderten sie auf unsere eigene unbeholfene Weise.

Sie alle waren einfach, aber nett gekleidet. Manche von ihnen kamen langsam und nachdenklichen Schrittes und gesenkten Hauptes über den Hof auf das Gebäude zu. Andere wieder – und es war die größte Zahl – gingen raschen Schrittes und hocherhobenen Ganges, als hätten sie alle Sorge von sich geworfen und eilten zu einem Stelldichein oder einer wichtigen Besorgung erfreulicher Art. Im Vollbesitz ihrer menschlichen Würde und ihrer auch auf diesen demütigen Gängen eingedenk, erfüllten sie uns mit Stolz, und es waren einige darunter, deren Haltung uns in einen jungenhaften Taumel der Begeisterung versetzte.

Besonders einer jungen Frau erinnere ich mich noch – übrigens die Frau des oben erwähnten Kellners –, die mit ihren beiden Kindern sich lange und wie zufällig im Hofe aufhielt, als wüßte sie, daß ihr Gatte Gelegenheit haben würde, sie zu sehen, und dann schließlich, ehe sie das Hoftor durchschritt, sich nochmals umwandte und die Kinder winken ließ, obwohl sie ja nicht ahnen konnte, welches der hundert Fenster, die alle eins wie das andere gleichmäßig vergittert aussahen, den Gruß auffangen und erwidern würde.

Meine Frau hatte mehrfach versucht, Sprecherlaubnis zu erhalten, die ihr aber unter verlogenen Ausreden verweigert wurde.

Erwähnenswert ist noch der Wirt einer kleinen Nürnberger Kneipe in der Ottostraße, der kurz vor meiner Einlieferung aus unserer Zelle entlassen worden war und versprochen hatte, seinen Mithäftlingen nach seiner Freilassung Lebensmittel zukommen zu lassen. Ihn sahen wir dreimal in der Woche, Dienstag, Donnerstag und Samstag, mit großer Pünktlichkeit über den Hof kommen und ein »Freßpaket« abliefern, das meist aus einem Laib Brot, etwa 250 Gramm Streichwurst und einer Blechbüchse Marmelade bestand. Er hat sein Versprechen gehalten. Das ist hoch einzuschätzen, wenn man weiß, wie leicht und leichtfertig in der Gefangenschaft Versprechen gegeben und Vorsätze gefaßt werden, die niemals zur Tat werden.

Etwa acht Tage nach meiner Verhaftung wurde ich zur ersten Vernehmung vorgeführt. Die Leitung des Verfahrens gegen mich lag in den Händen des Regierungsrates Otto, der den Kriminalkommissar Ohler mit der weiteren Abwicklung betraut hatte. Otto hatte es so eingerichtet, daß er mir bei Vorführung auf der Treppe begegnen mußte. Die Empfindung körperlichen Ekels, die ich so lange nicht mehr gekostet, überfiel mich wieder mit unverminderter Heftigkeit. Meine ganze umfängliche Kenntnis der Niedrigkeiten, Grausamkeiten und Verbrechen dieses Mannes, die aber doch nur einen Teil dessen umfaßten, was dieser Gangster auf dem Kerbholz hatte, stieg wieder in mir auf, und es erfüllte mich mit Schaudern, blitzartig zu begreifen, was es für die Gesellschaft bedeutet, wenn die Macht unkontrollierbar in die Hände eines Individuums gegeben ist, das schon aufgrund seiner widernatürlichen Veranlagung sie mißbrauchen *muß*. Aber ich empfand auch instinktiv, daß seine Tage gezählt waren.

Die Vernehmung führte der Beamte B., der gleiche, der meinen Transport nach Nürnberg begleitet hatte, eine subalterne Figur, der ich mich in jeder Weise gewachsen halten durfte. Ich glaubte, aus dem Verhör schließen zu dürfen, daß es sich mehr um eine persönliche Schikane als um eine ernsthafte Anschuldigung handeln würde.

Die Vernehmung dauerte eineinhalb Tage. (Raucherlaubnis war mir gegeben worden.) Sie erfolgte in einem der Amtszimmer der Gestapo, in Gegenwart von mehreren Schreibkräften weiblichen Geschlechts und zwei weiteren Beamten, von denen einer gleichzeitig eine Vernehmung gegen eine jüngere Frau führte, die einen fahnenflüchtigen Soldaten kennengelernt und bei sich hatte übernachten lassen. Sie war wegen »Zersetzung der Wehrkraft« angeklagt, schien sich aber der Folgenschwere des gegen sie erhobenen Vorwurfes nicht bewußt zu sein.

Die Methode war ebenso widerlich wie bekannt, doch kann sich nur der eine genaue Vorstellung davon machen, der ihr einmal unterzogen wurde. Im Falle dieser jungen Frau ging man wie üblich davon aus, sie zunächst moralisch zu diffamieren und mürbe zu machen. Die Tatsache, daß sie einen fahnenflüchtigen Soldaten beherbergt hatte, gab dazu besten Vorwand. Der vernehmende Beamte, ein übler Bursche mit ausgesprochenem Faunsgesicht, wurde nicht müde, sie nach Einzelheiten ihres nächtlichen Abenteuers zu fragen und sie damit in Verlegenheit zu bringen. Schließlich half er sich damit, daß er ihr die unerhörtesten Details, die einem Decamerone alle Ehre gemacht hätten, unverblümt und mit sichtlichem Genuß und von der eigenen Ordinärheit berauscht, auf den Kopf zusagte, bis sie in hemmungsloses Weinen ausbrach.

Ich hatte um deswillen Gelegenheit, dem kitzligen Thema bis in alle Einzelheiten zu folgen, weil meine Vernehmung während der Behandlung dieser sexuellen Fragen aussetzte, da sowohl der mich vernehmende Beamte wie auch die zahlreich anwesenden Mädchen nicht gesonnen waren, sich etwas entgehen zu lassen und auch mit dem entsprechend zustimmenden Gelächter quittierten. Das war so recht etwas nach ihrer Art: selbst mit allen Wassern gewaschen und moralisch, wenn schon das Wort gebraucht werden sollte, völlig versaut, sich über andere zu erheben und zu Gericht zu sitzen. Auch hier eine Umkehrung der natürlichen Wertordnungen, wie sie der Nationalsozialismus in großem Stile betrieb.

Hilfesuchend und wie zum Troste blickte die junge Frau

mehrmals auf mich, der ich mich in einer der ihren nicht unähnlichen Lage befand. Ich benutzte diese Gelegenheit, ihr durch die Augensprache, eine internationale Sprache, die jeder Gefangene versteht, Mut und Haltung zuzusprechen, und mehr als alles andere freute mich der Erfolg. Ohne sich weiter um das moralische Gewäsch des Beamten zu kümmern, begann sie sicher und ruhig ihre Angaben zu Protokoll zu machen und setzte jedem Versuch, sie aus dem Konzept zu bringen, gediegenes Schweigen entgegen.

Meine eigene Vernehmung beschränkte sich auf wenige Punkte:

a. Die Übertretung des Einreiseverbotes nach Bayern. Ich war ohne staatspolizeiliche Genehmigung im März 1944 zusammen mit meiner Frau zu einem befreundeten Nazi-Bürgermeister (Nazi dem Amt, nicht der Gesinnung nach) nach Pöcking bei München gefahren und hatte mich unerlaubt dort einige Tage aufgehalten.

b. Einen unrechtmäßigen, eintägigen Aufenthalt in Augsburg, gelegentlich einer Rückreise nach Stuttgart (siehe oben). Es ist mir nicht bekannt, auf welche Weise die Staatspolizei Kenntnis davon erhalten hat. Es konnte eine Denunziation vorliegen, es konnte aber auch ebensogut aus beschlagnahmtem Briefwechsel hervorgehen.

c. Auf den Inhalt von Briefen, die ich mit meinem Freunde Dr. Schoene, Stettin, gewechselt hatte, die aber sämtliche unpolitischen Inhalts waren. Die Stapo mußte über eine Haussuchung in Stettin in den Besitz dieser Briefe gekommen sein, denn sie lagen im Original vor. Das harmloseste Wort erschien verfänglich.

Ich hatte von Schoene nach schweren Luftangriffen auf Stettin lange keine Nachricht gehabt und erwiderte auf das erste Lebenszeichen von ihm in einem Brief, beginnend mit dem Satz: »Ich bin beruhigt ...« Ich wurde über eine Stunde allein darüber vernommen, welcher Sinn dieser Bemerkung zugrunde liege, was ich damit gemeint habe usw.

d. Auf die Bemerkungen, die ich handschriftlich mit Bleistift in den beiden beschlagnahmten Büchern von Seyß-Inquart und Hans von Hentig angebracht hatte.

e. Auf meine etwaige Beteiligung am Attentat vom 20. Juli.

Die Vernehmung verlief völlig ergebnislos. Ich vermochte mich zu allen Punkten ausführlich zu rechtfertigen. Der Vorwurf einer Beteiligung am Führerattentat entfiel ohnedies. Zwar kannte ich eine Anzahl beteiligter oder beschuldigter Personen persönlich, stand aber schon seit vielen Jahren in keinerlei Verbindung mehr mit ihnen.

Verblieb als lächerlicher Rest die hochnotpeinliche Befragung über den Sinn zweier Träume, die ich mir gelegentlich zum eigenen Gebrauch notiert hatte. Das Notizbuch war bei meiner Verhaftung in Stuttgart beschlagnahmt worden.

Der erste hatte eine traumhafte Fahrt auf einem amerikanischen Panzer durch Schweizer Landschaft zum Gegenstand. Ich konnte ihn einwandfrei, aber der Stapo freilich nicht glaubhaft damit motivieren, daß er die Fortsetzung eines an einem Tage vorher gehabten Gesprächs darüber darstellte, ob die Invasoren die Schweizer Neutralität achten würden oder nicht.

Der zweite war wesentlich origineller. Ich hatte im Traume mehrere kartenspielende Männer beobachtet. Die Karten trugen Bildnisse führender Männer des Dritten Reiches, wie Hitler als König, Göring als Ober usw. Diese Notiz schien ihnen überaus verdächtig, und sie fanden sie nach jeder Richtung hin gefährlich hintersinnig. Sie wollten unbedingt wissen, was der Traum zu bedeuten hätte. Ich konnte darauf nur antworten, daß ich der Traumdeuterei nicht mächtig sei, wohl aber der Träumerei. Vor allem aber erschien ihnen unglaubhaft, daß ich die Spielkarten nicht einmal kenne und bestenfalls die Kartenbilder als solche unterscheiden kann, ihre Bewertung mir aber als Nicht-Kartenspieler ein Buch mit sieben Siegeln sei.

Schließlich artete die Vernehmung in eine komische Szene aus. Mich ritt der Teufel und gab mir immer neue Gesichtspunkte und Formulierungen über die Träume ein, und es kam dazu, daß ich mit meinen Inquisitoren »Schlitten fuhr«, wie man sagt, wenn man den anderen hoffnungslos unterlegen weiß. Ich befand mich in der denkbar besten Laune, ohne es mir merken zu lassen.

Die mir gemachte Anregung, im Schlußwort des Vernehmungsprotokolls zu schreiben, ich bäte um eine »milde Beurteilung«, lehnte ich im Bewußtsein meiner völligen Integrität ab, hätte ich doch andernfalls wenn nicht eine Schuld, so doch ein schlechtes Gewissen eingestanden. Von beiden aber war ich gleich weit entfernt.

Es schloß sich an die Vernehmung noch eine mehr private Unterhaltung über die Plumpheit der Methoden der Stapo bei der Betreuung entlassener »Politischer« an, und ich nahm mir kein Blatt vor den Mund.

Diese Unterhaltung wäre noch weitergegangen, wenn nicht der Kommissar Ohler erschienen wäre, in der Haltung, als ob er mich nie im Leben gesehen hätte, obgleich er sieben Jahre vorher mich über ein halbes Jahr in der Kur hatte, und dem vernehmenden Beamten erklärte, der »Chef« warte auf das Protokoll. Der Chef war der Regierungsrat *Otto*, dem es nicht schnell genug gehen konnte, mit mir abzurechnen.

Sofort entstand eine unterwürfige Geschäftigkeit. Das Protokoll wurde abgeschlossen. Ich hatte zu unterschreiben und wurde dann wieder in meine Zelle zurückgebracht.

Der mich begleitende Beamte sprach mich geflissentlich mit »Herr Doktor« an. Als ich ihm erklärte, dieser Titel sei mir aufgrund meiner Zuchthausstrafe abgesprochen worden, erwiderte er: »Für mich sind und bleiben Sie der Herr Doktor.« Er frug mich, ob ich irgendwelche Wünsche hätte, was ich verneinte. Derartige spontane Gunstbeweise von Polizeibeamten sind sehr vorsichtig zu bewerten. Man weiß nie, welche Ursache sie haben und wohin sie zielen. Wer sich auf Freundlichkeiten dieser Art einläßt, riskiert unangenehme Überraschungen. Im vorliegenden Falle schien die langsam sich durchsetzende Witterung kommender Morgenluft mir eine freundliche Geste eingetragen zu haben. Schließlich kann jedes freundliche Wort, da es nichts kostet, zu einem billigen Alibi für spätere Zeiten werden. Und in dieser Hinsicht bewahrt Vorsorge vor Sorge.

Ich kehrte in die Zelle zurück im Vollgefühl einer geglückten Rechtfertigung, meiner und meiner Sache hundertprozentig sicher und in der allerbesten Laune, mit nicht dem geringsten Zweifel, daß man mich, wie viele andere in der Affäre des 20. Juli Verhaftete, alsbald, spätestens übermorgen, entlassen müsse. Mein Bericht wurde mit großem Hallo angehört und war der Gegenstand einer lebhaften Unterhaltung bis tief in die Nacht hinein. Nie habe ich mehr bedauert, daß sie trocken geführt werden mußte. Die Sache und die Gesellschaft wären einen ausgezeichneten Tropfen wert gewesen.

Bei meinen Zellkameraden war ich lange Zeit der Gegenstand nachdenklichen Staunens gewesen. Die äußeren Umstände der Haft: Absonderung, rigorose Behandlung, Abnahme aller Wertgegenstände, kommißartige Zucht, Hilflosigkeit gegen die Indolenz der Beamten, die Dezimierung der Nahrung, hartes Bodenlager, Mangel an Decken, an Seife, an Eßbestecken – alles dies wirkt ungleich härter auf den, der dieser Prozedur zum erstenmal ausgesetzt ist, als auf den, der sie in jahrelangem Gefängnis- und Zuchthausaufenthalt bis in alle Einzelheiten exerziert und ein System körperlicher und seelischer Hygiene von besonderer Art gegen die Unbilden der Haft entwickelt und jetzt fertig zur Verfügung hat. Ich nahm die Haft und ihr unerfreuliches Reglement wie eine unvermeidliche Einrichtung, etwa wie eine lästige Reise, die in guter Form zu bestehen man um so größere Aussichten hat, je eher und je besser man sich mit ihren Mängeln und Schwierigkeiten abfindet.

Es machte mir nicht das geringste aus, meine Suppe aus dem Topf zu trinken, statt zu löffeln, mein Fleisch mit den Fingern zu verzehren, statt wie gewohnt mit Messer und Gabel, mein Nachtlager auf dem blanken Boden aufzuschlagen. Ich schlief schon am dritten Tage so gut wie zu Hause im Bett.

Die kleinen Hemmungslosigkeiten und Schikanen der Beamten, denen kein Gefangener entgeht, nehmen in den unvorbereiteten Gemütern der aus der Freiheit plötzlich hinter Gitter versetzten Menschen überdimensionale Größe an. Buchstäblich wird der Floh zum Elefanten, der kleine Stich menschlichen Ungeziefers zum Schwertstreich eines Gegners, der in Wirklichkeit diesen Namen gar nicht verdient.

Der so in seinen Lebensbedingungen dezimierte und seelisch so anfällige Häftling gerät häufig in haltlose Zerknirschtheit, verstärkt durch flagellantische Selbstbezichtigungen und Gewissensquälereien. Der Gedanke an Frau und Kinder, an andere geliebte Menschen kann ihn an den Rand des Selbstmordes bringen. Dann wieder bemächtigt sich seiner verbissene Verstocktheit, empörerischer Haß, den er an Ereignisse und Zustände verschwendet, die zu ändern ihm jede Macht fehlt. Die Erkenntnisse dieser Ohnmacht wiederum, die Erfahrung der Sinnlosigkeit dieses Daseins ist für ihn, der bisher in der besten aller Welten zu leben glaubte oder vielleicht in der schlechtesten aller Welten, aber mit dem Pathos einer Weltbeglückung in seinem innersten Herzen, das nun vor eine harte Bewährung gestellt ist, so niederschmetternd, daß sich ihm nur noch der Selbstmord als die ultima ratio anbietet. In beiden Fällen steht im Hintergrund ein fadenscheiniger Heroismus gefährliche Patenschaft.

Politik ist die Kunst des Möglichen, nicht des Unmöglichen. In der Politik gibt es nicht nur ein Entweder-Oder, sondern stets auch ein Sowohl-Als-auch. Darum kann man füglich zumindest von jedem politischen Häftling verlangen, daß er in Erkenntnis der beschränkten Möglichkeiten, die seine Lage bietet, törichte Übersteigerungen, sei es seines Selbstgefühls und seiner Hoffnungen wie auch seiner Zweifel und Verzweiflungen, von sich weist. Nichts ist verderblicher als heroische Exerzitien oder feige Selbstaufgabe. Niemand wird es ihm verübeln, wenn der Nervendruck der Erinnerung an schöne Tage oder geliebte Menschen ihm heiße Tränen aus den Augen preßt; niemand ihn verlachen, wenn er der Hilflosigkeit seines Herzens in gelegentlichen Wutausbrüchen Luft macht. Aber all das darf eben nur vorübergehend sein und wie ein reinigendes und kräftigendes Gewitter. Es gibt keine andre Aufgabe für den politischen Häftling als die strenge Sorgfalt eines seelischen Haushalts und einer stoischen Gelassenheit gegen die menschlichen Gemeinheiten und Grausamkeiten, denen er von seiten seiner Wächter wie nicht selten ebensosehr von seiten seiner Mitgefangenen ausgesetzt ist. Das gilt für alle Lagen vom »Dumm-anreden-Lassen«, wie es so schön heißt, bis zur physischen und psychischen Mißhandlung. Das Ziel ist eine unerschütterliche Gelassenheit, ein harter Realismus, der bis zur Heiterkeit ausgebildet werden kann. Die Mittel dazu bieten ihm das Bewußtsein unantastbarer Menschenwürde, ein nobles, ruhiges Selbstgefühl und die Gewißheit, für eine Sache zu leiden, für die es sich lohnt; mit einem Wort: zu sich selbst und seiner Sache zu stehen.

Auch die politischen Gefangenen des Dritten Reiches, zu Zehntausenden in den Zuchthäusern und Konzentrationslagern, waren nichts anderes als Kriegsgefangene, so ehrenhaft wie diese, auch wenn es für sie keine Genfer Konvention oder andre internationale Einrichtungen gab. Sie waren Gefangene des Bürgerkrieges, der über Deutschland hinwegging. Leider haben zu viele dies vergessen und sich selber unter ständiger physischer und psychischer Beeinflussung schließlich als »Verbrecher« gefühlt und die Störung der natürlichen Ordnung als unabwendbar empfunden; sie sind daran zugrunde gegangen.

Ich habe in der vierjährigen Haft von 1937 bis 1940 und später im KZ jeden einzelnen Tag und jede einzelne Stunde bei wachestem Bewußtsein erlebt, entschlossen, aus jeder augenblicklichen Lage für die nächste zu lernen. Ich habe mich bemüht, mich nie treiben, nie alles mit mir geschehen zu lassen ; es war oft schwer genug. Und wo es nicht zu vermeiden war zu unterliegen, war ich doch bestrebt, alle Sinne noch fester anzuspannen und weder Gott noch dem Teufel mehr zu vertrauen als der nüchternsten Vernunft.

Der Dezimierung meines Daseins auf das Niveau eines geprügelten Haustieres versuchte ich ein System von Aushilfen oft ganz primitiver und improvisatorischer Art entgegenzusetzen. Die Erhaltung meiner physischen Existenz stand immer im Mittelpunkt meiner Bemühungen und jedes Mittel, List und Trug einschließlich, wäre mir recht dazu gewesen und ist es mir zuzeiten, wenn nicht anders möglich, auch gewesen.

Mich dürstete nicht nach der Märtyrerkrone. Ich war wie hypnotisiert von dem Gedanken, meinen Widersachern, wenn irgend möglich, niemals den Gefallen zu tun, zu sterben oder, noch viel weniger, mich selbst zu töten. Ich wollte sie *überleben* – das war mein ganzes Programm. Sollte es mir nicht gelingen, so mochten andre an mir schuldig werden, nicht aber ich selbst. Ich konnte darum schon lange vor meiner Verhaftung meinen Angehörigen und meinen Freunden die verbindliche Versicherung abgeben, daß eine eventuell einmal an sie gelangende Kunde von einem sich selbst entleibt habenden oder »auf der Flucht erschossenen« Manne eine faustdicke Lüge sei.

Ich mißtraute dem vielgepriesenen »Geist«, der am Ende »der Sieger bleibt«, mit gutem Recht. Ich sah Menschen von geschliffenem Geist und höchster seelischer Kultur und menschlicher Haltung elend an Lungenentzündung krepieren, ich sah tief religiöse und mit allen christlichen Gebetsstärkungen versehene Menschen unter den Schlägen ihrer Peiniger kläglich verenden.

Ich hatte dies dem Sinne nach auch in vielen Gesprächen meinen Mitgefangenen auseinandergesetzt. Ich wußte, daß es keine bessere Lehre gibt wie das Beispiel. Sie hörten mir schweigend und kopfschüttelnd zu. Vielleicht der einzige, der mich begriff, war Gehr, der Gewerkschaftler. Den übrigen aber, vor allem den bürgerlichen Mitgefangenen, war ich ein Rätsel. Hätten sie nicht zuverlässig meine Personalien gekannt und sich im übrigen aus unseren Unterhaltungen davon überzeugen können, daß ich ein »geistiger Mensch« war, sie hätten mich für einen ausgekochten und durch die Schule vieler Gefängnisse gegangenen Ganoven gehalten. So begriffen sie etwa nur mit Mühe und nicht ohne Widerstreben, daß ich sie von der ersten Stunde an alle duzte und selbstverständlich auch das Du forderte. Es war ihnen noch gar nicht aufgegangen, wie sinnlos das »Sie« in jeder proletarischen Situation ist und erst recht in einer Situation, die tief unter der proletarischen steht. Sie begriffen nicht, daß ich mich ohne Murren zum Schlaf auf dem Fußboden ausstreckte wie jeder andre auch und mich abends auf die Dielen legte, als hätte ich nie anders geruht. Wäre ich ein Proletarier gewesen, so hätte es ihnen als in der Ordnung gegolten, aber ein »Doktor«, ein »Akademiker«! So konventionell sind die Vorstellungen unserer »besseren« Schichten vom Leben, das sie nie in der Form des nackten Daseins kennengelernt hatten.

Jeder Veränderung sieht der Gefangene mit ungeduldiger Erwartung entgegen. Nicht immer – ja selten – ist es eine freudige Erwartung. Viel öfter ist sie ihm ein Gegenstand des Mißtrauens und des Grübelns: Die Frage nach dem Sinn und Zweck einer Veränderung beschäftigt ihn unausgesetzt.

Warum? Wieso? Weshalb? Was steckt dahinter?

Gefangene sind gründliche Frager – und sie erhalten von niemandem und nirgends her eine Antwort. Die Wärter schweigen, sie wissen nicht selten ebensowenig wie der Gefangene. Und wenn sie nicht schweigen, entbehrt ihre Auskunft doch jeder Zuverlässigkeit. Eine Veränderung in der Essensausgabe, eine Verlegung von einer Zelle in eine andere, von der Einzelhaft in Gemeinschaftshaft oder umgekehrt, jede auf eine bevorstehende mögliche Veränderung zielende Bemerkung eines Wärters, ja selbst nur dem Ohre wahrnehmenden Veränderungen in benachbarten Zellen, werden dem in äußerster Isolation vegetierenden Gehirn des Gefangenen zum Problem. Er kommt nicht darüber hinweg, soviel er sich auch Mühe gibt. Er schwankt zwischen hemmungslosem Optimismus in bezug auf die möglichen Folgen der zu erwartenden Veränderung für sein Schicksal und einem ebenso uferlosen Pessimismus. Die Erfahrung sagt ihm oder hat ihm gesagt, daß selten eine Veränderung zum Besseren ausschlug, aber seine Bereitschaft, alle Erfahrung über Bord zu werfen, ist zu groß, als daß er ihr vertrauen möchte. In diesem Auf und Ab gerät er alsbald in eine unerträgliche Spannung, die sich auch seinen Mitgefangenen mitteilt, denn die Insassen seiner Zelle sind auf eine hintergründige und schwer zu beschreibende Weise ein einziger Kollektiv-Organismus, so entschieden auch ihr Individualismus sich zuzeiten äußern mag.

Es stand für mich wie für uns alle fest, daß ich entlassen werden würde. An dieser Erwartung nahmen alle in gleicher Weise und in gleicher Spannung teil. Heute oder morgen, in der nächsten

Stunde, ja vielleicht eben jetzt würde der Schritt des Wachtmeisters an unserer Türe haltmachen, der Schlüssel sperren, die schweren Riegel zurückgeworfen werden, die Türe sich öffnen und eine Stimme würde meinen Namen aufrufen und ich würde hinaustreten in die Freiheit, in jene herrliche Welt, die sonnenübergossen sich unermeßlich vor unserem kleinen Fenster breitete und die Sehnsucht jedes einzelnen mit verwegenen Wünschen nährte. Ich würde frei sein und hingehen können, wohin ich wollte.

Erfahrungsgemäß vollzog sich der Vorgang einer Entlassung stets in unziemlicher und überstürzender Eile. Da war es besser, jetzt schon voneinander Abschied zu nehmen und wir taten es denn auch. Jeder drückte mir die Hand – und wenn ich mich auf Gesichter auch nur einigermaßen verstehe, so war keines dabei, auf dem auch nur der Schatten einer Mißgunst oder einer neidischen Regung sich abzeichnete. Sie waren alle so herzlich und offen, als sähen sie in meiner Freiheit eine Gewähr für die baldige Erlangung der eigenen.

Jeder hatte selbstverständlich einen kleinen Auftrag für mich, den gewissenhaft auszuführen ich ihnen gerne versprechen konnte. Fast jeder wollte eine Botschaft an seine Frau oder an seine Mutter gebracht haben, kleine Wünsche die Fülle tauchten auf: Der eine wollte mehr Essen, der andere wärmere Wäsche, der dritte Tabak, dessen Einbringung streng verboten war. Aber er traute seiner Frau schon zu, einen geeigneten Weg zur Übermittlung zu finden, wie sich überhaupt in allen Aufträgen ein unerschütterliches Vertrauen in die List und Schlauheit des Weibes äußerte. Keiner verlangte nach einem Buch, alle aber nach Zeitungen. Diese einzuführen war einigermaßen schwierig. Es ging nur auf dem Wege der Benutzung als Einwickelpapier und auch dann nur, wenn man außen eine uralte, als Einlage aber eine neue Zeitung verwendete.

Der naiven Anregung, mir die einzelnen Wünsche zu notieren, entsprach ich freilich nicht, da jede schriftliche Notiz bei der Entlassung Verdacht erregt und zu unliebsamen Komplikationen für alle Beteiligten geführt hätte.

Ich konnte mich getrost auf mein Gedächtnis verlassen und memorierte fleißig und unverdrossen laut vor meinen Zellengenossen das ganze Adressenmaterial und die dazu gehörenden Bestellungen. Nachdem ich es oft genug wiederholt hatte, war die Zufriedenheit allgemein.

Die Schritte des Schließers näherten sich unserer Türe; der

Schlüssel wurde eingesteckt, die Riegel rasselten zurück. Ich nahm rasch meine Siebensachen auf; viele Hände wollten noch schnell gedrückt werden; und nun stand ich in Erwartung. Zehn Augenpaare waren auf mich gerichtet und das des braven Gehr sah ich feucht werden. Wir waren in den wenigen Tagen brüderliche Freunde geworden.

Die Türe öffnete sich – aber nicht ich wurde aufgerufen, sondern ein ganz andrer, der Fabrikant und Heilpraktiker aus Fürth, der völlig unvorbereitet und überrascht war. Ich empfand keinerlei Enttäuschung. Ich hatte Geduld in langen Jahren gelernt.

Ein paar flüchtige Händedrücke, unterbrochen von dem wüsten Geschimpf des Beamten, dem es nicht schnell genug gehen konnte, und die Türe schloß sich hinter unserem Kameraden. Bei ihm war es übrigens sehr fraglich, ob er frei würde. Es lag viel näher anzunehmen, daß er lediglich in das Untersuchungsgefängnis übergeführt würde. Aber wir vermochten uns darüber trotz lebhafter Debatte keine Gewißheit zu verschaffen. Wir sahen ihn in Begleitung von zwei Beamten über den Hof gehen – er ging recht mühsam, und das Päckchen seiner Habseligkeiten baumelte hilflos an seinem Arm – und jenseits im Schatten des großen Tores verschwinden.

Das unerwartete Ereignis war der Gegenstand lebhafter Gespräche, und wir ergingen uns in den abenteuerlichsten Vermutungen. Der Tag verging und nichts ereignete sich weiter. Meine Entlassung ließ auf sich warten. Und auch der nächste Tag verging ohne jede Sensation.

Gegen Abend meldete der Beobachter am Fenster, daß eine Frau, die man für meine Frau halten könne, in nachdenklicher Haltung über den Hof käme. In der Tat, sie war es auch. Sie trug einen kleinen Koffer und nun mußte es sich ja herausstellen, ob sie kam, um mich abzuholen, oder ob sie nur irgendwelche Dinge, Wäsche und Nahrung, abzugeben hatte. Aber nichts geschah, weder zum Guten noch zum Bösen. Es war nichts abgegeben worden – aber ebensowenig hatten wir sie wieder das Gebäude verlassen sehen. Mutmaßlich also wartete sie auf mich. Das gab der mir bevorstehenden Freiheit noch einen besonderen freudigen Geschmack.

Erst bei hereinbrechender Dämmerung, das Essen war längst schon ausgegeben worden – kurz vor »Zellenschluß«, wie der Zapfenstreich in der Sprache der Gefängnisse heißt – wurde ich doch noch abgeholt. Der Wachtmeister erschien, rief meinen Namen und setzte hinzu: »Dalli – dalli, raus zum Baden.«

Baden? Mehr brauchte ich nicht zu wissen. Das bedeutete also keinesfalls Entlassung, sondern Abtransport in ein anderes Gefängnis. Jetzt bewährte sich, wie stets in unerwarteten und unübersichtlichen Lagen, die Schulung, die ich mir selbst jahrelang im Zuchthaus erarbeitet hatte. Ich befahl mir die schwere Disziplin der Gelassenheit, ließ alle Hoffnungen der letzten Tage langsam und bedächtig hinter mir zu Boden gleiten und nahm die wachsame Haltung des »Qui vive« für alles Kommende ein.

Mir tat es lediglich für meine Frau leid. Für sie würde es eine bittere Enttäuschung sein und eine Zeit zermürbender Ungewißheiten und Sorgen würde sich für sie eröffnen. Aber ich durfte mich dabei nicht aufhalten. Mehr als eine stille und leise Trauer durfte ich meinem Herzen nicht gewähren. Auch tröstete mich der Gedanke, daß es bestimmt einige Tage dauern würde, bis sie die enttäuschende Eröffnung der Fortdauer meiner Haft erfahren würde.

Und meine Freunde? Sie wußten soviel wie nichts von mir, und es war fast tröstlich, dessen gedenk zu sein.

In der Gefangenschaft ist derjenige am wenigsten seelischen Belastungen ausgesetzt, der ohne alle menschlichen Bindungen in der Welt steht. Robinson hätte sein Schicksal nicht ertragen, wenn er nicht ohne Vater und Mutter, ohne Schwester und Bruder, ohne Freund und Frau, ohne Geliebte und Kinder gewesen wäre, ein Mensch in der totalen Einsamkeit.

Ich entkleidete mich also in aller Ruhe und betrat die Badezelle, in deren Dampf unter den Brausen ich eine Reihe nackter Männer erkannte, Männer jeden Alters, vom Greis bis zum Knaben. Es waren mit Ausnahme eines Spaniers, der die Spuren schwerer Schläge auf seinem Gesicht trug und dem die Lippen unnatürlich angeschwollen waren, alles Russen. Sie waren sehr schweigsam und bewegten ihre mageren Leiber wie Gespenster unter den Brausen.

Ein ukrainischer Hilfswilliger tat Kalfakterdienst. Er sprang wie ein junger Affe von Mann zu Mann und machte sich mächtig wichtig. Sprechen war während des Badens verboten. Der älteste der Russen hielt sich nicht daran, sein grauer Bart verdeckte die Bewegungen seines Mundes. Aber in dem Rauschen des Wassers sprach er doch lauter als er sollte, wurde von dem

Hilfswilligen entdeckt, der sofort auf ihn zulief und ihn anschrie, indem er ihn rücksichtslos am Barte riß. Der Russe stieß ihn zurück und drohte ihm mit funkelnden Augen.

In diesem Augenblick gab mir der jüngste der Russen, der neben mir stand, ein kleines Stück Seife. Sofort stürzte der ukrainische Hilfswillige auf mich zu und befahl mir – ich konnte ihn nicht verstehen, ersah es aber unmißverständlich aus seinen Gesten –, die Seife herauszugeben. Ich dachte nicht daran und rief ihm zu, sich zu scheren. Er griff nach meinem Handgelenk, um mir die Seife zu entreißen. Im Bruchteil einer Sekunde hatte ich unsere gegenseitigen Chancen abgeschätzt und sie als durchaus für mich günstig erkannt. Ich schlug ihm aus unmittelbarer Nähe mit dem flachen Handrücken ins Gesicht, daß er bis zur Türe taumelte, in der, angezogen durch unser ziemlich lautes Geschimpfe, der Wachtmeister erschien. Er schien bedenkenlos bereit, seinem ukrainischen Kalfakter die Stange zu halten. Ich erklärte ihm aber, nackt zwar, aber in leidlich guter »militärischer Haltung« und in erregtem und entschiedenem Ton den Vorgang, nicht ohne durchblicken zu lassen, daß ich den Übergriff des Kalfakters zum Gegenstand einer Beschwerde machen würde, so daß er sich anders besann und den Ukrainer des Raumes verwies.

Dieser handgreifliche Zwischenfall schien mir symbolisch für alles Kommende; ich erwartete mir von vornherein nichts Gutes für die Zukunft und hatte Zeit, mich darauf einzustellen.

Schließlich bekamen je drei Mann von uns einen alten schartigen Rasierapparat mit der Weisung, uns die Schamhaare zu rasieren. Die Russen taten es in schweigender Ergebenheit, der Spanier aber, geplagt von was weiß ich für einem Aberglauben, setzte Himmel und Hölle bis zu Tränen in Bewegung, um sich die Prozedur zu ersparen. Allein der Wachtmeister blieb unnachsichtlich. Ich selber folgte dem Beispiel der Russen und legte dem Vorgang keine höhere Bedeutung bei als er verdiente. Die eine, entscheidende Bedeutung des Vorganges aber war mir nun klar: Verbringung in ein Lager, sei es Arbeitslager oder Konzentrationslager. Ich beschloß, mich sofort ohne unnötige Grübelei auf diesen Sachverhalt einzustellen.

Wir kamen alle acht, sechs Russen, ein Spanier und ich, denen sich später noch ein junger Tscheche zugesellte, in eine der berüchtigten Steinbodenzellen im Untergeschoß des Polizeigefängnisses. Dorthin brachte mir der Wachtmeister denn auch ein Eßpaket meiner Frau, das letzte, das ich auf lange Zeit erhalten sollte. Wir teilten so brüderlich wie möglich. Der alte Russe bekam ein Ei. Er stand aus seiner Hockestellung auf und umarmte mich. Er sprach lebhaft auf mich ein. Ich konnte ihn nicht verstehen. Der Tscheche übersetzte mir: Er hatte versprochen, für mich zu beten.

Einen kleinen Rest Nahrung behielt ich für mich. Er sollte mir noch gute Dienste tun.

Inzwischen war es in unserer Zelle völlig Nacht geworden. Der Spanier erzählte mir, daß er als Ingenieur in Röthenbach gearbeitet habe. Er habe seit drei Jahren eine Liebste in Lauf, die auch ein Kind von ihm habe. Er wollte mir ein Bild von ihr zeigen, aber es war in der Dunkelheit nichts zu erkennen, jedenfalls nicht für mich. Er selber freilich blickte unausgesetzt auf das kleine Bild. Ich zweifle nicht, daß er geschaut hat, was er schauen wollte, denn Liebende erkennen sich auch im Dunkeln. Das ist der tiefere Unterschied zwischen Sehen und Schauen.

Er war einigemal der Arbeit ferngeblieben. Der Betriebsobmann hatte ihn der Gestapo gemeldet. Diese hatte ihn vorgeladen und elend geschlagen und nun seine Überführung in das Arbeitslager Langenzenn angeordnet.

Langenzenn war das Stichwort. Ich wußte über dieses Lager nur wenig, aber fast alle Russen kannten es. Auch sie waren im Begriffe, dorthin gebracht zu werden. Einige von ihnen schickten sich nun zum drittenmal an, diesen Weg zu gehen. Sie wußten außerordentliche Dinge von dort zu berichten: Mißhandlungen der übelsten Art, Totprügeleien, und – das machte sie zittern – das Hetzen von Hunden auf die Häftlinge. Der Spanier brach in ein haltloses Weinen aus und sofort wechselten die Russen taktvoll das Thema. Es entstand einen Augenblick eine große Stille, bis der alte Russe begann, mit der ruhigen und dunklen Greisenstimme, mit der er vielleicht früher seine Enkelkinder in den Schlaf gesungen hatte, eintönig wie die weite Steppe seiner weiten Heimat, ein russisches Märchen zu erzählen. Alle lauschten atemlos. Der Tscheche übersetzte für mich.

Es war die Geschichte eines russischen Knaben, der von Tataren geraubt und ausgesetzt worden war. Nacht für Nacht kam eine Hündin aus seinem Heimatdorf und brachte ihm Nahrung. Später wurde der Knabe ein großer Held seiner Heimat. Der Sinn war, daß die Tiere vernünftiger und hilfreicher seien als die Menschen. Diese primitive Legende stimmte mich nachdenklich. Sie gehört zum Erfahrungsschatz aller Völker und findet sich in den Märchen der Zigeuner ebenso wie in denen der Indianer. Ein nie erfülltes menschliches Anliegen drückt sich in ihnen aus.

In einiger Entfernung von unserer Zelle hörten wir weibliche Stimmen. Es waren Russinnen, die mit Geschirrspülen beschäftigt waren. Alsbald war die Verbindung hergestellt. Einer der Russen kauerte sich an die Türschwelle und begann zu sprechen. Es wurde sogleich geantwortet und nun begann ein gespenstisches Fragen und Antworten durch die schweren Türen der Zellen hindurch. Einmal auch lief eine der Russinnen bis zu unserer Türe und sprach etwas herein, was ich nicht verstehen konnte. Doch es muß ein heiterer Trost gewesen sein, denn alle lachten und freuten sich wie Kinder.

Der Tscheche, Buchhändler von Beruf, sagte leise halb zu sich selbst, halb an mich gewandt: »Rußland ist unsterblich.« Schließlich verstummte jede Unterhaltung. Wir streckten uns dicht nebeneinander auf dem kalten Boden aus. Nach einer Weile entspann sich zwischen dem neben mir liegenden Russen, einem Glasarbeiter, und mir ein Gespräch: »Warum machen die Deutschen nicht Revolution?« Ich setzte ihm die geringen Aussichten auseinander. Er ließ es nicht gelten und redete einer gemeinschaftlichen Aktion der ausländischen und deutschen Arbeiter das Wort.

Ich: »Mit was willst Du denn Revolution machen? Wir haben keine Waffen.«

Er: »Aber Eure Soldaten haben welche.«

Ich: »Die Soldaten werden diesmal nicht Revolution machen. Das verhindern die Offiziere.«

Er: »Nicht alle – einige werden mit Revolution machen, die anderen muß man erschlagen.«

Ich: »Das kann sehr schiefgehen. Die SS ist eine reine Bürgerkriegstruppe.«

Er: »Man muß es dennoch wagen. Was habt Ihr denn noch zu verlieren?«

Ich: »Es ist wahr, wir haben nichts zu verlieren ...«

In diesem Augenblick öffnete sich die Tür. Das Licht wurde angedreht. Die Russen kümmerten sich nicht darum und schliefen getrost weiter. Der Spanier fuhr auf. Aber es galt nicht ihm. Mein Name wurde aufgerufen. Ich wurde abgeholt.

Ich stand auf. Der Russe neben mir erhob sich und gab mir die Hand und eine Zigarette.

Auf der Uhr am Gefängnisgang sah ich, daß es kurz vor 22.00 Uhr war.

Im Aufnahmeraum, der auch für die Abfertigung der Gefangenen diente, befanden sich ein Polizeibeamter in Zivil und einige gähnende Schutzleute. Meine Aktentasche, mit dem Rest meiner Habseligkeiten, die ich bei Einlieferung abgenommen bekommen hatte, wurde gebracht. Einer der Schutzleute schüttete den Inhalt zwecks Nachprüfung der Vollständigkeit auf einen Tisch, zählte mir den Rest meines Geldes nach Abzug der Schutzhaftkosten vor und legte mir ein Formular vor, auf dem ich den richtigen Empfang zu bestätigen hatte. Ich leistete meine Unterschrift, packte gleichmütig den ganzen Krempel meiner »Rest Effckten« und des Geldes ohne nachzuzählen in meine Aktentasche und vermochte es durch eine geschickte und unauffällige Manipulation so einzurichten, daß ich meiner Begleitpapiere ansichtig wurde.

Der rote Schutzhaftschein fehlte. An seiner Stelle lag ein großer brauner Briefumschlag, dessen Adresse aber von den übrigen Entlassungspapieren aus der Schutzhaft verdeckt war. Ich war also tatsächlich aus der Schutzhaft entlassen, da stand es schwarz auf weiß, und ich las es mehr als einmal, bis ich in der linken Ecke des Schriftstückes den kleinen handschriftlichen Vermerk fand: »Und Überweisung in K. L.« (die amtliche Bezeichnung anstelle des geläufigen KZ). Damit war mein weiteres Geschick nicht mehr zweifelhaft. Ich tat, als hätte ich nichts gelesen und schob den Zettel wieder an seine alte Stelle. Der Polizeibeamte in Zivil wandte sich mit einigen Worten an mich. Es stellte sich heraus, daß ich in Begleitung von zwei Schutzleuten in Zivil transportiert werden sollte. Über das genaue Wohin konnte ich mir keine Gewißheit verschaffen. Der befragte Beamte verweigerte die Auskunft.

Nun, auch diese Lage war für mich nichts Neues. Ich war schon zu oft transportiert worden: zu Fuß, im Lastwagen, im Personenwagen, mit öffentlichen Verkehrsmitteln, Straßenbahn, Eisenbahn, in geschlossenem und Einzeltransport, im Gefangenen-Eisenbahnabteil und in der grünen Minna, als daß mich die Eröffnung noch hätte besonders erregen können. Jetzt war abwarten und mit sich geschehen lassen die bewährteste Einstellung.

Der Beamte straffte sich und erklärte mir – ich kannte das Sprüchlein nun längst schon auswendig –, daß er Befehl habe, mich gefesselt zu transportieren, und daß er jeden Versuch zur

Flucht mit der Waffe zu verhindern habe. Ich möge also »vernünftig sein« und nichts »Dummes« machen, womit er die Grenzen seiner Pflichten sehr weit umriß. Es geschah diese Eröffnung in durchaus loyalem Ton, durch den sogar ein Anklang von Bedauern nicht zu überhören war. Es handelte sich also nicht um einen durch die Schule der Gestapo gegangenen Beamten. Meine Vermutung sollte später recht behalten.

Er und der später zu uns stoßende zweite Begleiter waren beide früher Nürnberger Geschäftsleute gewesen, der eine ein Wirt, der andere ein Spezereihändler. Beide waren aber nicht etwa, wie man vermuten könnte, im Zuge der üblichen Aushebungen zum Dienst bei der Polizei eingezogen worden, sondern hatten sich, vom Taumel einer militärischen Konjunktur und dem Zauber der Uniform angesteckt, freiwillig gemeldet. Inzwischen war dieser Zauber, wie ich später gesprächsweise feststellen konnte, schon stark entblättert und auf den Taumel eine spürbare Ernüchterung gefolgt.

Sie hatten es bald heraus, daß sie es bei mir nicht mit einem der üblichen Ganoven zu tun hatten, sondern mit einem in seinen politischen Überzeugungen gefestigten und geschulten Mann, der ihre Weh und Achs, ihre Sorgen und Nöte und vor allem ihre Angst vor der Zukunft genau kannte. Und sie machten, weich und unentschlossen, wie sie im Grunde waren, alsbald aus ihren Stimmungen kein Hehl, die zwischen utopischem Optimismus und schwärzestem Pessimismus wechselten, aber alles in allem doch mehr zur Verzweiflung als zur Hoffnung neigten.

Sie unterhielten sich gerne mit mir. Ohne freilich den Mut zu haben – wozu sie unter gewissen Umständen befugt gewesen wären –, meine Fesseln zeitweise zu lösen, bewegten sie sich mit mir in der Öffentlichkeit mit absichtlicher Kordialität, die mir unliebsames Aufsehen ersparen sollte. Sie unterschätzten dabei stark meine Dickfelligkeit und Gleichgültigkeit und waren offenbar willens, der in mir vermuteten Sensibilität des »Akademikers« solchen und ähnlichen Lagen gegenüber Rechnung zu tragen. Ihre unterwegs bei jeder unübersichtlichen Situation wiederholten Mahnungen, jeden Fluchtversuch bei Gefahr des Waffengebrauches zu unterlassen, waren alsbald auch nicht mehr in die übliche Befehlsform gekleidet, sondern in einer Art vertraulich vorgebrachter Bitte formuliert: ihnen doch keine Schwierigkeiten zu machen. Ich hatte dazu keinen Anlaß und so wurde uns erspart, aneinander Enttäuschungen zu erleben.

Diese Art Menschen, im Grunde gutmütig und unverdorben, ehrsam und moralisch verängstigt, von jedem Schimmer der Macht, und käme er aus der trübsten Funzel, geblendet, wirtschaftlichem Lebenskampf nicht gewachsen und bemüht, Schwierigkeiten immer nach der Seite des geringsten Widerstandes auszuweichen, Untertanen von Geburt und Rasse, Kapitulanten weniger aus Neigung als aus Verlegenheit, beliebte Ehemänner für ländliche Maiden mit dem Ehrgeiz zur Stadt, Pantoffelhelden aus innerster Zustimmung, jeder Art Zivilcourage als revolutionär mißtrauend, ohne Initiative und darum ohne Chance im Kampf ums Dasein, jeder Großzügigkeit abhold, jedem Risiko aus dem Wege gehend, sind die geborenen Diener des Staates, gleich welchen Staates, wenn er ihnen nur »Versorgungsberechtigung« gewährt und eine echte oder, wenn nicht anders möglich, auch nur symbolische Beamteneigenschaft. Das ist, wie dem Bauern das Land, dem Handwerker das Werkzeug, dem Arbeiter die Maschine, erst der tragende Grund, der ihrem mittelständlerischen Dasein Sinn und Halt gibt.

Soziologisch ist es die traurigste Klasse, wenn man ihr überhaupt den Namen einer Klasse geben darf, ihr, die eigentlich im Niemandsland zwischen den Klassen sich eingerichtet hat und folgerichtig eines Tages auch darin zermalmt werden wird.

Die erste Frage, die einem von Leuten dieser Sorte gestellt wird, ist die nach dem Beruf. Nirgendwo sonst wird Beruf und Titel eine solche Bedeutung beigemessen wie in der Vorstellungswelt des Beamten. Man sollte meinen, nirgendwo wäre Titel und Beruf von größerer Gleichgültigkeit als in der polizeilichen Welt, die neben der Justiz die objektivste aller Welten und gradlinig auf Sachverhalte und nur ganz am Rande auf Personenstandsinhalte gerichtet sein sollte. Aber das Gegenteil ist der Fall. Äußerlich zwar gibt sie sich streng den Anschein der Sachlichkeit und Indifferenz gegen bürgerliche Rang- und Amtsordnungen. Und um dies vor sich und der Öffentlichkeit zu erhärten, vergreift sie sich gerade sog. hochgestellten Personen gegenüber gerne absichtlich im Ton und läßt den auf dem Grund ihrer Seele schlummernden und rumorenden Neidgefühlen nicht selten in recht drastischer Weise freien Lauf. Aber in ihrem tiefsten Grunde vermögen sie nicht zu verbergen, wie sehr sie der subalterne Respekt vor jeder bürgerlichen Geltung, und sei es die anrüchigste und umstrittenste, an wahrer Objektivität hindert. Von der Entfaltung echten Klassenhasses keine

Spur, weshalb auch der organisierte Spießer, als er traumhaft und unerwartet zur totalen Macht kam, sich lieber in den Rassenhaß flüchtete, da er auf dem Boden des Klassenhasses berechtigten Grund hatte, sich unsicher und hoffnungslos unterlegen zu fühlen. Die zweite Frage lautet mit entwaffnender Regelmäßigkeit: »Was haben Sie denn da verdient?«

Bürgerliche Häftlinge pflegen bei dieser Frage aus Gründen, die sie selbst nicht zu deuten wüßten, nicht unerheblich aufzuschneiden. Das gilt auch in den Unterhaltungen der Häftlinge untereinander, wie erst recht der Polizei gegenüber. Es ist, als sähe das gerupfte Selbstbewußtsein des durch die Verhaftung entbürgerlichten Menschen in dieser Frage eine Gelegenheit, sich wieder zu bestätigen. Der Realismus der Wahrheit aber würde zu einer solchen Bestätigung nicht oder nur selten ausreichen; warum ihr also nicht mit einigen Übertreibungen nachhelfen, wenn nur der illusionäre Zweck erreicht wird? Wer möchte es ihnen verübeln! Ist nicht auch in der Freiheit dem »Akademiker«, dem »Gebildeten« jedes Mittel der Selbsttäuschung recht, um die Fiktion aufrechtzuerhalten, daß er zur bevorrechtigten bürgerlichen Klasse zähle? Der traurigste Hungerleider im chemischen Labor eines Trustes, der armseligste Ingenieur am Zeichenbrett einer »Weltfirma«, der niemals auf einen grünen Zweig kommende »kaufmännische Abteilungsleiter« in einem Konzern vergeudet lieber lebenslang seine Kraft, an seiner eigenen Bedeutungslosigkeit von Titelchen zu Titelchen emporzuklettern, dorthin, wo seine bürgerliche Phantasie das nie erreichbare und nie erreichte Paradies der kapitalistischen Gesellschaft vermutet, als daß er sich entschlossen eingesteht, wo sein wirklicher und natürlicher Standort ist, und dort sich eingliedert, wo seine wirkliche Klasse ihn erwartet.

So habe ich denn auch in der Tat selten einen Gefangenen – auch unter den politischen – von bürgerlicher Herkunft getroffen, der, nach der Höhe seines Einkommens befragt, nicht mit gewichtiger und vieldeutiger Miene und sich sofort am eigenen Respekt straffend, weniger als 800.– RM geantwortet hätte (Größenordnung 1937 bis 1945). Das waren aber schon die Bescheidenen und Vorsichtigen, die Stümper sozusagen, denn die meisten nannten Beträge, die mindestens um die 1000.– RM, manche noch viel höher, lagen. Den Mitgefangenen aus dem Bauern- und Arbeiterstande blieb darüber regelmäßig das Maul offen. Es war ein mehr resigniert respektvolles als neiderfülltes

Staunen, und die Aufschneider wärmten sich sichtlich daran und blühten auf. Dabei waren Männer unter ihnen, die gleich mir ein halbes Leben in Stellungen verbracht hatten, die ihnen einen genauen Einblick in die Lohn- und Gehaltsverhältnisse gestattet hatten und darum genau wissen mußten, daß der Befragte hemmungslos aufgeschnitten hatte. Aber keiner rügte jemals einen der Aufschneider, sondern sie verharrten in achtungsvollem Schweigen und überlegender Nachdenklichkeit. Und wenn sie auch nicht glaubten, so schienen sie es doch für möglich zu halten, so sehr waren ihr Sinn für Realismus schon aufgeweicht und ihr nüchternes Urteil getrübt.

Ein Polizeibeamter vollends gerät – das ist eine Erfahrung, die ich immer wieder gemacht habe – bei der Nennung solcher Beträge gänzlich aus der Fassung. Und selbst die wahrheitsgetreue und nicht überhöhte Gehaltsangabe eines kleinen oder mittleren Angestellten wird ihn in achtungsvolles Staunen versetzen.

Denn in einer teuflischen Dialektik bezahlen die bürgerliche Gesellschaft und ihr Staat mit Vorzug diejenigen am schlechtesten und schäbigsten, die sie für die Aufrechterhaltung von Ruhe und Ordnung gedungen haben: Polizei und Soldaten. Aber es ist die eigene Dummheit, die ihnen zu diesem Hungerleider-Dasein verhilft, das man ihnen mit der Gloriole einer Uniform vergoldet und mit einem fragwürdigen Almosenanteil an der Staatsmacht schmackhaft macht. Es darf daher nicht wunder nehmen, wenn sie jeden sozial Höherstehenden, erst recht aber jeden ihrer Meinung nach »Besitzenden« für einen ausgemachten Narren halten, der übermütig genug war, seine Existenz für seine politische Überzeugung aufs Spiel zu setzen. Achtungsvoller Spott und mitleidsvoller Hohn werden ihm zuteil und, wenn es sich um gutmütige Beamte handelt, eindringliche und wohlmeinende Lebenslehren, die an spießerischer Charakterlosigkeit nur noch durch ihre sinnfällige Torheit und Abgeschmacktheit übertroffen werden. »Lebenslehren«, die in dem labilen seelischen Zustand, in welchem sich die Gefangenen der »gebildeten Stände« meist befinden, häufig ihre Wirkung nicht verfehlen und selbstbewußte Männer zu reuigen Sündern werden lassen.

Bei mir freilich war diese Gefahr nicht sehr groß. Ich betrachtete es stets für eine Ehre und eine willkommene Bestätigung, von den »gescheiten Leuten« für einen Narren gehalten zu werden. Ich zog es immer vor, mit den Narren auch wirklich aus ganzer Seele närrisch zu sein, statt mit den Gescheiten mit halbem Herzen weise.

So ließ ich mir denn auch diesmal ohne auch nur den Schatten einer Verbitterung die Handschellen anlegen und wanderte mit meinem Begleiter, sorgfältig jede Angst bezüglich der Zukunft aus meinem Hirne verweisend, flotten Schrittes und nur durch die Fesseln im Tragen meines kleinen Gepäckes etwas behindert, wieder einmal aus dem Tor des Nürnberger Staatspolizeigefängnisses, das ich schon so oft einwärts und auswärts durchschritten hatte.

Es ist ein seltsames und schwer zu beschreibendes Gefühl, wenn man nach längerer Zellenhaft wieder ins Freie kommt. Der lange Aufenthalt in einem geschlossenen und nur mangelhaft gelüfteten Raum hat die Lungen träge, der Mangel an Bewegung die Glieder steif und schwerfällig gemacht.

Dennoch fühlt man sich nach den ersten Schritten, als hätte man einen Teil seines Eigengewichtes verloren, federleicht und in einem Zustand, der mit »Elastizität« nur sehr ungenau und unzureichend beschrieben werden kann. Die Luft strömt kräftig in die Lungen, der Atem geht unwillkürlich tiefer und ruhiger, die Glieder gehorchen spielerisch, aber nicht ohne eine gewisse Unsicherheit. Ähnlich mag es sein, wenn man von einem nicht zu langen Krankenlager genesen sich erhebt. Man fühlt, wie mit jedem Schritte und jedem Atemzug der Körper wieder Vertrauen zu sich selbst gewinnt. Nicht jenes seelische Vertrauen, das wir uns selbst geben oder, wenn wir es verloren haben, entschlossen wieder erwerben können, sondern ein ganz einfaches, unkompliziertes, wunderbares Vertrauen rein leiblicher Art. Aber man muß das selbst erlebt haben, es ist schwer, seine Köstlichkeit hinreichend zu beschreiben.

Auch ist es, als fänden sich alle guten Geister, die sich in den Tagen der Haft von einem entfernt oder verborgen gehalten hatten, nun wieder vollzählig ein und begrüßten sich freudig und überrascht, einander wieder unzerstückelt anzutreffen. Auch das ist ein Erlebnis, das niemandem zulänglich wiedergegeben werden kann.

Die Sommernacht war wundervoll – der Mond stand groß und voll am Himmel, das geliebte Gestirn, das uralte Licht der Liebenden. Wie für die Alten war auch für mich der Mond – Luna – stets weiblich zu denken. Ich war viel zu vertraut mit ihm, um sein Lächeln undurchdringlich zu finden. Aber ich übersah es auch nicht, daß ein winziges Wölkchen seine Heiterkeit auslöschte, gerade als wir aus dem Gefängnis traten, und ich wußte es zu deuten: Es stand mir nichts Gutes bevor.

Sei wie dem sei: dort wanderten die Sterne in unendlicher Zahl, nach ewigen Gesetzen – ihr Licht floß wie vergossene Milch über die alten Dächer der Stadt und füllte die Ruinen mit gespenstischem Leben. Kein menschliches Wesen war weit und breit wahrzunehmen. Die Stille war ungeheuerlich.

Damals war die Stadt noch in geringem Maße zerstört und ihr nächtlicher Zauber noch nicht zermalmt von der Sinnlosigkeit, die ein irrsinniger Widerstandswille über sie verhängt hatte. Aber – während wir wortlos durch die Straßen zum Bahnhof marschierten, sah ich diese gleichen Straßen bereits unvermeidlich alsbald in Trümmer sinken und ihre Häuserzüge in Flammen stehen, die alten Zeugen jahrhundertelangen Menschenfleißes und Menschentüchtigkeit und alles Lebendige in ihnen, einer paranoischen Eitelkeit und Machtgier sinnlos geopfert. Zorn und Scham stritten in mir und wurden zu Haß, nicht jenem einer unruhigen Flamme vergleichbaren Haß, sondern einem gediegenen Haß mit langem und ruhigem Atem, der keiner unbedachten Äußerung Gefahr läuft.

Der Mann neben mir, subalternes Exekutivorgan jenes Systems von verbrecherischen Verantwortungslosigkeiten, gegen das sich mein Haß richtete, erregte einen Augenblick lang meine angespannte Aufmerksamkeit. Richtete sich mein Haß auch gegen ihn? Ich hätte es nicht auf Anhieb entscheiden können. Aber dies war mir blitzartig klar, daß ich ihn, die Möglichkeit dazu vorausgesetzt, ohne jede Gewissensbelastung und so zweckmäßig, wie man eine Larve oder ein schädliches Insekt zerdrückt, hätte töten können, so ruhig und selbstverständlich, aber weniger stumpf und gedankenlos, wie es jetzt mich ins Konzentrationslager und andre zur Exekution gebracht hatte, ohne daß ihm deswegen die Abendvesper weniger gemundet hätte als sonst.

Ich wußte sehr wohl: Der Mann tat seine Pflicht. Aber was war das schon für eine Pflicht! Eine Pflicht, die ihn täglich der Mitwisserschaft und Mittäterschaft von Verbrechen an nicht immer, aber gewiß vielfach Unschuldigen oder nur bedingt Schuldigen verpflichtete; eine Pflicht, zu der er sich noch obendrein freiwillig gemeldet hatte. Mit dem Worte Pflicht ist jeder

Mißbrauch möglich, es ist geradezu der Mißbrauch selbst geworden.

Indem ich dies überdachte, wurde mir klar, wie völlig gleichgültig mir dieser stun pfsinnige Bursche neben mir sein konnte. Nicht wert, daß man auch nur einen kleinen Bruchteil seines Hasses an ihn verschwende. An seiner Bedeutungslosigkeit würde jede persönliche Abrechnung sinnlos werden. Es kann überhaupt keine persönliche, sondern nur eine allgemeine Abrechnung geben. Und im Rahmen dieser, die allerdings so entschieden und unerbittlich wie möglich und für mich damals nur in einem revolutionären Akt zu denken war, den das deutsche Volk der Welt und seiner eigenen Geschichte schuldig war, würde auch für diesen kläglichen Kerl und seinesgleichen der Schicksalsspruch bereitet sein.

Inzwischen waren wir bis zum Bahnhof gekommen. Das Lokal der Bahnhofswache diente gleichzeitig als Interims-Schubgefängnis und war mit einer Reihe von Einzelzellen ausgestattet, in welch eine ich nun bei völliger Dunkelheit bis zum Abgang unseres Zuges, der gegen Mitternacht gehen sollte, gesperrt wurde. Ich legte mich sofort, wie ich kam und stand, auf die in der Zelle befindliche Bank und schlief alsbald einen gesunden und gerechten Schlaf des Vergessens.

Ich will es gleich hier einfügen, daß Schlaf für den Gefangenen das Allernotwendigste ist, notwendiger als Licht und Nahrung. Niemals ist mir deutlicher und entscheidender zum Bewußtsein gebracht worden, welch eine unerschöpfliche Erneuerung ein guter Schlaf ist, als in jeder Lage meines Gefangenendaseins. Darum bemühte ich mich stets zuallererst, den bei jeder Verhaftung und den notwendig damit verbundenen Aufregungen unvermeidlich gestörten Schlafhaushalt so rasch wie möglich wieder instand zu setzen. Ich bediente mich dazu aller Mittel: kalter Waschungen, ermüdender Freiübungen, Buchstabierens, Zählens usw. und kann vor allem eines empfehlen: Man lege sich flach auf den Rücken auf den Zellenboden, schließe die Augen und ahme bei halbgeöffnetem Mund langsam atmend die Schnarchtöne nach. Das Mittel ist neben körperlicher Ermüdung nahezu unfehlbar. Auch diesmal tat es prompt seine Wirkung.

Wie lange ich geschlafen hatte, wußte ich nicht, es konnte jedenfalls nicht sehr lange gewesen sein, als die Sirenen Nürnbergs auf Vollalarm zu heulen anfingen. Ich fuhr auf und rechnete mir blitzschnell aus, daß die Chancen bei einem einigermaßen ernsthaften Luftangriff im Bahnhofsgebäude in den Parterreräumen, noch dazu in einer engen und direkt auf die Gleisanlagen gehenden Zelle, keine sehr ermunternden seien, aber zu meiner Überraschung wurde ich entgegen den Gepflogenheiten im Gestapogefängnis, zusammen mit einer Reihe anderer Häftlinge, die auch auf ihren Abtransport warteten, aus der Zelle geholt und im Gänsemarsch in aller Öffentlichkeit, die jedoch von uns nicht allzuviel Notiz nahm, in den Bahnhofsbunker gebracht. Dort herrschte die übliche drangvolle Enge und streiterfüllte Luft, und es dauerte auch gar nicht lange, daß es zu einer heftigen Wortkeilerei zwischen den uns begleitenden Polizisten und den Zivilisten kam. Aus dem Text war allerhand zu entnehmen, was einem erklärten »Staatsfeind« wie mir höchst wohltönend klang. In dieser Nacht waren einige Bomben in den Außenbezirken der Stadt, namentlich in der Gegend des Nordostbahnhofes, gefallen. Als wir nach dem Angriff auf dem Bahnsteig standen, rötete sich der Himmel von Bränden. – Alle Züge hatten Verspätung von mehreren Stunden angesagt.

Meine beiden Begleiter beschlossen, das Eintreffen unseres Zuges im Wartesall II. Klasse des Nürnberger Hauptbahnhofes zu erwarten und wurden sich nach kurzer Beratung einig, mich nicht mehr für die Zwischenzeit in die Schubzelle zu bringen, sondern mich eben mitzunehmen. Da dies wohl nicht ausdrücklich verboten, wohl aber auch nicht ganz korrekt war, hielten sie es für geraten, mich vorher zu fragen, ob ich in die Zelle oder in den Wartesaal wolle. Vielleicht vermuteten sie auch, daß ich die Zelle einer öffentlichen Schaustellung im überfüllten Wartesaal vorziehen würde. Aber in diesem Punkte hatten sie sich in mir getäuscht.

Ich war niemals menschenscheu, erst recht nicht im Unglück. Ja gerade dann verlangte ich nach menschlicher Umgebung, wohlgemerkt, nicht so sehr nach menschlicher Gesellschaft oder gar Unterhaltung als einfach nach menschlichen Gesichtern. Sie waren mir immer und würden mir immer und in welcher erniedrigenden Lage und sorgenvollsten Situation auch immer der tiefste und reichste Trost sein, dessen ich mich versehen konnte. Genossenschaft im Leide ist ein unheimliches und unzerreißbares Band, das selbst unerbittliche Gegner auf geheimnisvolle und ungewollte, ja widerstrebende Weise aneinander kettet. Ich kenne auch die Verbundenheit, die aus gemeinsamer Freude quillt, und habe mich ihr immer gerne und willig hingegeben. Aber das Leid ist ein festerer Kitt und ein unmittelbarerer Anruf zu gegenseitiger Achtung und Hilfe. Ein Hochzeitstag etwa wird, wenn Du noch unverdorben und menschlich unmittelbar zu empfinden vermagst, Dich unversehens zum Teilhaber heiterster Freuden machen, auch wenn Du ihn nur von Deinem Fenster aus beobachtest; ein Trupp Gefangener aber wird Dich, unter den gleichen Bedingungen ungebrochener Empfindungsfähigkeit, viel unmittelbarer und verpflichtender ansprechen. Es ist müßig, über die Gründe nachzudenken, obwohl es nicht schwer sein müßte, sie zu finden. Aber begnügen wir uns mit der Tatsache.

Ein Wartesaal ist immer eine Fundgrube von Schicksalen, erst recht zu mitternächtlicher Stunde. Eine Insel von Schiffbrüchigen, über der eine verdichtete Atmosphäre von Erwartung und Enttäuschung, Leid, Trennung, Kummer, Sorge, Angst und Tränen, wilder Leidenschaften und Laster, heimlicher Liebesbeziehungen lagert, eine Bühne menschlicher Tragikomödien. Hier ist der Ort, wo die Ordnungen des bürgerlichen Taglaufs in einem höheren symbolischen Sinne unterbrochen und aufgehoben sind. Hier sind alle Nomaden, die sich für kürzere oder längere Zeit gelagert haben. Sie haben die festgefügten Ordnungen ihres Daseins auf unbestimmte Zeit verlassen. Niemand weiß, ja sie selber nicht, ob sie jemals unversehrt dahin wieder zurückkehren werden und wenn sie zurückkehren, ob sie noch als die gleichen zurückkehren, als welche sie abgereist sind. Unentwirrbar erscheinen die Linien der sich schneidenden Schicksale auf dieser Schnittfläche menschlicher Geschicke, unentwirrbar, aber nicht undeutbar. Nichts aber war mir je ein erwünschteres Anliegen als die Deutung menschlicher Geschicke.

Darum zögerte ich keinen Augenblick, meinen Begleitern zu versichern, daß ich den Besuch des Wartesaales vorzöge, ungeachtet meiner auffälligen Fesselung. Unter seinesgleichen gibt es keine Scham und ich empfand diese nächtliche Ansammlung von Menschen durchaus als meinesgleichen. Ihre Schicksale würden nicht glücklicher und nicht unglücklicher als das meine sein, nur *anders,* und was waren sie im Grunde anders als gleich mir, arme, hilflose Gefangene, wenn auch nicht der staatlichen Obrigkeit, so doch von Mächten, die, wer weiß, viel unerbittlicher und unberechenbarer sein mochten – ihren eigenen Leidenschaften und Trieben. Sichtbar oder unsichtbar: Gefesselte waren wir alle und keiner hatte Anlaß, den anderen um eine fragwürdige Freiheit zu beneiden.

Ich empfand darum nicht die geringste Hemmung, als wir uns an einem bereits vollbesetzten Tische notdürftig niederließen. Ich hatte nicht falsch gerechnet. Meine Nachbarschaft nahm von meiner außergewöhnlichen Lage kaum Notiz. Sie alle hatten genug mit sich selbst zu tun. Möglicherweise war ich derjenige, der mit sich selbst am wenigsten zu tun hatte und diesem Zustand seine Unbefangenheit dankte.

Bei einiger Übung ist es durchaus möglich, auch in gefesseltem Zustand eine ganze Menge von Verrichtungen ohne allzu großes und auffallendes Ungeschick zu versehen. Ich hatte längst gelernt, bei gebundenen Händen zu essen, zu trinken, zu rauchen und dies mit zulänglicher Gewandtheit. Ich zögerte deshalb auch nicht, von der Erlaubnis, mir zu essen und zu trinken zu bestellen, Gebrauch zu machen und es mir munden zu lassen. Ich zog auch mit leidlicher Geschicklichkeit mein Geld aus der Tasche und zahlte meine Zeche, nicht ohne bei dieser Gelegenheit noch rasch einige auf einem Zettel notierte Adressen verschwinden zu lassen.

Wir saßen lange und fast bis zum Morgengrauen, und während an meinen Begleitern eine gähnende Langeweile nagte, wurde mir die Zeit nicht lange genug. Ich hatte es nicht eilig, zu meinem Bestimmungsort zu gelangen. In meiner Lage war jede gewonnene Stunde gewonnenes Leben.

Gegen Morgen erst erfolgte unser überstürzter Aufbruch und wir bestiegen den Berlin–Münchener D-Zug, der überfüllt und mit großer Verspätung eingelaufen war. Die Bemühungen meiner Begleiter, ein Sonderabteil zu erhalten, waren selbstverständlich vergeblich. Wir erhielten Plätze in einem bereits besetzten Abteil »Mutter und Kind« angewiesen. Das gab meiner Lage einen neckischen Beigeschmack, fand ich, der mich erheiterte. Von meinen Begleitern fand nur einer mir gegenüber noch Platz, während der andere auf dem Gange Aufstellung nahm.

Die Frauen, alle leidlich hübsch, wenn auch von der langen und anstrengenden Nachtreise in nicht allzu gepflegtem Zustand, waren von meinem Erscheinen im ersten Augenblick einigermaßen schockiert und mißbilligten sichtlich unsere Invasion. Der eine Begleiter hielt es für geraten, sie im Flüsterton zu informieren. Ich konnte nicht hören, was er sagte, aber es kann nicht gerade eine Bedenken zerstreuende Empfehlung gewesen sein, denn ich fühlte, wie acht Augenpaare sich in einer Mischung von Mitleid und Schaudern auf mich richteten. Ich erwiderte die Blicke ruhig und freundlich, wie sie es verdienten, rückte mich entsprechend in meiner Ecke zurecht, dergestalt ankündigend, daß ich gesonnen sei, sofort zu schlafen und sie ihren eigenen Gedanken zu überlassen. So tat ich denn auch nach bewährtem Rezepte und erwachte erst wieder, als der Zug sehr heftig über Weichen rumpelte. Ohne meine Augen ganz zu öffnen, erkannte ich einen Augenblick später die Station Nannhofen zwischen Augsburg und München und hätte mich aufgemacht, sofort meinen Schlummer fortzusetzen.

Aber ich wurde Zeuge eines Vorgangs, der keinen Schlummer duldete, und ich weiß, ohne es nachträglich begründen zu können oder auch nur deuten zu wollen, daß die Götter der Schönheit, denen ich so lange schon vertrauend diente, mir ein unsterbliches Geschenk mit auf den Weg geben wollten, ehe der eiserne Vorhang wüster Gewalt sich über meinem Dasein senken sollte.

Ich wußte immer und habe es mehr als einmal erfahren, daß es inmitten der tiefsten Demütigungen und des heillosesten Unglückes eine Gnade gibt – und wie ich für mich überzeugt bin auch vor dem Tode –, eine Gnade, die sich aus den ewigen und unzerstörbaren Quellen der Schönheit speist, gleichsam eine verdichtete Kristallisation dessen, was man in glücklichen Tagen geglaubt und verehrt hat. Mit einer solchen Wegzehrung geht der Heide nicht weniger heiter, gelassen, versöhnt und bestätigt tödlichem Schicksal entgegen, wie der Christ mit dem Abendmahl und der Letzten Ölung.

Mir schräg gegenüber am Fenster, durch das die Morgensonne mit den sanften, verklärenden Strahlen eines stillen Septembermorgens fiel, saß eine junge Frau, mit einem wenige Monate alten, sehr artigen Kinde auf dem Arm, das unruhig zu werden begann. Die junge Frau sah sich einen Augenblick im Abteil um, drehte sich ein wenig zur Seite, öffnete mit der linken Hand ihre Bluse und entblößte ihre junge Brust, die kräftig und weiß und von einem feinen Netz von blauen Adern überzogen war. Sie hob sie aus ihren rosa Trägern und legte das Kind an. In dieser Haltung verharrte sie lange und unbeweglich und wie in sich versunken.

Auch ich vermied es, mich zu regen; ich hielt die Lider halb geschlossen, wandte aber kein Auge von diesem herrlichen, urewigen Bilde, in welchem wir Männer uns vor der Allmacht göttlicher Anmut demütig beugen. Die spendende Brust einer Frau ist ein Anblick, der durch keinen anderen Trost übertroffen werden kann. Keine Religion hat ein gültigeres, sichtbares Symbol für die Ewigkeit und Unsterblichkeit des Lebens.

In dieser Erkenntnis war ich wohl zu hellwach geworden, um länger Schlummer vortäuschen zu können. Als die junge Mutter das Kind wieder von sich genommen hatte, war ihre Brust einen Augenblick in voller Unverhülltheit sichtbar. In diesem Augenblick blickte sie um sich und sah meine Augen auf sich gerichtet. Sie erschrak ein wenig und errötete und diese flüchtige Verlegenheit machte sie nur noch schöner. Aber sie hatte sofort begriffen, daß das Licht in meinen Augen ein Licht der Verehrung und mehr noch des Dankes war und nicht das einer »Gelegenheit« und, indem sich unsere Augen in einem unbefangenen Lächeln trafen, ließ sie mich ruhig zusehen, wie sie sich langsam und ohne alle Hast wieder verhüllte. Es braucht nicht gesagt zu werden, daß ich dieses junge Weib nie mehr gesehen habe und niemals wieder sehen werde, aber jene Macht, die mit dem Griffel des Erlebnisses unsere Schicksale in die Tafeln der Schöpfung zeichnet, hatte diese junge Frau ausersehen, einen unauslöschlichen Strich als Erinnerung und Wegzehrung für mich zu tun, indem sie ihrer unerfahrenen Hand die hohe, unbewußte Gnade der Vollkommenheit verlieh.

In München verließen wir, nicht ohne Umständlichkeiten, unseren Zug und ich wurde zu Fuß in das Polizeigefängnis in der Ettstraße geführt, das schwere Bombenschäden aufwies, in welchem sich aber die Zellen, vergleichsweise zu Nürnberg, in gutem und ordentlichem Zustand befanden. Ich kam, ohne alle Formalitäten einer Personalaufnahme und ohne meine Sachen abgeben zu müssen, in eine Einzelzelle, erhielt nicht lange später eine mittelmäßige Mahlzeit, bestehend aus Kohlsuppe und Brot, und wurde am Spätnachmittag, zusammen mit einem Trupp Mitgefangener, die alle einen sehr deprimierten Eindruck machten, auf einen Lastwagen verfrachtet. Wir waren etwa zehn Häftlinge. Die Bewachung bestand aus vier älteren SS-Leuten unter einem jüngeren Dienstgrad, ausgestattet mit Maschinenpistolen. Der Lastwagen war bedeckt. In raschem Tempo fuhr der Wagen durch die Ludwigstraße, der mir liebsten und schönsten deutschen Straße, über Schwabing – ins Lager Dachau.

Über das Ziel der Reise war ich mir natürlich schon viel früher klargeworden, schon in dem Augenblick, als wir in Nürnberg den Schnellzug Berlin–München bestiegen. Es wäre töricht und aufschneiderisch zugleich, wollte ich behaupten, daß mich bei dieser Erkenntnis nicht meine Gelassenheit gelegentlich für Augenblicke verlassen hätte.

Konzentrationslager waren etwas durchaus Neues für mich. Jeder Gefangene ist leicht das Opfer übersteigerter Phantasien, die ihm sein Schicksal manchmal in den rosigsten, viel öfter freilich in den schwärzesten Farben malen. Dagegen ist kein verlässiges Kraut gewachsen. Alles, was zu tun ist, ist, die unablässig fieberhaft arbeitende Phantasie ebenso unablässig in ihre Grenzen zu verweisen, was nicht immer, aber doch bei gutem Willen sehr häufig gelingt. Die Einsicht in das Unabänderliche einer Lage nimmt ihr viel vom ursprünglichen Schrecken. Weder ein sich willenloses Fallenlassen in die Erinnerung an bessere Tage – eine Versuchung, die zu den hartnäckigsten der vielen Versuchungen einer Gefangenschaft zählt – noch das Schwelgen in zügellos schrecklichen Zukunftsbildern vermag am tatsächlichen Geschick auch nur das Geringste zu ändern. Ein harter Realismus der Gegenwart ist stets die vernünftigste der Empfehlungen, die man sich selbst zu erteilen hat. Über die Konzentrationslager wußte ich genug, um mich nicht falschen Illusionen hinzugeben. Ich verfügte über keinerlei andere Informationsquellen als jeder normale andere Deutsche auch. Ich wußte soviel wie nichts aus »erster Hand«, denn die mir bekannten Konzentrationshäftlinge schwiegen eisern, entsprechend der unterschriftlich geleisteten Verpflichtung, die sie bei ihrer Entlassung einzugehen hatten. Im übrigen vermieden es die meisten verständlicherweise, mit anderen politisch Verdächtigen in engere Beziehungen zu treten und taten bei der allgemeinen Gesinnungslosigkeit und Denunziationsbereitschaft und im Hinblick auf ihre ständige Überwachung auch gut daran.

Aber jeder, der mit dem Nationalsozialismus in nähere Berührung gekommen war, verfügte über Erfahrung genug bezüglich der Methoden des Systems, um sich ein zulängliches Bild über die Konzentrationslager machen zu können. Wenn nach dem Zusammenbruch der Naziherrschaft jeder zweite Deutsche sich zu versichern beeilte, daß er, wie weiland der Mann namens Hase, von nichts gewußt habe, so macht er sich damit nicht nur hinreichend unglaubwürdig und verdächtig, sondern obendrein noch lächerlich. Nicht anders, als wenn die Anwohner eines Bordellviertels behaupten wollten, sie hätten nie gewußt, was in der Nachbarschaft vorgeht. Es lohnt sich gar nicht, sich bei dieser feigen Kneiferei aufzuhalten. Wenn es Deutsche gibt, die eine solche Unwissenheit für sich in Anspruch nehmen, so können sie das füglich nur in dem Sinne, daß sie nicht wissen wollten, was jedermann mühelos wissen konnte. Sie haben absichtlich – wenige vielleicht auch fahrlässig – versäumt, sich zu informieren in einer Angelegenheit, in der sie niemand von der Pflicht zur Information freisprechen kann, solange sie Anspruch darauf erheben wollen, als Träger eines bescheidenen Restes von Humanität angesprochen zu werden.

Ich zählte also keineswegs zu diesen Uninformierten und wußte genau – d.h., ich glaubte es zu wissen –, was mich erwarten würde. Daß die Tatsachen später dieses Wissen in den Schatten stellten, ist nicht meiner Ununterrichtetheit zuzuschreiben.

Vor einem Gang in ein Konzentrationslager tut man gut daran, die bisher beschriebenen Seiten seines Lebensbuches säuberlich abzuschließen, ohne sich lange bei dem Ergebnis einer Bilanz aufzuhalten, und ein neues Blatt zu beginnen, über welches man am besten die Worte schreibt: Lasziate ogni speranza – Laßt alle Hoffnung fahren. Dantes Hölle ist in der Tat der rechte Ort, der einem Vergleich standhielte. Darauf gefaßt zu sein, bedeutet schon eine gewonnene Position.

Unsere Fahrt war in tiefem Schweigen vor sich gegangen. Abgesehen davon, daß uns strengstens verboten war, miteinander zu reden, hätte uns dies wahrscheinlich wenig gehindert, wenigstens den Versuch zu machen. Aber die Kameraden waren alle mit dem ihnen bevorstehenden Schicksal so zwangsläufig beschäftigt, starrten wie hypnotisiert ihrem eigenen Unglück, an dem ja nichts mehr zu ändern war, in die Augen und verzehrten dadurch selbst in unsinniger Weise den bescheidenen Rest von Selbstvertrauen und Mut, der ihnen noch so bitter not tun würde. Mein Versuch, einen meiner Nachbarn, der in sich versunken auf dem Boden des Wagens kauerte, anzureden, wurde mit einer geradezu unwilligen Bewegung über die unerbetene Störung beantwortet. Da ließ ich es denn bleiben und rührte mich nicht mehr, bis wir durch die gewaltigen Tore auf eine breite Lagerstraße gefahren waren, die von Häftlingen in gestreiften Anzügen gekehrt wurde. In anfahrendem Tone wurden wir aufgefordert, den Wagen zu verlassen. Ich sprang herab und stellte mich in Reih und Glied mit den anderen und war bemüht, so rasch wie möglich möglichst viele Einzelheiten meiner Umgebung aufzunehmen. Während der begleitende Dienstgrad in eines der Wachgebäude ging, blieb die übrige Bewachung bei uns stehen. SS-Leute aller Dienstgrade kamen vorbei und frugen, was für »Vögel« wir seien. Sie nahmen unsere Anwesenheit mit abfällig abschätzenden Blicken zur Kenntnis und weideten sich sichtlich an der sinnlosen Angst, die auf vielen Gesichtern geschrieben stand.

Ein Oberscharführer erschien. Die Häftlinge wurden verlesen und hatten mit »Hier!« zu antworten.

»Wer ist nicht verlesen?«

Ich trat vor.

»Wer bist Du?« Ich nannte meinen Namen. Der Oberscharführer blätterte in seinen Papieren, konnte aber anscheinend das Gesuchte nicht finden.

»Warum bist Du hier?«

Ich sagte: »Das weiß ich nicht.«

Das hätte ich besser nicht sagen sollen.

Der Oberscharführer bekommt einen roten Kopf, tritt ganz nahe auf mich zu, faßt mich vorne am Rock, schüttelt mich und schreit mich an: »Du weißt nicht, warum Du hier bist? Wir geben Dir schon Gelegenheit, darüber nachzudenken, Du Misthund.«

Ich beschloß, mich gar nicht angesprochen zu fühlen und konzentrierte mein Bemühen, darauf zu achten, daß ich nicht hinfiele, wenn er mich nun losließe und zurückstieße. Es war mir klar, daß das Schläge bedeuten würde. Es gelang mir auch noch leidlich, nicht über meine eigenen Füße zu stolpern, als er mir einen heftigen Schwung gab. In guter Haltung vermochte ich wieder ins Glied zu treten.

Während meine übrigen Schicksalsgenossen abgeführt wurden, hieß es bei mir: »Mitkommen.«

Ich hatte vergessen, daß es nicht üblich ist, dem Bewachungspersonal den Vortritt zu lassen, sondern daß der Gefangene stets vorauszugehen hat. Meine Höflichkeit, die mich zögern ließ, mich sofort in Gang zu setzen, war also fehl am Platze und ein Verstoß gegen geheiligte Gebräuche und eine haarsträubende Unwissenheit obendrein. Meine Gedankenlosigkeit wurde mir jedoch sofort klar, als ich den Stiefel des Oberscharführers an meiner Hüfte fühlte. Ich beschloß, den Fußtritt als wohlverdienten Lohn für meine Vergeßlichkeit zu quittieren und nicht weiter übel zu nehmen. Der Treter schien darüber überraschter zu sein als der Getretene.

Ich wurde in ein Büro gebracht, nochmals nach Name, Stand und Geburtsdatum gefragt, hatte etwa eine Stunde in einer Ecke still zu stehen, während verschiedene Telefongespräche geführt wurden, denen ich, mit dem Anschein völliger Unbeteiligtheit, genauestens folgte. Ich entnahm ihnen, daß mit meiner Verbringung nach Dachau etwas nicht in Ordnung sei, hütete mich aber geflissentlich, daran zulässige Hoffnungen zu knüpfen. Ich war einem falschen Transport zugeteilt worden. Ich war ein Irrläufer, der irrtümlicherweise ins Fegfeuer statt in die Hölle geraten war.

Ich hörte mehrmals das Wort »Mauthausen«, mit welchem ich aber nur eine ungenaue Vorstellung von einem österreichischen Konzentrationslager verband, und wurde schließlich in eine saubere und mit einer Holzpritsche versehene Einzelzelle gebracht. Im Laufe der Nacht kümmerte sich weiter niemand um mich. Ich bekam eine Schüssel Kaffee, ein Stück Brot und eine kleine Ecke Margarine, verstrich diese mangels entsprechender Geräte mit dem Daumen, behielt vorsichtshalber, obwohl ich stark Hunger hatte, einen Teil des Brotes für den nächsten Tag zurück, streckte mich auf die Pritsche und schlief alsbald fest und traumlos dem nächsten Morgen zu.

Ich kann nicht sagen, wie lange ich geschlafen hatte, als ich wieder geweckt wurde. Ich kam wieder in das alte Wachlokal. Zwei SS-Oberscharführer nahmen mich in Empfang. Sie waren nicht unfreundlich und nach den üblichen Belehrungen vom unvermeidlichen Waffengebrauch bei Fluchtversuch und nach Anlegen von Handfesseln wurde ich abermals – diesmal allein – auf einen Lastwagen gebracht und wieder nach München zurückgefahren.

Der Morgen graute, als wir aus dem Lager fuhren. Nebel lag weit und weiß über dem Dachauer Moor, der Landschaft, die ich neben der flandrischen während eines längeren Aufenthaltes im Ersten Weltkriege am meisten hatte lieben lernen und mit deren sanften Sommertagen mich manche freundliche und zärtliche Erinnerung verband.

Wir fuhren bis München-Ostbahnhof und hatten dort sofort Anschluß an einen Militär-Urlauberzug Straßburg–Budapest, der eben unfahrplanmäßig und mit erheblicher Verspätung, wie es schien, bereit stand. Bei dieser Gelegenheit entnahm ich einem Gespräch auf dem Bahnsteig befindlicher Landser, daß dieser Zug nicht mehr, wie seine Aufschrift verhieß, ab Straßburg gefahren war, sondern nur ab Karlsruhe und daß die

Strecke Karlsruhe–Straßburg von Urlauberzügen nicht mehr befahren wurde. Diese Nachricht stimmte mich zuversichtlich, doch keineswegs so hochgemut, wie es sich für einen militärischen Optimisten oder besser »Defaitisten« geziemte.

Ich hielt es für ausgemacht, daß die Alliierten auf ihrem unaufhaltsamen Vormarsch in Belgien und Frankreich, an irgendeiner Linie, vermutlich am Rhein, eine größere und längere Pause zur Auffrischung ihrer Verbände und zur Reorganisation ihrer weit auseinandergezogenen Nachschublinien einschieben müßten und behielt in der Folge mit dieser Auffassung auch recht.

Wir erhielten einen Platz im Sonderabteil des Transportführers bzw. Zugoffiziers, einem aufgeblasenen Hauptmann mit schlechten Manieren, der, von der Begleitmannschaft mit meiner Person vertraut gemacht, sich in Gesprächen von wildester Siegeszuversicht gefiel, wobei er mit Neugierde die Wirkung seiner Tiraden auf mich beobachtete. Er kam dabei freilich nicht auf seine Rechnung. Ich rückte mich wieder in meiner Ecke zurück und schloß die Augen, bis ihm das Thema ausgegangen war.

Die Strecke Rosenheim–Salzburg–Wien war mir wohlbekannt. Ich war sie in vergangenen Jahren zahlreiche Male unter glücklicheren Umständen gefahren, zuletzt kaum ein Vierteljahr vorher zusammen mit meiner Frau. Die liebliche Landschaft des Chiemsees hat mich immer besonders gerührt. Salzburg, das sanft glühende, mädchenhafte Juwel inmitten der heitersten Hügel der Welt, eine der zärtlichsten Städte, die ich kenne, flog vorüber. Dort war Trakl geboren, der geliebte Dichter des »Sebastian im Walde«, dort hatte vor vielen Jahren einer der begabtesten meiner Freunde unter seltsamen Umständen seinem Leben freiwillig ein Ende gesetzt und weitere viele Jahre zurück trennte ich mich dort in verstimmtem Abschied von dem jungen Herzen, das mir der teuersten eines war, und sah zum letzten Male in das verzweifelte Gesicht meines ersten Mädchens, jenes unvergeßlichen Gesichtes, auf dem der Genius der Liebe mit tödlichen Farben leuchtete.

Erinnerungen – Erinnerungen, ihr dunklen Fittiche unwiederbringlich verlorener Tage, ihr sanften ziehenden Schatten der Trauer, ihr fernen Klänge der Freude, ihr milden Farben der Jugend – wie schön ihr seid, wie gütig verklärend, wie heiter noch in der Schwermut, wie rein, wie reuelos.

Ihr Bilder der Vergangenheit, seid mir willkommen, ich wehre euch nicht, ich rufe euch gerne, kommt und nehmet Besitz von mir, denn ich bin euer nicht anders als wie ihr mein seid. Ich weiß, ihr sucht mich nicht heim mit Vorwürfen und Bitternissen und der Klage um Verlorenes. Ihr schwächt mich nicht. Ihr laßt mich noch einmal die ganze feurige Fülle meines Daseins schmecken, ihr singt mir noch einmal das geliebte Lied meines Lebens, Strophe um Strophe, Freude und Leid, Glück und Bitternis, aber das Bitterste noch soll mir süß klingen. So sehr habe ich das Leben allzeit geliebt und von ganzem Herzen dankbar bejaht, daß ich auch jetzt und in aller Zukunft nicht aufhören werde, es inbrünstig zu lieben. Was kann der Weg, der vor mir liegt, mich erschrecken? Wie immer er sein wird, er wird ein Weg zur Freiheit sein, zu einer neuen ersehnten Freiheit des Daseins, wenn ich bestehe, oder zur höheren Heiterkeit einer tödlichen Freiheit, wenn ich untergehe.

Gegen Mittag kamen wir in Linz an. Auf dem Bahnhof herrschte eine unwahrscheinliche Betriebsamkeit. Wir erreichten sofort einen Anschlußzug nach St. Valentin, wo wir ausstiegen und den Wartesaal aufsuchten, bis ein weiterer Zug nach Mauthausen ging.

»Mauthausen« – ich wußte soviel wie nichts über dieses Lager. Nicht einmal die genaue Lage hätte ich angeben können.

Erst später erfuhr ich, daß es sich um eine kleine Stadt am nördlichen Donauufer, ziemlich genau an der Einmündung der Enns in die Donau, handelte, eben dort, wo die Eisenbahn gegen Norden nach Budweis ins Tschechische abzweigt.

Heute hieß Mauthausen im Volksmund »Mordhausen« – und in der Tat, dieser Name begriff auf einfältige und drastische Weise alles in sich, was über das Lager zu sagen war. Es war ein ausgesprochenes Vernichtungslager, wie die berühmten Lager von Auschwitz und Treblinka, von welch letzterem nach seiner durch den Vormarsch der Russen erzwungenen Auflösung viele Häftlinge, vor allem aber ein großer Teil des berüchtigten SS-Personals, nach Mauthausen gekommen waren.

Es gibt zahlreiche Familien in Deutschland, die, freilich ohne es zu wissen, schon einmal diskrete Bekanntschaft mit Mauthausen und seinen vorbildlichen Vernichtungseinrichtungen gemacht haben. Jeder in Deutschland erinnert sich auf mittelbare oder unmittelbare Weise noch jener zuerst heimlich, dann schamlos offen und später wieder heimlich betriebenen Aktion gegen unheilbare, aber auch oft heilbare Geisteskranke; jener umfänglichen Räumung öffentlicher und privater Irrenanstalten; jener unter dem Namen »Himmelfahrtskommando« bekanntgewordenen Morde, durch welche der Nationalsozialismus seine Erbgesundheitsgrundsätze auf autoritative Weise in die Praxis umsetzte, indem er, gestützt auf oberflächliche ärztliche Gutachten, die ihm von bezahlten Subjekten der medizinischen Wissenschaft bereitwillig geliefert wurden, Tausende von geistig Erkrankten ohne schwächliche Hemmungen vernichtete.

Um fadenscheinige Begründungen war der Nationalsozialismus freilich niemals und erst recht nicht in diesem Falle verlegen. Gleich wie bei allen seinen zahllosen Verbrechen hat er auch hier sich auf einen höheren Auftrag berufen und aus der Ideologie eines völkischen Gottesgnadentums und einer rassischen Herrenmoral die Grundsätze abgeleitet, aus denen er die Berechtigung zu den unglaublichen Schändlichkeiten nahm. Die von einer jedes Gewissens überhobenen Propaganda besoffen gemachten Gemüter ihrer Anhänger nahmen solche Dinge nicht nur kritiklos, sondern bis ins einzelne zustimmend hin. Der Rest zog es vor, sich unwissend zu stellen und ließ, um einer peinlichen Selbstauseinandersetzung und ihren unvermeidlichen Konsequenzen zu entgehen, unwidersprochen geschehen, was zu verhindern ihm unmöglich erschien, es sei denn um den Preis des Einsatzes seiner eigenen Existenz. Aber dieser Preis schien ihm zu hoch – dann lieber mit den Wölfen heulen. Dieses Geheul wird die Welt nicht so rasch wieder aus den Ohren verlieren.

Darum kann es auch nicht wundernehmen, daß schon zu einer Zeit, als das deutsche Volk in dieser Angelegenheit noch beschämende Unwissenheit mit bestem Erfolg heuchelte, obwohl ringsherum die Welt schon voll des Entsetzens war, die Kranken selbst in den Anstalten häufig über ihr Schicksal genau und in allen Einzelheiten Bescheid wußten, obwohl es ihnen selbstverständlich ängstlich verborgen gehalten wurde. Aber in diesem Falle, wo es um die nackte Existenz, um das letzte Fünkchen geliebten lebendigen Lebens ging, erwies sich der Instinkt der Irren stärker als die Verschlagenheit der Gesunden. Die Unglücklichen ahnten ihr Schicksal genau, und die wache Hellsichtigkeit der zum Tode Verurteilten durchbrach wie Bündel von furchtbaren Blitzen das stille, gnädige Dämmern ihrer Umnachtung.

Von diesem Zeitpunkt an wurden die Irrenhäuser zu wirklichen Höllen. Für die verantwortungsbewußten Ärzte und Schwestern nicht weniger als für die Kranken. Ein Zustand permanenter Panik breitete sich in den sonst so stillen Häusern aus. Es ist nicht meine Aufgabe, darüber näher zu berichten. Aber soviel muß zur Ehre und zum Ansehen deutscher Ärzte und deutscher Krankenschwestern gesagt werden, daß es unter ihnen viele gab, die unter Einsatz ihrer materiellen und physischen Existenz und unbekümmert um die persönlichen Folgen zwischen den verbrecherischen Zumutungen einer gewissenlosen Regierung und ihren menschlichen Pflichten bedenkenlos zu wählen wußten.

In der Nähe meines Württemberger Exils befand sich eine der größten deutschen privaten Irrenanstalten, mit deren Ärzten und Schwestern mich eine alte Freundschaft verband. Nicht alle, aber doch ein Teil von diesen taten alles, um möglichst viele ihrer Pfleglinge dem Narreneifer der Erbgesundheitskommissionen zu entziehen, und machten sich kein Gewissen daraus, diese staatlichen Henkersknechte hinters Licht zu führen, wo es nur ging, und die Kranken massenweise in die Obhut ihrer Verwandten und Angehörigen zu entlassen. Gewiß war die Zahl der auf diese Weise Geretteten nicht allzu erheblich im Vergleich zur Gesamtzahl der Erkrankten, aber immerhin wurde auf diese Weise Hunderten der Weg in die Gaskammern und Verbrennungsöfen erspart.

Bei Mauthausen war eine jener Großvernichtungsstätten im Rahmen der Vernichtungsaktion geistig Erkrankter, und viele der Angehörigen dieser Unglücklichen mögen sich heute daran erinnern, daß das kleine Paket mit der Asche ihrer Toten den Aufgabestempel Linz trug. Und nun wissen sie auch, wo ihre unglücklichen Väter, Mütter, Geschwister, Frauen und Kinder ermordet wurden.

Das alles ist mir freilich erst viel später und mit traurigen und schrecklichen Einzelheiten aus dem Munde von Männern bekannt geworden, die ich im Lager kennenlernte und die selbst als Handlanger und Hilfskräfte zu diesen Exekutionen befohlen waren.

Zunächst war in Linz von der Nähe dieses Mordortes nichts zu spüren als die Anwesenheit einer größeren Anzahl SS-Offiziere im Wartesaal, alle den SS-Totenkopfverbänden angehörend, unter denen besonders ein blutjunger Kerl im Majorsrang meine

Aufmerksamkeit erweckte, der mich mit dem Ausdruck versteckter Grausamkeit und unmißverständlich ironischen Hasses betrachtete. Ich tat ihm nicht den Gefallen, mich von seinem Blick hypnotisieren zu lassen, wie er es wohl gewohnt war, und übersah ihn so gründlich wie möglich, als wir, nachdem meine Begleiter die übliche stramme Ehrenbezeigung erwiesen hatten, an einem der Nebentische Platz nahmen.

Die Offiziere wurden von den Kellnern mit unterwürfiger Beflissenheit bedient; sie waren sich sichtlich bewußt, die Herren der Situation und der Gegenstand distanzierter Achtung und Aufmerksamkeit bei den übrigen Gästen zu sein. Groß und schlank gewachsen, hervorragend rasiert und einwandfrei gescheitelt, sportlich straff, wohlgenährt und sehnig, scharfgeschnittenes, aber leeres Gesicht, auf welchem der Geist anzusiedeln sich geweigert hatte, in tadellosen, elegant geschnittenen Uniformen, feste Schenkel und schmale Hüften betonend, waren sie so recht der Männertypus, den der Berliner »schnieflig«, der Wiener einen »feschen Kerl« nennt. Jeder einzelne von ihnen war eine ausgesprochene Postkartenschönheit, wie sie unter dem Motte »Das Gesicht des deutschen Soldaten« in rauhen Mengen zur Freude zahlloser Mädchen vertrieben wurden und als der »unbekannte Ritter ihrer Träume« den ihnen zukommenden Platz auf dem Nachttisch oder an der Bettwand vieler höherer Töchter, aber auch ländlicher Kocherln fand.

Den Weibern imponiert Macht, wo immer sie sich sinnfällig in Uniformen bekundet. Dort aber, wo sie sich gar noch mit männlicher »Schönheit« paart, wird sie unwiderstehlich die Beute ihrer hitzigen Sehnsüchte und ausschweifenden Träume. Die Männer aber standen beim Anblick so wohlgewachsener junger Waffenmannschaft im Banne jener Rassenideologie, der sie sich um so hemmungsloser verschrieben hatten, je weiter sie sich selbst von ihren Anforderungen entfernt wußten, denn Rassenreinheit ist das flammende Ideal aller Mischlinge.

Die Herren Offiziere hatten ihre Damen dabei. Nicht alle – und manche vereinigte so die Aufmerksamkeit von mehreren Kavalieren auf sich. Dabei wäre es schwer auszumachen gewesen, welchem sie mehr zugetan sei. In Hinsicht solcher Sympathien schien überhaupt eine erfreuliche Großzügigkeit unter den Herren zu walten und den alten Kavaliersatz zu bestätigen, daß es unter Kameraden völlig gleichgültig bleibt, wer »die Braut heimführt«.

In solchen Freizügigkeiten der »herrschenden Klasse« deutet

sich etwas wie ein verspätetes Rokoko an, etwas vom Geiste des Figaro, der der Vorbote der Revolutionen ist und den Tod der Tänzer ankündigt. Ich hätte viel darum gegeben, in Erfahrung zu bringen, ob nicht ein Teil der Ausgelassenheit am Nebentisch sich aus den unbewußten Quellen der Ahnung eines nahen Endes speiste, jener spielerischen Lebenslüge des »après nous le deluge« – nach uns die Sintflut –, in die sich die sterbenden Genießer flüchten.

Eine solche Fragestellung mußte freilich unbeantwortet bleiben, vielleicht war sie überhaupt nicht zu stellen und grundsätzlich falsch, denn Gedankenlosigkeit kann auf Gedanken nicht antworten. Dies eine war sicher; zunächst sonnten sie sich noch gebührend in der Sonne von Bedeutung, die sie umgab, und die ihnen ringsum niemand streitig machte, sondern mit Stolz und Bewunderung und vielleicht ein klein wenig Neid aus vielen Blicken bestätigt wurde. Sie waren die »Herren der Welt«, wie sie sich selbst in ihren Liedern unbefangen bezeichneten, und ein Bruchteil ihres Erobererglanzes fiel auch auf die, die sie mit sklavischer Bewunderung offenen Mundes anstarrten. Es blickt der Hund zu seinem Herrn auf und hält ihn für den Gott seines Gehorsames, nachdem der Herr ihm lange genug eingebläut, daß die Treue das Mark der Ehre ist.

Ein mit großer Verspätung abgehender Personenzug brachte uns am Spätnachmittag nach St. Valentin, wo wir den Anschlußzug nach Mauthausen bereits wartend fanden. Bei Vermeidung der Bahnsperre wurde ein Zug von Konzentrationslagerhäftlingen unter starker Bedeckung von schwerbewaffneten, mit Maschinenpistolen ausgestatteten SS-Leuten, vermutlich aus einem Filiallager von Mauthausen kommend, zu einem bereitstehenden Waggon gebracht. Sie waren sämtliche in einem unbeschreiblich verwahrlosten und bejammernswerten Zustand. Offenbar handelte es sich um Erkrankte und Verletzte. Ich war durch viele Gefangenenanstalten und Zuchthäuser gegangen und hatte, wenn auch nur kurz, in Dachau Gelegenheit gehabt, sehr dezimierte Häftlinge zu sehen, dies hier aber übertraf alles bisher Geschaute.

Es war ein Zug nicht mehr von Menschen, sondern von Gespenstern, von menschlichen Schatten aus einem unbegreiflichen Totenreiche, abgemagert bis zum Skelett, die gestreiften Sträflingsanzüge um angedeutete Gerüste von Knochen schlotternd, hohlwangig und ausgemergelt. Eine Sammlung von rasierten Totenköpfen, abstehende Ohren, glanzlose Augen, schmale, verbitterte Münder, halbgeöffnet wie in einem unausgesetzten Schrei nach menschlichem Erbarmen. Viele von ihnen trugen an Kopf, Beinen oder Armen schutzige Verbände aus grauen Lappen, die keine Auskunft über ihre Verletzung gaben, noch darüber, ob es sich um Mißhandlungen oder Arbeitsunfälle handelte. Aber das war ja ganz gleichgültig. Ihr Zustand als solcher gab genügend Auskunft. Sämtliche waren barfuß und mit offenen Füßen.

Einige wurden, des Gehens unfähig, von ihren geschwächten Kameraden mehr geschleppt als getragen. Nur einer, dessen Resten man ansah, daß sie einmal einem mächtigen Körper gehört haben mußten, ging am Arme eines viel kleineren und unscheinbaren Mannes hoch aufrecht und die erhobenen Augen der mitleidlosen Mittagssonne zugekehrt. Er war blind und unverkennbar ein Jude. Beim Einsteigen in den Zug verfehlte er das Trittbrett und stürzte plump in den Schotter. Ein begleitender SS-Mann riß seinen Karabiner von der Schulter und schlug ihm den Schaft mehrmals heftig in den Rücken.

Dies alles vollzog sich in voller Öffentlichkeit am hellsten Tage. Aber weder von den Menschen auf dem vollbesetzten Bahnsteig noch von denen im Zuge nahm irgend jemand verabscheuende Notiz. Auf keinem Gesichte ein Ausdruck von Entsetzen oder doch wenigstens von Scham und Trauer. Nicht einmal das primitivste Mitleiden. Ich weiß genau, was ich damit aussage, wenn ich dies niederschreibe. Es geschieht nicht leichtfertig.

Aus den Fenstern des Zuges blickten die Menschen so teilnahmslos, als wohnten sie einem Transport von Schlachtvieh bei. Einige junge Mädchen drängten sich in kaum verhaltener Neugierde an die Fenster, damit ihnen nichts entginge; zwei von ihnen stiegen sogar nochmals aus, um besser sehen zu können. Ihr Interesse war von einer empörenden Schamlosigkeit. Sie waren eher erregt als angewidert, geschweige denn, daß eine Träne sich in ihre Augen verirrt hätte. Das also waren die Antigonen des Dritten Reiches, würdig ihres Volkes, eines Volkes, das langsam, aber unaufhaltsam im Schlamme vorgeschichtlicher Barbarei versank.

Ich aber will gestehen, daß ich im Anblick dieser Männer aus einem Totenreiche, dieser geschundenen Kreatur, die wie ein schneidender Hohn auf Gottes gepriesene Güte und Barmherzigkeit zum Himmel schrie, dieser von niemanden mehr gekannten Ausgestoßenen, dieser »gewesenen Menschen«, wie die Russen sie genannt hätten, alle Mühe hatte, meine Haltung zu bewahren und nicht in verzweifelte Tränen auszubrechen. Denn was war der Traum der Menschheit noch, wenn solches an ihr geschehen durfte, was war noch zu erwarten von einem Jahrhundert, das in Menschenführung theoretisierte und sie in schamloser Menschenvernichtung praktizierte? War Menschenliebe wirklich nichts mehr als ein leeres Wort im Munde von Phantasten und Schwächlingen? Und geschah nicht das Entsetzliche an Gottes berühmtem Ebenbild, wenn auch nicht im Namen Christi, so doch im Namen und unter schweigender Billigung von Christen? Wurde nicht in jedem von ihnen ein Christus zum zweiten Male gekreuzigt unter der wortlosen Zustimmung oder den feigen Vorbehalten eines Volkes, das sich hochtönend stets zu den allerchristlichsten gerechnet hat? Oder – wenn schon nicht christlich – hat dieses Volk nicht einen Goethe, einen Stifter, einen Beethoven, einen Rilke hervorgebracht? Was ist ihm geschehen? Wohin ist es gekommen? Heruntergekommen ist es bis zur Menschenschlächterei und tiefer noch bis in die übelsten Abgründe von staatlichen Menschen-Abdeckereien, wie sie die Breughelsche Phantasie eines so ahnungsvollen Geistes wie Ernst Jünger schonungslos in seinem Köppels-Bleek in den ›Marmorklippen‹ enthüllte. Heruntergekommen und im wörtlichsten Sinne: von Gott und allen Göttern verlassen.

Wut und Verzweiflung stritten in mir und preßten mir das Wasser in die Augen, aber gleichzeitig, mit der Erkenntnis meiner völligen Hilflosigkeit überfiel mich auch – das sei nicht verschwiegen – eine nackte und entsetzliche Angst vor dem, was mir bevorstehen mochte, eine Ölberg-Angst vor dem Tode, die mich in allen Gliedern schmerzte, meine Brust zusammenpreßte, den Atem stocken ließ und mir wie in einem Anfall von Erstickung den Schweiß auf die Stirne trieb. Eine mehr tierische als menschliche Angst, deren Ausmaß in tiefster Beschämung zu erkennen ich aber noch durchaus wach und wachsam genug war. Ich tat alles, um sie zu überwinden. Es war mir klar, daß alles davon abhing, sie so rasch wie möglich abzuschütteln, ja, daß vielleicht mein Leben davon abhinge. Ich klammerte mich an diesen Gedanken mit der Heftigkeit, die eine seelische Erschütterung auszulösen pflegt.

In einem Anflug von Verwirrung begann ich Gebete zu murmeln, wie sie mir in den Jahren meiner Kindheit geläufig waren. Ich tat es so intensiv, als ich vermochte, und in einer Art verzweifelten Vertrauens in ihre mögliche Kraft. Aber es stieg kein Trost aus ihnen. Gott nahm sie nicht an und ich hörte auf, ihn zu bedrängen.

Ich rief die mir liebsten Menschen meines Lebens zu Hilfe, lebende und abgeschiedene, und beschwor sie zu tröstlicher Gegenwart. Ich flüchtete mich in jene letzte und verborgenste Landschaft des Lebens, die jedes Menschenherzens ureigenste Heimat ist, dort, wo die unsterblichen Gestalten geliebter Menschen ewige Wohnung genommen und noch in der Stunde des Todes die alten Wunder wildverwachsener Wege auf uns warten. Hier streckt eine Hand sich dir entgegen in allgütiger Gebärde, dort taucht aus dem Nebel der Erinnerung das Gesicht eines Menschen auf, leidend wie deines, und ein bebender Mund hebt dich in langem Kusse aus der tödlichen Verlassenheit.

Aber vielleicht meiden die Geister der All-Liebe die rohen Stätten der Verwesung und fliehen vor den Blutgerüchen der Grausamkeit, vielleicht gibt es einen Grad physischen Entsetzens und geistiger Mutlosigkeit, der alle landläufige Feigheit übertrifft und sich in einer Art Lähmung aller Lebensfunktionen äußert und dergestalt einer gefährlichen Bewußtlosigkeit gleichkommt. – Jedenfalls, ich fand weder Trost noch Zuspruch in meinen zärtlichsten Beschwörungen, fühlte meine letzten seelischen und geistigen Reserven erschöpft und mich unaufhaltsam ins Bodenlose stürzen.

Doch auch im Sturze begriff ich in einer Art Hellsichtigkeit, daß ich zu untauglichen Mitteln meine Zuflucht genommen, dem menschlich ach so begreiflichen Angebot einer gefährlichen Flucht in die Illusion nachgegeben, in einem Augenblick, wo weder Gebete noch Träume mich retten konnten, sondern allein der nackte und primitive Drang zur Selbsterhaltung, dem, gleich einem Tier in höchster Gefahr, zu vertrauen ich beinahe vergessen hätte. Denn es gibt Lebenslagen, messerscharf am Rande der Vernichtung oder der Selbstaufgabe, in welchen es dem Geiste mit letzter Anstrengung verwehrt werden muß, in Bildern zu denken statt in nüchternen Fakten. Dies war eine von diesen Lagen. Ich riß mich mit Gewalt aus der grüblerischen Gesetzlosigkeit meiner Gedanken und widerstand der brennenden Versuchung einer Rückkehr dadurch, daß ich ein ganz gewöhnliches Gespräch mit meinen Begleitern begann.

Sie waren freilich mit ganz anderen Sorgen beschäftigt als ich. Ihnen ging es darum, nach Erfüllung ihrer Transportpflichten so rasch wie möglich wieder aus Mauthausen zu verschwinden, und das Gespräch drehte sich um die besten Rückfahrmöglichkeiten und die sichersten Zuganschlüsse. Auch die ortskundigen und mit den Verkehrsmöglichkeiten vertrauten Zivilisten im Abteil beteiligten sich beratend an der Unterhaltung. Ich äußerte mich ganz oberflächlich dahin, daß sie ja, wenn alle Stricke rissen, bestimmt eine bequeme Möglichkeit hätten, im Lager zu übernachten. Darauf aber schienen beide keinen großen Wert zu legen, vielmehr Mauthausen für einen Ort zu halten, dem man am besten so rasch wie möglich wieder den Rükken kehrt.

Ich sagte, indem ich auf wunderbare Weise wieder die volle Herrschaft über mich zurückkehren fühlte: »Na, wenn Sie es schon so eilig haben, aus Mauthausen auf die schnellste Art wieder fortzukommen, was soll da ich sagen?«

Der SS-Oberscharführer lächelte sein dümmstes Lächeln, sah mich einen Augenblick in einer Mischung von Verlegenheit und Anmaßung an, ermannte sich, mir auf die Schulter zu klopfen, und erwiderte: »Mensch, wenn ich an Deiner Stelle wäre, bräuchte ich mir darüber keine Gedanken zu machen. Du hast es leicht, Du brauchst nicht zurückzulaufen, bei Dir ist das ganz einfach: Du gehst beim Tor hinein und kommst beim Schlot wieder heraus.« Dabei nahm sein Gesicht die Züge eines gutmütig dummen Schafsgesichtes an, auf dessen Grund eine bocksmäßige Grausamkeit sich abzeichnete.

Immerhin, seine Antwort war nicht ohne Schlagfertigkeit und die zwar zynische, aber treffsichere Formulierung umschrieb einen Sachverhalt grausigster Wirklichkeit auf vollkommene Weise. Ich hatte für zynische Formulierungen immer ein besonderes Faible und erwachte auch sofort aus den Resten meiner lethargischen Verfassung zu vollster Bewußtheit. Das war also mehr oder weniger verblümt ein Todesurteil. Immerhin etwas, an was man sich halten konnte, wenn ich wollte, aber ich beschloß, nicht zu wollen, und daß ich das ohne Mühe konnte, erfüllte mich gleichzeitig mit einem so wilden und brünstigen Lebenswillen, der mir wie auf ein Zauberwort alle meine wankend gewordenen Kräfte zurückgab, so wie nicht lange vorher der Anblick der Häftlinge sie mir in einem Anfall von Angst genommen hatte. Auf unerwartete Weise vermag oft das unscheinbarste und zu anderen Zeiten unbedeutendste Ereignis, ein Wort, ein Bild vielleicht nur, uns vom Rande der Vernichtung zurückzureißen und uns aus todesähnlicher Erstarrung wieder geboren werden lassen.

Was mich schreckte war nicht der Tod. Das wußte ich jetzt und dieses Wissen gab mir einen hohen Teil verlorener Sicherheit wieder. Ich war ihm zu oft und unter zu mannigfachen Umständen begegnet, als daß ich ihn zu fürchten hätte. Als Kind schon sah ich ihn an meiner Wiege stehen, ohne daß er mich mehr geängstigt hätte als jedes andere fremde Gesicht. Später sah ich ihn in den seltsamsten Verkleidungen und Masken mir liebste Menschen in den dunklen Schlaf betten, ohne daß ich mehr als eine ehrfürchtige Scheu vor seinem gelassenen Tun empfunden hätte, und als junger Soldat kreuzte er oftmals lautlos meine Wege, ohne daß wir je versäumt hätten, uns höflich zu grüßen. Er war für mich nie etwas anderes gewesen als ein Teil des Lebens, wenn auch ein geheimnisvoller, aber nicht geheimnisvoller als die Geburt auch. Er schreckte mich also nicht.

Es gab Schlimmeres als den Tod, das wußte ich und sollte es noch deutlicher erfahren, bis zu der bittersten Erkenntnis, daß es den Menschen vorbehalten ist, auch noch den Tod zu besudeln. Aber bis dahin war ich in diesem Augenblick noch nicht gelangt, jedenfalls nicht über eine unvollkommene Ahnung hinaus, die, um Erfahrung zu werden, noch einen leidvollen Weg vor sich hatte.

Auch die Zeugen unseres Gespräches schienen, wenn auch auf eine andere und jedenfalls oberflächlichere Art, mit dem Tode in einem Verhältnis plumper Vertraulichkeit zu stehen; einer gedankenlosen Vertraulichkeit, die vor allem den Deutschen eignet und sie befähigt, Phänomene, wie etwa den Krieg, mit spielerischer Leichtigkeit zu nehmen. Sie entzückte an der Antwort des Oberscharführers nicht so sehr der treffsichere Zynismus als die versteckte Brutalität, die sich dahinter verbarg und die sie für jene unerschütterliche Gesundheit nahmen, die den Sieg verbürgen mußte. Sie ahnten nicht, auf welch trügerischem Boden sie sich bewegten. Es trat darum auch nicht ein betretenes Schweigen ein, wie man hätte vermuten mögen, sondern es quittierte eine ziemlich lärmende Heiterkeit die Prophezeiung des Oberscharführers, eine Heiterkeit, die mit Zustimmung bis obenan geladen war.

Sie schienen es nicht nur ganz in der Ordnung, sondern geradezu köstlich zu finden, wie technisch einwandfrei ich vom

Leben zum Tode befördert werden sollte, indem ich »beim Tore hinein und beim Schlot wieder herauskäme«. Für sie ging es dabei wie in einem Märchen zu und, wer weiß, vielleicht waren sie nicht anders als Kinder, denen man die Geschichte vom Rotkäppchen und dem bösen Wolf vorliest, der unerschütterlichen Überzeugung, daß mir bei diesem Vorgang nicht allzuviel Schaden geschehen könne. Möchten sie recht haben, wie ja schließlich auch Kinder in solchen Dingen aufgrund einer eigenen und hintergründigen Logik häufig recht haben.

Darum zögerte ich auch nicht, mit der gleichen Unbefangenheit in ihr Lachen einzustimmen, und ich erinnere mich, daß dies das letzte Lachen für lange Zeit war.

Der Oberscharführer war damit freilich um den besten Teil seiner Wirkung gebracht. Ihm schien es unbegreiflich, daß ein Mensch in meiner Lage nach solch einer Eröffnung noch den Mut zum Lachen aufbringen würde, und er deutelte, wie sein Gesicht verriet, mißtrauisch an meiner Heiterkeit herum, ohne ihr auf den Grund zu kommen. Seine Verblüffung machte sich schließlich in einer halb wohlmeinenden, halb ungehaltenen Äußerung Luft. »Mensch«, sage er, »Dir wird das Lachen schon noch vergehen.«

Da waren wir denn auch angelangt. Der kleine Bahnhof, in welchen wir eben einfuhren, trug die Anschrift »Mauthausen«. Etwas überstürzt, soweit es meine Fesseln zuließen, verließen wir den Zug. Auch die Häftlinge stiegen aus, mit jener qualvollen Umständlichkeit, die ihnen ihr trauriger körperlicher Zustand noch erlaubte. Sie wurden auf ein Lastauto verfrachtet, das mit großer Schnelligkeit davonfuhr, noch ehe wir hatten erfragen können, ob wir mitfahren könnten. Meine Begleitung sah dem entschwindenden Fahrzeug nach und machte sich in ein paar Flüchen Luft, ehe wir den Fußmarsch zu dem eine kleine Stunde entfernten Lager antraten.

Die beiden SS-Leute hatten sich mittlerweile damit abgefunden, daß sie am gleichen Tage nicht mehr zurückfahren konnten und hatten es nun auch nicht mehr eilig. Langsamen Schrittes wanderten sie durch das wenig betriebsame und wie ausgestorben daliegende Städtchen. Mein ganzes Gepäck bestand aus einem Mantel und einer Aktentasche. Ich hatte also nicht viel zu tragen, der Weg war mir nicht beschwerlich. Lediglich die Fessel hinderte mich ein wenig am Tragen meiner Habseligkeiten. Ein SS-Mann ging neben mir, einer hinter mir. Gesprochen wurde nichts, auch die SS-Leute selbst unterhielten sich nicht – es war ein schweigsamer Zug, schicksalsschwer und nachdenklich, der noch dadurch auffallend wirken mochte, daß wir den Bürgersteig mieden und uns auf der Straße selbst voranbewegten.

Der Ort machte keinen unfreundlichen Eindruck. Er verbarg in keinem Zuge seinen echt donauländischen Charakter, einen im tiefsten weiblichen Zug von stämmiger Behäbigkeit, zutraulicher Freundlichkeit auf dem Hintergrunde einer malerischen, aber ansprechenden Unordnung. Die planvolle Korrektheit preußischer Siedlungen mit ihrer kolonialen Uniformität und sterilen Zweckmäßigkeit ist diesen Gebilden fremd, die ihren dörflichen Charakter noch durch die Jahrhunderte erhalten haben, nicht nur in der mehr zufälligen als geplanten Anordnung der Straßen, sondern bis in die heimlichsten und unscheinbarsten Merkmale einer unerschöpflich einfallsreich anmutenden Bauweise. Dort im Norden trägt alles die kargen, aber stolzen Zeichen menschlichen Willens, hier im Süden und Südosten quillt alles in wuchernder Vielfalt natürlichen Wachstums, das zu ordnen der Mensch sich eine mehr absichtslose und nur lässige Mühe nahm. Das verleiht diesen Städten und selbst den ärmlichsten Flecken noch jenen unwiderstehlichen Zauber des Gemütvollen und behaglich Anheimelnden, der den unaufdringlichen Ruhm der Landschaft des Donaustromgebietes ausmacht, einen Zauber, der den des allzu lärmend gepriesenen des Rheinlandes für feinere Geister bei weitem übertrifft.

Geranien blühten an mehr dörflich als städtisch anmutenden Fenstern; aus kleinen Gärten leuchteten die gelben Räder mächtiger Sonnenblumen. Wäsche trocknete buntfarbig in offenen Höfen; aus einer Schenke klang das Lied einer Ziehharmonika; blonde Mädchen gingen mit irdenen blauen Krügen Bier holen oder standen plaudernd unter den Türen. Drei, jung und üppig, hockten auf der Deichsel eines Wagens und neckten einen jungen Burschen, den das Bändchen des Eisernen Kreuzes im Knopfloch als einen Landser auswies. Er stand ein wenig plump und hilflos vor den lachenden und übermütigen Schönen, machte aber seiner verlegenen Lage ein unerwartetes Ende, indem er die Vorwitzigste gewandt um die Hüfte griff und sie herumwirbelte. Als er unserer traurigen Kolonne ansichtig wurde, setzte er sie sofort nieder und in einer sehr hübschen Bewegung natürlichen Anstandes, die ihn in meinen Augen adelte, wandte er sich raschen Schrittes weg, ohne überflüssige Neugierde auf uns zu verschwenden.

Oft prägen sich an kleinen flüchtigen Eindrücken die hohen Formen unserer bleibendsten Erfahrungen.

Wenn die Häuser zur Seite traten und den Blick auf das Land freigaben, begegneten wir immer wieder dem Strom. Die Donau ist an dieser Stelle breit, bei reichlichem Gefälle rasch und mächtig dahinziehend. Die Uferauen dehnen sich grün und von fetten Altwässern durchzogen. Eine Fährbrücke lag verträumt. Eben war die Fähre angekommen und die Brücke füllte sich mit Menschen.

Das Land war schön und je höher wir stiegen, desto schöner wurde es. Wir hatten längst das Städtchen zurückgelassen, waren an ein paar einsamen Gehöften vorbeigekommen, verhielten uns ein wenig, als aus einem Radio die schmalzige Stimme Hans Fritzsches ertönte, der mit dem flachesten Pastoratenpathos, das je von einer politischen Tribüne tönte, einen seiner nichtssagenden Kommentare zur Lage gab. Meine Begleiter schienen anderer Meinung und nahmen die bekannte lauschende Haltung an, die wir von jener populären Schallplattenreklame »Die Stimme seines Herrn« her alle kennen und die einen Foxterrier vor dem Trichter eines Phonographen darstellt, freilich in jener tierischen Anmut, die den Menschengeschöpfen versagt ist. Ich blieb geduldig mit ihnen stehen und hörte das salbadernde Geplätscher dieser Stimme wie einen langweiligen Regen in stumpfsinniger Trostlosigkeit aus dem Äther rinnen.

Was vermag das Mikrophon doch für ein ausgekochtes Instrument der Vergewaltigung zu sein. Aber eines Tages – in nicht zu ferner Zeit – würden diese aufdringlichen und schulmeisterlichen Stimmen der Propaganda verstummt sein und die Stimme von Männern würde dieses Kastratengezirpe ablösen und wahrscheinlich würde von jenen nichts übrig bleiben als die unübertreffliche Imitation in einem politischen Kabarett von hohem Rang, wie es mir in Gedanken seit vielen Jahren vorschwebte. Dann würde das Gelächter der Welt über einem Systen zusammenschlagen, einem System, das mit den Mitteln einer Operette eine blutige Tragödie inszenierte. Herr Goebbels war es, dem von den Unternehmern dieser Dilettantenschmiere die Aufgabe übertragen war, daraus einen abendfüllenden Kassenschlager für die politischen Bühnen Europas zu machen, in denen er den Tenorbuffo Fritzsche als Hansdampf in allen Gassen in der Starrolle auftreten ließ, indes er sich geschäftig zwischen Kasse und Souffleurkasten bewegte. Bald aber würde die Heiligkeit der Sprache nicht mehr für Begriffe mißbraucht werden, denen Dummheit und Hochmut Pate standen und die Ewigkeit des Wortes würde nicht mehr die Beute unmäßiger und unwürdiger Zungen sein. Bis dahin aber galt es, alles zu versuchen, um in dieser lächerlichsten und traurigsten Operette nicht stillos als Statist eines unrühmlichen Todes zu sterben.

Meine Gedanken waren mir stets die liebste Begleitung. Und so stieg ich mehr wie ein müßiger Spaziergänger denn wie ein Gefangener den letzten schmalen Wiesenpfad hinauf, der später wieder auf die Straße treffen sollte, den friedlichsten Weg, der sich denken läßt und ohne jede böse Verheißung. Wie überhaupt, namentlich im Süden, die höchste Grausamkeit sich nicht selten hinter der gemütvollen Maske verbirgt.

Hier nun weitete sich der Weg zu einem kleinen, mit freundlichem Rasen bedeckten Plateau – und hier verhielten wir ein letztes Mal, bereits im Anblick einer Anzahl von mit Totenköpfen sinnvoll geschmückten Tafeln, die jedes unbefugte Weitergehen auf die Gefahr sofortigen Waffengebrauchs seitens des Postens untersagten.

Aber das interessierte mich im Augenblick nicht. Ich wandte mich um und sah von der Stelle, an der wir rasteten, über das weite, schon von der abendlichen Sonne in den ersten sanften Schlaf gewiegte Land. Die weiten Wiesen lagen in einem dunkleren und satteren Grün als bei uns zu Hause. Auf den Feldern war das Korn eben geschnitten und die gelben Wieten standen in fülligen Reihen, zwischen denen sich langsam die Wagen der Bauern bewegten. In den leuchtenden Buchten der Hügel nisteten die stillen Donaudörfer und wie auf Goldgrund gemalt flammten in einem frommen Rot und Violett die alten, freundlichen Zwiebeltürme ihrer Kirchen. In schwarzer Schweigsamkeit und uralter Würde stiegen die Wälder zu Tal. Die Donau strömte gelassen dahin und netzte die Füße kleiner, mattenbedeckter Kuppen, auf deren einer ein Kloster mit großer doppeltürmiger Kirche sich behaglich gelagert hatte. Ferne, aber doch herrlich sichtbar, stiegen die Berge steil und trotzig mit schwarzen Wänden und schneeigen Häuptern aus der beglänzten Sanftmut des Vorlandes, über das kleine, flammende Wölkchen wie goldene Barken zogen.

So enthüllt die Erde, gleich einer schlafenden nackten Frau

dem scheidenden Geliebten, ihre letzte, unerschöpfliche Schönheit tiefer und zärtlicher dem, dessen Auge bestimmt ist, für lange zu erlöschen, sei es im Dunkel der Gefangenschaft oder in der Nacht des Todes.

Wir wissen nichts von der verdichteten Schönheit, die ein sterbendes Auge als die letzte Gnade der Wegzehrung auf eine lange Reise empfängt, im Anblick jener Erde, die er niemals zuviel, sicher aber immer zuwenig geliebt hat. Was wissen wir überhaupt von den tiefsten und letzten irdischen Gnaden, da wir lebzeitig unseren Glauben auf die himmlischen zu richten ermahnt werden? Wie schön der Himmel auch sein mag, schöner als die Erde habe ich ihn mir nie denken können, so große Mühe ich mir auch immer gegeben haben mag.

In der konkreten Aktualität seiner Lage hat ein Gefangener freilich dringlichere Anliegen, als solche Betrachtungen anzustellen und im Strome von Stimmungsgehalten dahinzutreiben, wie sie der Reflexion gestattet sind. So unabweisbar sie sich ihm auch aufdrängen mögen, Krücken des Trostes, zerbrechlich wie der Zweifel selbst, es gibt noch konkretere Dinge, die sein Bewußtsein zu höchster Wachsamkeit aufrufen und seine Gedanken und Überlegungen in die Zügel der Realität nehmen. Denn nirgends mehr als in unübersichtlichen und schwankenden Lagen der Gefahr enthüllt es sich, daß die menschliche Existenz einen mindestens doppelten, wenn nicht vielfachen Boden hat, den einer geistig-seelischen und den einer mehr physisch-tierischen Existenz, ohne daß je eine reinliche Trennung zwischen diesen beiden Seinsbereichen möglich wäre, die auf eine geheimnisvolle und undurchdringliche Weise miteinander verflochten sind und deren Unterschied nicht so sehr ein gradueller als einer der technischen Mittel der Lebensbewältigung und ihrer Anwendung ist.

Dazu gehört aber bei jedem Gefangenen, der noch über den ungebrochenen Apparat seiner fünf Sinne und einer intakten Denkfähigkeit verfügt, die selbstverständliche Überlegung einer möglichen Flucht. Sie braucht durchaus noch keine konkrete Gestalt angenommen zu haben, sie kann noch ganz in den verborgensten Winkeln uneingestandener Wünsche schlummern und mehr einer Ahnung als einem Gedanken gleichkommen – sie wird ihn beschäftigen. Und wie sehr sie auch nur in verwegenen und abenteuerlichen Vorstellungen beheimatet sein mag: daß sie ihn beschäftigt, ist allein die Gewähr, daß er noch fähig und bereit ist, sich nicht aufzugeben. Schon die Beschäftigung mit solchen Überlegungen, auch wenn sie nie zur Ausführung kommen, ist ein Stimulans des in der Haft so leicht erlahmenden Lebenswillens und darüber hinaus ein hoher und berauschender Genuß. Es ist wahr, die Phantasie schießt dabei häufig weit übers Ziel und spielt in solchen Überlegungen nicht selten eine unzulässige und vielfach auch gefährliche Rolle. Allein – darauf kommt es nicht an: ohne Phantasie ist auf dieser Welt noch nichts von Bedeutung geschehen, und die Engen und Klippen der nackten Tatsachen geben dem breit dahinfließenden Strome der Phantasie nicht selten erst das rechte Gefälle, mit denen unser Tun über die Widerstände der Umwelt hinweg dem Ziele unaufhaltsam entgegenstürzt.

Jeder Weg, den ein Gefangener geführt wird – und sei es nur von seiner Zellentür bis zum Essensempfang oder zur Arbeitsstätte oder gar jeder Transport enthält eine unerschöpfliche Fülle von Anregungen zu einer möglichen Flucht. Auf allen diesen Wegen tut man gut, sich jede, auch die kleinste Einzelheit einzuprägen, Dinge und ihren Standort, Menschen und ihre Gewohnheiten, alle Regelmäßigkeiten und Veränderungen im Ablauf der Tages- und Jahreszeiten ebenso wie die Unveränderlichkeit räumlicher Gegebenheiten.

So wie der Reisende vorsorglich und für »alle Fälle« noch einen Gegenstand zu sich steckt, obwohl seine Zurüstung seiner nicht mehr bedarf, unsicher, ob er ihn je brauchen wird, aber froh, ihn zu besitzen, wenn er ihn je brauchen sollte – so habe auch ich immer, neben den Bildern höherer Ordnung, die mir die Umwelt bot, auch alle niederen mit möglichst getreuer Genauigkeit in mich aufgenommen, um sie im rechten Augenblick zuverlässig zur Hand zu haben.

Auch jetzt, auf unserem Marsche vom Bahnhof Mauthausen nach dem Lager, einem verwickelten, weil abkürzenden Gang auf Wegen und Gartensteigen, Waldpfaden und Wiesenrainen, hatte ich nicht verfehlt, mir jede Einzelheit so genau einzuprägen, daß ich den Rückweg unbedenklich bei Nacht gefunden hätte. Ich hatte mir genau die Stelle gemerkt, wo ein Hohlweg unweit eines einsamen Gasthauses unseren Weg kreuzte und sich bergab in den Donauniederungen verlor, deren dichtes Unterholz einen Unterschlupf anzubieten schien.

Es war Sommer, die Nächte noch warm, das Wasser der Donau sicherlich nicht zu kalt, und ich war ein guter und, wenn es sein sollte, ausdauernder Schwimmer. Etwa 200 Meter von dem

Gasthaus entfernt lag ein bescheidener Bauernhof. In der Zeit der Ernte ist es leichter als zu anderen Jahreszeiten, während der Abwesenheit des Bauern einen Zivilanzug zu gewinnen.

Ich hatte mir die Fähren und Straßenübergänge gemerkt, die es zu vermeiden galt. Ich beherrschte den landesüblichen Dialekt so gut wie den eigenen, und ich vertraute bei einer eventuellen Ausführung felsenfest auf die noch nie enttäuschte Hilfe von Frauen mehr als auf die von Männern, die von Natur zur Feigheit und Unentschlossenheit neigen, während die Frauen gerade in solchen Lagen die ganze Verwegenheit ihres Mutes und ihres Einfallsreichtums zu beweisen pflegen.

Ich hielt mich also, als wir uns nach kürzerem Verhalten wieder auf den Weg machten, für durchaus gerüstet, und nur die bodenlose Unkenntnis dessen, was Konzentrationslager wirklich bedeutet, entschuldigt die törichte Phantasie, die ich auf das Projekt verwandte, eine Phantasie, die bislang nur an den harmlosen Erfahrungen eines Zuchthauses und eines sich im Rahmen der Gesetze bewegenden Strafvollzuges geschult war.

Aber in einem tieferen Sinne waren meine ausschweifenden Gedankengänge doch nicht umsonst gewesen.

Ich überschritt den ersten Schlagbaum des Konzentrationslagers nicht im Zustand gedankenloser Resignation oder selbstzersetzender Angst, sondern hellwach und mit meinen Gedanken wie mit blitzenden Dolchen spielend und damit in einem Zustand gnädiger Entrückung.

Eine provisorische Holzbude diente als Wachhaus, vor der einige Posten, ältere Jahrgänge, lungerten, unter ihnen ein Scharführer der SS. Unsere Papiere wurden geprüft und für richtig befunden. Die SS-Männer betrachteten mich mit der wohlwollenden Neugierde, mit der Raubtiere ihre Opfer zu betrachten pflegen. Mit uns überschritt ein Trupp von Sträflingen den Schlagbaum. Ihr Zustand war etwas besser als der jener, denen wir am Bahnhof in St. Valentin begegnet waren. Aber sie sahen immer noch abgerissen und elend genug aus. Es fiel mir auf, daß auch sie barfuß waren. Sie mußten aus einem Steinbruch kommen. Jeder von ihnen trug auf seinem Rücken in einer hölzernen Trage Granitblöcke von ungefähr gleicher Größe, jeder von einem geschätzten Gewicht von etwa 40 bis 50 Kilogramm. Ich machte mir über diese einfache und einleuchtende Lösung eines Transportproblemes keine Gedanken.

Sträflingsarbeit nach altägyptischem Muster war eines von

den zahlreichen Eiern des Kolumbus, die der Nationalsozialismus aus den Wirtschaftssystemen aller Zeiten und Völker in bunter Fülle zusammengestohlen hatte. Erst viel später erfuhr ich, daß es sich um gar kein Transportproblem handelte, sondern um einen beliebten zusätzlichen Strafvollzug gegen Säumige aller Art. Sie wurden zu Kolonnen zusammengestellt und hatten auf einem jeweils näher zu bestimmenden Wege rund um das Lager zehn bis zwölf Stunden lang Steine zu schleppen. Die Kolonnen dezimierten sich im Laufe des Tages durch zahlreiche Ausfälle, und nicht die Hälfte der am Morgen ausgezogenen und unter Tags ohne Verpflegung gebliebenen Häftlinge erreichte abends wieder das Lager. Der Rest wurde von der begleitenden deutschen und ukrainischen SS entweder ins Lager zurückgeprügelt oder an Ort und Stelle bewußtlos geschlagen und dann von besonderen, aus Häftlingen bestehenden Bergungskommandos wieder ins Lager geschleppt. Regelmäßig kehrten einige als Tote zurück.

Bei der Kolonne, der wir begegneten, handelte es sich um das Häufchen Glücklicher oder Unglücklicher, die kräftig genug gewesen waren, den Tag durchzustehen. Der an der Spitze marschierende Sträfling, der selbst keine Last trug, ließ halten, sprang zu dem Scharführer des Postens, riß seine Mütze vom Kopf und machte Meldung. Die Meldung erfolgte zackig und hätte jedem preußischen Kasernenhof Ehre gemacht. Auch der Scharführer schien es zufrieden, wie überhaupt Kommißgemüter vom Gefreiten bis zum Generalfeldmarschall durch betont militärische Drillformen ebenso leicht besänftigt wie durch zivile Haltung in fassungslose Wut versetzt werden können. Um das zu begreifen, muß man aber ein Deutscher sein – und selbst gedient haben.

Der Häftling, der sich durch seine Meldung als Führer der traurigen Kolonne ausgewiesen hatte, als »Capo«, wie es in der Sträflingssprache heißt, sprang zu seinem Haufen zurück und setzte ihn mittels eines unwiderstehlichen Kommandos wieder in Bewegung. In der letzten Reihe gelang es einem schmächtigen, alten Manne nicht, sogleich den richtigen Tritt zu bekommen. Vielleicht war er auch mit dem falschen Fuße angetreten. Wer weiß, wo seine Gedanken gerade geweilt hatten. Der Capo bemerkte diese Ungeschicklichkeit, sprang auf ihn zu und trat ihn zweimal mit dem Stiefel ins Kreuz, wobei er sein Opfer mehr ansprang als anging. Der Alte stöhnte laut und marschierte wortlos weiter. Der Capo aber sah sich beifallheischend nach dem Scharführer um, der ihm auch zustimmend zunickte. Diesen Vorgang beschloß ich, als eine erste, aber wichtige Belehrung mir gut einzuprägen. Es ist immer gut zu wissen, wessen man sich auch von seinesgleichen zu versehen hat.

Wir waren inzwischen noch etwa 200 Meter weiter gegangen, da erhob sich vor uns der gewaltige, granitene Hauptbau des Lagers mit einem mächtigen Eingangstor, über dem ein riesiger Hoheitsadler seine mächtigen Flügel breitete. Dreifache Stacheldrahtzäune, von denen der mittlere, auf Isolatoren montiert, elektrisch geladen war, hohe steinerne Wachtürme, mit schwerer Maschinengewehrbestückung und Scheinwerfern, einige langgestreckte Steingebäude, von denen eines, wie sich später herausstellte, ein großer Garagenbau, eines der Zellenbau für Einzelhäftlinge, der sogenannte »Bunker«, und eines das Krematorium war und dahinter, von breiten Lagerstraßen durchzogen, auf denen ein geschäftiges Treiben herrschte, das Heer der Baracken. Über die Ausdehnung des Lagers war Genaueres von hier aus nicht auszumachen.

An den Steinbauten arbeiteten noch Häftlinge als Maurer und Steinmetzen. Viele Gebäude waren noch im halbfertigen Zustand. An dieser Stadt – denn um nichts weniger als eine solche handelte es sich – wurde nun schon Jahre gebaut und würde wahrscheinlich noch Jahre gebaut werden, wie am Turm von Babel. Und vielleicht würde überhaupt nie aufgehört werden, die Strafanstalten und Zuchthäuser und Konzentrationslager zu erweitern und baulich zu vervollkommnen, bis eines Tages nach dem Muster dieser »Repräsentativbauten« Hitlers, des größten Baumeisters aller Zeiten, auch das Reich fertig gebaut sein würde. Und es würde nach seinen hohen Willen das vollendetste Zuchthaus der Welt sein, abgeschlossen von allem ringsum durch dreifache Stacheldrähte, mit einem ausgeklügelten System von Verboten und Geboten, ein waffenstarrendes Trappistenkloster, ein Reich von Millionen Arbeitssklaven, von einer Handvoll Sklavenhaltern in ockerfarbenen Uniformen gedrillt, ein potenziertes Sparta mit Einheitskleidung und Einheitsfressen, der Schrecken und der Abscheu seiner Nachbarn.

Hier in Mauthausen wurde bei unserer Ankunft nach solchen Planungen noch gebaut, als stünde der Nationalsozialismus noch auf ehernen Fundamenten und nicht auf zerbröckelnden tönernen Füßen; als stünden die Heere der Alliierten nicht bereits am Rhein, nachdem sie die nationalsozialistische Wehrmacht wie Hasen durch ganz Frankreich gejagt hatten; als verdunkelte sich nicht der Himmel über Deutschland täglich von den unermeßlichen Geschwadern feindlicher Flugzeuge, die eine Stadt nach der anderen in grausamer Folge in Schutt und Asche legten; als stünden die russischen Panzer nicht sprungbereit an der Oder; als wäre nicht Budapest gefallen und die russischen Heere weniger als 200 km von Mauthausen entfernt am Neusiedler See. In welch furchtbaren Illusionen lebte dieses Volk, das selbst von dem größten Illusionisten aller Zeiten in den sicheren Untergang geführt wurde? War es nicht Hitler selbst, der das Rezept aller Illusionisten bis zur Vollkommenheit vorlebte und für ein 80-Millionen-Volk verbindlich erklärte, das Rezept aller Gaukler und Wundertäter: von Tatsachen keine Kenntnis zu nehmen. Ein bequemes, aber in seinen Folgen furchtbares Rezept.

Wir kamen vor ein gewaltiges eisernes Tor und betraten ein daneben befindliches Wachlokal, wo ich von meinen Begleitern gegen Quittung abgeliefert wurde. Die beiden Begleiter entfernten sich, nachdem sie nach der Kantine gefragt hatten. Ich blieb zunächst stehen, wo man mich hingestellt hatte und fand keine weitere Beachtung. Ich merkte nun, daß ich sehr müde, ja bis zur Erschöpfung müde war und hätte viel darum gegeben, mich setzen zu dürfen. Die Handfesseln waren mir gelöst worden. Die Gelenke trugen noch die Abdrücke der Kette und schmerzten mich. Ich trug meinen Mantel und eine Aktentasche in der rechten Hand, meinen Hut in der linken.

Ich beschloß, meine Tasche auf den Boden zu stellen, aber ich hatte sie noch nicht richtig abgestellt, als der am Tisch sitzende und schreibende Wachhabende wie ein Springteufel auf mich losfuhr, mich anbrüllte, ob ich schon je etwas von »Stillstehen« gehört hätte, was ich ihm bejaht haben würde, wenn er mich nicht gleichzeitig mit aller Wucht von links und rechts ins Gesicht geschlagen hätte, so daß es gegen solche Argumente nichts mehr zu erwidern gab. Gleichzeitig schrie er etwas Unverständliches in einen Nebenraum. Ein baumlanger Kerl erschien und schmiß mich mehr als er mich schob aus dem Lokal. Ich wurde draußen im Hof an eine Steinwand geführt und mir bedeutet, daß ich hier, ohne mich zu rühren, mit dem Gesicht dicht zur Wand stehenzubleiben hätte. Eine Wahl hatte ich nicht und so blieb ich denn stehen. Hier war man weniger als ein Tier, das war mir sofort klar.

Ich stand an einer verkehrsreichen Ecke. Hinter mir hörte ich Kolonnen von Sträflingen von der Arbeit ins Lager marschieren. SS-Leute eilten geschäftig hin und her und riefen sich Bemerkungen zu, meist dienstlichen Inhalts. Wenige widerstanden der Versuchung, mir im Vorübergehen mit der Faust oder einem anderen harten Gegenstand in den Nacken zu schlagen. Einer trat mich unter dem beifälligen Gelächter seiner Kameraden unerwartet in die Kniekehlen, so daß ich stürzte. Er schrie mir im Weitergehen noch etwas zu, was ich nicht verstand. Ich raffte mich rasch auf und nahm meine alte Haltung wieder ein. Die Aktentasche war mir entfallen. Ich ließ sie liegen, wo sie lag. Mein Kopf schmerzte mich, ich kann nicht sagen, ob von den Schlägen oder von den Gedanken, die sich überstürzten und in meinem Hirn wie Eis brannten.

Es ist ein unbeschreibliches Gefühl, wehrlos willkürlichen Grausamkeiten ausgesetzt zu sein, erst recht dann, wenn man seine Peiniger nicht sieht, sondern weniger als eine Handbreit mit dem Gesicht zu einer Mauer steht. Meine Stirne brannte heftig. Ich stellte erst viel später im Dunkel meiner Zelle fest, daß ich sie mir bei einem der Nackenhiebe an der Mauer blutig geschlagen haben mußte.

Ich stand und stand und könnte nicht angeben, wie lange ich gestanden habe. Aber einige Stunden waren es bestimmt gewesen. Die Nacht war mittlerweile gekommen; der Passantenverkehr hatte nahezu völlig aufgehört. Scheinwerfer schüttelten Bündel von grellem Licht in den Hof. Die Mauer vor mir leuchtete weiß und schmerzhaft wie Kreide. Ich schloß die Augen.

Nach einer Weile hörte ich Stimmen und Kommandos. Ohne den Kopf zu wenden, schielte ich aus den Augenwinkeln, so gut wie ich es vermochte, zur Seite. Sträflinge schleppten eine primitive Bahre herbei und setzten sie ganz in meiner Nähe ab. Auf ihr lag ein halbnackter, nur mit einer gestreiften Hose bekleideter Gefangener blutüberströmt. Das Gesicht konnte ich nicht sehen. Über den Kopf war die Jacke geworfen. Er war nicht tot, er atmete noch, seine Brust bewegte sich heftig auf und nieder. Sein Atem pfiff und ging später in ein klägliches Röcheln über. Der linke Arm hing über die Bahre herab. An ihm entlang rann dunkles Blut, vermutlich aus einer Halswunde, und bildete kleine, teilweise rasch verkrustende Rinnsale auf dem Arm und tropfte durch die nach innen gekrümmten Finger auf die Erde. Auf der Innenseite seines Armes trug der Mann in Form einer primitiven Tätowierung das Bildnis einer üppigen Frau, deren starke Brüste wie Melonen auf den gekreuzten Armen lagen. Das Blut floß langsam und unbeirrbar ihr über Hals und Busen, und es sah aus, als flösse es unaufhaltsam aus den gewaltigen Brüsten.

Das wäre ein Bild für einen Maler wie Goya gewesen, ein Vorwurf von dämonischer Größe und Einmaligkeit und zermalmender Hintersinnigkeit. Aber die Deutschen lieben solche Vorwürfe nicht, und alles, was jenseits der Idylle und des Konventionellen liegt, ist ihnen zuwider und zählt für sie billig zur »entarteten Kunst«.

Einer wohl hatte den Vorzug, um einige Jahrhunderte zu früh geboren zu sein: Matthias Grünewald. Aber auch der Ruhm des Meisters des Isenheimer Altars ist nur ein fragmentarischer und über die akademische Anerkennung hinaus nur insoweit ins Bewußtsein der Deutschen gelangt, als es zum guten Ton, zur Zeitmode gehört, Grünewald bedeutend zu finden. Schön haben ihn die wenigsten Deutschen je gefunden und die meisten von ihnen – eingestanden oder uneingestanden – sogar ausgesprochen häßlich, ja widerwärtig bis zur Unerträglichkeit. Denn nach dem Geschmack des deutschen Durchschnittsbürgers, der eben diesen seinen Geschmack nach dem Gewicht seiner Mehrheit dem verlorenen Häuflein der Minderheit notfalls mit handgreiflichen Argumenten aufzudrängen gewillt ist, ist alles Naturalistische unmöglich schön und nur das hat Aussicht, als geschmacksverbindlich anerkannt zu werden, was biedermeierisch anmutig und idealisiert darauf verzichtet, der Ruhe eines bürgerlichen Gewissens und den gesicherten Ordnungen der Gesellschaft mit dem Dynamit der Wahrheit an die Gurgel zu springen.

Darum stehen auch mehr Thorwaldsen in unseren christlichen Häusern, als Grünewalds dort hängen. Die soziale Sprengkraft des Evangeliums ist von den theologischen Feuerwerkern beider Konfessionen längst fachgerecht entschärft, und die Passion hat für den europäischen Christen des 20. Jahrhunderts nur noch als symbolisches Spektakulum Verbindlichkeit.

Theologische Geister haben viel Scharfsinn darauf verwendet, zwischen der bolschewistischen Gottlosenbewegung und der nationalsozialistischen Christentumsfeindlichkeit Zusammenhänge zu konstruieren. Dabei wurden sehr leichtfertige Schlüsse gezogen. Der bolschewistische Atheismus ist der, wenn auch vielleicht untaugliche Versuch, die evangelische Verheißung in eine sozialistische Wirklichkeit umzumünzen und sie auf diese Weise überflüssig zu machen. Der chiliastische Zug einer Bewegung, die sich bewußt an die »Erniedrigten und Beleidigten« wendet, ist nicht zu übersehen. In den »Ordnungs-Ideologien« des spätbürgerlichen Nihilismus aber tritt zutage, wie eine aus einem bis zur höchsten Perfektion entwickelten Selbstgefühl lebende Gesellschaft die Grundwahrheiten des Evangeliums nicht mehr erträgt und zu ihrer Zersetzung schreitet.

Ein geleugneter Christus ist besser als ein mißbrauchter, und es ist noch nicht ausgemacht, ob die wahren Feinde Christi wirklich im Raume des russischen Bolschewismus zu suchen sind und nicht vielleicht in viel höherem Maße in den bürgerlichen Massen des Westens, die den Besitz ihrer Pfründen und ihr Wohlergehen um jeden Preis gegen die Absichten des Weltgeistes zu verteidigen entschlossen sind. Hier lag der von den bezahlten Henkersknechten eines verbrecherischen Systems geschundene Mensch in seinem Blute und verröchelte. Und was ihm widerfahren, war in ihm der gesamten Menschheit widerfahren. Das gleiche blutige Geschick wiederholte sich in diesem Augenblick an zahlreichen Punkten der Erde.

Ich verwandte kein Auge von diesem Menschen, der hier vor meinen Blicken, wie ein geschlachtetes Tier, sein Leben verhauchte. Und wie die ersten Christen in den Verliesen der römischen Zirkusse im Anblick des Kreuzes und in der Versenkung in die blutige Realität der Passion nicht zu feiger und winselnder Abschwörung, sondern zu erhöhter Selbstbestätigung gelangten und die heitere, feuerflüssige Kraft mitgeteilt erhielten, die sie gegen Schmerzen unempfindlich und gegen den Tod mit lächelnder Gleichgültigkeit erfüllte, so geschah auch an mir.

Indem ich mich in das Martyrium dieses fremden Menschen mit ganzer Seele vertiefte und mit den geringen Kräften meines Gemütes sein heilloses Sterben brüderlich verklärte, erwuchsen mir in diesem unausgesprochenen Auftrag einer Totenwache die Kräfte, die mich befähigen würden, jede Folter und jede Erniedrigung wie eine leichte Bürde zu ertragen und mich selbst gegen die Tücken des Todes unverletzlich zu machen. Mir galt es gleich, ob hier der Erlöser oder einer der Schächer am Holze hing. Ich zweifelte nicht an ihrer Identität und hielt mich für berechtigt, einen für den anderen zu halten.

Eine befehlsgewohnte Stimme hieß mich kehrtmachen. Ich folgte der Aufforderung so militärisch einwandfrei, wie es mir geläufig war und blickte in das gebräunte Gesicht eines gedrungenen Mannes im Alter von etwa 40 Jahren. Er trug einen langen Ledermantel, Reitstiefel und ein breites Koppel umgeschnallt. Seine Hände, die beide in eleganten Wildlederhandschuhen steckten, hielten eine Peitsche und einen großen Hund an der Leine. Der Mann, den Majorsschulterstücke als einen höheren SS-Offizier auswiesen, war in Begleitung eines ganzen Stabes jüngerer Herren von zweifelhaftem Aussehen, die sich wie eine Haifischmeute um ihn scharten. Ich bekam den Mann in den folgenden Wochen und Monaten noch oft aus den verschiedensten Anlässen zu sehen. In diesem Augenblick wußte ich noch nicht, wer er sei, ich erfuhr es aber bald.

Der Mann frug mich nach meinem Namen und meiner Herkunft und nach dem Grund meines Hierseins. Ich gab ihm so zuverlässig wie möglich Auskunft. Aber sie schien ihn nicht zu befriedigen. Außerdem schien es ihn in Zorn zu versetzen, daß ich die verwickelten Dienstgradbezeichnungen der SS nicht kannte und ihn darum unbedenklich mit Major anredete. Es entstand eine Pause, während der sich offensichtlicher Unmut in seinem Gesicht abzeichnete. Er blickte einen Augenblick unschlüssig im Kreis herum, trat dann einen Schritt näher auf mich zu und schrie: »Kennst Du mich nicht?!«

Ich verneinte.

»Ich bin der Kommandant des Lagers, Du Drecksau! Du kannst mich noch näher kennenlernen.«

Und er schlug mir mit der behandschuhten Faust ins Gesicht, daß ich an die Wand taumelte und im Fallen mit der Hand auf den Sterbenden neben mir fiel. Dabei verschob sich die über das Gesicht gedeckte Jacke und entblößte so eine daumenbreite, blau und braun eingefaßte Wunde unterhalb des linken Auges, die entweder von einem Schlag, wahrscheinlicher aber von einem Tritt mit einem eisenbeschlagenen Stiefel herrühren mußte, denn ihre Ränder waren stark verdreckt. Der Mann rührte sich nicht bei meiner Berührung. Er war tot. Die Augen waren offen und starrten in einem mit Ekel gemischten Staunen in das mitleidlose Licht der Scheinwerfer.

Ich sah alles im Bruchteil einer Sekunde. Ein junger Sturmführer aus der Begleitung des Kommandanten forderte mich auf, mitzukommen. Wir betraten nach geringem Weg eine ansehnliche Baracke, die über der Türe die Aufschrift: »Politische Abteilung« trug. Ich wurde in einem Büroraum abgeliefert. Der Sturmführer entfernte sich wieder.

Zwei Schreibtische standen sich gegenüber. An dem einen saß ein SS-Oberscharführer, bereits vorgeschrittenen Alters, von großer Magerkeit, ledergelben, von vielen Runzeln durchzogenen, stark verlebten Gesichts und schmalen, stechenden Augen; starker Raucher, wie seine knotigen, an den Spitzen stark gebräunten Finger auswiesen. Der Adamsapfel stieg in den Falten seines mageren Halses unruhig auf und ab. Ich war an der Tür stehen geblieben und er betrachtete mich unausgesetzt und mit üblen Blicken. Ich sah über ihn hinweg nach einem Punkte auf einer großen Landkarte, der auffallend gelb war und etwa die chinesische Provinz Sinkiang darstellen mochte. Unter dieser Karte saß an einem Schreibmaschinentische ein platinblondes Mädchen mit eleganter Journalfrisur, hübsch, schlank, von guter Figur, leicht, aber nicht auffällig geschminkt, kurzrockig und in einer rohseidenen gelben Sommerbluse, die sie gut kleidete. In ihrem Typ eine Mischung aus Magazinschönheit und Gymnastikschülerin, wie er sich in »Glaube und Schönheit«, dem Remontedepot für SS-Bräute, organisiert hatte.

Auch ihr Blick war, wie ich deutlich fühlte, neugierig auf mich gerichtet. Und ich glitt von der Provinz Sinkiang langsam herab mitten in ihre Augen und traf Anstalten, darin zu verweilen. Das hielt sie nicht aus oder vielleicht war es ihr ärgerlich, in gleicher Weise angeglotzt zu werden. Sie griff nach einem neben ihr liegenden Spiegel und begann mit den uralten Bewegungen, die kultischen Handlungen eigen sind, ihr Haar zu ordnen.

So alt und oft gesehen diese Geste auch sein mag, der Mann sieht sie immer aufs neue gerne, so vor allem die Linie der über dem Haupt wie zum Krügetragen erhobenen Arme. Sie ist eine der schönsten Bewegungen, deren der Körper einer Frau fähig ist. So oft auch wiederholt, sie wird nie langweilen, denn im Bereiche der Schönheit gibt es keine Wiederholung und keine Endgültigkeit. Schönheit ist ein permanenter Schöpfungsakt.

Jetzt erhob sich auf der anderen Seite des Schreibtisches ein untersetzter, stämmiger Mensch, mit aufgekrempelten Hemdsärmeln. Der Dienstgrad war dieser Boxerfigur nicht abzulesen, denn sie hatte sich »Marscherleichterung« genehmigt und den Rock abgelegt. Eine Flasche Bier stand auf seinem Schreibtisch. Er trank einen tiefen Schluck, ehe er sich erhob. Sein rundes Gesicht strahlte von unerschütterlicher Gesundheit und Selbstzufriedenheit und spiegelte gleichzeitig einen Hang zu abgründiger Grausamkeit, wie sie aus geschlechtlicher Abnormität genährt wird. Besonders die Augen, die wie bei gewissen Drüsenerkrankten, rund und glotzaugig wie Krötenaugen unter den bebuschten Jochbeinen vorsprangen, waren von widerlicher Aufdringlichkeit und einem saugenden Hunger nach Blut. Die schwarzen Locken lagen ihm in fetten Ringeln wie einem Gladiator um das Haupt. Der Mann war – kein Zweifel – diesseits des Limes geboren, vielleicht in einem jener Moseltäler, wo die Spuren der römischen Legionäre bis heute unverwischbar geblieben sind, ein Zeichen dafür, was für gewaltige und nachhaltige Zeuger die Soldaten des Tiberius gewesen sein müssen. Und in der Tat, wie ein Soldat aus der aus entschlossensten Gangstern zusammengesetzten Leibwache eines spätrömischen Cäsaren nahm sich dieser SS-Paladin Hitlers auch aus. Er war das Gegenstück seines ausgemergelten Gegenübers, der, wie dieser das hitzige, so jener das kühlere nordische Element der Grausamkeit vertrat.

Der Mann stand also auf, ging um einen Schreibtisch mit trägen Bewegungen herum, lehnte sich an dessen Seitenwand, kreuzte die massiven Arme und musterte mich lange vom Kopf bis zu den Füßen, als wolle er mir einen Anzug anmessen. Darauf entwickelte sich folgender Dialog:

»Herkommen!«

Ich trat einige Schritte auf ihn zu und stand jetzt nahe genug, etwa einen Schritt vor ihm, in guter militärischer Haltung.

»Noch näher.«

Das war nicht möglich, ohne auf ihn selbst zu treten. Ich machte noch einen halben Schritt vorwärts und war nun so nahe vor ihm, daß mich sein mit einem aufdringlichen Parfüm vermischter Schweißgeruch beinahe schwindeln machte. Mannsgeruch war mir immer in besonderem Grade widerlich im Gegensatz zu den in ihrer Vielfalt wunderbaren Ausdünstungen fraulicher Körper. Und vor allem dieses Parfüm, das einem unter die Nase knallte. Es muß innerhalb der SS und der Gestapobeamten eine bestimmte Hausmarke eines Einheitsparfüms gegeben haben, denn ich traf auf diesen gleichen Bocksgestank in allen Amtsstuben und Gefängnissen Himmlers, von Berlin bis Nürnberg, von Amberg bis Mauthausen, wie auf eine Wolke von Verworfenheit.

Die Augen des Mannes starrten kaum zwei Handbreit von mir entfernt in die meinen. Ich sah sie langsam sich röten.

»Noch näher – hab' ich gesagt!«

Es war sonnenklar, daß er plump provozierte und ich beschloß, den Befehl nicht zu befolgen, sondern blieb steif wie ein Bock stehen. Ich sah ihm fest und unverwandt in die Augen.

Da stieg ein feistes Lächeln in sein Gesicht. Er öffnete die Verschränkung seiner Arme und versetzte mir einen heftigen Stoß vor die Brust, daß ich fast bis zur Türe rückwärts taumelte. Aber ich fiel nicht, ich hatte den Stoß erwartet.

Er wandte sich von mir ab und setzte sich wieder an seinen Schreibtisch. Das Mädchen spannte einen weißen Vordruck in die Maschine. Die Aufnahme meiner Personalien begann:

»Name.«

»Drexel.«

»Drecksau – meinst Du wohl!« – Ich antwortete nicht.

»Vorname.«

»Joseph.«

»Aha – daher der Name Stalin« (es sollte eine Anspielung auf den gleichen Vornamen des sowjetischen Staatsoberhauptes sein). Ich erwiderte nichts.

»Geboren?«

»Am 6. 6. 1896 zu München.«

»Konfession?«

»Katholisch.«

»Das auch noch.«

Ich blieb stumm.

»Wohnort?«

Ich nannte meinen letzten Wohnsitz.

»Verheiratet?«

»Jawohl.«

»Name und Wohnsitz der Frau?«

Ich gab Bescheid. – Ich wußte, daß dorthin nie eine Botschaft gelangen würde, es sei denn der bekannte Vordruck, daß der Häftling soundso am soundsovielten an Lungenentzündung gestorben sei. Eine innere Stimme aber sagte mir, daß ich eher zu Hause sein würde als diese Botschaft. Ich hatte kein Recht, auf eine solche Einflüsterung zu hören – aber ich überhörte sie dennoch nicht. Ich war mehr denn je entschlossen, alles zu bestehen und zu überstehen.

»Vorstrafen?«

»3 1/2 Jahre Zuchthaus, 3 Jahre Ehrverlust wegen Vorbereitung zum Hochverrat.«

Es entstand eine Pause. Beide Schreibtischhocker glotzten mich an und auch das Mädchen wandte den Kopf zu mir. »Was für ein Hochverrat?«

Ich nannte, da mir der Straftenor des Urteils des Volksgerichtshofes niemals bekanntgemacht wurde, in ein paar kurzen Sätzen den Inhalt der Anklage.

»Und da lebst Du noch, Du Dreckhund – Du Bolschewistensau?!«

»Zeig ihm die Emma!« kam's von der anderen Tischseite. Der Schwarze griff unter seinen Tisch und brachte einen Strick mit einer schwärzlichen Schlinge aus Draht und eine zweischwänzige Peitsche hervor. Er knallte beide auf seinen Tisch und wartete auf die Wirkung. Ich sah steinern an ihm vorbei.

»Kennst Du das?«

»Nein.«

»Aber Du wirst es bald kennenlernen. Weißt Du überhaupt, was Konzentrationslager heißt?«

»Jawohl.«

»So? Das weißt Du also? Scheiße weißt Du – sonst gar nichts!«

»Körperliche Fehler?«

»Keine, außer linksseitigem Leistenbruch.«

»Den rechtsseitigen kannst Du bei uns gratis dazubekommen.«

»Wieviel Goldzähne?«

Ich konnte keine Auskunft geben, ich hatte niemals nachgezählt.

»Wieviel Goldzähne hab' ich gesagt?«

»Ich weiß es nicht.«

»Das weißt die Drecksau nicht! Besinn Dich, sonst schlage ich sie Dir einzeln aus der Fresse!«

Ich besann mich nicht. Schweigen.

»Mach's Maul auf.«

Er war aufgestanden und auf mich zugegangen, in der Rechten die Peitsche, mit deren Griff er mir in den Mund fuhr und mir schmerzhaft den Gaumen verletzte.

Er begann zu zählen: eins – zwei – drei.

»Sieben«, sagte er zu dem Mädchen an der Schreibmaschine.

»Alles?«

»Beruf fehlt noch«, zwitscherte das Mädchen.

»Beruf?«

»Volkswirt«, sagte ich entsprechend meinen Ausweispapieren.

»Volkswirt? – Volksschädling meinst Du wohl?«

»Nein – Volkswirt.«

»Volksschädling sollst Du sagen, Du verdammte Kommunistensau!«

Schweigen.

»Was sollst Du sagen? – Willst Du gleich Dein Maul aufmachen?«

»*Volkswirt*« – sagte ich absichtlich langsam und die letzte Silbe betonend.

»Du Hund, Du –«

Und wie ein Stier stürzte er auf mich los und schlug in besinnungsloser Wut mir mit der Peitsche mehrmals ins Gesicht. Die Augen quollen ihm wie gerötete Kugeln aus den Höhlen, es trieb ihm das Kinn aus dem Gesicht und ich hörte seine Zähne krachen. Sein rechter Fuß stampfte wie bei einem gereizten Kaninchen nervös auf den Boden, wie ich es schon bei vielen Sadisten bemerkt habe.

Ich stand und rührte mich nicht und war mehr denn je entschlossen, die Exekution so unbeweglich wie nur möglich über mich ergehen zu lassen. Ich hob keine Hand, keinen Arm zur Abwehr. Ich taumelte wohl ein bißchen, riß mich aber sofort wieder zusammen, überzeugt, verloren zu sein, wenn ich jetzt schwach würde.

Der andere, der mit dem Adamsapfel, der der Szene mit beifälligem Grinsen beigewohnt hatte, war aufgestanden und nahm ihm die Peitsche weg. »Laß die Sau«, sagte er, »morgen ist auch noch Zeit«, und an mich gewandt: »Mit solchen wie Dir werden wir rasch fertig.«

Die Anstrengung, die ich mir befohlen hatte, löste sich. Der Schweiß perlte auf meiner Stirne. Ein süßlicher Geschmack kam mir auf die Zunge, meine Oberlippe war linksseitig geplatzt und das Blut rann mir in den beim heftigen Atmen geöffneten Mund, rann, als ich ihn angewidert schloß, über mein Kinn und tropfte in trägen, langsamen Tropfen auf den Fußboden.

»Du Schweinekerl – was fällt Dir denn ein – auflecken oder ich schlag' Dich zur Wurstsuppe!«

Ich rührte mich nicht.

»Hörst Du nicht? – Auflecken habe ich gesagt!«

Er packte mich beim Genick und drückte mich zu Boden, wie man einem Hund die Schnauze in die eigenen Exkremente drückt, um ihn zur Stubenreinheit zu zwingen.

Eine Weigerung war sinnlos. Ich wußte genau, was mit mathematischer Sicherheit geschehen würde, wenn ich mich weigerte. Viele lieferten so, weil sie nicht wollten, mehr noch, weil sie nicht konnten, den gesuchten Vorwand, wegen Widersetzlichkeit ohne viel Federlesens und ohne, daß auch nur ein Hähnchen nach ihnen krähte, erledigt werden zu können. Diese Burschen sind nicht nur geübte Schläger, sondern ebenso gelernte Würger. Ich hielt nichts von einer Demonstration, die mit der physischen Auslöschung des Demonstranten enden mußte. Hatte ich mir nicht viele Male zugeschworen, in der Operette nicht sterben zu wollen? Ich übte vorschriftsmäßig, wie ich es auf dem Exerzierplatz gelernt hatte, »Hinlegen« und leckte mein eigenes Blut von den Holzbrettern des Fußbodens, und etwas wie eine wilde Genugtuung, daß ich dies ohne Widerwillen und ohne jede Spur von Schrecken vermochte, erfüllte mein Herz.

Das platinblonde Mädchen saß unbeweglich wie eine Statue an seiner Maschine. Keine Bewegung ihres Gesichtes verriet eine Spur von Abscheu oder Mitleiden, nur in ihren Augen zuckte das heimliche Flämmchen Lust, das der Anblick von Blut in den Blicken der Weiber entzündet, die der schärferen Essenzen der Brutalität bedürfen, um ihre angeborene Frigidität zu überwinden. Sie gehörte also zu denen, die sich gerne in der Nachbarschaft der Metzger bewegen. Die Folterstätten sind die natürlichen Orte, an denen sie gedeihen, und die Henker ihre angemessenen Partner, denen sie verfallen.

Ich stand wieder auf, raffte meine Siebensachen zusammen und straffte mich, so gut ich vermochte. Dabei fiel mein Blick in einen neben der Türe angebrachten Wandspiegel.

Ich erschrak heftig und erkannte mich kaum wieder. Diese blutverschmierten Züge unter zerrauftem Haare waren kaum mehr die meinen. So hatte ich von meiner kleinen flandrischen Sappe aus manchen aus den Trichtern der Materialschlacht zu den Verbandsplätzen zurückwanken sehen. Das war nun 25 Jahre – ein Vierteljahrhundert – her. Welch eine unermeßliche Zeit und doch so kurz nur wie ein Augenblick. Wohin hatte es die Menschheit in diesen 25 Jahren gebracht? Auf welchen Wegen des Fortschrittes hatte sie sich voranbewegt? Auf den Wegen des Fortschritts zu einer Vervollkommnung der Methoden der Grausamkeit und der Menschenvernichtung, zu einer Vollendung der Technik des Todes. Waren dafür damals die Millionen des Ersten Weltkrieges gefallen? Was war geblieben von dem leidenschaftlichen »Nie wieder« der Überlebenden?

Nichts als Schall und Rauch und das Gelächter der sich selbst Verspottenden, die dieser Wiederholung und Steigerung der Barbarei nicht entschieden genug entgegentraten und ihr fahrlässig Vorschub geleistet hatten, indem sie nicht rechtzeitig den Entschluß faßten, auf die Barrikaden zu gehen; auch ich mußte mich zu ihnen zählen.

Sechs Monate Bürgerkrieg 1933 hätten – wie blutig immer die Opfer gewesen wären – sechs Jahre Zerstörung, sechs Jahre stündlichen Tod von Hunderten anständiger Deutscher, 12 Jahre Kerker für Millionen, Eunuchisierung und lebenslängliche Schande von einem großen und arbeitsamen und intelligenten Volke abgewendet und vor der Welt und uns selbst die Ehre des Vaterlandes gerettet. Damals hätte, wie selbstverständlich, die vorbürgerliche Klasse, repräsentiert durch die zu jener Zeit noch nicht korrumpierten Offiziere der Reichswehr, jenes Bündnis mit der nachbürgerlichen Klasse, der Arbeiterschaft, eingehen müssen, in welchem ich lange die letzte Rettung Deutschlands zu sehen glaubte.

Auf ein Glockenzeichen trat ein SS-Mann mit kalmückischem Gesicht ein. Es war einer der ukrainischen Wachmannschaften, wie sie innerhalb der Totenkopfverbände verteilt und für Sonderexekutionen gerne verwendet wurden. Ich liebe asiatische Gesichter. Sie jagen mir keinen Schrecken ein. Auch dieser, dem ich späterhin noch öfter begegnen sollte, tat mir nichts zuleide, obwohl er, wie ich später hörte, zu den gefährlichsten Burschen des Lagers gehörte und viele Morde auf dem Gewissen hatte. Es gibt physiognomische Sympathien, über die sich keine Rechenschaft ablegen läßt. Man kann nicht zuverlässig, aber doch von ungefähr auf sie bauen. Ich bekam ein Stück Karton ausgehändigt, auf dem meine Eingangsnummer geschrieben stand. Es war die Nummer 96961.

Fortan würde ich also aufgehört haben, ein Individuum, ein Mensch mit Namen und Eigenschaften zu sein. Fortan würde ich nur noch eine Nummer sein – die Nummer 96961. Sie sieht so harmlos aus. Aber wenn Du Dir die Mühe machen willst, so zähle einmal von 1 bis 96961 durch und Du wirst mir zustimmen, daß es auf der ganzen Welt keine Feder gibt, die Legende dieser Arithmetik des Leidens und des Todes zu schreiben. Der Nationalsozialismus half sich durch Subtraktionen und Divisionen von furchtbarer Eindringlichkeit.

Die modernsten Methoden der Schädlingsbekämpfung waren hier mit den hohen, bis zur Perfektion gesteigerten Ergebnissen menschlichen Geistes aus der Chemie, der Physik, der Medizin auf ein verwickeltes System der Menschenvernichtung gebracht und bis zu artistischer Überlegenheit entwickelt. Die Tatsachen, die darüber bekannt wurden, nachdem die blutigen Siegel des Schweigens zerbrochen worden waren, muten wie die Niederschläge einer kranken und ausschweifenden Phantasie aus einem schlechten Groschenroman an, und man müßte versucht sein, sie in das Gebiet einer schmutzigen Kolportage zu verweisen, wenn ihre Unwahrscheinlichkeit nicht an zahllosen, handfesten Beispielen glaubhaft gemacht wäre. Das bürgerliche Gewissen freilich, das diesen Tatsachen gegenüber nur ein schlechtes sein kann, weigert sich entschieden, sich erschüttern zu lassen, und behauptet seine Unschuld mit der Entschiedenheit aller Hehler. In der Geste jenes afrikanischen Steppenvogels, der der Gefahr in einer sprichwörtlich gewordenen Haltung begegnet, indem er den Kopf in den Sand steckt, hoffen sie, die sich nähernden Erinnyen zu täuschen. Aber heute oder morgen oder vielleicht erst übermorgen holt das Gericht sie ein.

Wir überquerten mehrere Höfe und Lagerstraßen, die von hohen Bogenlampen taghell erleuchtet waren. Sie waren wie ausgestorben zu dieser nächtlichen Stunde. Die Vorschriften der Verdunkelung fanden auf Konzentrationslager keine Anwendung. Erst bei Vollalarm erloschen sämtliche Lichter, von einer einheitlichen Zentrale aus ausgeschaltet. Ich habe in den folgenden Monaten im Lager viele Alarme, bei Tag und bei Nacht und gegen Ende des Jahres mit mehr und mehr gesteigerter Häufigkeit erlebt.

Fast alle Geschwader der englisch-amerikanischen Luftwaffe kamen von Süden über die Alpen und drehten westlich von uns ab auf die Gebiete Ober- und Niederdonau ein, um ihre furchtbare Last über Steyr, Wels, Linz oder Wien abzuladen. Einige überflogen uns auf dem Rückflug aus dem ungarischen Raum kommend. Russische Tiefflieger streiften, namentlich nachts, die Donau aufwärts bis an die bayerische Grenze, Flußschifffahrt und Bahnanlagen empfindlich störend. Wir wußten in unseren Zellen über die Flugwege genau Bescheid aus den Radio-Luftnachrichtenmeldungen, die mit genügend Deutlichkeit aus den Aufenthaltsräumen unserer Bewachung zu hören waren. Die kleinen, vergitterten Fenster unserer Zellen waren freilich zu klein und viel zu hoch, als daß wir, außer unter besonders günstigen Umständen, die Geschwader hätten sehen können.

Dagegen erschütterte das Bellen von Flakgeschützen, die in unmittelbarer Nähe gestanden haben mußten, die Wände unserer Kammern, und wenn die nahen Städte Steyr oder Linz Ziel des Angriffs waren, erzitterte der ganze Bau von den gewaltigen Detonationen der Bombeneinschläge.

Dann klopften wir einander durch die Mauern Verständigungen zu, unser Atem ging schneller, das Herz schlug uns bis zum Halse – nicht vor vaterlandsloser Freude, wie viele vielleicht vermuten möchten – aber in brennender Genugtuung, daß diese furchtbaren, aber unvermeidlichen Akte der Vernichtung, die mit höllischen Gewalten über Schuldige und Unschuldige herniedergingen, Etappen waren auf dem Wege, eben dieses Vaterland, das wir mehr liebten als jene, die mit ihm hurten, von Barbarei und Schande zu befreien und seine geschändete Ehre vor dem Auge des Weltgeistes wiederherzustellen. Denn nie anders haben wir die Horden Hitlers in ihren braunen und schwarzen Uniformen betrachtet als die Truppen eines feindlichen, fremdländischen Usurpators, die wie mörderische Heuschrecken in die fruchtbare Stille und Schönheit unseres Landes eingefallen waren und sich seiner in unausgesetzten Akten der Schändung bemächtigt hatten, um es zu verwüsten. Und auf welch furchtbare Weise haben wir recht behalten gegen die selbstmörderische Einsicht derer, die es für eine nationale Pflicht gehalten hatten, mit ihnen offen oder verdeckt gemeinsame Sache zu machen, sei es aus welchem Grunde auch immer.

Dahin hatte es die ehrlose und ehrfurchtslose Sklaverei Hitlers schließlich gebracht, daß Tausende von verzweifelten Patrioten in die bittere, aber unabweisbare Lage versetzt waren, die Liebe und den Glauben zu ihrem Lande und zu ihrem Volke in einen abgründigen Haß gegen die eigene Regierung zu verwandeln und es wenigstens innerlich mit dem Feinde zu halten. So war die Lage tatsächlich zu einer Zeit, als die von Goebbels ausgehaltenen Stimmen der Fritzsches und Dittmars noch in verwegener Frechheit verkündeten, daß es in Deutschland keinen einzigen Menschen gebe, der nicht wie ein Mann hinter Hitler und seinen wahnwitzigen Zielen stünde.

Und das war die Stimmung nicht nur in den Gefängnissen, Zuchthäusern und Konzentrationslagern, deren Insassen man leicht Befangenheit unterstellen könnte. Ihre Vaterlandsliebe begegnete immer und begegnet heute noch einem verletzenden Mißtrauen. Ihr Vaterland war freilich nicht das der Großschreier und Sonntagvormittags-Marschierer, nicht das der

Konjunkturritter und Großschieber in Rüstungsaufträgen, nicht das der Fahnen und Feste und Paraden, nicht das der Judenmorde und begeisternden Überfälle auf neutrale Nationen, nicht das Horst Wessels und Heinrich Himmlers und erst recht nicht das des politischen Heiratsschwindlers und blutigen Gauklers vom Berghof. Es war ein anderes Vaterland – kein schlechteres jedenfalls und ein mit einer selbstlosen Liebe geliebteres.

Da zogen von Tag zu Tag in zunehmender Dichte und schließlich in unaufhörlicher Folge bei Tag und Nacht die Tod und Vernichtung tragenden Geschwader eines materiell mit jedem Monat überlegeneren und nie mehr einzuholenden Feindes über das deutsche Land und vollzogen mit der leidenschaftslosen Folgerichtigkeit, die der Technik ihren maskenhaften Charakter verleiht, jene »Radierungen«, die der Braunauer Diktator ihren eigenen Städten blutrünstig versprochen hatte. Und in eben diesen deutschen Städten, die vor der längst offenkundigen Ohnmacht einer Luftwaffe, die ein uniformvernarrter Clown mit den Manieren eines persischen Satrapen befehligte und als sein ureigenstes Hätschelkind behandelte, eine nach der anderen unaufhaltsam in Schutt und Asche stürzten, lebten Tausende von Menschen ein entbehrungsreiches Leben am Rande eines vielfachen Todes. Lebten und waren von nichts weiter entfernt als von jenem »fanatischen Haß«, den das Propagandaministerium nicht müde wurde, ihnen zu predigen. Aus den vernichtungssicheren und komfortablen Bunkern der Wilhelmstraße und aus der nie gestörten und ununterbrochenen Fülle eines Lebens, dem alle, aber auch alle Hilfsmittel unerschöpflich zur Verfügung standen, war solcher Haß ohne Gefahr zu predigen. Aber woraus hätte er sich bei denen nähren sollen, die ein unzweifelhaftes Recht hatten, sich seit langem von Gott und ihrer Regierung verlassen zu fühlen, deren lügnerische Deklamationen sie nur mit wachsendem Ingrimm erfüllten? Hier war kein Haß zu spüren, sondern eine verzweifelte Genugtuung, und ich kenne viele, die keinen Augenblick gezögert hätten, wenn sie hätten wählen können zwischen dem Verlust ihres Hauses und ihrer Habe, so bitter es ihnen gewesen wäre, und dem Sturze eines verhaßten Systems. Sie erkannten dumpf und unklar, daß Haus und Heim rascher würden ersetzt werden können als ein zugrunde gerichtetes Vaterland, von dem ihre und ihrer Kinder Zukunft nicht zu trennen sein würde. Möglicherweise, ja sogar wahrscheinlich, waren dem Propagandaministerium diese apokalyptischen Stimmungen eines verzweifelten Volkes bekannt und wie echte Roßtäuscher und Falschspieler haben sie versucht, diese Empfindungen auf ihre eigenen Segel zu lenken, die freilich viel zu zerfetzt waren, als daß sich in ihnen auch nur noch ein Lüftchen hätte fangen können. Vielleicht war dieses ganze Geplärr um einen »totalen Krieg«, der nie ein totaler werden konnte, weil er eben ein nationalsozialistischer war, nichts anderes als der scheinheilige Versuch, die haßerfüllte Verzweiflung eines bis aufs Blut ausgenützten Volkes zu mobilisieren und in Form zu bringen gegen den äußeren Feind, indes sie sich längst nach innen gewandt hatte. Ich glaube nicht, daß dies den Machthabern verborgen geblieben ist. So sehr können sie sich nicht selbst getäuscht haben. Ihre Selbsttäuschung war nur eine gespielte, um den Konsequenzen auszuweichen und das eigene Dasein und das eigene Leben um den Preis von Hekatomben von Opfern noch um ein weniges zu verlängern.

Es gab freilich auch niemand, der diesen Haß in die richtige Form hätte bringen können. Die Atomisierung aller gesellschaftlichen Funktionen verhinderte das – und darauf baute der Nationalsozialismus mit gutem Grund. Aber sehr lange hätte er darauf nicht mehr zu bauen vermocht.

Schon Mitte 1944 war es soweit gekommen, daß selbst nationalsozialistische Parteigenossen mir offen ihre Enttäuschung über das Mißglücken des Attentats vom 20. Juli bekundet hatten und kleine Funktionäre der Partei sich in, wenn auch noch folgenlosen Sabotageakten gefielen. Und unvergeßlich ist mir jener hohe, wegen Tapferkeit mehrfach ausgezeichnete Offizier, mit dem ich nach einem amerikanischen Tagesangriff auf Stuttgart von der Degerlocher Höhe zur Stadt herabstieg, der es nicht vermochte, sein Bedauern darüber zu verschweigen, daß dieser Angriff einer der schwächlichsten war und mißbilligend auf die brennenden Arbeitersiedlungen des Heßlacher Viertels blickte, während er mit der Rechten das Neckartal hinaufdeutete, wo die zahllosen Schlote großer Rüstungsbetriebe unangefochten rauchten.

Aber es gab auch zahlreiche andere, nicht zuletzt solche, die die Partei gemieden hatten, und jetzt, da ihnen die Vorteile wie leichte Felle davonschwammen, verspätet zu glühenden Anhängern und Verteidigern Hitlers wurden und sich fanatischer gebärdeten als je ein alter Kämpfer. Vor ihnen mußte man sich besonders in acht nehmen. Sie waren wie alle späten Konvertiten maßlos und zu jeder Schurkerei fähig.

Bei den zahlreichen Tagesangriffen versank die ameisenhafte Geschäftigkeit des Lagers, sobald die Sirenen zu heulen begonnen hatten, in tiefe Stille. Alles hatte sich in die Baracken zu begeben. In unseren Zellen aber begann ein lebhaftes Signalisieren mittels Klopfzeichen. Zwar war nichts mitzuteilen oder zu signalisieren, aber während draußen alles in Schlaf zu sinken schien, belebte es sich in unseren sonst totenähnlich stillen Zellen, und das Bedürfnis, sich der Anwesenheit eines Nachbarn zu vergewissern, schien groß zu sein.

Besonders drei blutjunge, in einer benachbarten Gemeinschaftszelle untergebrachte englische Fallschirmspringer, die hier bis zu ihrer Exekution durch den Strang für noch ausstehende Geständnisse über ihre Unterschlupfe aufbewahrt waren, pflegten in eine geradezu ausgelassene Stimmung zu geraten. Man hörte sie mit den klatschenden Schritten ihrer nackten Füße auf und ab gehen und ein Lied summen, von dem mir noch der letzte Vers in Erinnerung ist. Er endete:

There will always be an England
And England shall be free
If England means as much to you
As England means to me.

Es war ein hübsches Lied, ein Soldatenlied wahrscheinlich, wie sie in allen Ländern zum Preise der Heimat gesungen werden und deren Schöpfer niemals bekannt werden. Es gehört zu den schönsten Eigentümlichkeiten solcher Lieder, daß sie in jeder Sprache verständlich sind, wie die Worte der Liebe und des Fluches in den Sprachen aller Völker keines Wörterbuches bedürfen.

Dann dauerte es niemals lange und der wachhabende Oberscharführer stürzte herbei. Die schwere, eisenbeschlagene Türe wurde aufgesperrt und alsbald hörte man das Klatschen der Peitsche auf dem Rücken der jungen Leute, die keinen Laut von sich gaben, indes wir vor Scham und Trauer den Atem anhielten.

Aber ich habe den Erlebnissen vorgegriffen, wie ich mich überhaupt in der Folge einer gewissen Freiheit in der Aufeinanderfolge der Ereignisse bedienen muß.

Ich war vor den Wachhabenden des Zellenbaues geführt worden, einen himmellangen SS-Oberscharführer, sehr schlank und der hübsche und gleichzeitig derbe Typ des ländlichen Herzensbrechers. Er hatte das treuherzige »G'schau« süddeutscher Bauernburschen, die das Metzgerhandwerk mit Geschick und Freude erlernt haben. In ihren Augen liegt eine Mischung von Sentimentalität und ordinärer Fähigkeit zum Morden. Das Messer sitzt ihnen immer locker. In meiner Heimat nennt man sie geborene »Raufer«; sie geben ausgezeichnete Soldaten.

Im Frieden sieht man sie in enger Umarmung mit ihren Bräuten, von denen sie gleichzeitig immer mehrere haben, im Mondschein auf verschwiegenen Bänken tändeln und schwärmen, und später trifft man sie nicht selten als »Lebenslängliche« in den bayerischen Zuchthäusern. Aus der Tändelei ist tödlicher Ernst geworden. Das Geständnis der Schwangerschaft hat das Messer gelockert und Berechnung und Affekt gleichzeitig haben den Sohn rechtschaffener Eltern im Handumdrehen, manchmal auch im Halsumdrehen, zum Mörder gemacht. In diesen beneidenswerten Naturen ist niemals auch nur eine Spur von Reue lebendig. Sie haben kein Verhältnis zu ihrer Tat, außer das einer durch kein Nachdenken erschütterten Sachlichkeit. Das Mädchen ist tot. Keine Reue macht sie wieder lebendig. Trotz allem – dieser Typ ist verhältnismäßig harmlos – aber nur solange, wie der Potsdamer Geist nicht in ihn fährt. Dann freilich entsteht eine Mischung von bayerischer Naturroheit und preußischem Kunstkommiß, die unerträglich und furchtbar ist, wo immer und unter welcher Verkleidung man sie antreffen mag. Sie ist der Schrecken der Kasernenhöfe ebensosehr wie der der Schreibstuben, und was sie sich an Maßlosigkeiten leistet, ist unerhört und hat das, was man den deutschen Militarismus zu nennen pflegt, in allen vier Himmelsrichtungen bloßgestellt.

Genau dieser Typ war der Mann, der mich nun in Empfang nahm. Ich hatte Glück: Er war wohl zu so später Stunde nicht mehr in der Stimmung, sich eingehender mit mir zu beschäftigen. Die Zigarette hing ihm lässig im Mundwinkel, während mir zwei zur Hilfe herbeigerufene Häftlinge Kleidung, Schuhe, Wäsche, Geld, Brieftasche und sämtliche Wertsachen, auch meinen Ehering, abnahmen und sie in ein Verzeichnis eintrugen, das ich zu unterschreiben hatte.

Der eine der beiden, der das Friseurhandwerk in besseren Tagen gelernt haben mochte, kam mit einer Handhaarschneidemaschine herbei und schor mir den Schädel mit unwahrscheinlicher Schnelligkeit kahl, ebenso die Achselhöhlen und hätte mir auch die Schamhaare geschnitten, wenn dies nicht bereits geschehen gewesen wäre. Daraufhin kam er mit einer verrosteten Blechdose und bepinselte mir den Kopf, die Achseln, das Geschlecht und den After mit Petroleum, vermutlich gegen Ungeziefer. Das Zeug stank erbärmlich.

Ich bekam ein Hemd, das mir viel zu kurz und an vielen Stellen zerrissen und auch ohne jeden Knopf war, eine vielfach geflickte und schmutzige Sträflingshose und einen ebensolchen Kittel. Damit war meine Ausstattung beendet. Schuhe, auch Holzschuhe, oder Socken gab es nicht und noch im Dezember, als hoher Schnee draußen lag und die Kälte schneidend geworden war, gingen wir immer noch barfuß und litten sehr darunter.

Eine Zelle öffnete sich und schloß sich sofort wieder hinter mir. Sie war dunkler als der Magen eines Rindes, und ich stand in völliger Finsternis, unfähig, auch nur die Hand vor den Augen zu erkennen. Ich glaubte, meine Augen, die aus der Helle des Vorplatzes kamen, müßten sich erst an die Dunkelheit gewöhnen und blieb ruhig stehen. Aber die Anpassung blieb aus.

Ich frug in das Dunkel hinein, ob jemand da sei. Niemand antwortete, es blieb still wie in einem Grabe.

Ich begann die Zelle abzutasten, mit den Händen die Wände und vorsichtig mit den nackten Füßen den Boden. Die Zelle war dreieinhalb Meter lang und ziemlich genau zwei Meter breit. Die Wände roh geglätteter Kalkbewurf, wie meine Finger schmeckten. Sie war völlig leer, weder Pritsche noch Hocker, noch sonst ein Gegenstand außer einem kleinen Marmeladeneimer in der Ecke für die Bedürfnisse. Ein Fenster konnte ich ebensowenig wie die Höhe der Zelle ertasten. Es war, wie ich später feststellen sollte, viel höher als üblich angebracht und von außen völlig verdunkelt. Diese Maßnahme hatte aber nichts mit luftschutzmäßigem Verhalten zu tun, wie ich mir optimistischerweise zurechtgelegt hatte. Auch während des ganzen nächsten Tages änderte sich an diesem Zustand nichts. Ich befand mich in einer der berüchtigten Dunkelzellen, in denen mißliebige Häftlinge bis zu mehreren Wochen und ohne Nahrung, manchmal auch tagelang ohne den sonst üblichen Trank von einem Becher Wasser blieben, sofern sie nicht vorher ihr Leben freiwillig oder mit leichter Nachhilfe beendet hatten.

Ich beschloß, mich darauf nicht einzurichten und setzte mich zunächst in eine Ecke auf den Boden und verzehrte das letzte

Stück Bauernbrot, das, nun vier Tage alt, seit meinem Abtransport von Nürnberg gespart, mir auch hier nicht abgenommen worden war. Vielleicht wäre es mir abgenommen worden wie alles andere auch. Auf Geld und Schmuck, Kamm und Waschzeug konnte ich verzichten, auf das Brot aber nicht. Deshalb war während der Umkleidung mein Augenmerk mehr als auf alles andere darauf gerichtet, das Brot, das auf dem Tisch unter meinen Habseligkeiten lag, in einem unbeobachteten Augenblick so schnell wie möglich verschwinden zu lassen. Das war nicht so einfach gewesen und umständlich genug, denn es stellte sich heraus, daß weder Hose noch Kittel eine Tasche hatten und ich klemmte die Schnitte kurzerhand in den Bund, dort, wo das Hemd in die Hose gesteckt und mit einem einfachen Bindfaden gehalten wurde, denn auch Hosenträger und Gürtel gab es keine. Ich hatte Glück, ich brachte das Brot ungefährdet in die Zelle und nachträglich bin ich sicher, daß der verschüchterte Kalfakter meine Manipulationen wohl bemerkt hatte, sie aber absichtlich übersah.

Da saß ich denn und biß voll Heißhunger in das ausgedörrte harte Brot. Es war mit Butter bestrichen gewesen, die nun von der Brotmasse wie aufgesaugt war und von der langen Bewahrung bitter ranzig schmeckte. Aber mir mundete es vortrefflich. Ich hatte über zwanzig Stunden nichts mehr gegessen. Aber die zeitliche Distanz zwischen der letzten Frühstücksmahlzeit in Dachau und dieser nächtlichen in Mauthausen wäre es wohl nicht gewesen, was mich so entsetzlich hungrig gemacht hätte. In gefahrvollen Lagen und unter seelisch-körperlichen Zumutungen ist, auch wenn keine besonderen körperlichen Leistungen damit verbunden sind, der Verbrauch an Kalorien ein um ein Vielfaches erhöhter und beschleunigter. Der Haushalt verlangt gebieterisch und nachdrücklich nach einer Auffüllung. Wochenlanges Fasten schafft nicht solche qualvolle Heißhungergelüste wie eine nur Stunden dauernde Erregung an Rande tödlicher Gefahren. Darüber wissen Soldaten am besten Bescheid und viele, die niemals Soldat gewesen sind, aber in unseren Großstädten nächtelang Alarme und Angriffe über sich ergehen lassen mußten, werden es mir bestätigen.

So verzehrte auch ich mein verdorbenes Brot, als wäre es das knusprigste Gebäck, und ich verzehrte es bedächtig und ganz langsam kauend und jeden Bissen bis zur faden Süße mit Speichel durchsetzend, ehe ich schluckte. Dies habe ich schon früher in der Gefangenschaft geübt und als ein treffliches Mittel erprobt, den kleinen Gehalt dürftiger Speisen sozusagen bis zur Neige ihres Nährwertes auszulaugen und außerdem auch das Unverdauliche verdaulich und bekömmlich zu machen. Bei einer gewissen Neigung zu gastritischen Schwierigkeiten habe ich die langen Haftjahre nicht nur ohne jede Attacke überstanden, sondern die Gefängnisse mit gesünderen Verdauungsorganen verlassen, als ich sie betreten.

Überall ist es Dir ohne vielleicht allzu schädliche Folgen erlaubt, Deine Gesundheit zu mißachten, nur nicht in den Zeiten einer Haft. Vom ersten Tage an hast Du nichts anderem mehr zu leben, als Deiner Gesundheit und eben die Schwierigkeiten, die sich unter den Bedingungen einer Haft einem solchen Vorhaben entgegenstellen, müssen Dich zu den geduldigsten und zeitraubendsten Anstrengungen ermutigen und Dich so listen- und erfindungsreich machen, wie die Natur selbst. Aber Du hast ja Zeit. Und wenn Du gar nichts mehr hast – Zeit hast Du hinter Gittern im Überfluß. Dann streckte ich mich auf dem Boden aus und schlief einen unruhigen, aber traumlosen Schlaf. Es peinigte mich am meisten, daß ich ungewaschen war. Meine Hände griffen sich fett und klebrig an und mein Gesicht war ebenfalls klebrig von den schweißigen und blutigen Ausdünstungen der überstandenen Mißhandlungen. Die geplatzte Oberlippe schmerzte mich brennend. Meine linke Gesichtshälfte war stark geschwollen und fühlte sich wie ein mit Wasser gefülltes Kissen an; mein Herz hämmerte laut und vernehmlich. Wenn ich aufwachte, verhielt ich den Atem und lauschte seinem unruhigen Klopfen, und eine seltsame, fast zärtliche Liebe erfüllte mich zu diesem kleinen, tapferen, beutelartigen Organ und seiner durch nichts beirrten sanften Gewalt. Du kleines, geheimnisvolles und wunderbares Wesen in meiner Brust, dem ich zeitlebens blind gehorcht habe, in Glück und Unglück, im Glauben nicht blinder als im Zweifel. Dir durfte ich auch jetzt vertrauen, Du würdest mich nicht enttäuschen.

Diese Nacht war still und sie ist mir als eine der stillsten meiner langen Zellenhaft im Konzentrationslager Mauthausen in Erinnerung.

Denn die anderen waren nahezu immer von teuflischem Schabernack zerrissen. Es gehörte nämlich zu den bis zum Überdruß wiederholten rohen Späßen unserer SS-Bewachungen, nachts in unregelmäßigen Abständen von ein bis zwei Stunden durch die Gänge zu gehen und uns mit Hupen und Trillerpfeifen aus dem dürftigen Schlafe zu wecken. Es war dies üblicherweise das Zeichen des Weckens oder der Zellenöffnung und der Häftling hatte sich aufzustellen und zwei Schritte hinter der Zellentür zu warten, bis sie sich öffnete, und Meldung zu machen. Das geschah nicht nur am Tage, sondern häufig auch mitten in der Nacht und es galt für alle Fälle bereit zu sein, auch wenn, wie bei diesen rohen Späßen, sich weiter nichts ereignete. Da fuhren wir denn aus unserem dünnen, schwebenden Schlafe, rissen uns zusammen, stürzten empor und standen taumelig und vor Kälte schlotternd hinter unseren Türen. Aber es geschah nichts weiter und nach einer Weile legten wir uns wieder hin und gaben uns vergebliche Mühe, wieder die verlorenen Tore unseres Schlafes zu finden. Dieses Mittel der Schlafentziehung verbrauchte die Häftlinge sehr rasch und zermalmte ihr Nervensystem auf harmlos hinterhältige, aber unfehlbare Weise.

In dieser ersten Nacht aber blieb es bis zum Morgenwecken ausnahmsweise still. Ich hörte die Zellen öffnen, eine nach der anderen, ein lärmvolles Beginnen. Ich hörte die Gefangenen Meldung machen: »Achtung – Zelle soundsoviel belegt mit soundsoviel Häftlingen.« Was für ein stumpfsinniges und unwürdiges Subordinationsprinzip enthüllte sich in diesen Gebräuchen. Mit dieser Meldung sollte dem Unteroffizier eine Ehrerbietung bezeugt werden, wie sie in anderen Ländern kaum Marschällen gegenüber üblich ist. Nicht daß sie es tun, sondern daß sie es mit Ernst und Eifer tun, ohne die Lächerlichkeit solcher Lakaiengewohnheiten zu fühlen, ist das Unheil der Deutschen.

Auch viele ausländische Häftlinge waren da. Ihre Aussprache verriet sie, wenn sie die Meldung in gequältem Deutsch erstatteten. Ich horchte genau. Manche, ja die meisten Zellen waren nur mit einem Häftling belegt, andere wieder mit mehreren, eine mit 13 Häftlingen; es waren Russen.

Ein geschäftiges Laufen begann auf den Gängen. In einem Waschraum hörte man Wasser laufen. Auch wurden die Kübel geleert. Alles schien sich in großer Eile und Hast zu vollziehen. Man vernahm die drängenden und sputenden Zurufe der Wärter und das Klatschen der ersten Schläge war vernehmbar.

Nicht jeden Tag wurden alle Häftlinge zum Waschen geführt. Oft wurden Tage, manchmal Wochen ausgesetzt. Ein kleiner Fetzen Tuch, der nicht unter acht Wochen ausgewechselt wurde, wurde als Handtuch verabreicht. Dagegen gab es weder

Seife noch Zahnbürsten, noch Zahnputzmittel. Für die Zellenhäftlinge auch keine Schere zum Schneiden der Nägel, die nach Wochen wie Krallen lang geworden waren. Es blieb nichts anderes übrig, als sie an den Fingern abzubeißen, an den Zehen abzubrechen. Auch das lernt man, ebenso wie die Regelung des Stoffwechsels ohne Papierbenützung. Bedarf das Tier solcher verweichlichender Utensilien nicht, wie viel weniger ein Wesen, das tief unter die Existenz eines Tieres herabgedrückt ist.

Ich kam als einer der letzten zum Waschen dran. Die Türe öffnete sich. Einige SS-Unterscharführer standen in malerischer Grazie herum, die linke Hand in der Hosentasche, Zigarette im Mundwinkel, in der Rechten eine Peitsche, mit der sie gelegentlich auf die Schäfte blankgewichster Reitstiefel tron melten. Ich sah, daß es draußen schon heller Tag war. Meine Zelle war also eine Dunkelzelle. Ich nahm meinen Kübel und flitzte in den Waschraum, der einige Zellen entfernt an einer offenstehenden Türe und dem Rauschen des Wassers erkenntlich war. Ein soundsoviel baumlanger Häftling mit sehnigen, nacktem Oberkörper, braun gebrannt – er konnte noch nicht lange im Lager sein –, erbarmte sich des Ungeschicks des Neulings und unterwies mich durch Gesten in der Handhabung der Kübelreinigung, die sich hier nach einem anderen Ritus zu vollziehen schien als in den Justizgefängnissen. Ich frug ihn leise nach seiner Herkunft und dem Grund seiner Haft. Er zuckte die Achseln und antwortete nicht. Ich hielt ihn sofort für einen Ausländer und der deutschen Sprache nicht mächtig. Einige Wochen später kamen wir wieder zusammen. Es stellte sich heraus, daß es ein Russe war, ein Oberst, der übrigens fließend und nahezu akzentlos Deutsch sprach. Bei dieser ersten Begegnung hatte seine Weigerung einer Antwort einen anderen Grund: Der Oberscharführer vom Tage vorher stand in unmißverständlich angriffslustiger Haltung in der Türe. Die Peitsche fuhr über meinen Rücken: Ob ich nicht wüßte, daß man mit nacktem Oberkörper zum Waschen anzutreten hätte. Ich antwortete nicht und streifte mein Hemd ab, und er konnte es sich nicht versagen, mir noch einen zweiten Schlag über den nackten Rücken zu versetzen. Es brannte schmerzlich. Ich trat aber, ohne zu mucken, an das runde Waschbecken, in welches aus mehreren Hähnen das Wasser floß, und wusch mich schnell, aber gründlich. Aber es war dem Oberscharführer immer noch nicht schnell genug, und er trieb mich unter ständigen Beschimpfungen an, mich zu beeilen. Ich klemmte, noch naß, mein Hemd unter den Arm, ergriff meinen Kübel und eilte in meine Zelle, die sofort wieder verschlossen wurde.

Welch eine Wohltat, gewaschen zu sein. Ich kam mir trotz der Flüchtigkeit der Reinigung wie neugebadet vor und ein kräftiger Lebenswille strömte wieder durch meine Adern.

Kurz darauf wurde mir eine Schüssel mit kaltem, dünnem Kaffee hereingereicht. Brot gab es keines. Ich trank die Schüssel auf einen Zug leer und merkte erst jetzt, wie sehr mir die Zunge vor Durst am Gaumen geklebt hatte. Dann setzte ich mich wieder in die dunkle Ecke und versuchte, Ordnung in die drängende Fülle meiner Gedanken zu bringen. Das war nicht einfach und zwang immer wieder, von vorne zu beginnen. Aber auch das gehört in der Haft zu den Übungen unerläßlicher Hygiene. Denn wie der Körper, bedarf auch der Geist – und vielleicht in noch höherem Maße – der Disziplin, wenn er nicht in Chaos versinken und eine gefährlich wuchernde Selbständigkeit gewinnen soll.

Zu den vielen Erlebnissen von Fragwürdigkeiten, die eine Haft vermittelt, gehört das der Auflösung des Zeitbegriffes. Jeder, der die Abgeschiedenheit einer Zellenhaft kennengelernt hat, weiß, wie unwahrscheinlich langsam die Zeit dahinfließt. Du meinst, es seien viele Stunden vergangen, indes der Zeiger noch nicht einmal die Runde einer einzigen vollendet hat. So mag es sein, wenn man dereinst im Grabe liegt. Ja, wenn die Toten ein Verhältnis zur Zeit haben, so wird ihnen ein Tag wie tausend Jahre sein. Ist das vielleicht der mathematische Hintersinn des ewigen Lebens? Was ist Zeit – was ist Ewigkeit – für die Toten so wenig und so viel wie für die Gefangenen. Das Leben eines lebenslänglichen Zuchthäuslers jedenfalls – ich zweifle nicht daran – ist ungleich länger als das jeden anderen Lebens mit der gleichen Zahl von Jahren. Umgekehrt – aus der Rückschau der Freiheit erscheinen die Jahre eines Gefängnislebens wie ein flüchtiger Tag. Ihre Inhaltslosigkeit und Gleichförmigkeit, ihre im wörtlichen Sinne Geschichtslosigkeit ist die Ursache ihrer verdichteten perspektivischen Verkürzung. Darum sind auch nach dem Propheten für Gott, der das vollkommene geschichtslose Wesen ist, tausend Jahre wie ein Tag.

Ich kann also nicht sagen, wie lange Zeit vergangen war, bis man mich holte. Dem Hunger nach, der mir in den Gedärmen brannte, hätte es schon Ende des Tages sein können. Der Sonne nach aber, als wir das Zellengebäude verließen, mußte es noch früher Morgen sein. Der junge kalmückische SS-Mann brachte mich wieder zurück in die Baracke der politischen Abteilung.

Unterwegs begegneten uns SS-Männer aller Dienstgrade, Mannschaften und Offiziere. Die meisten hielten meinen kleinen Begleiter an und frugen ihn, wohin er mich führe. »Politische Abteilung – Oberscharführer Müller.«

Die Auskunft mußte ein Geheimnis enthalten, denn jedesmal zog über die Gesichter der Frager ein wissendes, befriedigtes Lächeln, das eines zynischen Zuges nicht entbehrte.

Auch gut gekleidete, junge Zivilisten bewegten sich mit Akten und Heften müßig zwischen den Baracken. Es waren Gestapo-Volontäre, meist noch unwahrscheinlich junge und wie man volkstümlich sagt »saubere Kerle«, die in der Ausbildung begriffen und theoretisch und praktisch hier ihre Gesellenprüfung in dem blutigen Handwerk des Mörders, das sie sich auserwählt hatten, abzulegen hatten. Es ist mir bekannt, daß sie gewissermaßen zur Abhärtung und zur Abtötung verächtlicher Weichheit oft unmittelbar von der HJ weg als Kriminalanwärter in die Konzentrationslager versetzt wurden und dort, teilweise befohlen, teilweise aber auch sich freiwillig und ehrgeizig dazu drängend, die schwierigsten und umständlichsten Exekutionen mitzumachen hatten. Entweder sie kehrten an Leib und Seele beschmutzt und gebrochen daraus zurück, um mit Schimpf und Schande als untauglich wieder heimgeschickt zu werden, oder wie Siegfried im Drachenblute gegen jede höhere menschliche Regung gehörnt. Dann wartete ihrer eine rasche und hohe Karriere.

Immer wird Jugend sich an die Quellen der Macht drängen und von ihren Geheimnissen und Klüften wird sie angezogen wie von Entdeckungsfahrten in unbekannte Erdteile, von denen jeder Knabe lebeslang träumt. Da ist es wichtig, die Träger dieser Macht zu kennen, denen die Jugend sich anvertraut und von denen sie die Unterweisungen in der Handhabung der Macht erhalten soll. Es ist ein Unterschied, ob sie die Führung des geschmeidigen Degens oder des sauberen Schwertes gelehrt bekommen soll – oder nur die Grobheiten eines plumpen, blutigen Prügels.

Von diesen jungen Leuten, die ihre Zeit besser an den kämpfenden Fronten verwendet hätten, als hier in der Heimat in Müßiggang und Liederlichkeit sich zu räkeln, begegneten uns viele. Diese Eleven Himmlers gehörten alle den begüterten Klassen an, vorwiegend den kleinbürgerlichen Klassen, die Hitlers bevorzugte Truppen stellten. Es war – das war auf den ersten Blick zu sehen – kein Proletariersohn unter ihnen. Und wenn einer darunter war, so nur ein deklassierter.

Eine Gruppe dieser jungen Leute stand schwatzend im Hofe und ihr Wortführer frug ebenfalls meinen Begleiter, wohin ich geführt würde. Als sie den Namen des Oberscharführers Müller hörten, schien sich ein geheimes Wissen unter ihnen zu verbreiten. Dieser Oberscharführer mußte ein bekannter Mann sein. Der Führer gab das Signal: »Da gehen wir mit, da tut sich was«; und die jungen Leute schlossen sich uns an.

Es tat sich dann aber auch etwas und sie kamen auf ihre Kosten.

Der Oberscharführer Müller war niemand anders als der fettige Gladiator vom Tage vorher, der meine Personalien aufgenommen.

Er war kaum meiner ansichtig geworden, als er schon aufsprang: »Da bist Du ja wieder, Bürschchen!« Das »Bürschchen« war ich, der ich an Jahren doppelt so alt wie er war. Aber für ihn hatten sich wohl alle natürlichen Ordnungen verschoben.

Und zu den nachdrängenden jungen Leuten gewandt:

»Was wollt ihr denn?«

»Zuschauen – Oberscharführer.«

»Also los – herein – Fenster zu, Türen zu – dann kann's losgehen.«

Die Fenster wurden geschlossen, die Türen wurden verrammelt. Zwei Unterscharführer drängten sich gerade noch herein und hockten sich auf einen Schreibtisch. Der Raum enthielt nur diesen einen Schreibtisch und einen Schrank, außerdem ein großes Waschbecken mit fließendem Wasser und an der Wand ein großes Bild Hitlers, das bekannte Bild, das nach der blutigen Liquidierung der Röhmrevolte im Jahre 1934 mit Vorzug vertrieben wurde und auf welchem er in der Haltung eines Lustmörders mit eingezogenem Kopf, wie zum Sprung geduckt, auf den Beschauer blickt. Außerdem ein eisernes, tischartiges Gebilde, das Exekutionszwecken diente. Das wußte ich freilich nicht eher, als bis ich mit ihm Bekanntschaft geschlossen hatte.

»Ausziehen!«

Ich zog mich wortlos aus und stand nackt vor meinen Examinatoren. Der Bruch der Leiste, den ich dem Tritt eines Gestapobeamten vor sechs Jahren verdankte, schmerzte mich ohne die gewohnte Bandage, die man mir abgenommen hatte.

»So – jetzt erzähl mal, warum Du hier bist.«

»Ich bin hier unter Anschuldigung einer Beteiligung am Attentat vom 20. Juli.«

»Na – und ...?«

»Die Anschuldigung beruht auf einem Irrtum. Ich war während des ganzen Juli zu Hause und habe mich mit anderen Dingen beschäftigt und von dem Attentat erst durch die Radiomeldungen Kenntnis erhalten.«

»Durch die ausländischen Radiomeldungen natürlich.«

»Nein, durch den deutschen Sender. Ich besitze nur einen alten Volksempfänger, mit welchem ausländische Stationen gar nicht gehört werden können.«

»Du bist ein ganz verlogener Hund« – seine Stimme übersteigerte und überschlug sich in einem wütenden Kreischen. Einer der jungen Leute, der sich hinter mich gemacht hatte, schlug mich von rückwärts mit beiden flachen Händen gegen die Ohren. Es tat nicht sogleich weh, es war ein stiller, langsam anschwellender, stechender Schmerz. Der Kopf brauste mir. Ich fürchtete einen Augenblick, das Gehör verloren zu haben, aber ich vernahm gleich darauf die Stimme des Oberscharführers in aller Deutlichkeit. Ich war also nicht verletzt. Diese Erkenntnis erfüllte mich mit wilder Befriedigung. Wie preisgegeben auch meine Lage sein mochte, mein Geist arbeitete noch ruhig und zuverlässig genug, um mir ein Wort Ernst Jüngers aus dem Gedächtnis heraufzuholen, so wie man aus Verschüttungen ein teures Erbe birgt, den Satz:

„Es ist sehr wichtig, daß man bei verdächtigen Rencontres die Sicherheit bewahrt. In unserer Eigenschaft als Mensch verfügen wir über Hoheitssiegel, die schwer zu brechen sind, wenn wir sie nicht selbst beschädigen. Man muß nur wissen, wie Marius, daß man unverletzlich ist.«

Solche Sätze tun gut, wenn man sich in den Feuerofen begibt.

»Du bist doch Kommunist.«

»Ich gehörte niemals der Kommunistischen Partei an.«

»So? – Welcher Partei gehörtest Du denn dann an?«

»Keiner der früheren deutschen Parteien.«

»Warum nicht der nationalsozialistischen?«

Das war eine der beliebten Fragen, die den Charakter offener Provokation tragen. In solchen Fällen schweigt man am besten. Auch das ist eine Antwort, die niemals mißverstanden wird.

»Aber irgendeinem solchen intellektuellen Drecksverein gehörtest Du doch an?«

»Ich gehörte der ›Widerstands‹-Bewegung an.«

»Aha – jetzt kommen wir der Sache schon näher. Und die Widerstandsbewegung erstrebte ein bolschewistisches Deutschland im Anschluß an die Sowjetunion.«

»Das stimmt nicht.«

»Aber hier steht's« – und er wies triumphierend auf ein vor ihm liegendes Schreiben, das, soviel ich sehen konnte, den Briefkopf der Geheimen Staatspolizei Nürnberg trug. Es war wohl das »empfehlende« Begleitschreiben, das mit mir gereist war.

Ich fuhr, ohne gefragt zu sein, fort:

»Die Widerstandsbewegung erstrebte eine außenpolitische Ausrichtung des Reiches auf Sowjetrußland oder doch wenigstens nicht die Vernachlässigung der Grundsätze seiner größten Staatsmänner, die ihm die Aufrechterhaltung gutnachbarlicher Beziehungen zu Rußland in ihren politischen Testamenten ans Herz legten.«

»Du betrachtest also den Krieg mit Rußland für einen Fehler?«

»Für ein Unglück.«

Ein vielstimmiges Gelächter antwortete mir. Für ihre Ohren hatte ich die größte Dummheit der Welt gesagt und eine Unverschämtheit obendrein. Der Oberscharführer Müller kniff die Augen zu:

»Wem sagt Du das – Du blöder Hund, Du blöder! Du wirst aufgehängt! Johnny – zeigs's ihm!«

Und sein würdiger Kamerad hieß mich umdrehen. Hinter mir an der Türe, mit Reißnägeln an der Tür festgemacht, hing die photographische Großaufnahme einer rohgezimmerten Galgenanlage, an der vier Männer baumelten, nackt wie ich. Die Köpfe von dreien hingen haltlos auf die Brust herab, der des vierten war in einer merkwürdigen Verrenkung und wie in einem Schrei erstarrt nach oben gedreht.

»Ihr wolltet doch den Führer ermorden?«

Auf diese Frage hin wandte ich mich wieder langsam zurück zu dem Fragenden.

»Davon ist mir nichts bekannt.«

»Nichts bekannt? Wir werden Dich schon noch kriegen. Du bist nicht der erste, den wir zum Sprechen bringen!«

»Kennst Du R. ...?«

»Jawohl, ich kenne R. ... seit vielen Jahren.«

»Das ist ein Kommunist!«

»Nein, R. ist kein Kommunist.«

Ich konnte das mit gutem Gewissen sagen. R. war der nationalsozialistische Bürgermeister eines kleinen Ortes am Starnberger See, wo ich früher meine Ferien zu verbringen pflegte und mit dem mich seit langem eine bewährte Freundschaft verband. Er hatte mich seinerzeit nach meiner Freilassung aus dem Zuchthaus auf dem kleinen bayerischen Bahnhof offenen Armes erwartet und mich nach meinem ersten Innsbrucker Exil begleitet. R. war wohl dem Namen nach nationalsozialistischer Bürgermeister, in Wirklichkeit aber alles andere als ein Anhänger des Hitlerregimes, dessen Methoden ihm verhaßt waren und dessen Untergang er frühzeitig voraussah.

»Kein Kommunist? Was ist er denn dann?«

»R. ist Nationalsozialist und von Beruf ist er Bauer.«

»Dann ist er auch kein Nationalsozialist, denn kein Bauer ist Nationalsozialist.«

Das war eine Erkenntnis, die mich aus dem Munde dieses Mannes interessierte. Sie wußten offenbar gut Bescheid. Die kannten ihre eigene Entwurzelung gut genug, um zu ahnen, daß ihre Sache niemals die Sache bodenständiger Bauern sein konnte, so wenig wie Glücksspiel und Sparsamkeit auf einem Holz wachsen können.

»Du hast ihn doch besucht, obwohl Dir verboten war, nach Bayern zu kommen.«

»Jawohl, das habe ich!«

»Und warum hast Du ihn besucht?«

»Aus rein privaten, freundschaftlichen Gründen.«

Und ich setzte ihm genau und den Tatsachen gemäß auseinander, wie es zu diesem Besuche gekommen war. Es ist klar, daß er es mir nicht glaubte. Das absurdeste Zeug hätte er unbesehen geglaubt, die Wahrheit aber nicht. Das ist eine Eigenschaft aller Polizeiorgane.

»Du lügst, Du Aas, Du dreckiges. Ich will Dir sagen, warum Du ihn besucht hast. Um wieder illegale Verbindungen anzuknüpfen. R. ist ein Kommunist, wir wissen es, gibst Du es zu oder nicht?«

Daß R. kein Kommunist war, war so klar wie der Gang der Gestirne. Was er hier zu wissen andeutete, war glatter Bluff, auf den ich mich nicht einlassen durfte, und erst recht nicht dann, wenn ein Funke Wahrheit darin gesteckt hätte.

»Nein, das kann ich nicht zugeben, R. ist kein Kommunist!«

»Er *ist* ein Kommunist, gib's zu!«

Ich weigerte mich.

»Du willst nicht? – Na, dann los!«

Man muß einmal einer fachgerechten Schlachterei beigewohnt haben, um zu begreifen, mit welch geschickten und raschen Griffen ich auf den Tisch geworfen wurde. Das geht bei diesen Leuten wie beim Soldaten das Geschützexerzieren, wo jeder seinen Handgriff genau kennt und keiner dem anderen in die eingelernte Verrichtung pfuscht. Auch die Menschenschinderei läßt sich bis zu einem hohen Grade mechanisieren und spezialisieren und in gewissen Prozessen erreicht sie den Rang einer gut eingerichteten Fließbandarbeit. Bei den Vergasungen, Erschießungen, Verbrennungen, Sprengungen der Juden beispielsweise erreichte sie einen Grad der Leistungssteigerung, der dem in der Rüstungsindustrie würdig zur Seite stehen könnte und Herrn Speer sogar mit Neid hätte erfüllen müssen.

5³/₄ Millionen liquidierter Juden sind ein »stolzes Ergebnis«, und jeder wird einsehen, daß eine solche Menschenschlächterei ohne die Anwendung sorgfältig durchdachter mechanischer Methoden nicht zu schaffen gewesen wäre. Aber sie haben sie geschafft!

Und wie geschafft, das erfuhr ich durch Zufall in einer Unterhaltung mit einem baltischen Professor im Frühsommer 1944, also kurz vor meiner Verhaftung, der in dienstlicher Eigenschaft einem Teil dieser Massaker beigewohnt hatte und nun beauftragt war, gewissermaßen amtlich, das Ergebnis statistisch zu unterbauen. Er tat es, wie ihm anzumerken war, mit einem entschiedenen Abscheu und Widerwillen, konnte sich aber dieser Aufgabe nicht mehr entziehen. Er war wie viele seines Metiers, deren Geist von der flackernden Flamme der Macht angezogen, aus der natürlichen Bahn ihrer wissenschaftlichen Bestimmung geworfen und nun unversehens zum Knecht und Handlanger einer Barbarei geworden, die ihre blutigen Absichten vor der Welt gerne wissenschaftlich drapierte. Chemiker und Ärzte, Rechtswissenschaftler und Philosophen, Literarhistoriker und teilweise sogar Theologen wurden dafür bemüht – und es wird ewig eine Schmach bleiben, daß sie sich gerne für Karriere und klingenden Lohn bemühen ließen, ihr Erstgeburtsrecht für ein solches Linsengericht zu verkaufen. Ebenso, wie es ein ewiger Flecken auf der Ehre des Offiziersstandes bleiben wird, daß er in seinen prominentesten Vertretern nicht widerstandsfähig genug geblieben ist, sich einer handgreiflich plumpen Karriere-Korruption zu entziehen, statt das stolze karge Erbe preußischer Tradition für eine Handvoll billiges Lametta und ein paar Sternchen zu verhökern. Seine Mitarbeiter zu korrumpieren, war für Hitler eine der probatesten Methoden, sie an sich zu binden, ebenso wie durch eine möglichst große Teilhaberschaft an Verbrechen Mitschuldige zu machen, für die es kein Zurück mehr geben würde. In einem System, wo jeder von jedem etwas Anrüchiges weiß und damit jeder jeden in der Hand hat, gedeiht eine Solidarität, deren Haltbarkeit bei einem so hohen Grad innerer Brüchigkeit stets verwunderlich bleiben wird.

Jener Professor, engster Mitarbeiter Rosenbergs und im Führerhauptquartier persona grata, wurde von mir damals auch geradeheraus gefragt, wer nach seiner Ansicht für jene Judenmassaker verantwortlich sei. Er antwortete ohne die geringste Verlegenheit: »Hitler selbst.« Und auf meine Frage, ob es sich bei diesen Menschenschlachtungen um spontane oder methodische Akte handle, ebenso entschieden und jeden Zweifel ausschließend: »Um methodische.«

In dem Augenblick, als ich über den Tisch geworfen wurde, dachte ich freilich nicht an diese Dinge, sondern allein und ausschließlich an mich und was nun geschehen würde. Ich wußte, daß sie mich nun schlagen, möglicherweise zu Tode prügeln würden. Ich war körperlich nicht der stärkste und eher zart als widerstandsfähig gebaut.

Ich wußte nicht, welche Grade der physischen Mißhandlung ich der Standhaftigkeit meines Körpers zumuten durfte. Darüber gab keine Erfahrung Auskunft. Wohl aber wußte ich, daß meine geistige Widerstandskraft geschliffen genug und meine seelische biegsam genug sein würde, das Kommende ohne inneren Bruch oder Zusammenbruch zu überstehen. Ich wußte meine Aufmerksamkeit, in einem besonderen Grade von Wachheit, wie auf einen laboratoriumsmäßigen Vorgang gerichtet, den es mit allen Einzelheiten festzuhalten galt. Gleich einer Kamera, auf äußerste Brennschärfe eingestellt, war mein Gedächtnis bemüht, jede Einzelheit des Handlungsablaufes mit der Genauigkeit einer Zeitlupe aufzunehmen und festzuhalten.

Ich wußte, wie ich nachträglich feststellen konnte, im voraus bis ins einzelne genau über die Aktion Bescheid, obwohl sie niemals früher an mir praktiziert worden war. Aber dies war eines der Erlebnisse, wo die Phantasie in einem divinatorischen Schöpfungsakt die Wirklichkeit vorwegnimmt. Das Schockmoment der Überraschung und des panischen Schreckens unerwarteter Begegnung mit dem Dämon, das so viele Häftlinge in der gleichen Lage zusammenbrechen läßt, ehe noch der erste Hieb über ihren Rücken saust, entfiel für mich. So wie das B auf das A im Alphabet folgt, würde jetzt eine wüste Mißhandlung über mich hereinbrechen und ich hoffte, sie mit leidlichem Anstand bis zum Z auch durchbuchstabieren zu können. Darin sollte ich mich freilich getäuscht haben.

Ich wurde nicht der Länge nach, sondern der Quere über den Bock geworfen. Auf der einen Seite hingen die Beine herab, auf der anderen der Kopf und die Arme. Arme und Beine wurden unter der Tischplatte durchgezogen und mit einem Riemen zusammengebunden. Im Alter von nahezu fünfzig Jahren hat der menschliche Leib nicht mehr die weiche Geschmeidigkeit eines Schlangenmenschen. Die Prozedur war schmerzhaft, aber der menschliche Wille ist, wenn es sein muß, auch mit fünfzig Jahren noch geschmeidig genug, Schmerzen wie dressierte Hunde durch den Reifen zu jagen.

Ich wurde gefragt, welcher Konfession ich sei. Ich sagte: »Katholisch.« Daraufhin wurde ich aufgefordert, das alte Kirchenlied: ›O Haupt voll Blut und Wunden‹ zu singen.

Ich brachte in der Folge von anderen Häftlingen heraus, daß es im allgemeinen von jedem Mißhandelten gefordert wurde, sich gesanglich zu produzieren. Protestanten wurde ›Ein' feste Burg ist unser Gott‹ genehmigt, Katholiken u.a. auch das Lied: ›Maria Maienkönigin‹, das bei einer der nachfolgenden Wiederholungen der Exekution auch von mir gefordert wurde, obwohl ich nicht mehr als den Titel davon kannte. Auch ›Deutschland, Deutschland über alles‹, ferner das Lied vom ›Guten Kameraden‹ und mit Vorzug auch die allen Ausländern geläufige ›Lili Marleen‹ waren beliebte Repertoirestücke.

Ich bin der Meinung, daß diese Lieder, was immer sie sein mochten, niemals unter ungewöhnlicheren Umständen und von unglücklicheren Sängern gesungen wurden und daß sie, wie Erde durch vergossenes Blut, durch das kreatürliche Leid der langsam unter den Schlägen verstummenden Sänger geheiligt sind, wie fromm oder banal sie auch sonst sein mochten.

Die Methode solcher Gesangsbegleitungen hatte nämlich einen sehr realen Zweck. Die im Laufe der Exekution immer leiser werdenden und schließlich ganz verstummenden Stimmen kündigten den Exekutoren auf eine sinnreiche Weise das allmähliche Schwinden des Bewußtseins der Mißhandelten an. In vielen Fällen kamen sie freilich mit diesen Methoden nicht ans gewünschte Ziel. Häufig und oft schon nach den ersten furchtbaren Schlägen füllte sich der Raum statt mit Gesang mit den entsetzlichen Schreien der Gequälten. Darum werden ja auch für alle Fälle vorher Türen und Fenster geschlossen. In diesen Fällen, in denen der Schmerz und die Angst die Dämme durchbrechen und wie ein lehmiger Strom haltlos über die zerrissenen Ufer der Menschenwürde dahinspülen, pflegten sie auch Radio- und Schallplattenmusik spielen zu lassen. Und mancher hat so unter den Marsch- und Tanztakten moderner Schlager, wie unter den Klängen eines höllischen Requiems, sein Leben verhaucht.

Die Musik spielte im Lager überhaupt eine gewisse Rolle. So gab es eine Kapelle, namentlich aus Tschechen gebildet, deren überstürzte lustige Weisen wir oft auf der Lagerstraße vernahmen. Es war eine Mischung von wildem Rhythmus und klagend gezogener Katzenmusik. Sie wurde vorzugsweise auch zu Zwecken bemüht, deren funebres Thema ihnen zu einer grotesken Berühmtheit verhalf, dann nämlich, wenn sie die aus den verschiedenen Richtungen der Todesstätten und Vergasungsanlagen nach den Verbrennungsöfen rollenden Leichenkarren zu begleiten hatten, die mit übereinander geworfenen nackten Leichen bis obenan beladen waren und von den dazu ausersehenen Sträflingen im Laufschritt, als wären sie von Dämonen verfolgt, gezogen wurden.

Mir also war befohlen, das Lied ›O Haupt voll Blut und Wunden‹ zu singen.

Ich kannte dieses herrliche Passionslied Paul Gerhardts aus meiner Jugend. Sein Dichter lebte in der ersten Hälfte des 17. Jahrhunderts, also über die ganze Spanne des Dreißigjährigen Krieges hinweg und damit also unter Bedingungen, die sich von den unseren nicht wesentlich unterschieden haben mochten. Auch damals wog ein Menschenleben nicht viel und weniger als eines Fingernagels Bruch; auch damals gehörten Folter und Menschenschinderei, gehörten Krieg, Brandschatzung und Vernichtung zu den täglichen Ingredienzien des Daseins; auch damals befanden sich die Menschen von Haus und Hof vertrieben auf der Flucht in allen vier Windrichtungen Deutschlands. Alles wie heute! Und am Ende dieser Gegenwart würde das Reich eine verzweifelte Ähnlichkeit haben mit dem Kadaver, den der Westfälische Friede hinterlassen hatte. Nur mit dem einen Unterschied: damals metzelten sich die Völker um religiöser Haarspalterei willen, später metzelten sie sich um imperialistischer Ziele willen und heute metzelten sie sich für Ideologien. Das war der ganze Fortschritt der europäischen Menschheit in vier Jahrhunderten.

Seit ich das Passionslied Paul Gerhardts zum letztenmal gesungen, war bestimmt ein Menschenalter vergangen.

Du bist von diesem Eingeständnis unangenehm berührt? Gemach – versuche es selbst, wieviel Du von den neun Strophen des Liedes noch auswendig weißt? Nicht sehr viel, nicht wahr? In meiner besonderen Lage hättest Du wahrscheinlich noch weniger gewußt als ich.

Aber hier war keine Möglichkeit, in Unwissenheit zu flüchten. Hier kam es auch gar nicht auf eine Gedächtnisprobe an. Es war im Grunde gänzlich gleichgültig, welchen Text ich zu der bekannten Melodie singen würde. Der unheiligste wäre mir nicht beanstandet worden. Deshalb begann ich getrost mit der mir eben noch geläufigen ersten Strophe und beschloß, wenn mir keine weitere einfiele, immer wieder die erste mit stupider Einfältigkeit zu wiederholen.

Die letzte Strophe war mir noch als ein unvollkommener Torso in Erinnerung:

»Erscheine mir zum Schilde,
Zum Trost in meinem Tod
Und laß mich sehn Dein Bilde
In Deiner Kreuzesnot.
Da will ich nach Dir blicken,
Da will ich glaubensvoll
Dich fest an mein Herz drücken,
Wer so stirbt, der stirbt wohl.«

Es gibt in äußersten Lagen ein feines Gefühl dafür, wann es angebracht ist, die Götter anzurufen, und ein feines Gefühl dafür, mit welchen Worten man sich ihnen nähern darf.

Ich wollte nicht sterben, weder wohl noch übel. Und darum hielt ich es für angemessen, diese letzte und vielleicht schönste Strophe bei mir beschlossen zu lassen. Ich würde mit der ersten auskommen und sie notfalls so oft wiederholen, als ich vermochte.

Und so tat ich denn auch und begann zu singen, ruhig, aber so laut ich in meiner unbequemen Lage konnte, während die

Schläge des Oberscharführers Müller im Takte auf mich niederfielen.

Das Instrument, mit welchem die Prozedur vollzogen wurde, war ein sogenannter »Ochsenziemer«, ein im Süden Deutschlands überall unter diesem Namen bekanntes und gefürchtetes Züchtigungsinstrument von großer Härte und dabei gummiknüppelartiger Geschmeidigkeit. Es besteht aus dem gestreckten und gedörrten Geschlechtsteil eines getöteten Stieres von etwa 1 m Länge, in einen Lederhandgriff eingearbeitet. Seine Wirkung ist viel stärker und nachhaltiger als die jeder Peitsche, deren Schlag ein kurzer, schneidender ist, während der Schlag eines Ochsenzimmers von der breiten und brennenden Wucht eines Prügels ist. Einem Manne kann mit einem Schlage leicht das Rückgrat gebrochen oder der Schädel zertrümmert werden.

Die Schläge fallen auf den Rücken, meistens aber nur auf das Gesäß, das unter ihnen unnatürlich anschwillt und auf welchem sich fingerbreite, unregelmäßige Striemen von zuerst roter, dann blauer, später violetter und an den Rändern gelber Färbung abzeichnen. Es ist sehr schmerzhaft. Am schmerzhaftesten sind die Schläge, die in der Kreuzgegend gelandet werden und oft schwere und unheilbare innere Verletzungen zur Folge haben.

Die Haut neigt alsbald dazu, zu platzen. Das rohe, unter den Schlägen aufgequollene Fleisch tritt dann in dicken Wülsten heraus, dies bei nur auffallend geringem Blutverlust. Später vernarben diese Wunden wieder verhältnismäßig rasch, es sei denn, sie wären vorher zur Steigerung der Qual mit Viehsalz behandelt worden, was häufig geschah, oder es hätte sich eine Infektion dazugesellt. Dann quälte sich der Mißhandelte, der nur noch auf dem Bauche in seiner Zelle zu liegen und zu kriechen imstande war, tage-, ja wochenlang in flammenden Schmerzen, die niemand ihm lindern konnte, wenn er als Einzelhäftling gehalten wurde, und verendete schließlich in roten Fieberschauern, die seinen Exitus gnädig in Bewußtlosigkeit verhüllten.

Die Meinungen, in welcher Haltung man eine solche Exekution am besten und leichtesten erträgt, gehen auseinander. Die einen behaupten, nur mit angespannten Muskeln, die anderen nur mit gelösten. Wie überall und immer – so auch hier: jede der beiden Methoden hat etwas für sich. Aus eigener Erfahrung, der von keinem meiner Mithäftlinge widersprochen wurde, kann ich sagen: Bei angespannter Muskulatur erträgt man die Schläge leichter und relativ schmerzlos, aber bei dieser Haltung ist die Gefahr des Platzens der Haut unverhältnismäßig größer als bei gelöster Muskulatur, wo die Schläge wie in ein Kissen in das Fleisch eindringen, aber freilich auch viel mehr, ja bis zur Unerträglichkeit schmerzen.

Der gewaltsamen leiblichen Verwüstung hat der Mensch nichts entgegenzusetzen als unzuverlässiges Glück. Dem Ansprung des Schmerzes aber, wie seiner hartnäckigen und infamen Geduld, vermag der Mensch mit der Befehlsgewalt seiner geistigen Existenz zu begegnen. Unter gewissen Voraussetzungen bis zur Unempfindlichkeit. Gegen die niederen Schmerzen ist die höchste Sensibilität zu mobilisieren. Dazu freilich ist der Wille allein unzureichend.

Dieses Wissen erfüllte mich wie eine Anweisung zu gesundem Leben, aber ich hatte doch Mühe, sie anzuwenden, während die Schläge ununterbrochen und mit unverminderter Härte auf mich niederjagten.

Ich sang und sang, die Worte stiegen sinnlos wie Seifenblasen von meinen Lippen und Silbe um Silbe hörte ich sie in nichts zergehen. Der wüste Lärm von Geschimpfe, Gelächter und Geschrei, der den Raum erfüllte, sog sie auf. Ich hätte vielleicht ebensogut aufhören können zu singen – niemand würde es wahrscheinlich bemerkt haben.

Manchmal, wenn ein Schlag eine besonders schmerzhafte Stelle traf, eine Stelle, die vielleicht schon mehrmals vorher getroffen und dadurch in ihrer Empfindlichkeit besonders erhöht war, fühlte ich eine heftige Übelkeit in mir aufsteigen. Ich hatte die Augen geschlossen und die Innenseite meiner Lider füllte sich mit tanzenden Sternen, wie Funkenregen. Speichel sammelte sich dickflüssig in meinem Munde und drohte, mir über die Lippen zu träufeln und mich zu besudeln. Mit letzter Anstrengung zog ich ihn durch hohle Backen ein und schluckte, so gut ich vermochte. Der Schweiß drang mir wie in schneidenden Eiskristallen aus den Poren der Stirne und schmerzte.

Aber immer die Wahl vor Augen, mich fallen zu lassen und damit aufzugeben – oder die Reste meines wachen Bewußtseins zusammenzuraffen und in einer übermenschlichen Anstrengung zu sammeln, mühte ich mich wie in einem geballten Ausbruch von verzweifeltem Mut immer wieder zu letzterem. Und ich sang und sang und womöglich noch lauter und inbrünstiger als vorher, als vermöchte ich mich damit über mich selbst hinauszusteigern.

Und in der Tat – das mochten die Erfinder dieser musikalisch begleiteten Folter nicht bedacht haben: es gibt Lagen, in welchen Gesang wie eine belebende Droge wirkt, gleich einem umgekehrten Schlafgift die in Angst und Schmerz gelähmten Lebensgeister mächtig anfeuernd und vielfach steigernd und den Menschen in eine Art Rauschzustand versetzend, der ihn über sich wie mit flammenden Flügeln hinaushebt. Und überall und zu allen Zeiten haben einzelne und ganze Gemeinschaften zu diesem Mittel ihre Zuflucht genommen und unter seinem berauschenden Zwang Taten vollbracht und Schmerzen geduldet, in einem Zustand wildester Entschlossenheit oder empfindungsloser Entrücktheit. Jene singenden Unglücklichen, die in den Zirkussen Roms von wilden Tieren zerfleischt werden sollten, sind sowenig eine Legende wie jene berühmt gewordenen Kriegsfreiwilligen von Langemarck, die mit dem Lied ihres Landes auf den Lippen in besinnungsloser Tapferkeit gegen die englischen Maschinengewehre marschierten, sowenig wie die Berichte von den Massenmorden an Juden in Kiew, die unter dem lauten Gesang ihrer Vorsteher von den Maschinenpistolen ihrer SS-Henker niedergemäht wurden.

Zu gleicher Zeit stellt sich eine nicht näher zu beschreibende Zweiteilung des Individuums ein. Der eine Teil krümmt sich, auf den Tisch gebunden, unter den schmerzvollen Schlägen seiner Peiniger, der andere schwebt unempfindlich und wie schwerelos geworden, aber in einer seltsamen räumlichen Kongruenz über dem gemarterten Leibe. Dieses Erlebnis der Teilbarkeit der eigenen Existenz in Objekt und Subjekt ist erschreckend und beglückend zugleich.

Aus solchen Erfahrungen speist sich die Legende von der menschlichen Seele, die Erfahrung, daß der Mensch nicht nur Leib ist, sondern noch etwas darüber hinaus besitzt, das wir getrost und ohne feige Beschämung als »Seele« bezeichnen dürfen, sofern wir der Versuchung entsagen wollen, damit unerlaubte Wertungen oder voreilige Heiligsprechungen zu verbinden, indem wir unzulässig dem einen Verwesung, dem anderen Unsterblichkeit zusprechen. Was immer sie im letzten sind, der Leib und die Seele, wir wissen es nicht, aller biologischen und aller psychologischen Wissenschaft zum Trotz. Die Skepsis der Chirurgen und die Schwärmerei der Seelenkundler in Ehren. Sie haben die Winkel manchen dunkelsten Aberglaubens erhellt und zu der Erkenntnis des Menschen, des unbekanntesten aller Wesen, tiefgründige Beiträge geleistet.

Aber neben den Vivisektoren müssen auch die Vivisektierten gehört werden. Das, was sie aussagen, mag ungereimt, ungeschickt, vor allem unwissenschaftlich klingen, es büßt dadurch nichts an seiner Beweiskraft ein. Das Leben ist nicht nur eine große Aktion, sondern eine ebenso gewaltige Passion. Ihre Sprecher sind die großen Dichter aller Völker und Zeiten. Ihre Zeugnisse sind für die Erkenntnisse des Menschen nicht weniger beweiskräftig als die der Wissenschaft.

Wahrheit und Dichtung – sind sie nicht wie Leib und Seele? Zwei Wesen, getrennt wie Tag und Nacht und dennoch eins? Aber darüber muß man mit Liebenden sprechen. Sie wissen aus Erfahrung, was kein Experiment je sichtbar zu machen oder zu deuten imstande ist.

Immer noch und ununterbrochen fallen die Schläge auf meinen Rücken. Auch andere drängen hinzu und verlangen mit erregten Worten nach Beteiligung. Aber der Oberscharführer Müller ist nicht gewillt, sich um den ganzen Genuß bringen zu lassen. Auch bemerke ich, daß ich die Worte der Sprechenden kaum mehr und nur noch aus großer Ferne vernehme.

Noch singe ich – aber ich höre meine eigene Stimme immer leiser werden. Auch setze ich die Worte des Textes wohl schon lange nicht mehr in sinnvoller Reihenfolge, sondern willkürlich. Sie gehen in ein ausdrucksloses vokalisches Stammeln und Lallen über. In meiner Kehle würgt es widerlich und der Geschmack von Galle kommt mir auf die Zunge. Ich fürchte, mich erbrechen zu müssen. Es wird dunkel und dunkler um mich, wie sehr ich mich auch dagegen wehre. Feurige Räder kommen kreisend aus weiter Ferne auf mich zu, werden kleiner und kleiner und dringen als violette Kreise in meine Augen.

Das Erlebnis hat sehr viel Ähnlichkeit mit einem um viele Jahre zurückliegenden. In einem letzten wachen Augenblick erlebe ich nochmals den Absturz mit dem Flugzeug im Jahre 1917, nahe einen kleinen Orte an der Front, südlich Arras. Noch erinnere ich mich der brausenden Kreise, vielfarbig flammend, die mich aus der Tiefe anzusaugen schienen, wie Räder von Blumen, die von unsichtbaren Händen heftig gegen meine Augen gestoßen wurden. Auch diesmal war es der in tiefem Orange flammende Mund einer riesigen Margerite, die langsam um sich selbst kreiste, was meine Netzhaut aufzeichnete, ehe das gnädige Dunkel der Bewußtlosigkeit wie eine kühle Dämmerung über mich sank.

Ich erwachte erst wieder im Baderaum des Zellenbaues unter der Dusche. Aus nachfolgenden, gleichartigen Vorkommnissen weiß ich, daß es üblich war, den Mißhandelten von rasch herbeigerufenen Häftlingen losbinden und in den Zellenbau zurücktragen zu lassen, wo er kurzerhand unter die Dusche gelegt wurde, bis er wieder zu sich kam.

In dem erhitzten und fiebernden Zustand war eine solche Kaltwasserbehandlung häufig der Anlaß zu heftigen Erkältungen, die in schweren Lungenentzündungen kulminierten und meist den raschen Exitus des Häftlings herbeiführten. Das gewünschte Ergebnis war, wenn auch mit umständlichen Mitteln, erreicht.

Oft hatte der Häftling zahlreiche solcher Exkutionen überstanden und eine Art gelassenen Zutrauens in seine Widerstandskraft erreicht, bis eines Tages ein geringes Mehr von augenblicklicher Anfälligkeit ihn in ein heftiges, aber kurzes Siechtum warf, von dem er sich trotz verzweifelter Gegenwehr nicht mehr erhob, sondern elend verendete. Niemand krähte nach ihm. Ein paar Nächte lang war das stöhnende Atmen des Sterbenden aus seiner Zelle zu vernehmen, dann wurde es still. Am Morgen bei Zellenöffnung wurde der Tote auf den Steinboden des Korridors gelegt, von den Kalfaktern ausgezogen und nackt in einer Zeltbahn, oder, wenn es gut ging, auf einer Bahre aus dem Hause getragen, im Laufschritt entlang unseres Zellengebäudes geschleppt und durch ein breites Kellerfenster in den Vorraum des Krematoriums geworfen, das neben unserem Gefängnis erbaut war. Dort nahm Poldi die Leiche mit wildem Fluchen in hemmungsloser Ordinärität in Empfang. Poldi war der Capo der Krematoriumsmannschaft, aber von ihm erzähle ich an anderer Stelle.

Ich war kaum wieder zu mir gekommen, als im Türrahmen des Duschraums eine Zivilperson erschien, ein widerlicher, blutjunger Bursche mit Schakalaugen. Über dem weißen Pullover hatte er wie ein Räuberhauptmann umgeschnallt. Er befahl mir aufzustehen. Ich wurde ziemlich heftig in meine alte Dunkelzelle gestoßen, meine Kleider wurden mir nachgeworfen.

Ich war tropfnaß am ganzen Körper und fror erbärmlich, obwohl es ein warmer, sonniger Tag draußen war. Handtuch bekam ich natürlich keines. Ich schlüpfte naß in mein Hemd und meine Kleider und befand mich in einem Zustand völliger Erschöpfung. Ich vermochte kaum zu stehen, so taumelig war ich. Jede Bewegung schmerzte. Sitzen war selbstverständlich völlig unmöglich, ebenso Liegen auf dem Rücken.

Umständlich ließ ich mich auf die Knie nieder und vermochte mich auf diese Weise längs auf den Bauch zu legen. Ich verschränkte meine Arme über dem Kopf und preßte mein Gesicht an den schmutzigen, aber kühlen Boden. Hunger hatte ich keinen. An Schlaf war nicht zu denken, nur an ein durch heftige Schmerzanfälle von kurzer Dauer unterbrochenes Delirieren.

Am zweiten Tag vermochte ich mich wenigstens auf die Seite zu legen, aber am vierten war es damit wieder vorbei, denn die Exekution wiederholte sich nahezu in der gleichen Weise. Sie wiederholte sich in der Folge an mir und vielen anderen Zellenhäftlingen in Abständen von drei bis vier Tagen, manchmal auch einer Woche, und erst nach vielen Wochen wurden die Zwischenräume größer. Dazwischen aber konnte es geschehen, daß die betrunkene und sich langweilende Wache unseres Zellenbaues sich nachts den einen oder anderen aus der Zelle holte, unbefragt und unbefugt ein völlig sinnloses Verhör mit ihm anstellte und unter wüsten Verhöhnungen auspeitschte. Dieser Vorgang wiederholte sich wöchentlich mehrmals und es sind nur wenige Nächte, in welchen wir nicht beim Geräusch der klatschenden Peitschen und der stöhnenden Schreie der Mißhandelten aus unserem Schlafe aufschreckten.

Der politischen Abteilung wurde ich noch oft und in kurzen Abständen zur Vernehmung vorgeführt. Diese Vernehmungen lieferten lediglich den Vorwand zu Mißhandlungen. Niemals ging es ohne Schläge ab. Nicht immer war die Exekution so umfänglich und wohlvorbereitet wie die erste, manchmal dauerte sie nur kurz, zweimal allerdings übertraf sie die erste an Gewalttätigkeit. Aber wozu erzählen, auch Grausamkeit ermüdet.

Einmal wurde, in dem gleichen Augenblick, als ich in nahezu bewußtlosem Zustand vom Tische abgeschnallt und mit dem Kopf unter die Wasserleitung des Waschbeckens gedrückt wurde, ein riesiger Mann hereingeführt, der Kleidung und dem Habitus nach ein österreichischer Bauer. Er war offenbar in einem anderen Raum in bekleidetem Zustand einer heftigen Mißhandlung unterzogen worden. Auch er befand sich in einem vor Angst und Schmerzen beinahe trunkenen Zustand. Das schwarze Haar hing ihm in schweißverklebten Strähnen in die gebräunte Stirn, die nun fahlgelb wie das ganze verzerrte Gesicht war. Er vermochte sich selbst nicht aufrecht zu halten und hing wie leblos zwischen zwei kräftigen Häftlingen, die ihn hereinzuschleppen hatten. Sie bekamen den Befehl, ihn in eine Ecke zu stellen. Sie lehnten ihn wie eine Puppe in die Zimmerecke, wo er sofort zu einem Bündel zusammensank. Die Häftlinge verließen wieder den Raum und die Türe wurde wieder zugesperrt.

Ich wurde aufgefordert, den Mann aufzuheben. Wohl wissend, daß dies ein ganz vergebliches Unterfangen sein würde, bemühte ich mich dennoch. Aber es war völlig unmöglich. Der riesige Körper rührte sich nicht um einen Zoll. Ich wäre auch in normalem Zustand viel zu schwächlich gewesen, dem Befehl nachzukommen.

Natürlich konnte das auch der SS ebensowenig entgehen wie mir selbst. Es war eine sinnlose Verspottung. Nach einigen vergeblichen Versuchen gab ich es auf, wurde aber immer wieder aufs neue dazu angetrieben, meine Bemühungen fortzusetzen. Sie wurden freilich mit jedem Male schwächer. Der findige Kopf eines SS-Sturmführers, der sich an diesem Tage als Wortführer, im übrigen der Sprache nach als Rheinländer auswies, glaubte einen Ausweg gefunden zu haben. Er drückte mir eine zweischwänzige Hundepeitsche in die Hand und hieß mich den Mann zu schlagen.

Ich weiß nicht, was mich mehr erbitterte, das Ansinnen als solches oder die Tatsache, daß er mich überhaupt für fähig oder willens hielt, ein solches Ansinnen auszuführen. Ich erinnere mich, daß mich, trotz meines körperlich und geistig so dezimierten Zustandes eine unbeschreibliche, beinahe irrsinnige Wut erfüllte, eine Wut, in der man, wie man sagt, »rot sieht«. Da stand ich, nackt und die Spuren der eigenen erduldeten Mißhandlung brennend auf meinem Körper, noch wenige Minuten vorher an der Grenze der Bewußtlosigkeit, nun von einem flammenden Zorne gestrafft und wie ein Amokläufer von einem blinden Willen zur Vernichtung erfüllt, die Peitsche in der Rechten. Ich hatte sie gut im Griff. Sie brannte wie eine Versuchung in meiner Hand und ich fühlte, wie meine Finger sich fester und fester um sie krampften, während das Blut mir heftig zu Kopfe stieg.

Hier lag der mißhandelte Bauer vor mir, den ich, so fremd er mir sein mochte, als mein eigen Fleisch und Blut empfand. Ihn zu schlagen hätten nicht tausend Befehle mich zwingen können, und wenn Gott selbst aus seinen Himmeln herab es mich geheißen hätte, ich hätte ihm bei ewiger Verdammung niemals gehorcht.

Aber nicht weiter entfernt als der Bauer, den zu schlagen ich geheißen war, hing die Fratze des Sturmführers vor mir in der Luft und hinter ihr eine weitere und noch eine und noch eine, eine Ansammlung von Fratzen, und die Versuchung war groß und brennend, die Peitsche zu heben und unbekümmert um die Folgen in diese Lemurengesichter zu schlagen, besinnungslos zu schlagen – bis man selbst erschlagen wurde. Ich durchlebte einen Augenblick lang die Heiterkeit der Assassinen, jener Mörder in höherem Auftrag, denen unter den Streichen ihrer Gegner zu fallen der höchste Lohn für ihren vollzogenen Auftrag erscheint. Aber Unbesonnenheit ist kein höherer Auftrag und es müssen mehr Voraussetzungen erfüllt sein, um aus einem Affekttäter einen Ravaillac zu machen. Eine Demonstration ist noch lange keine Aktion.

Man wird sagen, das sei die Geschichte vom Fuchs und den sauren Trauben, und indem ich meine Hilflosigkeit und Feigheit auf solche Hintergründe projizierte, versuchte ich aus der Not eine billige Tugend zu machen. Der Vorwurf berührt mich nicht, denn er verwirrt die Perspektiven. Die Klarheit meines Denkens hat mich immer vor irreparablen Streichen bewahrt, und sie verließ mich auch nicht in diesem gefährlichen Augenblick. Was war getan mit einer so aussichtslosen Vergeltung mit untauglichen Mitteln an noch untauglicheren Objekten? Ein paar Striemen vielleicht, die ich mit meiner sofortigen physischen Auslöschung bezahlen würde. Der Übermut ist das Kind der Leidenschaft. Der wahre Mut der Sohn kühler Sachlichkeit und der Bruder von Einsichten, die aus einer klaren und realistischen Einschätzung von Kräfteverhältnissen erwachsen.

Wie in einer ungewollten Bewegung hob ich die Peitsche – aber ich schlug nicht zu, sondern wischte mir die roten Wolken des Unmuts von der Stirne, und unbeschämt, wenn auch mit einiger Mühe, öffnete ich die Hand – und die Peitsche fiel zu Boden. Ich wurde aufgefordert, sie aufzuheben, aber ich rührte mich nicht mehr. Ein andrer hob sie auf und die Mißhandlung begann von neuem, doch ist über sie nichts zu sagen, denn ich verlor sehr rasch das Bewußtsein und erwachte erst wieder in meiner Zelle, diesmal in einer anderen als der bisher innegehabten. Sie war nicht verdunkelt, und das Licht fiel aus einem sehr hoch angebrachten Fenster in den Raum.

Wieder einmal wurde ich der politischen Abteilung vorgeführt. Ein wenig Vertrauen erweckender SS-Oberscharführer, den ich bisher niemals gesehen hatte, hieß mich, mich zu entkleiden. Wie üblich wurde ich über den Tisch geschnallt. Eine Aufforderung zum Singen erfolgte nicht. Ich erhielt einige wenige Schläge, die nur deshalb schmerzten, weil die alten noch nicht verheilt waren, und wurde dann wieder losgebunden. Der Oberscharführer trat an seinen Schreibtisch, nahm dort einen Wisch auf, den ich sofort als jenen Brief wieder erkannte, der statt eines Schutzhaftbefehls mich begleitete und die persönlichen Empfehlungen des Leiters der Staatspolizci Nürnberg an das Lager enthielt. (Eine davon bestand in dem unmißverständlichen Stempel: R.U. = Rückkehr unerwünscht.) Er hatte schon mehrmals in meinen Vernehmungen eine Rolle gespielt. Der Oberscharführer klopfte wie zur Bestätigung mit einem Bleistift auf das Dokument und erklärte: »Ich will Ihnen nur sagen, daß ich gar kein Interesse daran habe, Sie zu schlagen, das ist alles von Nürnberg angeordnet.« Das Rezept war also von oben her geliefert. Die Eröffnung gab mir einen willkommenen Einblick in die Verteilung der Verantwortlichkeiten. Es war zudem das erste und einzige Mal, daß ich im Konzentrationslager mit »Sie« angeredet wurde.

Derselbe Oberscharführer kam übrigens auch einige Wochen später, sei es absichtlich oder unabsichtlich, in meine Zelle. Wir waren gerade zwei Häftlinge an diesem Tage. Er versprach uns einen Strohsack – und er hielt Wort. Wir erhielten noch am gleichen Tag einen Strohsack ausgehändigt. Es war aber eine kurze Hafterleichterung, denn zwei Tage später wurde er uns ohne Begründung wieder entzogen.

Die Tage der Dunkelzelle mit Kostentzug lagen hinter mir. Das Wort Dunkelzelle hat einen schlimmen Klang, ich weiß es, und unter normalen Umständen ist sie eine gediegene Folter. Und dennoch vermag sie auch ein großer, ja liebenswerter Trost zu sein. Es gibt Lebenslagen – vielleicht kennst Du sie selbst –, in denen der Tod nicht um des Todes willen ersehnt wird, sondern um der Ruhe und Abgeschiedenheit des Grabes willen, die ihn verlockend machen. Das Licht des Tages verletzt die geschundene Kreatur, das kühle Dunkel der Gruft verspricht Dir Trost und Linderung. Unabweisbar ist das Bedürfnis, Dich vor der Welt, ja vor Dir selbst zu verbergen, gleich einem getroffenen

Tier, das in das dunkelste Dickicht des Waldes kriecht, seine Gebrechlichkeit zu verhüllen.

So dunkel war es im Leibe Deiner Mutter, als die Flamme der Liebe das scheue und gefährdete Fünkchen unter ihrem Herzen entzündet hatte. Dort wohntest Du und wurdest Fleisch, behütet und bewahrt in samtener Nacht – und einmal, früher oder später, wenn Deine Zeit um ist, Deine flüchtige Wanderung über die grellen Straßen Deines Lebens, wirst Du wieder zurückkehren in das Dunkel des Schoßes einer größeren Mutter – der Erde. Aus Nacht kommst Du und in Nacht kehrst Du wieder zurück. –

Hier in der Dunkelheit Deiner Zelle legt es sich wie unsichtbare Hände über Deine brennende Stirne, auf Deine quälenden Wunden. Die Finsternis umhüllt Dich wie wattiertes Schweigen, und während Du bewegungslos in Deiner Ecke sitzt oder reglos Dich ausgestreckt hast, weichen die unsichtbaren Wände von Dir zurück und die Nacht täuscht die Weite unendlicher Räume vor, groß wie das All, an dessen Himmeln sogar die Sterne erloschen sind. Die Bedrängnis Deiner Gedanken weicht von Dir und still und gelassen strömen sie dahin und tragen Dich fort auf den Flügeln wacher Träume, wohin Du sie immer schickst. Das ist mehr, als im Augenblick ein Arzt an Dir zu tun vermöchte und tröstlicher als die Worte jedes Priesters. Wie der holde Mund der Geliebten ist die Nacht. Von ihren Küssen wirst Du genesen. Von den unsichtbaren Geistern bist Du gehalten und aufgehoben auf den Fittichen von Erinnerungen, die wie silberne Wolken mit Dir dahinziehen.

Deine Zelle ist wie eine Insel, auf der Du nun rastend Dich niederläßt auf der Flucht vor den Verfolgungen Deiner Feinde. Hier darfst Du Dich der Spannungen Deines Willens begeben, die Dich gleich einer unmäßigen, körperlichen Anstrengung bis zum Rande verbraucht und ausgeschöpft haben – und darfst Dich fallen lassen. Auf wie lange weiß niemand – aber wie kurz oder lang die Spanne der Rast sein mag, es ist schwer glaubhaft zu machen, welches Gefühl der Geborgenheit unter bestimmten Voraussetzungen selbst die ärmste und schmutzigste Zelle zu vermitteln vermag.

Die Zelle, in der ich mich nun befand, unterschied sich durch nichts von der Dunkelzelle, in der ich bisher untergebracht war. Lediglich das Fenster war nicht verdunkelt, aber zuverlässig vergittert. Es war so hoch angebracht, daß es allein nicht zu öffnen oder zu schließen war. Es gab dazu besonders konstruierte Stangen, die man bei Zellenaufschluß am Morgen verlangen konnte, was aber stets mit unerfreulichen Auftritten, Beschimpfungen und nicht selten Mißhandlungen verbunden war. Ob man sie dann bekam, war immerhin noch sehr fraglich. Anders war es, wenn zwei oder mehr Gefangene in einer Zelle waren, wie dies später bei zunehmender Überfüllung des Zellenbaues häufig der Fall war. Dann kletterte einer auf des anderen Schulter und man öffnete – obwohl das selbstverständlich streng verboten war – das Fenster selbständig und schloß es auch auf die gleiche Weise wieder. Auch vermochte der Obenstehende einen kurzen Augenblick lang sich über die Vorgänge in unmittelbarer Nähe des Zellengebäudes zu informieren und die Untengebliebenen warteten regelmäßig in lautloser Spannung auf seine, wenn auch noch so kargen Auskünfte.

Obwohl gegen Nordwesten gelegen, stahl sich gegen Sonnenuntergang ein Strahl Sonne in meine Abgeschiedenheit. Er erschien als ein schwächlicher Punkt in der rechten, unteren Fensterecke und wanderte dann als schmales Band über die Decke bis zur Tür, durch die er den Raum nach Verlauf einer Stunde langsam und wie zögernd wieder zu verlassen schien. Mit zunehmendem Herbst blieb er immer länger, als würden wir nun vertrauter miteinander geworden sein.

Dieser Strahl Sonne, der wie ein leuchtendes Band durch meine Zelle floß, bekam bald eine außerordentliche Bedeutung für mich. Ich begann ihn zu personifizieren. Er nahm die Gestalt der verschiedensten mir lieb gewordenen Menschen an, und ich plauderte mit ihm nicht selten wie mit einem lebenden Wesen. Er kam erst am Spätnachmittag, und ich erwartete sein Erscheinen, wie man als Jüngling eine Geliebte erwartet, deren Anwesenheit das Dasein verzaubert. Er war kein optisches Phänomen für mich, sondern eine menschliche Erscheinung, ein Wesen von Fleisch und Blut, das sich in die Gestalt eines Sonnenstrahls verwandelt hatte, um mich unter dieser Tarnung an diesem wüsten Ort zu besuchen. Er brachte mir Grüße, die ich glühend erwiderte, und ich konnte ihm vieles anvertrauen, was ich kaum zu denken, geschweige denn vor Menschen zu sagen gewagt hätte. Auf seine Verschwiegenheit konnte ich bauen, ebensosehr wie auf seine Zuverlässigkeit, und ich bin heute noch überzeugt, daß auf diesem geheimnisvollen Wege manche Botschaft von mir zu jenen Menschen gelangte, für die sie bestimmt war und die anders zu erreichen mir versagt war.

Ich erwartete täglich sein Kommen mit Ungeduld und vermag das Glück nicht zu schildern, mit dem sein Erscheinen mich beschenkte, ebensowenig die Trauer, die mich erfüllte, wenn er an trüben Tagen ausblieb. Er kam in vielen Farben und Erscheinungen, bald golden, bald glühend rot, bald festlich strahlend, bald schwach und wie von tiefem Kummer ermüdet. Und die unendliche Zahl seiner Gestalten entsprach einer unendlichen Zahl von Bedeutungen für mich. Ich zögerte nicht, ihm Namen zu verleihen, und an einem Tage tiefster, seelischer Erschütterungen kam es dahin, daß ich mich auf den Zehen zu ihm erhob und ihn küßte, ehe er meine Zelle verließ. Ich weiß, das wird Euch lächeln machen und Euch nicht mehr bedeuten als eine Sentimentalität und eine Bestätigung für die Verwirrung meines Geistes. Sei's drum – ich neide Euch nicht den Rationalismus Eurer gesicherten Standorte. Aber wie lange ist das, daß ich Euch zum letzten Male betrunken gesehen habe? Ja, vielfach sind die Quellen des Trostes und die Wege der Verzauberung: Der Wein – der Mund eines Mädchens – das Lächeln eines Kindes – der Traum – der Strahl des Lichtes.

In der Helle erschien die Zelle kleiner als in der Dunkelheit. Wie alle anderen Zellen war sie völlig leer – den Kübel für die Bedürfnisse ausgenommen; nicht der geringste Einrichtungsgegenstand. Die Wände gelblichweiß beworfen – und völlig kahl. Die Türe in einem dunklen, beinahe schwärzlichen Grün aus starken eichenen Bohlen gefertigt und eisenbeschlagen.

Beide, Wände und Türe, bedeckt mit den hilflosen Bekenntnissen von Häftlingen, die vor mir diesen Totenkäfig innehatten. Zahlreiche Inschriften in allen Sprachen, sehr viele in russischer oder einer anderen slawischen Sprache, in cyrillischen und lateinischen Druckbuchstaben in die Wand geritzt. Nicht alle konnte ich lesen, aber von vielen entzifferte ich den Sinn. Sehr viele, ja die meisten waren religiösen Inhaltes: Beschwörungen höherer Mächte, Anrufungen Gottes, Fürbitte der Heiligen. Lateinische Worte ließen sich erkennen, so der in zitternden Schriftzügen ungeschickt gekritzelte Satz: »Dominus Deus Jesus Christus, vincit, regnat, imperat.« Welch eine ungebrochene Zuversicht spricht aus diesem Bekenntnis eines zum Tode Bestimmten. Quer über die Türe die handgroße Inschrift: »O Crux – ave spes unica.« Und in der Ecke der der Ölberg-Verzweiflung verwandte, dem »Mein Gott, warum hast Du mich verlassen« benachbarte Aufschrei eines Gefolterten: »Wenn es einen Gott gibt, muß er mich um Verzeihung bitten.«

Es ist gleichgültig, welcher Religion man angehört, wie überhaupt, welche Stellung man zu den Religionen einnimmt: Diese Beschwörungen von Menschen am Rande der Vernichtung sprechen für sich selbst, und ihre Majestät kann nicht zum Gegenstand billiger Betrachtungen gemacht werden.

Es ist psychologisch nicht uninteressant, den Gehalt solcher Inschriften miteinander zu vergleichen. Jeder, der Gelegenheit hatte, die verschiedenen Zellen – vom Polizeigefängnis über ein Untersuchungsgefängnis bis zu den Zellen im Bunkerbau eines Konzentrationslagers – kennenzulernen, wird, wenn er diesen Dingen einige Beachtung schenkt, folgende Erfahrung gemacht haben:

Die normale Haftzelle einer Polizeistation, in der Du für kurze Zeit bis zu Deiner Weiterleitung an die nächsthöhere Instanz festgehalten wirst, dient im allgemeinen dem harmlosesten und flüchtigsten Freiheitsentzug. Kaum länger als einen Tag oder eine Nacht hast Du sie inne. Kleine Diebe und Randalierer haben sie vor Dir bewohnt; Betrunkene in ihr ihren Rausch ausgeschlafen. In der Polizeihaft ist Dein Schicksal noch nicht entscheidend bedroht. Noch kannst Du Hoffnung haben, daß alles sich arrangieren wird. Entsprechend dieser Harmlosigkeit sind auch die Inschriften, von einer gewissen sorglosen Naivität: »Auch das geht vorüber«; »Die Polizei ist blöd«; harmlose zornmütige Dokumentationen; Geschmier ohne jede Verbindlichkeit, reichlich durchsetzt von den unvermeidlichen pornographischen Zeichnungen.

Anders sieht es schon in den Zellen eines Untersuchungsgefängnisses aus. Bist Du erst dort gelandet, so ist Dein ferneres Geschick schon einer gewissen Fragwürdigkeit anheimgegeben. Profane Sätze, aber nicht ganz ohne Nachdenklichkeit, füllen die Wände, wie etwa: »Das Leben ist der Güter höchstes nicht«, politische Bekenntnisse und Schlagworte, wie: »Vive la France« oder »Proletarier aller Länder vereinigt euch«. Sie wirken an solchen Orten kühl und armselig. Mehr Beachtung schon verdient der lapidare Satz: »Diesen Krieg werden die Arbeiter der Welt gewinnen.« Eine wohltätige Täuschung, wie sich zeigen wird – aber ein Glaube –, wenn auch nicht mehr. Es fehlt nicht an den bekannten Strichen, die den Gefangenen den Kalender ersetzen. Dazwischen kann man mathematischen Formeln und trigonometrischen Darstellungen begegnen, Zeugnisse eines wachen Geistes, der sich auf solche Weise gegen seine Erschlaffung gewehrt hatte.

In den Todeszellen aber, dort, wo keine Hoffnung mehr ist und der Mensch sich nur noch für kurze Zeit, vielleicht nur noch für Stunden, für seine endgültige Auslöschung aufgehoben findet, erfolgt ein merkwürdiger Einbruch des Irrationalen in die letzten Gedanken des zum Tode Verurteilten, und dieser Einbruch hat fast etwas Gewaltsames an sich. Je tiefer und schwerer sich die Schatten des Todes auf den von Welt und Mensch Verlassenen herabsenken, desto unerwarteter öffnen sich ihm Tore, an denen er bisher vorbeigeschritten ist, ohne sie zu beachten. Durch sie fällt ein letzter Strahl der Versöhnung in die bodenlosen Schächte, die sich zu seinen Füßen öffnen, ein letztes, tröstliches Licht, das ihm die Gewißheit gibt, sie zu durchschreiten, ohne ins Nichts zu stürzen.

In diesen Zellen blieb man nicht immer allein. Häufig bekam man, wenn auch nur flüchtig für Stunden oder Tage, Gesellschaft, namentlich späterhin, als die Zellen für die eingelieferten Häftlinge nicht mehr ausreichten. Auch war es üblich, Sträflinge, die sonst in den Baracken-Außenlagern untergebracht, aber irgendwelchen Exekutionen unterzogen worden waren, nicht mehr in die Baracken zurückzubringen, sondern vorübergehend in Zellenhaft zu nehmen.

Dann öffnete sich, meist gegen Abend, häufig auch bei Nacht, die Türe, und ein taumelnder Mensch wurde hereingestoßen und für einige Zeit zum Zellenkameraden, bis er wieder gehen und stehen gelernt hatte. Meist streckte sich der Eingelieferte, fiebernd und in schrecklichem Zustand, sofort wortlos und stöhnend in einer Ecke auf dem Bauche aus und wir anderen übten Samariterdienste an ihm. Das waren freilich sehr fragwürdige Dienste, denn es fehlte ja an allem, selbst an Wasser, denn Trinkwasser wurde niemals verabreicht. Sorgfältig entkleideten wir den Mißhandelten und wuschen und kühlten ihm die Wunden mit den Resten kalten Kaffees vom Abend, von welchem wir stets einen Teil für solche Fälle zurückbehielten. Nicht selten aber hatte der Fiebernde so brennenden Durst, daß er uns das Eßgeschirr wegnahm und es in einem einzigen Zug leerte. Immerhin praktizierten wir dann am nächsten Morgen während des Waschens heimlich ein Eßgeschirr voll reinen Wassers in die Zelle oder verschafften es unter irgendeinem Vorwand, wie etwa dem, die Zelle aufwaschen zu wollen, und übten an dem wie tot in der Ecke Liegenden Umschläge, indem wir ein Hemd als Tuch benützten. So kläglich und unvollkommen auch diese Art Hilfe sein mochte, so war sie doch ein unschätzbarer Dienst, wie ich selbst mehrmals am eigenen Leibe erfahren habe.

Auch gab es in diesen Lagern selbstverständlich keinen Unterschied zwischen Politischen und Kriminellen, sondern eine tiefe, menschliche Kameradschaft, die mindestens so lange hielt, bis der Fortgang der Genesung dem Mißhandelten einen Teil seiner Selbständigkeit wieder zurückgab, sehr oft aber auch viel länger.

Auch war aus solchen Begegnungen viel zu lernen. Wir erfuhren über das Leben im Lager, über Dienst, Arbeit usw. alles Wissenswerte, Einzelheiten über Umstände und Personen. Vorkommnisse und ziemlich genaue Berichte über den Stand der Fronten und politische Ereignisse. Bei wesentlich größerer Freizügigkeit der Häftlinge im Lager selbst, waren diese, namentlich die schon viele Jahre im Lager Befindlichen, ziemlich genau unterrichtet, genauer, als es der völlige Mangel an Zeitungen und Nachrichten hätte vermuten lassen.

Lagerinsassen, die schon Jahre bei schwerer und schwerster Arbeit im Lager waren, erklärten uns übereinstimmend, daß diese Zellenhaft eine Hölle im Vergleich zum Lagerleben sei und empfahlen uns, alles aufzubieten, um so schnell wie möglich hier heraus und ins eigentliche Lager zu kommen. Viele sagten, sie hielten es hier keine zehn Tage aus, und einige weiß ich, die die Zellenhaft und ihre Praktiken so verwirrte, daß sie Selbstmordversuche, in mehreren Fällen mit Erfolg, machten, indem sie sich an der Heizung erhängten.

Der Zusammenhalt draußen im Lager muß, namentlich unter den schon länger Inhaftierten, ein recht guter gewesen sein.

Einmal war ein junger Wiener, der schwer mißhandelt worden war, für einige Tage mein Zellengenosse. Er war der Sohn reicher Eltern und ein Taugenichts gewesen, hatte Geld gefälscht und war von einem Wiener Gericht zu einer Freiheitsstrafe verurteilt worden. Aus nicht näher zu erfahrenden Gründen war er beim Einmarsch der Deutschen in Österreich frei geworden und auf einer abenteuerlichen Fahrt in einem gestohlenen Luxuswagen nach Frankreich gelangt, wo er sich in vino et veneris in Paris so lange niederließ, bis ihm das Geld ausgegangen war. Er meldete sich zur Fremdenlegion und kam nach

Sidi bel Abbes. Während des Afrikafeldzuges wurde er von den Deutschen gefangengenommen und nicht als Kriegsgefangener behandelt, sondern nach Mauthausen ins Lager gebracht. Jetzt hatte er irgend etwas ausgefressen, was genau nie zu erfahren war. Angeblich waren innerhalb des Lagers Dollarnoten gehandelt worden. Auch SS-Wachmannschaften waren in die Affäre verwickelt. Die Sache war aufgekommen und die Beteiligten erwartete der Strang so sicher, wie auf die Nacht der Morgen folgt. Die Verdächtigen waren der Folter der Peitsche unterzogen worden. Einer hatte gestanden, sich später aber in der Zelle erhängt. Der Wiener blieb fest und erklärte uns lachend, sie könnten mit ihm machen, was sie wollten, er stünde »wie ein Bock«. Nur vorm Erhängen hatte er eine panische Angst. Er war bereit, sich lieber erschlagen als erhängen zu lassen, das war das ganze Geheimnis seiner Starrköpfigkeit und Verschwiegenheit.

Er war in einem schrecklichen Zustand eingeliefert worden. Er fieberte heftig, sein Atem flog nur so. Er war nicht imstande zu sprechen, verbiß aber tapfer alle Schmerzen und bedeutete mir durch Gesten, ich möchte ihm die Hose abstreifen.

Ich tat es so vorsichtig wie möglich und entblößte ein Gesäß, das von blauen und roten Striemen wie gewalzt war. An vielen Stellen war die Haut geplatzt und das blanke Fleisch klebte blutig am Hemd. An den Rändern verkrustete es und bildete gelbliche Kristalle. Die Wunden waren nachträglich mit Salz behandelt worden. Ich wusch sie ihm die ganze Nacht und linderte seine Qual damit bedeutend. Bis gegen Morgen hatte er den Ärmel seiner Jacke in lauter Fransen gebissen, aber es war keine laute Klage über seine Lippen gekommen.

Es war nicht sicher, wie lange er bleiben würde, aber davon war er felsenfest überzeugt, daß seine Barackenkameraden ihn suchen kommen würden. Er lauschte auf jeden Schritt, der sich vor unserem Fenster vernehmen ließ. Und in der Tat, schon in den ersten Morgenstunden machte sich jemand an dem vor unserem Fenster liegenden, für das Krematorium bestimmten Kohlenhaufen zu schaffen und pfiff dazu ein Lied. Der Wiener fuhr wie elektrisiert auf, er hieß mich, mich an die Wand zu stellen und die Hände über dem Bauch zu falten. Mit einer alle Schmerzen nicht achtenden Entschlossenheit stieg er in die Brücke meiner Hände und von da schwerfällig auf meine Schultern zum Fenster hinauf und pfiff wieder. Ein paar Worte wurden gewechselt und die Verbindung war hergestellt. Ich hätte ihn nicht lange halten können; gerade noch rechtzeitig glitt er wieder herab. Das Fenster sollte auf seinen ausdrücklichen Wunsch offenbleiben. Gegen Abend, bei hereinbrechender Dämmerung, ertönte abermals der Pfiff, der von meinem Wiener erwidert wurde. Gleich darauf fiel ein Päckchen auf die Fensterbrüstung und auf dem gleichen Wege wie vorher, unter meiner schwächlichen Assistenz, holte der Wiener es herab. Es enthielt ein ziemlich großes Stück Brot, einige Zigaretten, Zündhölzer und eine Reibfläche und ein bescheidenes Stück Wurst, das er sofort mir aushändigte. Ich verschlang es mit Heißhunger. Außerdem ein Zettel, der ihn offenbar genau über die Lage in seiner Angelegenheit unterrichtete. Es schien nicht gut zu stehen, er war unruhig und antwortete auf meine Fragen nur mißmutig und ausweichend.

Der Vorgang wiederholte sich in den nächsten Tagen mehrfach. Die Kameraden aus der Baracke versorgten ihn vorbildlich mit dem wenigen, was ihnen zu teilen blieb, und laufend gingen Botschaften von draußen zu ihm. Er selbst hatte keine Möglichkeit, sich mit draußen zu verständigen, denn wir hatten weder Bleistift noch Papier.

Das Ganze war eine gefährliche Angelegenheit, darüber war ich mir klar. Für seine Kameraden draußen mehr als für uns. Uns selbst drohte höchstens eine zusätzliche Strafe, schlimmstenfall seine wütende Mißhandlung. Der draußen aber setzte sich der Gefahr aus, sofort niedergeschossen zu werden, wenn ihn einer der Posten, die in gewissen Abständen unseren Bau umkreisten, erwischen würde. Aber das Schicksal war uns günstig, wenn man es als günstig bezeichnen darf, daß wir am vierten Tage beim Besteigen des Fensters überrascht wurden und auf unsere glaubwürdige Erklärung, daß wir das Fenster wegen der Nachtkälte schließen wollten, mit ein paar Schlägen und Kostentzug auf zwei Tage davonkamen. Auch wurden wir sofort getrennt und ich befand mich wieder allein in der Zelle.

Der Partner von draußen aber kam noch mehrmals an mein Fenster, pfiff, ohne daß ihm eine Antwort wurde, und ich fürchtete nur, er würde wie üblich sein Päckchen auf den Sims des Fensters werfen, wo es hätte liegenbleiben müssen und zweifellos entdeckt worden wäre, denn ich wäre allein ohne Hilfe ja nicht imstande gewesen, es zu entfernen. Aber alles ging gut. Nach zwei Tagen erschien der Bote nicht mehr.

Ich war mir der Gefahr wohl bewußt, die unser Tun einschloß, aber ich hätte es unbedenklich jederzeit wiederholt. Hier ging es um das Leben eines Menschen. Die Botschaften waren vielleicht sehr wichtig. Er vermochte seine Aussagen bei den Vernehmungen darnach zu richten. Ich hoffte nur, sie würden ihm auch nach unserer Trennung so zuverlässig wie bisher zukommen. Ich konnte darüber nie etwas erfahren.

Aber irgend etwas mußte schließlich doch nicht geklappt haben. Eines Morgens, etwa eine Woche später, fiel mir eine besondere Unruhe unter den Häftlingen auf, die mit mir im Waschraum versammelt waren. Einige drängten sich, mit gegenseitiger Hilfe das hohe Fenster zu ersteigen. Auch ich folgte in einem unbewachten Augenblick ihrem Beispiel. Von einer roh gezimmerten Balkenanlage hingen drei Menschen in Sträflingskleidern, alle drei mit dem Kopf nach unten. Ihre Gesichter waren rot und blau angelaufen. Sie waren nur schwer zu erkennen. Langsam drehten sie sich um ihre eigene Achse. In dem einen erkannte ich meinen Wiener. Sein Scheitel baumelte nur eine Handbreit über der Erde. Ich stieg schnell wieder herab und eilte in meine Zelle. Dort hockte ich mich nieder und ließ den Kopf auf meine angezogenen Knie sinken und sah in mein Leben hinab wie in einen grundlosen Brunnen.

In der Zelle neben mir lag ein junger deutscher Offizier; kräftiger, untersetzter Typ mit sportlich hervorragend gestähltem Körper. Ich begegnete ihm öfters im Waschraum und hatte ihn mehrmals und unter Wahrung aller Sorgfalt angesprochen. Aber er gab nie Antwort und bewegte sich mit einer Art lässigem, aber nicht unangenehmem Hochmut zwischen uns. Er trug die Haare ungeschoren und hatte die Erlaubnis, sich wöchentlich einmal zu rasieren.

Ich erfuhr über ihn, daß er zusammen mit einem großen Teil seiner Mannschaft im Zuge des 20. Juli verhaftet worden war. Er selbst war Elsässer. Ihre Verhaftung erfolgte in der Nähe von Paris. Etwa 15 seiner Soldaten befanden sich bereits draußen in den Arbeitsbaracken des Lagers. Er selbst wurde hier in Einzelhaft gehalten, warum wußte niemand. Sie alle zusammen waren die Reste einer Kompanie, von denen über die Hälfte, Offiziere wie Mannschaften, bereits zum Tode verurteilt und in Paris erschossen worden waren. Er hatte auch eine Pritsche in seiner Zelle und bekam jeden Abend eine Decke, die am Morgen wieder abzuliefern war. Vielleicht hat er deswegen nie mit uns gesprochen, weil er dieser Vorteile einer Sonderbehandlung nicht verlustig gehen wollte. Eines Tages aber kam, wie wöchentlich mehrmals, der Kommandant mit dem Troß seines Stabes und seiner Hunde wieder in den Zellenbau und ließ sich die Zelle meines Nachbarn aufsperren. Ich preßte das Ohr an die Türe, um zu hören, aber ich vernahm nur die erregte Stimme des Kommandanten und schließlich mehrmals heftiges Klatschen. Der junge Offizier war geohrfeigt worden. Kurze Zeit später wurde er abgeholt. Ich hatte Zeit und dachte über sein mögliches Schicksal nach, Übles und Gutes, und kam zu keinem Ergebnis.

Am nächsten Morgen wurde meine Zelle aufgesperrt und herein wankte mein Zellennachbar. Er sah erbärmlich aus und trug die Spuren schwerer Mißhandlungen auf seinem Gesicht. Durch das volle rabenschwarze Haar war ihm mit der Maschine eine Gasse geschnitten worden. Es war eine Verhöhnung, die einer Degradierung gleichkam. Viele Ausländer wurden ihr übrigens unterzogen. Sein Kopf glich der Maske eines altjapanischen Schauspielers. Seine Beine bewegten sich plump und unsicher, seine Arme hingen ihm wie leblos am Körper. Er sank sofort in eine Ecke, stand mühselig wieder auf, setzte sich nieder. Er mußte starke Schmerzen haben. Er war, wie ich nun von ihm erfuhr, nach einem ergebnislosen Verhör schwer mißhandelt und dann über Nacht der Strafe des Baumbindens unterzogen worden.

Ich habe diese Strafe zweimal erduldet, an zwei aufeinanderfolgenden Tagen, aber jeweils nur etwa zwei Stunden lang. Damals schien es mir sehr, sehr lang. Ich wurde nach einer ergebnislosen Vernehmung die Lagerstraße hinaufgeführt, bis an einen freien Platz, auf dem einige windschiefe, aber kräftige Bäume standen. Stricke wurden von Häftlingen herbeigebracht. Ich wurde mit dem Rücken an den Baum gestellt und meine Arme rückwärts gepreßt und zusammengebunden. Ebenso geschah es mit den Füßen. Schließlich erhielt ich einen heftigen Stoß gegen die Füße, die nach rückwärts glitten und nochmals angezogen wurden. In dieser Lage hing man mehr als man stand, und es bedurfte einer besonderen Geschicklichkeit und Anstrengung, mit den Zehenspitzen wenigstens eine Andeutung von Halt zu finden. Lange ging das freilich nicht, dann sackte der Körper nach vorne und die Sehnen an den nach hinten gedrehten Armen dehnten sich schmerzhaft. Das Gewicht des Körpers drohte sie aus den Schultergelenken zu drehen. Die Stricke schnitten ins Fleisch, die Hände wurden gefühllos, das Blut stockte und erreichte sie nicht mehr. Immer tiefer und tiefer sank man dabei und wenn es gelang, auf die Knie zu kommen, so war einem schon viel geholfen. Nach dieser Prozedur waren die Beine, namentlich aber die Arme vom Ellbogen ab und mehr noch die Hände wie abgeschlagen und die Finger kaum noch beweglich. Das zurückschießende Blut färbte sie rot und prickelte wie mit tausend Nadeln, die ins Fleisch gestochen wurden. Man hatte das Gefühl, als seien Arme und Beine abgehackt und es dauerte sehr lange, tagelang, bis sich die normale Beweglichkeit und Verwendungsfähigkeit wieder einstellte. Das Baumbinden war von allen sehr gefürchtet.

Der junge Offizier war auf eine besonders hinterhältige Weise gebunden worden. Er wurde zuerst mit den Armen an einem der windschiefen Äste aufgehängt, dann die Beine um den Stamm des Baumes gewunden und rückwärts derart zusammengebunden, daß sie hochgezogen und niedergelassen werden konnten. Auf diese Weise blieb er einen großen Teil der Nacht freischwebend mit dem Gesicht zur Erde zwischen Stamm und Ast aufgehängt. Daß er dabei nicht schwerere Schäden davontrug, verdankte er ausschließlich seinem muskelgestählten und durchtrainierten Körper. Jetzt war er am Ende angelangt. Unentwegt bewegte er Arme und Füße und suchte sie zu beschäftigen, um sie an die wiedergewonnene Freiheit zu gewöhnen. Es wurde eher schlimmer als besser. Er war beim Austreten nicht einmal in der Lage, seine Hände zu gebrauchen. Ich mußte ihm helfen.

Die Essensausgabe kam. Die kleine, dafür bestimmte Öffnung in der Türe tat sich auf. Ein Napf mit heißem Kohlgemüse wurde hingestellt. Ich nahm ihn weg. Ein zweiter folgte. Ich wollte auch diesen wegnehmen. Der diensttuende Oberscharführer aber verwies es mir grob. Der junge Offizier sollte ihn selbst nehmen. Er trat mühsam an die Tür, hob ebenso mühsam seine Arme, war aber nicht imstande, seine Hände zu gebrauchen und die heiße Schüssel zu ergreifen. Er machte mehrmals einen Versuch – vergeblich. Da ergriff der Oberscharführer den Napf und schüttete den heißen Inhalt dem Kameraden ins Gesicht. Das kochende Gemüse verbrühte ihm die Gesichtshaut und drang ihm schmerzhaft in die Augen. Ich half sie ihm so gut es ging reinigen, aber auch als sie gereinigt waren, behauptete er, nichts oder nur wie durch einen Nebel zu sehen. Auf seinen Wangen bildeten sich Blasen und die Unterlider schwollen zu blaßroten Säcken an. Der Zustand verschlimmerte sich von Stunde zu Stunde. Schließlich begann ich, trotz der Gefahr erneuter Mißhandlung, mich durch Klopfen an der Türe den Wachhabenden verständlich zu machen. Ein älterer Rottenführer kam mißmutig dahergeschlürft, öffnete, besah sich die Bescherung und nahm den jungen Mann mit sich. Mir wurde befohlen, die Zelle zu reinigen. Ich scharrte das verschüttete Gemüse so gut es ging mit den Händen zusammen und warf seine Reste in den Fäkalienkübel.

Darüber wurde es Abend. Der geliebte Sonnenstrahl blieb aus. Der Himmel hatte sich bedeckt. Ein Gewitter grollte in der Ferne. Die Nacht sank düster und traurig herab. Die ersten Tropfen fielen. Ich streckte mich im Dunkeln aus, schloß die Augen und lauschte auf den Regen, der wie das fassungslose Weinen einer Mutter klang.

Es war eine Samstag-Sonntag-Nacht. Sie waren von uns allen besonders gefürchtet. Regelmäßig vom Samstag zum Sonntag gab es umfangreiche Zechgelage in den Räumen der Bewachungsmannschaften, an denen auch junge Weiber teilnahmen, über deren Herkunft nichts Näheres zu erfahren war. Viele SS-Dienstgrade strömten zu diesen Samstagabenden herbei. Fremde Stimmen hörte man lachen, schreien, schimpfen, singen. Tanzmusik erklang aus dem Lautsprecher. Kästen mit Bier und Wein wurden herbeigeschleppt. Gläser klangen, Teller klapperten; als Ordonnanzen dienende Häftlinge eilten mit ihren Holzschuhen klappernd hin und her. Gegen Mitternacht dröhnte hemmungslose Ausgelassenheit durch das Haus. Die weckenden Trillerpfeifen tönten fast die ganze Nacht. Wir alle wußten, daß uns nichts Gutes bevorstand.

Eine Rotte von betrunkenen Scharführern sperrte unsere Zellen auf. Auf ein Hupenzeichen hatten wir alle herauszutreten, den Fäkalieneimer in der Hand. Vor den Zellen hatten wir uns aufzustellen, eine Reihe diesseits, eine jenseits des Ganges. Die Türe zum Waschraum, wo die Entleerung der Kübel stattzufinden pflegte, wurde aufgesperrt. Zwischen unseren Reihen torkelte betrunkene SS und hielt uns die Peitschen unter die Nase. Die Weiber standen, eingehängt ineinander, in einiger Entfernung erwartungsvoll dabei und rauchten. Auf einen weiteren Pfiff aus der Trillerpfeife, das war in zahlreichen Nächten bereits exerziert worden, hatten wir alle im Laufschritt marschmarsch zur Kübelleerung in den Waschraum zu stürzen. Die ersten, der Türe des Waschraumes am nächsten Stehenden, hatten Glück und erreichten das Innere, ohne etwas von dem Inhalt ihrer Kübel zu verschütten, sofern nicht ein findiger SS-Mann sie über das unversehens ausgestreckte Bein stolpern ließ. Aber für die Nächstfolgenden mußte es unvermeidlich ein übles Gedränge geben, auf welches die Peitschen erbarmungslos herniedersausten.

Dort, wo der einzelne sich noch Selbstdisziplin und Überlegung zu befehlen in der Lage war, wäre alles leidlich gut gegangen. In der Masse aber büßt der Mensch die Befehlsgewalt über sich selbst in hohem Maße ein und gehorcht den Suggestionen, die aus der mit Angst und Schrecken geladenen Masse aufsteigen und ihn betäuben. Wir alle kennen die primitive Psychologie der Massen, kleinerer und größerer Gruppen, ja ganzer Klassen und Völker, die unter einem unentrinnbaren Zwang den Halluzinationen einzelner verfallen, wobei einer den anderen epidemisch ansteckt. Klare und überlegene Geister sehen wir sich hoffnungslos verwirren und nach Gesichtspunkten handeln, die sie unter gewöhnlichen Umständen nicht für möglich, ja für verachtenswert gehalten hätten. Der Nationalsozialismus war nichts anderes als eine solche Massenpsychose.

Wer möchte es da für unmöglich halten, daß unter den drohenden Peitschenhieben ihrer Wachen der Häftlinge sich eine panikartige Verfassung bemächtigte, ein Drängen und Schieben und Stoßen, bei dem die Rücksichtslosesten zu gewinnen hofften, die Schwächlichen zu verlieren fürchten mußten. Es konnte nicht ausbleiben: in dem Gedränge stürzte einer über den anderen und der Inhalt der Kübel ergoß sich überfließend über die Füße der Drängenden und beschmutzte den Boden weithin. Das aber war genau das, was die betrunkene Wachmannschaft erwartet hatte. Unter wüstem Geschimpfe und dauernden Schlägen wurden wir gezwungen, niederzuknien und uns befohlen, die Exkremente aus den eigenen und fremden Kübeln aufzuwischen; nur die Hände durften zur Hilfe genommen werden. Aber der Ekel war größer als die Furcht vor Schlägen und bald hatte sich jeder Neuling eine bestimmte Technik angeeignet, die er von »Gelernten« abgeschaut hatte. Die festen Exkremente wurden mit den Händen in die Kübel zurückbefördert, die flüssigen mit der Jacke vor sich hergeschoben und damit aufgetrocknet. Es konnte nicht ausbleiben, daß dabei auch das Gesicht beschmutzt wurde und noch lange später und tagelang noch haftete der widerliche Geruch der fäkalischen

Essenzen an den Kleidern, die man an einem der nächsten Waschtage einer flüchtigen, weil verbotenen, Reinigung unterzog.

Die »Damen« wohnten diesen wilden Ausschreitungen mit kreischendem Vergnügen bei. Unsere Mißhandlungen, Demütigungen und Erniedrigungen waren für sie eine Quelle unerschöpflicher Heiterkeit. Sie bogen sich vor Lachen und stießen sich ausgelassen in die Rippen. In ihren munteren Köpfen nistete der Geschmack auf noch ganz andere Vergnügungen.

Es kam häufig vor, daß wir, aus den Zellen geholt, aufgefordert wurden, uns zu entkleiden. Mechanisch, wie wir es gewohnt, taten wir es mit raschen, unwahrscheinlich raschen Griffen und unsere Kleidung sank in einem kleinen, kümmerlichen Häuflein zu unseren Füßen nieder. Dann standen wir nackt in Stillgestanden-Haltung in einer Doppelreihe, Gesicht zu Gesicht in wenigen Metern Abstand vor unseren offenen Zellentüren und die Polonäse der SS-Wachleute und ihrer Weiber defilierte zwischen uns hindurch. Die älteren Jahrgänge, zu denen ich zählte, und die körperlich in unansehnlicher Verfassung Befindlichen wurden nach ein paar gemeinen Bemerkungen mit deutlichen Anspielungen auf unsere sexuelle Untauglichkeit wieder mit einem Stoß vor die Brust in die offene Zelle geschleudert und das Gewand mit dem Stiefel nachgestoßen, die Türe wieder verschlossen. Die jungen Leute aber und unter ihnen namentlich die, welche auf ihrem Körper Tätowierungen trugen, waren der Gegenstand eingehenden Interesses. Es wurde ihnen die Ehre zuteil, von zarten Händen betastet zu werden.

Die symbolische Hintersinnigkeit mancher Tätowierungen ist in der Öffentlichkeit nicht bekannt. Häufig kann ein an sich harmloses Bildchen durch Faltung oder Spannung der Haut in ziemlich derbe Erotika verwandelt werden, und diese pornographischen Raritäten erfreuten sich großer Beliebtheit bei den Mädchen, die ihre Geschicklichkeit daran spielerisch selbst erproben durften.

Ein beliebter Sport war auch, die Häftlinge nackt an die Wand zu stellen und mit Holzkugeln, die einem alten Criquetspiel entnommen waren, nach ihnen zu werfen. Es wurde heftig geworfen und die harten Kugeln verursachten schwere Verletzungen und Rippenbrüche. Mit Vorliebe wurde auf die Geschlechtsteile gezielt, woran sich auch die Damen beteiligten.

Ein junger Holländer, einige Zellen von mir entfernt, von Beruf Musikstudent, trug aus solchem Anlaß eine schwere Hodenquetschung davon. Er mußte einen Tag nach der Exekution unterschriftlich bestätigen, daß er sich die Verletzung beim Ausgleiten im Waschraum zugezogen habe. Erst dann wurde er einem Arzt vorgeführt. Er kam aus unserem Zellenbau fort ins Revier. Einige Wochen später erfuhr ich durch Zufall, daß er wenige Tage nach seiner Einlieferung an einer »Blutvergiftung« gestorben sei.

Zu solchen Ausschreitungen kam es häufig, aber nicht immer. Eine weniger niedrige, aber nichtsdestoweniger brutale Mißhandlung war das »Hüpfen«. Wir wurden aus den Zellen geholt, in Sechserreihen hintereinander aufgestellt, hatten in die Kniebeuge zu gehen und nun in dieser Haltung die langen Gänge hüpfend zu durchmessen. In unserem körperlich dezimierten Zustand war diese Übung eine Tortur und nur die wenigsten waren imstande, mehr als 10 Meter in dieser Stellung zurückzulegen. Dann brachen die ersten zusammen. Es entstand eine Stauung, die Nachfolgenden kamen nicht mehr weiter und wurden mit Schlägen angetrieben. Aber wir durften uns nicht erheben und mußten in der Hocke bleiben. An ein Vorankommen war aber nicht zu denken, denn das Knäuel der Zusammengebrochenen sperrte die Gänge. So wurden wir aufgefordert, unsere Vordermänner zu treten. Einige taten es – vom Menschen zum Tier ist nur ein kleiner Schritt –, andere weigerten sich und hatten dafür Schläge und wüste Beschimpfungen einzustecken. Aber dagegen wird man immun wie gegen Gifte.

Diejenigen, die nicht mehr konnten, wurden in ihre Zellen zurückgeprügelt, die anderen mühten sich, weiterzuhüpfen. Die Brust flog, der Atem keuchte und der ganze Raum war von einem schrecklichen Ächzen und Stöhnen angefüllt. Vor allem denjenigen, die bereits durch vorangegangene Mißhandlungen kaum ihre Rücken beugen, geschweige denn die Hocke einnehmen konnten, war dieses Hüpfen eine höllische Qual.

Zu diesen Exekutionen fanden sich auch gerne die aus der HJ kommenden jungen Gestapo-Eleven in hellen Scharen ein. Lächelnd und mit einem Gemisch von Ekel und Vergnügen auf den Gesichtern sahen sie den Auftritten zu und erprobten in solchen Schauspielen praktisch den »hohen Geist der Stärke und der Unerbittlichkeit«, der sie dereinst zu den gleichen Aufgaben befähigen sollte, die sie hier von ihren Meistern und Lehrern so vorbildlich exerziert sahen.

Auch weibliche Gefangene tauchten im Zellenbau auf. Über ihre Herkunft war kein gültiger Aufschluß zu erlangen. Mauthausen war ein Männerlager. Frauen waren nur vereinzelt und vorübergehend sichtbar. Es konnte sich also nur um Mädchen handeln, die irgendwie als Angestellte im Lager tätig waren und daher der SS-Gerichtsbarkeit unterstanden oder um weibliche Heeresangehörige, die hier als dem nächst zuständigen Gefängnis kleine Haftstrafen abzubüßen hatten. Zu letzterer Folgerung gelangte ich, als ich zufällig bei zweien von ihnen Luftwaffenuniformen feststellte. Sie waren stets in Sonderzellen untergebracht, die mit Schlafpritschen und Strohsäcken ausgestattet waren. Sie erhielten auch gesonderte Verpflegung aus der SS-Küche und abends Decken zum Schlafen.

Die Stimmen von Frauen in einem Männergefängnis schaffen eine seltsame Unruhe. Sie gehen hungrigen Männerohren wie die Stimmen von Engeln ein und niemand ist töricht genug, sich zu fragen, ob es sich um wirkliche oder gefallene Engel handelt.

In einem Konzentrationslager ist für moralische Perspektiven kein Raum. In einer Atmosphäre zwischen Blut und Tränen, Mißhandlungen und Vernichtung taugen die Kategorien bürgerlicher Morallehren keinen roten Heller. Während eines Krieges vollends pflegt sich der phrasenhafte Charakter bisher gültiger moralischer Begriffe schonungslos zu enthüllen. Allenthalben lockern sich die Bindungen und die ehernsten Grundsätze verlieren ihre Verbindlichkeit. Die Gefährdung des Lebens, das Erlebnis der nackten Fragwürdigkeiten dieses Daseins, steigert wie in einem listigen Akte der Natur die Lebensbrünstigkeit der Überlebenden. Während an den Fronten der Tod wahllos Leben knickt und die Erde wahllos das versickernde Blut der Sterbenden trinkt, verlangt auf den von der Vernichtung bewahrten Inseln das Blut heftiger und hitziger und wahlloser nach Begegnung und Erfüllung. Leichtherziger ward nie gepaart, als im Schatten des Todes und der Vernichtung. Für jedes erlöschende Licht ist irgendwo ein neues bereit, entzündet zu werden. Es fragt nicht nach bürgerlichen Berechtigungen, standesamtlichen Attesten und priesterlichem Segen. Seine Rechtfertigung ist die unzerstörbare Kontinuität des Lebens selbst, ein grandioser göttlicher Auftrag, dem Tode seine Allmacht zu entreißen.

Ein Gefängnis ist kein antimoralischer, aber ein amoralischer Ort. Sowenig wie eine Dame dort noch eine Dame ist, sowenig eine Hure noch eine Hure. Wenn die Bühne fehlt, wenn der Vorhang gefallen ist, hört ein Schauspieler auf, Schauspieler zu sein. Wenn die Gefängnistore hinter uns zufallen, wenn die Zellentüren geschlossen werden, hören wir auf zu sein, was das Textbuch des Lebens uns als Rolle vorgeschrieben hat. Gleich wie im Grabe hat auch in der Gefangenschaft alle Soziologie ihr Ende. Der Mensch wird wieder zu dem, was er ist und hört auf, das zu sein, was er in der menschlichen Komödie darstellt.

Die wunderbaren und unheimlichen Verwandlungen, die die Gesichter Sterbender verändern, sind bekannt, und es ist mehr als eine Laune der Natur, daß die Masken der Toten zuverlässiger Auskunft über das eigentliche und wahre Wesen eines Menschen geben als das treffendste Lichtbild des Gesichtes des Lebenden.

Unter den lebenden Leichnamen eines Konzentrationslagers gilt Name, Rang und Stand gleich. Der Adelige wie der Proletarier, der Universitätsprofessor wie der Transportarbeiter, der Geistliche wie der Seemann, hier sind sie weder Adelige noch Proleten, sondern Menschen. Hier sind sie weder Slawen noch Germanen, weder Juden noch Arier, weder Neger noch Weiße, hier sind sie nichts als Menschen – hier sind sie weder Fürstin noch Ladenmädel, weder Gattin noch Hure, hier sind sie nichts als Söhne Adams – Töchter Evas – und man sollte meinen, das sei für alle Adel genug.

Wenn die Stimme einer Frau erklang, so frugen wir nicht, wem sie gehörte. Aber es wurde mäuschenstill in den Zellen. Wo immer man gerade lag oder saß – und hätte man sich schleppen müssen –, erhob man sich sofort und drückte das Ohr an die Tür, um besser hören zu können. Wie ein belebendes Elixier teilte sich die weibliche Stimme allen mit und die Augen brannten, als könnten sie die Wände und Türen durchdringen, um das Fabelwesen zu schauen. Manchmal bekamen wir wirklich die eine oder andere der Frauen durch Zufall zu Gesicht und ein ungläubiges Staunen ließ uns tölpelhaft erstarren und in ihrem überraschenden Anblick begriffen wir erst die klägliche Halbheit unserer männlichen Existenz und den Sinn des Wortes, daß zu einem wahren Menschen zwei Menschen gehören. (Es gab für mich nie trostlosere als frauenlose Männergesellschaften und der von seltsamen Sängern so hoch gepriesene Sinn ausschließlicher Männerbünde, seien sie kirchlicher, militärischer oder schöngeistiger Art, wird mir ewig unerfindlich bleiben.)

Meist aber konnten wir sie nicht sehen, sondern nur hören. Waren wir Einzelhäftlinge, dann statteten wir die Trägerinnen dieser Stimmen mit hohen Eigenschaften aus, unter denen makellose Schönheit nicht die letzte war. Ich könnte mir denken, daß wir in unseren Vorstellungen öfter enttäuscht als bestätigt worden wären, wenn wir Gelegenheit gehabt hätten, sie auf ihren Wirklichkeitsgehalt zu prüfen. Aber das Wirkliche und das Wahre sind selten kongruent. Das Wirkliche ist die Dinglichkeit dieser Welt, das Wahre aber ist ihr eigentliches Wesen, ist unsere Vorstellung.

Waren wir mehrere zusammen, so war die Ankunft von Frauen unvermeidlich der Anlaß zu langen und weitschweifenden Unterhaltungen über die Frauen, die unseren Herzen besonders nahestanden: Mütter, Gattinnen, Geliebte, Schwestern. Geständnisse wunderlicher Art wurden ausgetauscht, Beichten wie auf dem Totenbette, wo die Scham vor der Unerbittlichkeit der Stunde entweicht. Höchstes Vertrauen wurde geschenkt und gefordert.

Auf diese Weise habe ich per Distanz mit manchen wunderbaren Frauengestalten auf geheimnisvolle Weise Bekanntschaft geschlossen, eine teilweise sehr intime Bekanntschaft und von oft so plastischer Eindringlichkeit, daß ich sie mir zu erkennen getraute, wo immer sie mir begegnet wären. Auf diese Weise wanderte ich an der Hand der Erzählenden die verwickelten Wege der Liebe nach, die Irrgärten des Herzens, deren Zahl so groß ist, wie es Herzen auf dieser Welt gibt und tat einen Blick auf die steilen verwilderten Hänge der Leidenschaften ebenso, wie in die stillen, steinigen Täler der Einsamkeit, in deren tiefstem Grunde eine einzige, zeitlebens zärtlich blühende, immergrünende Blume leuchtet.

Wenn die Zellentüre sich hinter den Frauen geschlossen, klang manchmal ein leises, eindringliches, verlassenes Weinen zu uns, manchmal das Summen eines Volksliedes, manchmal nur der eintönige Schritt der stundenlang auf und ab Gehenden. Gegen Abend, nach üblichem Zellenschluß, begann die SS-Bewachung sich näher für die Mädchen zu interessieren. Die Türen ihrer Zellen wurden aufgesperrt und wir hörten sprechen, ohne es verstehen zu können. Nicht selten wurden sie auch über Nacht aus ihrer unfreien Lage entlassen und in die Wachräume geholt. Was mit ihnen dort geschehen ist, erfuhren wir nicht; mißhandelt wurden sie nicht – aber wohl mißbraucht, sofern dieses Wort für Handlungen erlaubt ist, die in der Schwebe zwischen Zustimmung und Abwehr, zwischen Freiwilligkeit und Zwang vollzogen werden. Einige kehrten schweigend in ihre Zellen zurück, die größere Anzahl lachend und kichernd.

Die Physiologie der Frau gestattet es, auch intimeren Zumutungen ohne innere Schädigung zu willfahren, wenn der höhere Zweck des Augenblickes es erfordert – und es gehört weniger zu den Seltenheiten, als man vermutet, daß Frauen um ihrer Kinder, ihrer Männer, ihrer Geliebten oder auch ihrer eigenen Erhaltung willen sich in der Haltung gespielter Dreistigkeit zu Preisgaben entschließen, die sie mit Widerwillen erfüllen und mit deren geheuchelter Zustimmung sie ihre Peiniger entwaffnen. In unübersichtlichem Gelände ist der Realismus der Frau größer als der des Mannes, und wo dieser seine von Gewissen beladene Entschlußlosigkeit mit heroischen Grundsätzen drapiert, bietet jene dem Schicksal unbedenklich und ohne faule Ausrede ihre Ehre und sich selbst zum Einsatz und zögert nicht, ihrer innersten Unverletzlichkeit gewiß, auch in den tiefsten Abgrund zu springen.

Die Frauen sind nicht ohne Moral, ihre Moral ist nur eine andere als die, die wir ihnen gerne auferlegen möchten. Unsere männlichen Vorstellungen von Ehre, Tugend, Unberührtheit des Weibes sind verstaubt und museumsreif, mumifiziert. Die stupide Hartnäckigkeit, mit der wir an ihnen festhalten, während wir längst nicht mehr an sie glauben, erweckt sie nicht wieder zum Leben und macht uns nur lächerlich. Aber die meisten von uns halten Lächerlichkeit für eine Auszeichnung.

Die Mädchen wurden, wie wir von den Kalfaktern erfuhren, von den Bewachungsleuten bewirtet und zum Trinken animiert. Handgreiflichkeiten blieben ihnen nicht erspart. Waren sie jung, so wurden sie aufgefordert, sich auszuziehen und zu Lautsprechermusik gymnastische Übungen und Tänze vorzuführen. Was am Ende dabei herauskam, bedarf keiner besonderen Erwähnung. Das ist nicht etwa eine Besonderheit eines Konzentrationslagers, sondern die Regel überall, wo Mädchen in die Gewalt von Männern gelangen.

Diese Gewalt ist eine besondere Gewalt, denn sie ist üblicherweise ohne unmittelbaren Zwang. Sie schwebt nur wie ein unsichtbarer, aber unmißverständlicher Schatten über den Beziehungen, mögen sie nun ein soziales, ein militärisches oder ein strafvollzugsmäßiges Vorgesetzten-Untergebenen-Verhältnis beinhalten. Sie alle tragen den Keim zu mißbräuchlicher Ausnützung in sich. Aber im allgemeinen wird diese sich Formen bedienen, die hinter biedermännischem Gehaben ihre wahren Absichten verbergen. Gewalt einem Weibe anzutun ist nicht der Geschmack von Männern, die auf Genuß zielen, denn, um zu ihm zu gelangen, bedarf es wenigstens des Scheines eines Einverständnisses, gleichgültig, auf welchem Wege dieses zustande kommt. Und erst wenn es nicht zustande kommt, pflegt nackte Gewaltanwendung die ultima ratio zu sein. Das ist ein Gesetz, das in gleicher Weise im Kriege wie im Frieden gilt, in Konzentrationslagern ebenso wie in Amtsstuben, in plain air ebenso wie in den großen Büros. Keine Heuchelei reicht aus, es gültig zu bestreiten.

Was immer diesen Frauen auch widerfahren sein mag, was sie immer an Bereitwilligkeit zu heucheln entschlossen waren, ja selbst wenn der Nachweis grundsätzlicher Gefügigkeit geführt werden könnte, ich würde mir nicht erlauben, ein Urteil über sie zu fällen. Nach meinem Geschmacke waren sie ungleich besser und Nachsicht verdienender als jene, die sich in den Nächten zu unseren Mißhandlungen drängten und ihr hysterisches Lachen in unsere Klagen und Schreie mischten.

In unmittelbarer Nähe unseres Zellenbaues, ja mit diesem verbunden, war das Krematorium. Es war, das darf ich ohne Übertreibung behaupten, in einer Zeit großer Kohlennot der am reichlichsten versorgte Betrieb des Gaues Oberdonau. Tag für Tag bis in die späte Nacht hinein rollten die Lastwagen an und luden das Heizmaterial tonnenweise ab.

Jeden Morgen, häufig aber noch am Abend, mit großer Regelmäßigkeit, vernahmen wir das Geklapper der Holzschuhe von Häftlingen, die im Laufschritt eilten, oder das Rattern von Karren, untermischt von den Kommandos und Flüchen der SS-Wachmannschaften. Das waren die Trupps, die dazu bestimmt waren, aus den Revieren, den Gaskammern und den Exekutionsstätten die Toten zu sammeln und im Krematorium abzuliefern. Wir nannten sie die »Totenpatrouillen«. Schweigend und nur von den Flüchen und den ordinären Bemerkungen der SS-Begleiter unterbrochen, luden sie ihre Fracht ab, einen nach dem anderen. Viel Umstände wurden dabei nicht gemacht. Die Toten wurden an Armen und Beinen gepackt, an die Kellerluken geschleppt und mit einem kühnen Schwung in das Innere befördert. Aber alsbald faßten die Keller die erstarrte Fracht nicht mehr. Dann wurden die Karren einfach gekippt. In wüsten Haufen lagen die Toten vor unseren Fenstern, zu denen wir uns mit gegenseitiger Hilfe hinaufhantelten, vorsichtig spähend, damit wir nicht bemerkt wurden.

Diese Anhäufung von Tod übte eine merkwürdige Anziehungskraft auf uns aus. Ich kann nicht sagen warum. Es war wie ein Zwang, so als hätten wir nach einem vertrauten Gesicht zu suchen, als wären wir beauftragt, nach dem Schicksal jener zu forschen, die – aus uns unbekannten Gründen – am Tage vorher aus den Zellen abgeholt waren. Aber wir starrten auf lauter fremde Körper, in lauter fremde Gesichter.

Nur ein einziges Mal erkannten wir einen der unseren. Es war ein etwa 50jähriger Mann, kräftig, untersetzt und in guter körperlicher Verfassung. Er war noch nicht lange im Lager. Er gehörte zu den meistmißhandelten Leuten des Zellenbaues und trug die vielfarbigen Spuren zahlreicher Schläge auf dem ganzen Körper verteilt. Er trug das alles mit großer Gelassenheit, ja Heiterkeit und hatte eine aus unerschöpflichem Mutterwitz gespeiste Art, sich selbst zu verspotten. Im Waschraum pflegte der kleine, gedrungene Kerl uns eine umständliche Geographie zu entwickeln, indem er seine Striemen und Beulen erklärte. Das hier war Spanien und er wies auf eine blutunterlaufene Stelle unterhalb seiner Herzgrube – und das hier war der malaiische Archipel und er bestand darauf, uns sein von der Knopfpeitsche gesprenkeltes Gesäß zu zeigen. Er hieß darum auch bei uns »der Globus«. Seine Glatze, an der nichts mehr zu rasieren war, zierte eines Tages eine mächtige Beule, rot und an den Rändern gelb und violett. Er hielt den Kopf unter den Wasserstrahl und kühlte die Geschwulst. »Was hast Du denn hier?« frug ich teilnehmend. Er wandte den Kopf halb zu mir: »Gestern nacht haben sie den Nordpol entdeckt, wie Du siehst.«

Dieser außergewöhnliche Mann war von Beruf Lithograph und war bis zu der blutigen Niederschlagung der Wiener Aufstände durch den Kanzler Dollfuß sozialistischer Funktionär im Floridsdorfer Bezirk Wiens gewesen. Er war an der Organisation der Aufstände maßgeblich beteiligt und nach ihrem Zusammenbruch über die Tschechoslowakei nach Rußland geflüchtet. Die österreichische Bundesregierung, die ihn bald in absentia zum Tode verurteilte, war nicht schnell genug gewesen. Er vermochte nicht nur sich selbst, sondern auch seine Frau und sein Söhnchen in Sicherheit zu bringen. Der Junge war damals neun Jahre alt und noch im schulpflichtigen Alter. Der »Globus« hatte in Moskau eine gute Anstellung in seinem Beruf gefunden und nebenamtlich in der Komintern gearbeitet, worüber er aber nie mehr als das Allernotwendigste erzählte. Rußland war ihm zur zweiten Heimat geworden. Er war weit im Lande herumgekommen und konnte seine Schönheit nicht genug loben, besonders die Krim und Sibirien, das er einmal in einem halbdienstlichen Auftrag bereist hatte. Als der Krieg kam, empfand er Rußland als sein Vaterland und meldete sich freiwillig zusammen mit seinem inzwischen herangewachsenen Sohn zu den Parachutisten, den Fallschirmtruppen. Vater und Sohn waren vor einem Jahr in unmittelbarer Nähe Krakaus hinter den deutschen Linien abgesprungen.

Sie hatten sich über ein halbes Jahr bei Genossen verborgen gehalten, wechselten mehrmals den Standort und entfalteten eine umfangreiche illegale Tätigkeit mittels einer kleinen Radio-Sendeanlage, die sie mitgebracht hatten. Der Verrat eines Genossen lieferte sie der Gestapo aus, die sie beide nach Mauthausen brachte, wo sie, Vater und Sohn getrennt, nun schon Monate den schwersten Verhören und Mißhandlungen unterzogen wurden, ohne daß etwas aus ihnen herauszubringen gewesen wäre. Sie waren beide dem sicheren Tode bestimmte Männer.

Den Sohn bekam ich nie zu Gesicht, aber der Alte stand trotz Einzelhaft und schwerer Bewachung in ständiger Verbindung mit seinem Jungen und wußte alles über ihn, was wissenswert war. Ich forschte nicht nach den Quellen dieses Einverständnisses. Das mir entgegengebrachte Vertrauen verbot mir müßige Fragen. Der Vater sah seinem Schicksal wie einer unvermeidlichen Reise mit heiterer Gelassenheit entgegen. Er beschäftigte sich kaum mit dem bitteren Ende, das ihn erwartete. Der unbändige Stolz auf seinen Sohn erfüllte ihn so, daß er darüber sich selbst völlig vergaß.

Dieser Mann war einige Tage in meiner Zelle gewesen. Wir waren zu dreien damals und die Tage dieser Dreieinigkeit waren die schönsten meiner ganzen Mauthausener Haft. Er konnte stundenlang erzählen und wir lauschten ihm atemlos. Er war immer munter und guter Dinge und schlief nachts einen Schlaf, um den wir ihn beneideten. Er hatte als einer der wenigen Gefangenen einen Ledergürtel behalten, der ihm die Hose hielt, während wir anderen nur Bindfaden benutzten. An dem Abend, als er »geholt« wurde, schien er zu wissen, daß er nicht wiederkehren würde. Mit umständlicher Feierlichkeit nahm er seinen Gürtel ab und schenkte ihn mir. Er wußte genau, daß ich ihn ebensowenig wie er dazu mißbrauchen würde, Hand an mich zu legen. Er drückte uns fest die Hand, lächelte ein wortloses Lächeln, hielt mit der einen Hand seine rutschende Hose, die er nicht mehr lange brauchen sollte, und verschwand.

Den Gürtel trug ich noch lange. Bei einer der nachfolgenden Exekutionen in der politischen Abteilung blieb er liegen und ich erhielt ihn nicht mehr. Ich betrachtete dies tagelang als ein böses Omen und hatte alle Mühe, mich von diesem kindischen Aberglauben zu befreien.

Unseren Freund aber sahen wir an einem nebligen Novembermorgen etwas abseits von einem Haufen bläulich leuchtender Leichen am Rande eines Kohlenhaufens liegen. Die Arme mit den zu Fäusten geballten Händen lagen weit ausgestreckt wie bei einem Gekreuzigten. Der Hals zeigte die schmale, rotgeränderte Würgespur eines Strickes. Auf seinem Gesichte lag der Ausdruck einer fast fröhlichen Entschlossenheit. Die Augen waren geschlossen. Neben ihm aber lag ein junger Körper, noch knabenhaft in seinen Maßen. Seine Arme waren fest an den Körper gedrückt. Seine Augen weit offen wie in großem Erstaunen. Das Gesicht lag etwas zur Seite und es sah aus, als starrten sie in unbegreiflicher Verwunderung und Antwort heischend in das Gesicht des älteren Mannes. Dies war der Sohn, von dem wir soviel gehört hatten und dessen Bekanntschaft wir nun doch noch, wenn auch verspätet, machen sollten. Der Alte schien darüber sehr befriedigt.

Unten in den Kellern und vor den Verbrennungsöfen waltete die Mannschaft Poldis ihrer verantwortungsvollen Arbeit. Lautlos wie Heinzelmännchen hantierten sie unter den stimmungsvollen Witzen und Befehlen ihres Capos. Poldi – der Kosename für Leopold – war ein echter Wiener aus der Klasse der Strizzis, die sich als Hehler und Zuhälter in der Unterwelt der Großstädte einen Namen machen. Er versah sein Amt mit großer Umsicht, vorbildlichem Eifer und einer Routine, wie man sie nur durch lange Übung erwirbt. Poldi wohnte auch mit seiner Mannschaft in einem von den Leichenkellern abgetrennten Raum. Sie waren von vielen beneidet, denn sie hatten Tag und Nacht warm. Es gab unter seinen Leuten auch einen Krematoriumsschreiber, dem die Führung der Sterbelisten und ähnlicher bürokratischer Scherze oblag, so etwa auch die Aufnahme der Goldzähne, die den Toten fachgerecht herausgebrochen wurden und mit der Anzahl der Goldzähne, wie sie im Aufnahmeformular der Häftlinge verzeichnet waren, übereinstimmen mußten. Lange Stangen mit eisernen Haken, wie man sie beim Eisbrechen auf Flüssen und Seen und in der Holzflößerei verwendet, dienten dazu, die Toten mit ein paar Handgriffen in die Keller zu ziehen.

Oft kam es vor, daß für alle nicht Raum genug in den unterirdischen Räumen war. Dann blieben sie die lange Nacht im Freien liegen und der Herbstregen vergoß seine lautlosen Tränen über sie und das Wasser machte ihre fahlen Körper im Lichte der Scheinwerfer spiegeln.

Einmal erblickten wir auf dem Körper eines Mannes, der uns den Rücken zukehrte, einen großen, scharf abgegrenzten viereckigen Fleck offenen Fleisches, über den wir uns keine Rechenschaft geben konnten. Aber nicht lange später erfuhren wir aus dem Munde eines gemaßregelten Barackenhäftlings, der vorübergehend in unsere Zelle geworfen worden war, daß es sich hier um die meist von einem Arzt vorgenommene, fachgerechte Entfernung eines tätowierten Hautstückes handelte. Die Stücke dienten ausgesprochenen Liebhaberbedürfnissen. Sie wurden chemisch präpariert, auf eine Weise gegerbt, daß die Zeichen nicht zerstört wurden, gelegentlich auch eingefärbt und als Handtäschchenteile oder zu anderem Firlefanz für »Damen« verarbeitet.

Ebenso wurden in einem eigens eingerichteten chemischen Laboratorium interessante Versuche an Lebenden und Toten vorgenommen, wobei vor allem ein neuartiges Verfahren erwähnt werden muß, mit dessen Hilfe menschliche Köpfe einem Schrumpfungsprozeß unterzogen wurden, der die Weichteile vernichtete, ohne die Gesamtform zu verändern. Diese Köpfe wurden auf hübsch lackierten Holzsockeln befestigt und dienten als Anschauungsmaterial im Rassenunterricht der weltanschaulichen Kurse für SS-Mannschaften und Gestapo-Anwärter oder einfach als Schreibtischschmuck für den Kommandanten.

Poldi hatte eine große rotfellige Katze, an der er mit großer Zärtlichkeit hing und die man ihn stundenlang mit schmelzenden Zurufen locken hörte. Aber hinter dieser Zärtlichkeit verbarg sich eine brutale Grausamkeit, die vor allem dann zum Ausbruch kam, wenn das Tier seinen Lockungen nicht Folge leistete. Dann fiel eine Flut von Schimpfworten über die Katze her; es wurde ihr angedroht, die Därme würden ihr aus dem Leibe gerissen und ein Regen von Steinen, Kohlenstücken und Holzscheiten prasselte auf sie nieder. Klagend entfloh das geprügelte Tier. Nachts aber kehrte sie wieder, besonders in Regen- und Schneenächten, und hockte sich obenauf auf einen der Leichenhaufen, aus denen noch eine Spur von Wärme aufsteigen mochte, und schrie in ermüdenden, regelmäßigen Abständen ein klägliches Miauen, das die Vorstellung von Irrsinn erweckte.

Nachts wurden auch die Verbrennungskammern geleert und die Roste gereinigt. Das war eine lärmende Beschäftigung, die uns nicht schlafen ließ. Die Asche wurde in vorbereitete Loren geschaufelt und in unmittelbarer Nähe auf einen Haufen gekippt. Sie war gelbgrau und glimmte noch lange weiter. Regen fiel darauf und ließ Wolken von Dampf sich darüber kräuseln und stundenlang verbreitete sich ein widerlicher Geruch wie von versengtem Horn über den Aschenhaufen und zog in Schwaden durch unsere Zellen. Wenn die Haufen sehr groß geworden waren, kamen Wagen und fuhren sie fort. Wohin konnten wir nicht erfahren.

Die Gefangenen wechselten häufig. Manche blieben nur wenige Tage in unserem Bau, dann kamen sie wieder fort. Eine nur flüchtige Bekanntschaft mit dem Zellenbau galt als ein gutes Zeichen. Sie hatten den Engpaß durchschritten. Man hatte mit ihnen keine größeren und besonderen Dinge vor. Sie kamen ins Barackenlager zur Arbeit und verschwanden namenlos und unbeachtet in der großen Masse der Zehntausende. Ihr Los war schwer genug, aber nicht das schwerste.

Anders lagen die Dinge mit denen, die nun schon monatelang eine Art Stammannschaft im Zellenbau bildeten und in der Ungewißheit zwischen Vernehmungen und Mißhandlungen einem besonderen Geschick aufgespart schienen.

Monate waren dahingegangen – das Jahr rundete sich bald –, ohne daß in unserem Schicksal sich etwas Wesentliches verändert hätte. Die lange Zellenhaft, ohne Bewegung im Freien, hatte uns alle stark mitgenommen.

Das Essen war schlecht, kärglich, kraftlos und von ermüdender Eintönigkeit. Es bestand Tag für Tag in einer Schüssel suppenartig gekochten Krautgemüses, mit ungeschälten Kartoffeln, dem üblichen Schweinefutter.

Es wurde jeweils für einige Tage, manchmal für eine Woche im voraus gekocht und in großen Kübeln mit der Aufschrift »Lublin« aufbewahrt. Am ersten Kochtage war es noch genießbar, dann aber veränderte es sich durch eine Art Selbstzersetzung von Tag zu Tag zum Schlechteren, um schließlich nur noch eine säuerlich gärende, breiartige Masse zu bilden, die wir aber mit dem gleichen Heißhunger verschlangen wie das gelegentlich mit einem Stück Brot gereichte Stück Pferdewurst am Abend. Das Brot war schlecht, feucht und schimmlig. Wir bewahrten es trotz unseres Hungers mehrere Tage, bis wir es aßen. Es wurde sehr sorgfältig mit ihm umgegangen und jede auf den Boden gefallene Krume wieder gesammelt. Manchmal bekamen wir steinharte Brotabfälle aus den Kantinenräumen der SS. Das verdankten wir dann dem Geschick und der Gutmütigkeit von Kalfaktern, die diese unauffällig in unsere Zellen zu praktizieren wußten. Diese Abfälle waren sehr beliebt und wurden sorgfältig geteilt.

Wir hatten uns alle sehr verändert und wenn eine längere Waschpause eingetreten war und man sich länger nicht begegnet war, erschrak einer über den Anblick des anderen. Wir nahmen ständig und progressiv an Gewicht ab.

Seltsame Bärte waren uns gewachsen. Sie entstellten uns bis zur Unkenntlichkeit unserer wirklichen Physiognomien. Der kahlgeschorene Kopf und die wildwachsenden Bärte, die namentlich bei den Älteren die Farbe rotgrauen Schmutzes anzunehmen pflegten, gaben uns das Aussehen von wirklichen Verbrechern.

In der nationalsozialistischen Propaganda spielten die Photographien von Gesichtern, wie den unseren, eine große Rolle. Sie füllten einmal lange Zeit die Wochenschauen und sollten den bürgerlichen Betrachtern den vorgeschriebenen Schrecken und tiefen Abscheu vor den »untermenschlichen Gegnern« einjagen. Ihre Gedankenlosigkeit nahm diese Dinge auch als bare Münze. Sie nahmen sich nicht die Mühe, darüber nachzudenken, wie solche Physiognomien zustande kommen. Ich jedenfalls machte mich anheischig, einen ausgesprochenen Beau und gepflegte Mitteleuropäer der oberen Klasse innerhalb weniger Wochen in einen ebenso ausgesprochenen Verbrechertyp zu verwandeln, vor dem seine eigene Verwandtschaft flieht. Keiner unserer Sinne ist solchen Täuschungen ausgesetzt wie das Auge.

Zweimal im Vierteljahr wurde uns ein altersschwacher Rasierapparat mit einer halben, angerosteten Klinge gereicht, mit der schon hundert andere vor uns den untauglichen Versuch gemacht hatten, sich die Haare aus dem Gesicht mehr zu raufen als zu schaben. Es war ein stundenlanges Mühen und das Ergebnis war keinesfalls eine Rasur, sondern ein mit unterschiedlichen Stoppeln gesprenkeltes Gesicht mit pinselartigen Haarbüscheln, die sich einer Entfernung hartnäckig und erfolgreich widersetzten und zwischen denen es von Schrammen und blutenden Schnitten wimmelte. Wenn der Apparat wieder geholt wurde, quittierten regelmäßig einige solide Ohrfeigen die Unvollkommenheit des Rasierversuches. Das war so sicher, wie das Z auf das Y im Alphabet folgt.

Die Tage waren lang und wollten selbst in Gesellschaft nicht vergehen. Liegen war untertags nicht gestattet, nachts aber froren wir erbärmlich und versuchten eng aneinandergerückt zu schlafen, uns gegenseitig mit unserer Körperwärme nährend, fuhren von den Trillerpfeifen und Hupen geweckt aus unruhigen Träumen und vermochten nicht mehr einzuschlafen. Zum Aufundabgehen waren wir auf die Dauer zu schwach. Sitzen war infolge der Spuren der Mißhandlungen schwierig. Seitwärtskauernd, in sehr unbequemer Haltung, verbrachten die meisten ihre Tage. Aber die Hüftknochen stachen schmerzhaft durch das geringe Fleischpolster. Viele lagen sich wund und handtellergroße, nässende, offene Stellen bedeckten die Haut, dort, wo sie sich vom Liegen abnützte. Eine sanitäre Hilfe dafür gab es nicht. Entweder es verheilte mit der Zeit wieder von selbst oder eine Infektion machte dem Zustande ein langsames, umständliches Ende.

Der russische Oberst lag immer noch auf Zelle 48, stundenlang auf und ab gehend, und die klatschenden Geräusche seiner mächtigen nackten Füße drangen bis zu uns. Er war ein großer Schweiger. Er vermied, mit irgendeinem von uns ins Gespräch zu kommen. Einmal aber, während die Reihe der Zellen, in welch einer ich war, desinfiziert und mit einer scharfen Lauge ausgespritzt wurde, wurde ich für wenige Stunden zu ihm in die Zelle gesperrt. Einige Stunden vorher war auch seine Zelle desinfiziert worden. Der desinfizierende Kalfakter, der aus einer Spritzanlage, die er auf dem Buckel trug, die Lauge zu verstauben hatte, ein pockennarbiger Südfranzose, hatte sich den Spaß gemacht, sei es im Scherz, sei es in anderer Absicht, ihm eine Ladung ins Gesicht zu spritzen. Seine Augen schmerzten und waren gerötet und er kühlte sie mit Speichel.

Wir kamen ins Gespräch, er sprach fließend Deutsch, ohne je in Deutschland vor dem Kriege gewesen zu sein. Er stammte aus einer kleinen Stadt südlich Moskaus, aus einer kleinadeligen Familie. Sein Vater war Militärarzt und im Ersten Weltkrieg gefallen. Als die Revolution ausbrach, war er neun Jahre alt.

Seine Mutter heiratete in zweiter Ehe einen einfachen Arbeiter, einen Optiker, und sie zogen nach Moskau. Der Stiefvater war Bolschewist, verwickelte sich in eine der trotzkistischen Sonderbündeleien und wurde nach Verbüßung einer geringen Strafe nach dem Fernen Osten geschickt. Dort lebten heute noch seine Eltern. Er selbst war Lehrer geworden und hatte sich in der vormilitärischen Ausbildung der russischen Jugend einen Namen gemacht. Er war verheiratet mit einer Georgierin, die er auf einer Urlaubsreise auf der Krim kennengelernt hatte und die ebenfalls Lehrerin war. Sie hatten drei Söhne und eine Tochter. Über ihr Schicksal wie über das seiner Frau wußte er nichts. Er war im Range eines Oberleutnants zur Armee eingetreten, seine Frau hatte sich zu den Partisanen gemeldet. Die Kinder waren Verwandten in Obhut gegeben und vermutlich in Rüstungsbetrieben tätig, mit Ausnahme des Mädchens, das noch zu klein war.

Er war als Führer einer Panzerbrigade bei Kertsch gefangengenommen worden und kam zunächst in ein Lager südlich Lemberg. Sie arbeiteten zu Tausenden am Bau einer Fabrik für synthetischen Treibstoff. Die Verpflegung war völlig unzureichend, die Behandlung beschämend. Er hatte sich zum Sprecher einer Gruppe von Offizieren gemacht, die sich für eine Besserung der Lagerverhältnisse einsetzte. Er sprach fließend Deutsch, bekam den Lagerführer an einem guten Tage bei günstiger Laune zu sprechen – und vorübergehend besserte sich einiges. Das festigte sein Ansehen und verbreitete auch seinen Ruf. Auch in anderen Lagern, die ihrem angeschlossen waren, mit denen sie aber in keiner Verbindung standen, wurde man auf ihn aufmerksam und er empfing von dort Beschwerden und Wünsche. Er gab Auskünfte, so gut er konnte. Aber dieser Verkehr blieb nicht unbemerkt. Man warf ihm Sabotage, Organisation von Widerstand und aufrührerische Propaganda vor.

Nach Mauthausen war er gebracht worden, um von ihm die Namen seiner Gewährsmänner zu erpressen. Mißhandlungen ertrug er mit stoischer Gelassenheit. Bei den Vernehmungen schwieg er mit eiserner Stirne und diktierte, wenn es ihm zu dumm wurde, ein Protokoll mit phantastischen Einzelheiten, an denen nicht eine Silbe wahr war, um die Neugierde seiner Vernehmer zu füttern. Und sie fielen auch wirklich darauf herein. Seine Protokolle waren alle so gehalten, daß ihre Überprüfung umständliche Erhebungen und langwierige Nachprüfungen notwendig machte. Auf diese Weise verlängerte er seine Gnadenfrist immer wieder.

Die Russen standen inzwischen am Neusiedler See und drängten durch die slowakischen Pässe. Die Fliegeralarme lösten sich am laufenden Band ab.

Die Essensausgabe verzögerte sich oft bis zum späten Abend; oft unterblieb sie ganz. Wir hatten bisher geglaubt zu wissen, was Hunger ist, aber jetzt erst lernten wir kennen, wie der Würgegriff seiner zähen Fäuste schmeckte. Es gab tagelang nichts zu trinken. Wir kauten den Speichel im Munde bis zum Überdruß. Die Kiefermuskeln schmerzten uns von der Anstrengung. Die Leere in den Gedärmen brannte und machte uns schwindlig. Wir hockten zusammengekrümmt auf dem kalten Fußboden und starrten ins Leere. Wir wußten nicht mehr zu unterscheiden, welche Leere fürchterlicher und tödlicher war, die um uns oder die in uns. Es bemächtigte sich unser eine gefährliche Euphorie.

Kälte, Hunger und Durst versetzten uns zeitweilig in einen Zustand der Schwerelosigkeit und Entrücktheit. Wir waren stundenweise wie aufgehoben in ein trügerisches Wohlbefinden. Der Geist war nicht stark genug mehr, dem Ansturm der Bilder aus glücklicher Vergangenheit zu wehren. Er, der bisher den Versuchungen der Phantasie widerstand und sich, ein wohlgeübtes Werkzeug des Willens, dem Einbruch unzulässiger Empfindungen und Gefühle erfolgreich widersetzt hatte, verlor seine stählerne Spannkraft und wurde selbst zum willenlosen Werkzeug der Kräfte des Herzens, die ihm bisher widerspruchslos gehorcht hatten. Bestürzende Bilder suchten uns heim, und längst vergessene Silben und Sätze der Liebe, der Güte, der Zärtlichkeit, die vor Jahren vielleicht der Mund eines uns teuren Wesens, eine Mutter, ein Freund, eine Frau gesprochen, erklangen oft wort- und klanglos an unser Ohr. Wir ließen es in einem Zustand fiebriger Entzückung mit uns geschehen. Unsere physische Schwäche lieferte uns willenlos dem grenzenlosen Himmel der Erinnerungen aus. Seine Schönheit war zu groß, zu bestürzend, zu verlockend, als daß wir ihm hätten widerstehen können.

In einem solchen Zustand mögen sich Sterbende kurz vor dem Abscheiden nicht selten befinden und dieser geheimnisvolle Vorgang mag das Lächeln des Friedens und der Verklärung verständlich machen, dessen Glanz sich häufig auf die vom

Tode angerührten Gesichter der aus diesem Leben Entlassenen breitet. Ich glaube nicht mehr, daß es der trügerische Glanz himmlischer Vorfreuden und die Versprechungen eines seligen Zustandes in einem jenseitigen Leben sind, die sich auf ihre Gesichter zeichnen, sondern der Widerschein der Schönheit des irdischen Lebens, dessen gnadenhaften Charakter wir erst in unserer letzten Stunde zu erkennen fähig werden. Dann wird es sich erweisen, daß von den zahllosen Stäubchen kleinen Glükkes unseres irdischen Erlebens, die wir so gering achteten, nicht ein einziges verlorenging und daß das, was wir für flüchtig hielten, in Wahrheit das Beständige ist, beständiger als wir selbst in unserer fragwürdigen physischen Existenz, indem es in verdichteter Gestalt noch unseren Ausgang begleitet. Ja, möglicherweise ist dies das Unsterbliche unseres Wesens selbst, das einzige, was unsere körperliche Vernichtung überdauert. In solcher Erfahrung zu sterben wäre leicht. Und wer weiß, vielleicht ist dies wirklich die letzte Erfahrung, ja vielleicht die einzige wirkliche Erfahrung des Menschen.

Neben mir auf dem Boden hockt ein abgemagerter junger Mann. Er ist barfuß, seine Füße sind blaurot wie die meinen, denn obwohl es Winter ist, haben wir weder Strümpfe noch Schuhe. Aber wir sind in einem Zustand, daß wir es gar nicht merken. Er hat auch keinen Rock. Er ist nur mit Hemd und Hose bekleidet. Er ist schon acht Monate hier, er hat noch nie einen Rock besessen. Untätig, unterernährt in der saugenden Kälte der fast lichtlosen Bunkerzelle müßte er elendiglich frieren. Aber er tut es nicht. Er tut es nicht deshalb, weil wir, seit er mein Zellenkamerad ist, meinen Rock teilen, indem wir stundenweise abwechseln. Er friert deswegen nicht, weil der durch den Hunger und die monatelange Entkräftung eingetretene Zustand der Entrückung ihn unempfindlich macht.

Er hat die Beine angezogen und das Kinn auf die Knie gelegt. Sein schmales, intelligentes Gesicht ist zu der kahlen Decke wie in gewaltsamer Verzückung erhoben. In diesem Gesicht brennen zwei fiebernde, tränenüberglänzte, dunkle Augen; es scheint aus nichts anderem als diesen beiden Augen zu bestehen. Der Mann hockt und starrt und bewegt nur seinen Oberkörper langsam hin und her im Rhythmus eines Liedes, das er gleich einer Beschwörungsformel nun schon stundenlang vor sich hinsummt. Ohne es zu wissen, summe ich die Melodie längst mit. Es ist das tschechische Lied: ›Che domow muy‹

(›Wo meine Heimat ist‹). Ich weiß sehr gut, was in ihm vorgeht.

Wir sind nun schon einige Tage zusammen. Je mehr die Fronten sich nähern, desto zahlreicher werden die täglichen Zugänge. Die Zellen reichen längst nicht mehr aus. Einzelhaft ist nur noch selten. Fast alle Zellen sind überbelegt. Angehörige einer in Wien aufgedeckten Widerstandsbewegung, ausnahmslos Zugehörige der Intelligenz, sind eingeliefert worden. Wir haben sie noch nicht zu sehen bekommen. Wir wissen es nur von den Kalfaktern und wir hörten, wie sie mißhandelt wurden.

Unser Zellennachbar ist der letzte Stadtkommandant von Budapest. Er scheint völlig gebrochen. Sein nächtelanges Weinen dringt aufregend zu uns. Ein Stadtkommandant ist im allgemeinen kein weichherziger Mann. Er weiß beruflich sicher sehr viel über Gefängnisse und Strafvollzug, aber es fehlte ihm bisher immer die persönliche Erfahrung. Er ist zum erstenmal in Zellenhaft und er war gewiß noch nie an einem so heillosen Orte wie diesem. Er muß nun die ganze Stufenleiter der Erfahrungen durchlaufen, die wir bereits hinter uns haben, und es wird ihm hier bestimmt nicht leichtgemacht. Wir sind weit davon entfernt, sein haltloses Weinen zu bespötteln. Wir haben solche Stunden alle an uns selbst einmal erlebt. Das ist freilich lange her und heute sind wir versucht, den Kopf zu schütteln, wenn wir an unsere eigenen Tränen denken. Es ist nicht ausgemacht, ob wir überhaupt noch welche haben, es scheint uns gut, daß wir keine mehr haben. Deshalb möchten wir unserem Nachbarn begreiflich machen, er möge sich alle Mühe geben, sich zusammenzunehmen, denn er ist im Begriffe, sich selbst zu ruinieren. Wer sich im Konzentrationslager gehen läßt, ist ein verlorener Mann.

Wir versuchen, nachts mit ihm ins Gespräch zu kommen, aber er antwortet nicht. Eintönig weint er still vor sich hin. Er reagiert auf nichts, ein Zeichen, wie sehr er schon in seinem Widerstandswillen geschwächt und zur Selbstaufgabe bereit ist. In einer Lage wie der unseren kann jede Verständigung, woher sie auch kommen mag und sei es aus der gleich kläglichen Nachbarzelle, von Bedeutung sein. Wer eine solche Gelegenheit ungenützt läßt, offenbart eine Anfälligkeit für die gefährlichen Angebote der Resignation und der Lebensangst. Aber alle unsere Mühe ist vergeblich. Er setzt unseren Versuchen, mit ihm zu einer Verständigung zu kommen, beharrliches Schweigen entgegen. Es ist nicht Unerfahrenheit, sondern pure Angst, die ihn verhindert, uns zu antworten. Gehorsam den Gesetzen, wie er es in besseren Zeiten gewohnt war, kommt ihm auch in der Sklaverei seines gegenwärtigen Zustandes nicht der Gedanke, Vorschriften zuwiderzuhandeln. Das Gesetz der Konzentrationslager gilt ihm schon so verbindlich wie früher die Gesetze seiner bürgerlichen Welt. In ihm kommt der bereits im Innersten gebrochene Lebenswille seiner Klasse zum Ausdruck, die sie zur leichten Beute aller Tyrannen macht. Nein, es ist ihm nicht zu helfen. Sein Weinen dringt in schrecklicher Eintönigkeit namentlich nachts durch die Wände der Zellen, tagelang, wochenlang – bis es eines Tages verstummt ist. Er ist nicht mehr hier. Man hat ihn weggebracht und wir erfahren nichts mehr über sein Schicksal, das, wenn nicht an einem Mauthausener Galgen, vermutlich auf dem Schafott eines Wiener Gefängnisses geendet hat.

Der junge Mann, der seit einigen Tagen meine Zelle teilt, ist ein Tscheche. Er hat kurz vor der Besetzung seines Landes durch die Deutschen das juristische Staatsexamen abgelegt. Er stammt aus einer alten, gediegenen bürgerlichen Familie.

Der Vater war Beamter gewesen und hatte sich auf der hierarchischen Staatsleiter durch Fleiß und Können, durch Verantwortungsfreudigkeit und Zuverlässigkeit zu einer angesehenen Stellung emporgearbeitet; er war, wie der Junge mit verhaltenem Stolz berichtet, »sogar einmal vom Präsidenten Masaryk empfangen worden«. Um bis dahin zu gelangen, war der Vater 60 Jahre alt geworden. Es war die Krönung seines Daseins, eines nahezu 40jährigen treuen Dienens für den Staat.

Er erzählte, welches umwälzende Ereignis dieser Empfang beim Präsidenten in der Vorstellung der Familie darstellte. Es ergaben sich erhebliche Schwierigkeiten finanzieller Art für die Beschaffung des zu einem solchen Empfang unerläßlichen Frakkes. Bescheidenheit und Sparsamkeit hatten dem Vater bisher den Besitz eines solchen Kleidungsstückes verwehrt. Der alte Mann befand sich in einer zwiespältigen Aufregung, aus welcher ihm seine Söhne halfen, indem sie ihn damit überraschten, daß sie aus ihren kleinen, aus Nachhilfestunden und ähnlichen Quellen gespeisten Ersparnissen die Bezahlung der Rechnung sicherstellten. Der Vater war tief gerührt und in den Stolz auf seine Söhne mischte sich die Hoffnung, daß sie einstmals nicht minder stolz auf ihren Vater sein würden, denn es war kein

Zweifel, daß die Einladung des Präsidenten eine außerordentliche Beförderung nach sich ziehen würde. Die gnädigen Worte, die der Präsident an ihn dann auch zu richten geruht hatte, schienen jeden Zweifel auszuschließen. Aber es kam nicht mehr dazu. Wenige Tage später war der Vater tot. Ein Gehirnschlag hatte seinem Leben ein Ende gesetzt. Auch Hoffnungen und Freuden können tödlich sein.

Die Familie lebte mit einer bescheidenen Pension weiter, eine Mutter, drei Söhne und eine Tochter. Eine beispielhafte Wohlanständigkeit und Rechtschaffenheit bestimmte ihren Alltag. Sie halfen sich gegenseitig alle voran. Ihre Tüchtigkeit verschaffte ihnen allen erträgliche Stellungen. Der Jüngste, Bohuslav, der körperlich Zarteste, aber auch der Begabteste, kam zum Studieren. Die Geschwister, mittlerweile alle bereits im Verdienst, verhalfen ihm dazu, nicht ohne Stolz auf eine Zukunft, die ihnen selber versagt war. Bohuslav hatte sie nicht enttäuscht – er hatte das juristische Examen mit Auszeichnung bestanden, als wenige Wochen später die Deutschen in Prag einmarschierten. Damit war von einem Tag auf den anderen die Zukunft für sie alle fragwürdig geworden.

Die deutsche Zivilverwaltung im Protektorat entfaltete ein barbarisches Regiment. Die Ideologie des germanischen Herrenrassendünkels, auf die sie ausgerichtet war, veranlaßte sie, die Tschechen für ein botokutisches Kolonialvolk zu halten und dementsprechend waren auch ihre Methoden. Indes sie, freilich vergeblich, den Arbeitern den blauen Dunst eines billigen Trinkgeld-Sozialismus vorzauberte, war sie entschlossen, der Intelligenz, einer in der Mehrzahl kleinbürgerlichen Intelligenz, die harte Faust zu zeigen und sie mit Schikanen mürbe zu machen.

Die Geschicke meines Zellenkameraden Bohuslav und seiner Brüder zeichnen den Leidensweg dieser Intelligenz unter deutscher Herrschaft und die Vergeblichkeit der Sklavenhaltermethoden eines Polizeiregimes gegen das ungebrochene Selbstbewußtsein nationalen Geistes.

Bohuslav war National-Tscheche, ebenso wie seine ganze Familie. Aber sie waren es ohne den hitzigen Fanatismus, der aus Theorien politisch-spekulativer Art sich nährt, sondern aus der Praxis eines natürlichen Empfindens für die Schönheiten der Heimat und eines maßvollen Stolzes auf Wert und Wesen des eigenen Volkes und seiner Geschichte. Die Degradierung und Diffamierung ihres durch Jahrhunderte erhaltenen Volks- und

Staatsbewußtseins und die in ihrem Gefolge auftretenden Zumutungen an ihre nationale und soziale Ehre mußten sie als eine unerträgliche Provokation empfinden. An ihnen erst entzündete sich ihre schlummernde Fähigkeit zum Fanatismus, an ihnen erst kristallisierte sich der Widerstandswille zur Form zahlloser illegaler Organisationen und Gruppen, von denen sich besonders die studierende Jugend angezogen und angesprochen fühlte.

Auch Bohuslav zählte vermutlich zu einer dieser Gruppen. Aus unzusammenhängenden Bemerkungen war dieser Schluß nicht schwer zu ziehen. Genauere Auskunft war von ihm nie zu erhalten. Ich drang auch niemals in ihn mit überflüssigen Fragen.

Mit dem Vertrauen ist es in der Gefangenschaft eine eigene Sache. In den ersten Wochen und Monaten nach einer Verhaftung pflegt das Mitteilungsbedürfnis groß zu sein, ebenso wie die Neugierde nach anderen Schicksalen unwiderstehlich. Namentlich lange Einzelhaft steigert diese Bedürfnisse bis zur Krankhaftigkeit. Der aus der soeben verlorenen Freiheit her auf die unerschöpfliche Fülle und Vielheit von Eindrücken eingestellte und eingespielte Apparat unserer Sinne sieht sich plötzlich in eine Art luftleeren Raum versetzt, seiner gewohnten Anwendung beraubt und sucht Ersatz in einer hemmungslos gesteigerten Geschäftigkeit der Phantasie. Jede geringste Veränderung bietet sich an als Gegenstand unersättlichen Wissensdurstes. Ein Mensch vollends, ein neuankommender Häftling, die kurze und flüchtige Bekanntschaft oft nur von Stunden, manchmal nur von der Dauer einer Nacht, selten von Tagen, steigerten den Hunger des lange auf sich selbst angewiesen Gewesenen nach der Erfahrung fremden Schicksals oft bis zur Unerträglichkeit. Mit immer neuen Fragen pflegt man ausgeholt zu werden und unversehens sieht man sich von einem Verhör ins andre versetzt mit einer Aufdringlichkeit, die den Fragenden kaum bewußt ist.

Woher, wohin, weshalb? Es nimmt kein Ende. Da geschieht meist etwas Merkwürdiges. Auch der mit Fragen Bestürmte und nach Auskünften Ausgeholte, erst recht, wenn er selbst lange Zeit Einzelhäftling war, wird das Opfer eines unwiderstehlichen Redebedürfnisses.

Der lange unterbrochene Kontakt von Mensch zu Mensch wird plötzlich und unerwartet mit der Heftigkeit eines Schmelzvorganges wieder geschlossen und der in langer Einsamkeit gestaute Strom menschlicher Mitteilsamkeit, der sich im natürlichen Leben in der Freiheit auf viele Kontaktstellen verteilt, schießt in überstürzender Heftigkeit in das Strombett einer unerwarteten Gelegenheit. Kaum einen habe ich kennengelernt, der dieser Versuchung widerstand, obwohl ich selbst mich stets der Anfechtung enthielt, jemanden zu größerer Gesprächigkeit zu ermuntern, als ihm selbst später vielleicht lieb sein mochte. Aber es wird mir jeder bestätigen: Die Begegnung von Häftlingen pflegt unter einem Gesetz zu stehen, in welchem der Austausch von neuigkeitssüchtigen Fragen und hemmungslosen Bekenntnissen wie in einem natürlichen Stromkreis sich unaufhaltsam vollzieht.

Aber darin besteht nicht das Merkwürdige, sondern darin, daß dieser leidenschaftliche Austausch von Schicksalen, Neuigkeiten, Erfahrungen in einer Atmosphäre eines ebenso unüberwindlichen gegenseitigen latenten Mißtrauens geschieht, das der Versuchung, Dichtung und Wahrheit zu mischen, in höchstem Maße entgegenkommt. Der Erzählende wird allzugleich ein Opfer seiner Phantasie, häufig unbewußt, häufiger aber in der bewußten Absicht zu verschleiern. Meist steigert sich mit dem Fortschreiten des Berichtes die Neigung, gewisse Dinge, und zwar die wesentlichen, im Zwielicht halber Wahrheiten zu lassen. Am Anfang etwa ist das Bedürfnis, sich zu eröffnen, größer als die mißtrauische Vorsicht, die sich als natürliche Reaktion überstandener oder noch zu erwartender polizeilicher Vernehmungen in jedem Häftling zu bilden pflegt. Was man in der ersten Viertelstunde etwa erfährt, darf füglich als die reine Wahrheit angesprochen werden, in die sich aber alsbald im Fortgang der Erzählung unüberhörbare falsche Töne einschleichen, Bagatellisierungen, Übertreibungen, phantastische Motivierungen und nicht selten ausgesprochene Widersprüche und gar faustdicke, mit Händen zu greifende Lügen.

Es handelt sich dabei keinesfalls um eine gewöhnliche Verlogenheit, als vielmehr um eine unter Zwangsvorstellungen zustande gekommene Schutzmaßnahme, deren Berechtigung übrigens nicht selten an bösen Erfahrungen erhärtet wurde. Es ist häufig vorgekommen, daß die Vertrauensseligkeit von bereits Verurteilten anderen Mitgefangenen gegenüber zur Wiederaufnahme von Verfahren, abermaliger strengerer Verurteilung oder anderen bösen Folgen führte, ja manchmal sogar aufs Schafott. Solche Erfahrungen pflegen sich in der Gefangenschaft rascher herumzusprechen als vermutet werden könnte und sind der Anlaß, jene Krätze des Mißtrauens zu fördern, unter der die Gefangenen leiden.

Wie das Tier vor der unmittelbaren Gefahr zu verstärkter Mimikry und unerwarteten Listen greift, so auch der Mensch in jenem Zustand der Unfreiheit und des Ausgeliefertseins an die Mächte, die zu beeinflussen ihm versagt ist und von denen er die physische Vernichtung besorgen muß.

In der vergleichsweise harmlosen und folgenlosen Polizeihaft etwa ist das erwähnte Mißtrauen auf ein Minimum reduziert. Es wächst in der Untersuchungshaft verständlicherweise erheblich an, denn hier steht ungleich mehr auf dem Spiel. Es hängt viel, nicht selten alles davon ab, was der Gegner, in diesem Falle die untersuchungsführende Instanz, in Erfahrung zu bringen in der Lage ist. Und das Mitteilungsbedürfnis eines Untersuchungshäftlings findet sein natürliches Regulativ in der Hemmung, sich anderen auf die Gefahr hin anzuvertrauen, durch neue Mitwisser auch neue Quellen einer möglichen Belastung zu öffnen.

Darum können selbst die vertraulichsten und mit den Siegeln der Verschwiegenheit gegebenen Geständnisse von Untersuchungshäftlingen untereinander bestenfalls nur einen äußerst fragwürdigen Wahrheitsgehalt für sich beanspruchen. Das bessert sich, ohne sich völlig aufzuheben, in der Strafanstalt. Die erfolgte Verurteilung bedeutet in den meisten Fällen den Abschluß eines Verfahrens und die Aufhebung des Zwanges zur Zurückhaltung. Dies vornehmlich bei den Kriminellen, während die über die Verurteilung hinaus zusätzliche Verfolgung der Politischen »in Permanenz« und die Tatsache, daß bei ihnen die Versuchung zu Vertrauen nicht selten auch die Bestätigung eines Gesinnungsbekenntnisses ist, um dessentwillen sie gerade verfolgt wurden, eine anhaltende Zurückhaltung verständlich und zweckmäßig machen.

Das gilt vor allem auch für das Zusammenleben in den Bunkern eines KZ, das noch keine Gelegenheit hatte, sich in einer Lagergemeinschaft zu bewähren. Auch pflegt das Mißtrauen an den Stätten, die dem Tode unmittelbarer benachbart sind, als andre, als ein Teil der allgemeinen Unsicherheit, sich niederzulassen. Auch hier handelt es sich nicht so sehr um ein ordinäres Mißtrauen in die kameradschaftliche Anständigkeit des Nachbarn, als um die berechtigten Zweifel, ob dessen physische und psychische Beständigkeit im Ernstfall groß genug sein würde, auch erpresserischen Folterungen zu widerstehen. Es ist ein Mißtrauen nicht so sehr in die Verschwiegenheit, als in die Widerstandsfähigkeit dem Schmerze gegenüber schlechthin. Es braucht jedenfalls seine Zeit, dieses Mißtrauen in sich selbst zu besiegen.

Der junge tschechische Genosse Bohuslav und ich hatten Zeit genug. Er war gläubiger Katholik und betete viel. Er tat es stets wortlos und unaufdringlich, indem er sich mit dem Gesicht zur Fensterwand zugekehrt auf die mageren Knie niederließ und den Kopf auf die gefalteten Hände senkte. Manchmal auch kniete er vor der schwarz gestrichenen eisernen Zellentür, in die die ungeschickte Hand eines verzweifelten Vorgängers eine Anzahl Särge gekratzt hatte, die geöffneten Arme an die steinernen Türfutter gelegt, als versuche er mit der Inbrunst seines Glaubens die Türe zu beschwören, sich zu öffnen.

Ich störte ihn nie und pflegte mich in einer Ecke der Zelle zusammenzukauern und zu schweigen. Ich weiß, obwohl er es nie ausgesprochen hatte, daß es ihm Betrübnis verursachte, in mir nicht einen Menschen gefunden zu haben, der, wie das Brot und die Not, nicht auch das Gebet mit ihm teilte. Es wäre nicht schwergefallen, ihm diesen Gefallen zu tun, allein die tiefe Inbrunst seines Gebetsvertrauens, die zu erreichen mir in jedem Falle versagt geblieben wäre, verbot von selbst jede Unaufrichtigkeit und Heuchelei. Es ist die Achtung vor der Überzeugung des anderen, welche es dem Redlichen unmöglich macht, Solidarität zu heucheln, die wie jede Heuchelei immer eine Verletzung des natürlichen Respektes darstellt. In den Dingen der Religion aber ist Schauspielerei widerlicher als in jedem anderen Bereich.

Wenn wir das karge Brot brachen, das wir erhielten, pflegte er niemals davon zu essen, ohne das Zeichen des Kreuzes darüber gemacht zu haben. Und er brachte mich alsbald dahin, ihm dazu auch mein Teil zu überlassen, ehe ich es verzehrte. Hätte ich, wie es mir oft schon in ähnlichen Fällen widerfahren, darin nicht mehr erblicken dürfen als eine Geste, mit einem Schein von Heiligkeit seine Umgebung zu bluffen, ich hätte mich ihr unschwer zu entziehen gewußt.

An diesem jungen Manne aber war kein Arg, und eine an Schamhaftigkeit grenzende bescheidene Zurückhaltung wies ihn als einen Menschen aus, dem berechnende Schaustellung von Gefühlen nicht zugetraut werden durfte.

Langsam wuchs ein großes Vertrauen zwischen uns auf. Es war wirklich gewachsen und alles andere als eine Konstruktion.

Es war ein Vertrauen, ohne Vorsatz zustande gekommen, und es breitete sich auch ohne Vorbehalt aus. Es erfüllte den kleinsten Winkel unserer Zelle und erwies sich alsbald als stark genug, sich auch auf andere, auf eine beinahe selbstverständliche Weise zu übertragen. Niemals wurde es durch nutzlose Fragen der Neugierde beansprucht, niemals durch ängstliche Geheimniskrämerei belastet. Es bewährte sich enttäuschungslos bis zu meinem Fortgang.

Es gab Tage, an welchen wir es in unserem Grabe bis zu einem hohen Maß von Heiterkeit brachten. Bohuslav sprach leidlich Deutsch, ich verstand meinerseits kein Wort Tschechisch. Wir benützten unsere Zeit zu sprachlicher Vervollkommnung. So gering auch die Aussicht sein mochte, daß wir je wieder Gelegenheit haben würden, unsere unter so merkwürdigen Umständen erworbenen Kenntnisse zu verwerten, so gaben wir uns doch unseren pädagogischen Absichten mit großem Eifer hin. Ich war kein sehr gelehriger Schüler, fürchte ich.

Bohuslav seinerseits war ein peinlich pedantischer Lehrer. Er hielt Grammatik für unerläßlich, während es mir darum zu tun war, die rein lautmäßige Schönheit seiner Muttersprache auf mich wirken zu lassen. Nur mit Mühe und nicht ohne seinen pädagogischen Widerspruch brachte ich ihn dahin, mir Gedichte seiner Heimat aufzusagen und die Lieder seines Landes zu lehren. Er ahnte nicht, welchen Genuß er mir bereitete. Ich hatte nichts zu tun, als ihm zuzuhören. Dabei enthüllten sich mir der weibliche Charakter und die zärtliche Schönheit des Slawischen auf eine bisher nie gehörte Weise, der gegenüber die eigene deutsche Sprache sich in hilfloser Plumpheit darbot. Dennoch wußte ich zuverlässig um ihre eigene Schönheit und es wurde mir klar, daß diese Schönheit keine geringere, sondern nur eine andere war. Der Unterschied liegt in der Musikalität des einzelnen Wortes hier und in der Rhythmik und Architektonik des Satzbaues hier. Ich sagte ihm Hölderlins Worte auf:

Nicht in der Reb' und Purpurtraube
Ist heilige Kraft allein. Es nährt
Das leben vom Leide sich.

Und:

Des Lebens Welle schäumte nicht so schön empor
Und würde Geist, wenn nicht der alte, stumme
Fels, das Schicksal, ihm entgegenstünde.

Und Bohuslav, der die Worte nur unvollkommen verstanden

hatte, war gleichwohl tief angerührt und kein Hauch ihres heimlichen Sinnes war ihm verlorengegangen. Es gibt in jeder Sprache neben dem äußeren Gerüst auch einen inneren Gehalt, der jedem aufgeht, der die Bereitschaft dazu mitbringt; und die Worte der Liebe, des Fluches und die Rufe des Kampfes sind jedem verständlich, wenn ihre Stunde gekommen ist.

Auch lösten wir verwickelte mathematische Aufgaben und schliffen unseren Geist in philosophischen Diskussionen, die uns die langen schlaflosen Nächte verkürzen halfen. Wenn das Stöhnen der nächtens Gequälten an unsere Ohren drang und die harten Atemstöße der versagenden physischen Kräfte der in der Kniebeuge durch die Gänge gejagten Opfer in die Stille unserer Zelle sickerte, dann freilich erwies sich die Fragwürdigkeit aller Philosophie. Eine wilde Melancholie ergriff von uns Besitz und die nackte Angst kroch mit feuchten Fängen über unsere Brust. Die Dezemberkälte schien heftiger unsere Knochen zu schütteln und wie nahe wir auch zusammenrücken mochten, die eigene Wärme reichte nicht aus, das Zittern zu verhindern, das wie die Unruhe des Todes ansteckend und mit widerwärtiger Bosheit uns befiel. Bis endlich der Schlüssel auch in das Schloß unserer Zellentür fuhr und wir an der Reihe waren. Dann sprangen wir auf, rissen uns in überstürzter Eile das Hemd vom Leibe und warteten in vorschriftsmäßiger Haltung halbnackt hinter der Türe, bis uns die betrunkene Stimme der Bewachung herausrief, die sich den Schlaf mit den scharfen Essenzen blutiger Schindereien zu vertreiben hoffte.

Es wurden immer mehrere Zellen zusammen aufgeschlossen und auf ein heiseres Kommando spien sie ihren traurigen Menscheninhalt ihren Quälern vor die Füße. Meist empfingen die ersten Peitschenhiebe die Heraustretenden, noch ehe sie die Schwelle überschritten. Das war dann das Zeichen einer besinnungslosen Schlägerei, die nicht selten minutenlang dauerte, bis ein wüster Haufen stöhnender Geprügelter übereinander lag und in besinnungsloser Angst sich zu entwirren trachtete, indes das Gelächter der SS die höllische Szene mit dem Gewieher des Wahnsinns begleitete.

Manchmal auch, vor allem, wenn der lange Niedermayr die Exekution leitete, vollzog sich alles mit exerziermäßiger Exaktheit. Wir hatten in einem Meter Abstand voneinander anzutreten. Umgeben von herumlungernden SS-Gestalten in unordentlichem Anzug, stand der Held Niedermayr, Oberscharführer seines Zeichens, kerzengerade und steif, als wollte er sich noch länger machen, als er ohnedies schon war. Der in Taille geschnittene Rock glänzte im Schmuck vieler Orden. EK I, Nahkampfspange, Sturmabzeichen usw. Die totenkopfgeschmückte Mütze saß ihm windschief überm Ohr. Die langen Beine steckten in einer schenkelgewaltigen Breecheshose. An den Füßen trug er helle Hausschuhe, die mit roten Herzen bestickt waren. In dieser Mischung von Krieger und Hausvater gefiel er sich sehr gut. Die Zigarette lag ihm lässig zwischen den Lippen. Er rauchte, ohne je abzusetzen. Die Rechte steckte gewissenssicher zwischen den Brustknöpfen seiner Feldjacke, die Linke bewegte lässig eine vielschwänzige Peitsche, die auf dem Boden schleppte.

Dann begann seine klebrige Stimme Freiübungen zu kommandieren, wobei die Peitsche den Takt zu klopfen hatte. Rumpfrollen, Rumpfbeuge, Armrollen, Kniebeuge: Auf-Nieder, Auf-Nieder, Auf-Nieder! Er pflegte die Kommandos so schnell zu wechseln, daß Fehler unvermeidlich waren, ja daß die körperliche Wendigkeit ihnen unmöglich folgen konnte. Das war der Anlaß für ihn, eine solche Flut von Beschimpfungen auszustoßen, wie sie kaum je ein zweites Mal aus einem einzigen Maul sich ergießen mochten. In seinen schönen Hausschuhen begann er mit den Fersen auf und ab zu wippen. Das bedeutete, wir wußten es alle, nichts Gutes. Er befahl uns in Reihe rechts in die Mitte des Ganges. Auf seinen Wink nahmen seine Genossen links und rechts von uns Aufstellung und dann wurden wir mit Schlägen und Stiefeltritten in die Kniebeuge durch die Gänge gehetzt, wobei die weniger Kräftigen selbstverständlich alsbald zurückblieben und schließlich ganz zusammenbrachen. Über ihr Schicksal war späterhin nichts mehr auszumachen. Selten daß man je einen wiedersah. Vom Bunker bis zum Krematorium waren kaum 5 Meter. Von einer kleinen Rampe aus war es ein leichtes, einen Toten ohne jedes Aufsehen bis genau vor den Leichenkeller zu werfen.

In dieser Nacht brach vor mir ein älterer Mann zusammen, den ich nie vorher gesehen hatte, ein Mann, zweifellos den besseren Ständen angehörend. Er blieb unter konvulsivischen Zuckungen liegen, mit dem Gesicht zur Erde, als wollte er sich in den Stein verbeißen. Als ich näher kam, sah ich in seinen weitaufgerissenen Augen das fassungslose Staunen und Entsetzen des Neulings. Der Mund stand ihm wie zu einem Schrei offen und ein Strom hellen Blutes ergoß sich zwischen seinen Lippen und färbte das schachbrettartige Muster der Bodenfliesen. In dieser Nacht schlossen wir kein Auge mehr. In unsere Zellen zurückgekehrt, stürzten wir knapp am Rande einer Bewußtlosigkeit aus Erschöpfung zusammen. Der Schweiß klebte uns in Bächen auf der nackten Haut. Ich riß mich hoch, wach genug, um zu wissen, daß ein Nachgeben der Erschöpfung im Zustande der Überhitzung zwischen den kalten Wänden unserer Zelle den Tod bedeuten mußte. Und obwohl es mehr ein Taumeln als ein Gehen war, lief ich den Rest der Nacht und schleppte den widerstrebenden Bohuslav mit mir und hörte nicht auf seine Einwände, die die Einwände eines Menschen waren, der sich aufzugeben bereit war.

Darin drückt sich die gegenseitige Hilfe in den gefährlichen Lagen des Lebens aus, daß wir einander nicht allein raten, sondern auch für den Schwächeren zu handeln keinen Augenblick zögern.

Wir hatten dazu in der Folge häufiger Gelegenheit, als unserer eigenen Verfassung zuträglich war. Aber gleichzeitig gab die samaritische Betätigung an den übel zugerichteten Opfern, die in den folgenden Wochen unsere Zelle für kürzere oder längere Zeit teilten, unserem totgeweihten Leben einen, wie wir glaubten, letzten und unzerstörbaren Sinn. Wir mühten uns um unsere Genossen mit den spärlichen Kräften, die uns verblieben waren, bis zu einer wilden, an Verzweiflung grenzenden Leidenschaft und fanden in ihr unbewußt ein Stimulans, uns vor dem Versinken in eigener Selbstaufgabe zu bewahren. Wie fragwürdig immer unsere Methode mangels aller Mittel bleiben mußte, so erfüllte uns doch jede kleinste Handreichung, die wir zu leisten imstande waren, jedes Wort tröstlichen Zuspruches, das wir unserer Kargheit abzuringen vermochten, mit beruhigender Genugtuung. An uns bewahrheitete sich mit wunderbarer Wahrhaftigkeit der Satz, daß alles Gute, das wir anderen zu bereiten uns mühen, vielfältig zu uns selbst zurückkehrt und sich wiederum an uns bewährt. In diesen Wochen habe ich wie nie vorher und wiewohl auch kaum jemals wieder erlebt, was Menschenliebe vermag und daß, wieviel des Hasses es immer auf dieser Erde geben mag, er nie hinreichen wird, soviel er sich auch Mühe geben mag, den unstillbaren Strom der Liebe zwischen Mensch und Mensch aufzuhalten, auf dem wir unaufhaltsam von Geschlecht zu Geschlecht treiben, sowenig als es ihm gelänge, den Zug der Sterne aufzuhalten. Wer diese göttliche

Gewißheit auch nur einmal an sich selbst erlebt hat, wird ihrer nie wieder vergessen – nicht in der tiefsten und demütigsten Verlassenheit.

Zwei junge Russen waren eines Abends in unsere Zelle gestoßen worden, die sich sofort wieder hinter ihnen schloß. Sie torkelten an die Wand und fielen wie leblose Bündel in sich zusammen. Wir legten sie nebeneinander und zogen sie aus. Ihre Körper waren über und über von blutigen Striemen bedeckt. Das Gesäß des einen war nur noch ein Klumpen blutigen Fleisches, an welchem zerfetzte Hautstücke klebten. Wir wuschen ihm die Wunde mit kaltem Kaffee, Wasser hatten wir keines zur Hand. Dem anderen war das Gesicht bis zur Unkenntlichkeit zerschlagen. Er kam sehr rasch zu sich, nahm den Kübel zwischen die Beine und hörte nicht auf, Blut zu spucken. Bohuslav nahm ihm einige zerschlagene Zähne aus dem Mund, während er sich von mir den Kiefer öffnen lassen mußte, der in einer Art Krampf verharrte. Es war ein schweres Stück Arbeit.

Bohuslav war – wie alle Slawen – ein Samariter von hohen Graden. Eine besondere Art von Liebesfähigkeit, wie sie vielleicht bei uns im Westen noch in wenigen, der allgemeinen Verschüttung entgangenen Zeugnissen lebt, gibt ihren Händen jene schmerzlose Geschicklichkeit gegenüber der leidenden Kreatur, die durch keine Schulung erworben werden kann. Da lag er, ein hochgezüchteter junger Intellektueller, auf den puren Knochen seiner abgemagerten Knie, mit seinem ganz ausgemergelten Körper über die kräftigen und untersetzten Vertreter eines »analphabetischen Untermenschentums« gebeugt und flößte ihnen unermüdlich Linderung ein, indem er sein eigenes Wesen in hingebender Liebe verströmte.

Alles vollzog sich in äußerster Lautlosigkeit. Es hätte auch keine Bemühung vermocht, auch nur ein Wort aus den klaffenden, zerschlagenen Mündern der beiden Russen zu locken. Nur ihre Augen sprachen und flüsterten uns den ganzen Ekel und Abscheu, die ganze Scham über das, was ihnen von den Werkzeugen der Macht eines Volkes widerfahren war, das sich lauthals und stolz als rassisch und kulturell allen übrigen Völkern überlegen bezeichnete. In ihrem von tierischen Schmerzen betäubten Zustande vermochten sie wahrscheinlich nur noch dumpf und schattenhaft und ohne rechtes Bewußtsein zu erkennen, was wir an ihnen taten. So taucht in unzusammenhängenden Fetzen gelegentlich eine Landschaft mit verwaschenen und nicht erkennbaren Umrissen aus den Nebeln unserer Träume, um ebensoschnell wieder zu verschwinden wie sie gekommen.

Der Vollzug der Liebe, in welcher Form auch immer, ist stets ein Akt der Selbstaufgabe, des erlösenden Selbstopfers, der diejenigen in zynische Raserei versetzt, die seiner nicht oder nicht mehr fähig sind. Die Geste der Liebe ist den Teufeln wie eine Züchtigung. Ihre Herrschaft ist in Frage gestellt, solange noch ein Mensch dem anderen in Liebe zugehört, in Liebe dient; solange nicht Feindschaft zwischen alle und jeden gesetzt ist. Die keinem anderen Geschöpf Verpflichteten, die keiner Regung des Mitleidens und der Barmherzigkeit Fähigen, die allem Menschlichen entwachsenen »Übermenschen«, die in sich selbst Verliebten, die Narzisse unserer am Menschen meineidig gewordenen Zeit: Sie sind die modernen Teufel, mit blutigem und zynischem Eifer bemüht, die Herrschaft der niederen Dämonen zu errichten. Nichts vertragen sie weniger, als Zeugen jener natürlichen, menschlichen Haltung zu werden, deren sich nicht einmal das Tier völlig begeben hat, wie Fürst Krapotkin in zahlreichen Beispielen der »Gegenseitigen Hilfe in Tier- und Menschenwelt« eindrucksvoll zu berichten weiß. Sie fühlen im Anblick der Liebe ihre eigene Widernatürlichkeit in Frage gestellt und sind schließlich bereit, sie mit den Mitteln unbeschreiblicher Grausamkeit zu verteidigen. Das ist eigentlich die erste und letzte Formel, die die Schändlichkeiten der KZ verständlich macht.

So konnte denn auch nicht ausbleiben, was sich alsbald vollzog. Der lange Niedermayr mußte sich – das ist nun einmal die Art aller perfekten Teufel – auf leisen Sohlen angeschlichen und uns durch das Guckloch der Zelle beobachtet haben. Wie alle guten »Hausväter« pflegte er des Nachts Filzschuhe zu tragen, die ihn unhörbar wie eine Katze machten. Der Schlüssel wurde eingesteckt und umgedreht, die eisernen Riegel flogen zurück, die Türe wurde aufgestoßen und begleitet von zwei Kalfaktern stand der lächerliche und widerliche Herr über Leben und Tod auf der Schwelle. Eine üble Schimpferei begann, es war, als würden Kübel von übelriechendem Unrat über uns ausgegossen. Aber die Natur ist gnädig und sie verleiht dem Menschen, wenn er erst einmal bestimmte Räume der Demütigung und Erniedrigung durchschritten hat, eine wohltuende Taubheit. Wie aus weiter Ferne vernimmt man nichts als ein unartikuliertes Gebrülle, aus welchem nur noch ganz selten ein geprägtes

Wort das in der Dämmerung der Begriffslosigkeit verhaltene Ohr erreicht.

Aber die Kalfakter mit ihren Peitschen! Raubtiere, voller Begier, sich auf ihre wehrlosen Opfer zu stürzen, sobald ihr Herr sie von der Leine läßt. Es wird eine scheußliche Prügelei geben und nicht die geringste Voraussicht ist möglich, ob es bei einer Züchtigung bleibt oder ob wir eine halbe Stunde später dieses billigste aller Leben ausgehaucht haben werden, um auf dem Leichenhaufen vor Poldis Krematorium zu landen. Darüber befindet kein Befehl etwa aus dem Führerhauptquartier, das steht völlig in der Lust und Laune des schwarzuniformierten Haifisches, dem die unbegrenzte Gewalt über Sein oder Nichtsein gegeben ist.

Die beiden Russen, ohnedies nur noch halb leblose Bündel, wurden aus der Zelle gerissen und wie Melonenkerne, die man achtlos ausspuckt, in den Zellengang geworfen, wo sie ächzend liegen blieben. Wir – Bohuslav und ich – wurden mit Peitschenhieben in die hinterste Ecke gejagt und jämmerlich zusammengeschlagen und ehe wir's uns versahen, war die Zellentür wieder zugeworfen und der ganze widerliche Spuk verflogen. Den Rest der Nacht hatten wir Zeit darüber nachzudenken, wie es möglich sei, daß der Gott der Güte, der Barmherzigkeit und der Gnade, zu dem wir in unserer Not zu beten pflegten, solche Schändungen seiner Schöpfung und seiner Geschöpfe hinnimmt, ohne im gerechten Zorn die Himmel über Schuldige und Unschuldige zusammenstürzen zu lassen. Inbrünstig ihn darum zu bitten, haben wir keinen Augenblick gezögert.

Was aus den beiden Russen geworden ist? Wie alle Tage, so stieg ich auch diesen Morgen in der kurzen Pause zwischen Rapport und Kaffeeausgabe, in der man vor Beobachtung relativ sicher war, mit Bohuslavs gebrechlicher Hilfe zum Zellenfenster empor, um mich über die Veränderungen an Poldis unerschöpflichem Leichendepot zu informieren. Da lagen sie wirklich, verstummt für immer, nackt und bleich im fahlen Lichte des Herbstmorgens, feucht und wie bereift vom Atem des unermüdlichen Todes. Der Kopf des kleineren und jüngeren der beiden hing mit dem fürchterlich entstellten Gesicht nach unten. Der wie eine blutige Wunde weit geöffnete Mund lag weniger als eine Handbreit über dem stillen, fast lächelnden Gesicht eines wahrscheinlich ohne Qualen zu Tode gebrachten, vermutlich jüdischen Mädchens. Es sah so aus, als küßten sie sich.

Heute, der Hölle entronnen, frage ich mich oft, woher der Mensch die unwahrscheinliche Kraft nimmt, alle diese hündischen Erniedrigungen seelischer und körperlicher Art zu bestehen, denen er an solchen Schinderstätten auf eine im voraus unberechenbare Zeit hinaus täglich und stündlich ausgesetzt ist. Vergeblich suche ich nach einer Antwort, die sich nicht als eine nachträgliche Interpretation erweisen könnte.

Ist es der Wille zum Leben, zum Überleben? Das wäre nichts als billige Aufschneiderei, denn der Vorsatz, um jeden Preis durchzuhalten, komme was wolle, ist längst kraftlos geworden. Es gibt keine Rettung mehr aus eigenen Entschlüssen, wenigstens für uns nicht, die wir von jeder Tätigkeit und sei es auch der primitivsten und menschenunwürdigsten abgeschnitten, von jeder menschlichen Begegnung ausgeschlossen, in zermürbender Einzelhaft gehalten werden. Anders als jene, die zu den Arbeitstrupps eingeteilt, wenn auch in der Lebensform todgeweihter Sklaven, aber immerhin in ständiger Gemeinschaft mit ihresgleichen, in der täglichen Begegnung mit dem kreatürlichen Leid, aber auch mit heimlichen Beispielen heroischer Hilfeleistung nicht völlig der äußersten Hoffnungslosigkeit preisgegeben waren. Noch in der tiefsten Erniedrigung, der äußersten Erschöpfung aller körperlichen Kräfte, blieb ihnen noch die demütige oder trotzige Bewährung im lebendigen, ja im unmittelbaren körperlichen Kontakt mit ihresgleichen, mit ihren vielleicht auch nur um ein weniges glücklicheren oder widerstandsfähigeren Leidensgenossen. Ihre Existenz war bestimmt nicht leichter als die unsrige, aber vielleicht doch um einen entscheidenden Grad sinnvoller, weil sie immer noch eine, wenn auch noch so geringe Chance enthielt, die nicht dem puren Zufall zugeordnet werden mußte.

Oder war es ein Rest von religiösem Bewußtsein? Sei es in der Form der Hingabe an einen Gott oder an eine Idee? Nichts davon. Die Ehrlichkeit gebietet zu gestehen: Der Vorrat an religiösen oder auch pseudoreligiösen Gehalten mag so groß sein wie er will, er ist nicht und in keinem Menschen, nicht einmal in einem Priester, wie ich erlebt habe, unerschöpflich. Er ist wohl anfangs und je nach den Umständen kürzer oder länger eine gewaltige Spende und eine nicht hoch genug einzuschätzende Kraftquelle, aber er verbraucht sich in dem Maße, wie der Mensch nach und nach unter das Niveau eines Tieres herabgedrückt wird.

In dem verhältnismäßig kurzen Prozeß, der sich normalerweise zwischen Urteilsverkündung und Hinrichtung z.B. abspielt, erreicht die religiöse Erlebnisfähigkeit nicht selten eine Intensität, die ihre Träger in die Nähe der Heiligen rückt und ihnen das Siegel echten Märtyrertums auf die Stirne drückt. Ihre Glaubenskraft versetzt sie in eine Euphorie, die sie in unbegreiflicher Fassung und in großartiger menschlicher Haltung zum Schafott oder zum Galgen schreiten läßt.

Aber das ist hier etwas anderes: diese langsame, perverse und mit der Stetigkeit und Boshaftigkeit eines Wassertropfens sich vollziehende, gewissermaßen in Zeitlupe vorgenommene Aushöhlung des Menschen, die bei lebendigem Leibe auf einen totalen Seinsverlust ausgerichtet ist. Das religiöse Bewußtsein gehört zur Substanz des Menschen und mit dem Verlust dieser Substanz schwindet auch dieses unaufhaltsam dahin. Und so groß ist der Schock der ständigen Begegnung mit dem Antimenschlichen in der Gestalt Deiner Schinderknechte, daß der Zweifel an Deiner Ebenbildmäßigkeit Gottes sich alsbald zu völliger Verzweiflung wandelt. Du erwartest nichts mehr – weder Gutes noch Böses. Du erwartest – und das im Zustand einer völligen Gleichgültigkeit – nur mehr Dein Ende. In diesem Zustand vollzieht sich etwas Unerwartetes: Der Tod verliert allen Schrecken, der sonst sein Herannahen begleitet.

Die Gegner der Todesstrafe berufen sich häufig auf die selbst einem Verbrecher unzumutbare Unmenschlichkeit nackter Todesangst, die ihn in der mehr oder weniger langen Wartezeit auf den Henker befällt. Es fehlt nicht an eindrucksvollen Berichten darüber, wie der Delinquent von den Geistern der Gelassenheit, die ihn bei seinen Mordtaten begleiteten, nun mit einem Male verlassen wird und im wahrsten Sinne des Wortes vor tierischer Angst zum Wrack entartet. Ich bin weit davon entfernt, die Scheußlichkeit dieses Vorganges zu bestreiten. Aber wie stand es denn vergleichsweise mit uns? Wir waren praktisch, wenn auch ohne mündlichen oder schriftlichen Richterspruch, zum Tode verurteilt. Bunkerhaft in einem Lager wie Mauthausen bedeutete in mindestens 90 von 100 Fällen: Warten auf den Henker. Warten auf den Henker, der in jedem Augenblick und in jeder beliebigen Zufallsgestalt vor uns erscheinen konnte. Warten auf den Henker, in dessen perverses Belieben es gestellt war, auf welche Weise er uns vom Leben zum Tode befördern wollte. Das Fallbeil im Nacken oder die Schlinge um den Hals bedeuten, verglichen mit den Möglichkeiten unwahrscheinlicher Torturen und Verstümmelungen, beinahe noch eine

Gnade. Seltsam genug, daß uns diese Allgegenwart eines weder der Zeit noch der Art nach vorausberechenbaren Todes nicht schreckte. Wir empfanden uns nicht mehr als willen- oder wehrlose Opfer, wir waren selbst ein Bestandteil des Todes geworden, der in den widerlichsten Exzessen rund um die Welt, von den Inseln im Stillen Ozean bis zum Atlantik, vom Nordkap bis in die afrikanischen Wüsten, sein unaufhaltsames Amok lief.

Der Winter war früh gekommen. Ein Leichentuch von Schnee hatte dem Lager das ihm angemessene Gewand gegeben. Noch immer trugen wir nichts auf unseren ausgemergelten Leibern als Hemd und Hose. Es war, namentlich nachts, bitter kalt in unseren Zellen. In meiner und in den benachbarten Zellen vielleicht nicht so bitter kalt wie in den weiter abgelegenen, denn die unsrigen lagen genau über dem Krematorium. Das Feuer, das die Leichen unserer Kameraden in Asche verwandelte, schützte uns vor Erfrierung. Schwer – sehr schwer – diesen makabren Vorgang nicht zynisch zu kommentieren. Die Welt wird vom Wahnsinn regiert. Wir sind nur im normalen Zustand nicht hellsichtig genug, es zu erkennen.

An einem Spätnachmittag – die Dämmerung eines grauen Wintertages hing über dem Lager – wurde die Zelle aufgesperrt. Der lange Niedermayr stand mit einem nichts Gutes verheißenden Grinsen in der Türe: linke Hand mit der lässig an einer Schlaufe hängenden Peitsche in der Hosentasche, drei Finger der rechten Hand – Napoleon gleich – über der Brust in den schnittigen Waffenrock gesteckt.

»Raus!«

Ich nahm mein Eßgeschirr, denn mehr als dieses und das, was ich auf dem Leibe trug, hatte ich nicht – und trat hinaus und nahm vorschriftsmäßig Haltung an. Bohuslav blieb zurück. Mehr als einen Blick mit ihm zu wechseln, war keine Gelegenheit. In solcher Stummheit vollzieht sich der Abschied. Abschied wohin? – Abschied wozu? – Vielleicht zum Tode? – das ist allemal das Wahrscheinlichste; oder kleinster Schimmer einer fast unzulässigen Hoffnung: Verlegung ins Barackenlager?

Keines von beiden, wie sich sofort herausstellte. Ein Kalfakter stand da mit einem Karton, der meine Kleider und Habseligkeiten enthielt. Ich wurde geheißen, mich rasch umzuziehen. Ich wurde auf einen Stuhl gesetzt und rasiert. Das ging alles in unbeschreiblicher Schnelle vor sich, und – so ist der Mensch –

mit der gleichen Überstürztheit überschwemmte mich mit der Gewalt einer Sturzflut die letzte, die langlebigste der drei großen menschlichen Tugenden: die Hoffnung. Der Glaube war kraftlos geworden; die Liebe vielfach und gräßlich geschändet; nur die Hoffnung schien die Katastrophe überlebt zu haben. Unüberhörbar und den Befehl des Schweigens nicht achtend, meldete sie sich mit fester, zuversichtlicher, ja heller Stimme zu Wort: das alles konnte nur Entlassung bedeuten. Ein Wunder schien sich anzubahnen. Die längst verloren geglaubten Lebensgeister strömten wie aus verschütteten Zisternen in mich zurück. Wie aus einer tiefen Bewußtlosigkeit fand ich mich ins Leben zurückgerufen.

Handschellen. Zwei Mann Begleitung. Das Tor des Bunkers öffnet sich. Die Luft ist kalt, kräftig, aber wunderbar. Ich friere nicht im mindesten, obwohl ich keinen Mantel bei mir habe.

Politisches Büro. Der feiste Müller lümmelt noch immer an seinem Schreibtisch – aber er beachtet mich nicht. Der Schreiber, Häftling wie ich, läßt mich zwei Dokumente unterschreiben. Eines davon, das ich in einem Exemplar anschließend ausgehändigt bekomme, enthält die übliche Verpflichtung, nichts über das Lager, nichts über das, was ich gesehen, gehört, erlebt habe, auszusagen. Strengstes Stillschweigen auferlegt, verbunden mit der Drohung sofortiger polizeilicher Maßnahmen, wenn ich dagegen verstoße. Aber das ist wirklich der geringstmögliche Preis für die Freiheit, und jeder bezahlt ihn gerne und ohne Zögern.

Die Fesseln werden gelöst. Zwei Beamte, Hilfspolizisten, einer davon, wie sich herausstellt, von der Leitstelle der Gestapo Nürnberg, nehmen mich in die Mitte. Ziemlich raschen Schrittes passieren wir die verschiedenen Kontrollposten des Lagers und wandern miteinander in der anbrechenden Dunkelheit den Abhang des Hügelzuges hinab, auf dem das Lager gebreitet ist.

Den gleichen Weg war ich schon einmal hinaufgestiegen, wohl wissend, daß mich eine böse und verwüstete Welt erwartet, aber ohne zulängliche Vorstellung von der wirklichen Beschaffenheit eines raffinierten und perfekten Infernos. Und solche Schinderstätten gab es Dutzende, verteilt wie ein widerlicher Aussatz über die mit trügerischem Kulturbewußtsein gepflegte Haut des Abendlandes. Mauthausen war eine der schlimmsten von ihnen. Was immer geschehen mochte: es war besser, von hier zu gehen, als nach hier zu kommen. Dies war ein Gefühl, das die Knie straffte.

Der aufkommende Nebel drückte die gelblichen Rauchschwaden des Krematoriums talwärts. Ihr Gestank folgte uns wie die Schleppe eines sich langsam entfernenden Unheils.

Im Orte Mauthausen wartet ein bereits hinreichend besetzter Lastwagen der SS auf uns. Auch ein paar weibliche Wesen, die ich in der Dunkelheit schlecht erkenne, sind aufgesessen. Mit frechen und unmißverständlichen Bemerkungen werden wir empfangen und noch notdürftig verstaut.

Wenig später rollt der Wagen über die große Enns-Brücke. Die Insassen werden heftig durcheinandergeschüttelt und unvermeidlich landen die kreischenden Mädchen mit kicherndem Einverständnis in den Armen der Männer. Herausfordernde und lästerliche Worte befeuern gegenseitig den Mut zu Handgreiflichkeiten, wie sie solchen flüchtigen Begegnungen der Geschlechter, insbesondere in Krieg und Gefahr, eigen sind. Ohne besonderes Staunen macht man dabei die Feststellung, daß der weibliche Teil in puncto der Bereitschaft in schönem Ehrgeiz dem männlichen in nichts nachsteht. Wenn es schon nichts zu fressen gibt, stürzt sich das ausgehungerte Raubtier lachend und stöhnend auf das vor Begierde flammende Fleisch der eigenen Artgenossen. Die Nähe der Todesstätten und der Gestank des Teuflischen vermindert nicht, sondern erhöht nur ihre primitive Lust.

Am Bahnhof Linz werden wir ausgeladen. Meine Begleiter bringen mich gefesselt in die große Bahnhofshalle, die sich, seit ich sie zum letzten Male gesehen, eindrucksvoll verändert hat. Skelettartige Eisenkonstruktionen strecken ihre verstümmelten Gliedmaßen in den dunklen Nachthimmel. Notdürftig aufgeräumte Gänge zwischen meterhohen Schuttbergen geborstenen Gemäuers. Ist es vorstellbar, daß einen der Anblick der Zerstörung mit wilder Genugtuung erfüllen kann? Ja, es ist vorstellbar, da ist nichts zu beschönigen. Wir warten auf den Zug, der von Wien über Passau nach Nürnberg führt.

Im frühen Morgengrauen mit vielstündiger Verspätung trifft er ein. Überfüllte Wagen – eine lange und anstrengende Fahrt. Meine Begleitung ist wortkarger, als ihre Dienstverpflichtung ihr auferlegte – aber mir ist es recht so. Ich wäre berechtigt, sie zu hassen, aber sie sind eines so heftigen Gefühles nicht wert. Mehr als gelassene Verachtung vermag ich nicht für sie aufzubringen.

Meine Gedanken beschäftigen mich mit der nächsten Zukunft. In weniger als vierundzwanzig Stunden werde ich wieder im Nürnberger Gestapogefängnis eingeliefert werden und meinen alten Peinigern gegenüberstehen. Runde acht Jahre sind sie nun schon bemüht, mich auf alle erdenkliche Weise »fertigzumachen«, wie es in ihrer Fachsprache heißt. Und nun komme ich zurück, mitten aus der Hölle, die dazu bestimmt war, mir den Rest zu geben. Das kann nicht gut gehen. Auch Orpheus, obwohl aus der Unterwelt entlassen, kehrte nicht mehr als der zurück, als der er ausgezogen war.

»Rückkehr unerwünscht«, war auf meinen Einlieferungspapieren gestanden. Sollte meine Rückkehr nun auf einmal erwünscht sein? Für eine solche Wendung gab es auch nicht den geringsten Anhaltspunkt. Was also steckte dahinter? Was hatte diese »Heimkehr« zu bedeuten?

In spätestens vierundzwanzig Stunden würde ich es wissen; keine Ungeduld – Du wirst es noch früh genug erfahren. Kein unnützes Grübeln, das nur an Deinen ohnedies bescheiden gewordenen Kräften zehrt. Rechnungen, die mehr Unbekannte als Bekannte enthalten, lohnen nicht den Versuch einer logischen Lösung. Im Bereich des Politischen bieten selbst die Erfahrungen der Wahrscheinlichkeit nur ein höchst zweifelhaftes Kalkül. Und wie sehr sollte ich recht behalten.

Regensburg! – Wir verlassen unseren Zug und besteigen wenig später einen Personenzug in nördlicher Richtung. Was mag das bedeuten? Vielleicht zurück nach Berlin? Ein neues Verfahren? Vergeblicher Versuch zur Deutung. Es ist spät geworden, wir steigen an einer bei der Verdunkelung zunächst nicht erkennbaren Station aus. Es ist der Bahnhof von Weiden, einer kleinen Stadt der Oberpfalz, wie sich herausstellt. Dort verbringen wir den Rest der Nacht in einem nahezu völlig menschenleeren Wartesaal.

Allmählich bemächtigt sich meiner eine unerträgliche Spannung. Ich breche das Schweigen und frage meine Begleiter nach dem Wohin. Sie blicken sich einen Augenblick unschlüssig an und schließlich öffnet der eine widerwillig, aber vielleicht auch gutmeinend seinen Mund: Flossenbürg.

Flossenbürg? Das ist, wie wenn in dunkler Nacht in einem unbekannten Gelände, dessen Umrisse Du nur ungenau erkennen kannst, ein kurzer, aber greller Blitz herniederfährt, der das gnädige Dunkel zerreißt und Dir auch nicht mehr den geringsten Zweifel gestattet, auf welchem tödlichen Gelände Du Dich bewegst. Ein wilder Schock kommt über Dich, der einem zynischen Ekel näher ist als der Angst; denn was Angst ist, hast Du inzwischen nahezu völlig verlernt. Auch eine solche Schule hat etwas Gutes.

Am frühesten Morgen in einem überfüllten Arbeiterzug nach Floß. Dort vom Bahnhof aus ein mehrere Kilometer langer Fußmarsch nach Flossenbürg. Es ist sehr kalt, der Atem dampft uns von den Lippen, meine Begleiter drücken mir ihre Koffer in die Hand, einen links, einen rechts. Sie sind nicht sehr schwer, aber für meinen dezimierten Zustand schwer genug. Mich friert ganz erbärmlich an den Händen. Handschuhe selbstverständlich Fehlanzeige – solcher Luxus wäre völlig unstandesgemäß.

Bei einer Fleischerei in der unmittelbaren Nähe des Bahnhofes Flossenbürg warten wir. Bald darauf kommt ein Lastwagen der SS mit zwei Häftlingen, die den Wagen mit Gegenständen beladen, die ich nicht erkenne. Wir werden aufgefordert, aufzusitzen, und in flotter Fahrt geht es auf der schneeverwehten Straße bergan. So prompt, ja fahrplanmäßig klappen die Transporte bei der SS; wenigstens das muß man ihnen neidlos zuerkennen.

Flossenbürg ist ein Konzentrationslager im äußersten Nordosten Bayerns, nur wenige Kilometer von der tschechischen Grenze entfernt. Sein Ruf ist schmählich und schlimm, wenn auch nicht ganz so schlimm wie der des Lagers Mauthausen. Aber Tausende sind in Flossenbürg vom Leben zum Tode gebracht worden, auf nicht weniger schändliche Weise wie in all den anderen Lagern. Der Stil der Mörder war überall der gleiche. Viele Prominente endeten dort am Galgen, nachdem man sie bis zur Unkenntlichkeit gefoltert hatte. So auch der Admiral Canaris, der in dem gleichen Bunker seinem Ende entgegenharrte, in den ich eingeliefert werden sollte.

Wir haben uns in Flossenbürg nie zu Gesicht bekommen, aber ich erinnerte mich seiner sehr wohl. In dem Prozeß vor dem Volksgerichtshof, der zu unserer Verurteilung führte, waren er und sein Adjutant, Graf Maronja, als Sachverständige vernommen worden. Die Aussage des Admirals hatte zur Folge, daß einer der mir angelasteten Anklagepunkte, der auf Landesverrat lautete, fallengelassen und die Anklage nur auf »Vorbereitung zum Hochverrat« beschränkt worden war. In ihm war ich zum letzten Male einem Vertreter jener aussterbenden Rasse begegnet, die das geheime Kennzeichen der Ritterlichkeit auch dem Gegner gegenüber auf der Stirne trägt, dem Typ eines Soldaten, wie ihn die inzwischen völlig heruntergekommenen Zeiten nie mehr hervorzubringen imstande sein werden, eine Gestalt, die endgültig zum Anachronismus geworden ist.

Ich betrachte es als eine jener merkwürdigen Fügungen, die in meinem Leben eine so große Rolle spielen, daß wir uns – unsichtbar zwar, aber unter den gleichen Bedingungen und unter dem gleichen tödlichen Dache – noch einmal begegnen sollten, ehe die Todessichel über den welken Rasen unseres Lebens strich, ihn fällend, den schmalen Halm meines eigenen Daseins verschonend.

Wir fuhren einen steilen Hohlweg hinauf, an Granitbrüchen vorbei, in denen ausgemergelte Häftlinge schufteten, ohne einen Blick an uns zu verschwenden. Wir passierten mürrische Posten, ehe sich das riesige Lagertor hinter uns schloß.

Nichts Neues! – Alles wie gehabt! Ich werde im Hof in eine Ecke gestellt und habe zu warten, bis die Prozedur der Aufnahme beginnen kann. Das dauert sehr lange und die Kälte wird unerträglich.

Fast unmittelbar – so will es scheinen – hinter der Lagermauer erhebt sich ein hoher, steiler Granitfelsen, schwarz und schneeverweht, drohend wie eine Zyklopenburg, das Wahrzeichen des Lagers Flossenbürg – in Gestalt eines riesigen Katafalks. Makabres Lustschloß des Todes. Stätte der heimlichen Orgien wahlloser Vernichtung. Tag für Tag sollte ich hinfort von dem Fenster meiner Bunkerzelle aus in gewisser Entfernung am Rande des Waldes – der sich an den östlichen Hängen hinzog – in nur selten unterbrochener Kette die Leichenträger beobachten können, die aus den verschiedenen Teilen des Lagers und aus den Steinbrüchen die abgelebten Reste der Ermordeten zu den Leichenkellern neben dem Krematorium schleppten. Die berüchtigte »Totenpatrouille«, lautlos sich dahinbewegend auf blutbefleckten Wegen.

Blick nicht zurück. Eurydike ist tot. Die Leier ist zerbrochen, der Gesang verstummt. Nie mehr wirst Du sein, was Du einmal warst. Nie mehr wirst Du werden, wie Du einmal gewesen. Nicht einmal in der Erinnerung.

Blick nach vorne. Dort steigt sie herauf – die Morgenröte des Untergangs!

Der Leser mag hier innehalten und entgegen dem Schlußwort dieses Leidensberichts »zurückblicken«. Weil er zurückblicken *muß*. Der Rückblick erscheint im Gewand einer Frage: Wie kam es, daß ein »Mensch«, der diese Erlebnisse niedrigster Unmenschlichkeit mit souveräner Haltung und innerer Ausgeglichenheit zu überwinden und damit zu überleben vermochte, in solche Verstrickung geraten war?

Als mir vor sehr langer Zeit Joseph E. Drexel den mit Widmung versehenen Band eines (nur für Freunde bestimmten) Privatdrucks seiner ›Reise nach Mauthausen‹ gab, wies er lebhaft auf den letzten Absatz seines Textes hin: »Das ist die Dialektik meines Lebens«, das Erlebte ist als Erlittenes »aufgehoben«. Der Sinn des Lebens erfordert, von solch furchtbarem Geschehen, das nicht einfach mit der Klassifizierung als »Schicksalsschlag« abgetan werden kann, wegzukommen. Gerade diesen »Blick nach vorne«, den Drexel auf seiner letzten Leidensstation (Flossenbürg) im Vorgefühl einer »Morgenröte des Untergangs«, nämlich des Untergangs, ja des Untergehenmüssens, des nazistischen Verbrecherregimes als leise Hoffnung, als eine und auch seine Chance, sich innerlich selbst abrang, dieser »Blick nach vorne« hat seinem, sofort nach der Befreiung einsetzenden Schaffen den Lebensinhalt und zusammen mit der ihm eigenen humanistischen Ausrichtung den Erfolg vermittelt. So vermochte er, zwar körperlich geschwächt, aber mit ganzer Kraft einsetzend, ein Werk zu schaffen, das Vergangenheit mit Gegenwart und Gegenwart mit Zukunft vermittelt.

Der Leser muß »zurückblicken«, wenn er das Ganze, das ja allein das Wahre zu sein vermag[1], verstehen und diese Lebenserfahrung der erzwungenen ›Reise nach Mauthausen‹ nicht nur als Historie, sondern als Lehre und darüber hinaus als menschenrechtlich ausformulierbare Verpflichtung für aktuelles Denken und Tun verarbeiten will. Das Ganze, das heißt Drexels Lebensweg, in dem die Leidenszeit die Grundnote abgibt, war nach Drexels eigener Angabe von weltanschaulichen Grundprinzipien zweier bedeutender Männer geprägt, die unserem Jahrhundert markante Züge verliehen hatten: von Max Weber[2] und noch tiefer und nachhaltiger von Ernst Niekisch[3]. Von diesem war für Drexel seit der gemeinsamen Tätigkeit im »Widerstandskreis« und der Zusammenarbeit in den Zeitschriften ›Entscheidung‹ und ›Widerstand‹ der größte Impuls ausgegangen.

Unser gemeinsamer Freund »Titus«[4], Leidensgenosse Drexels im Zuchthaus Amberg, hatte immer auf das Menschliche als Wesenselement bei Drexel hingewiesen[5]. Dasselbe Bild ergibt sich, wenn Drexels antifaschistische Tätigkeit vor der Verhaftung in Nürnberg betrachtet wird[6]. Der gleiche Zug gilt für das Verhalten während der Untersuchungshaft, im Gefängnisbetrieb, im Strafvollzug und alsdann in der späteren KZ-Haft. Die Beobachtung aller ihn umgebenden anderen Menschen, seien es nun die Bewacher oder die mitbewachten Leidensgenossen, vollzog Drexel stets in der Rolle und am Maßstab eines Mitmenschen; solches läßt sich sogar an Gedankenpassagen des Volksgerichtshofurteils belegen.

Dieses Urteil des Volksgerichtshofes hatten sowohl Drexel wie Niekisch erst Ende des Jahres 1954 lesen können. Im Zuge der Wiedergutmachungsansprüche nach den Entschädigungsgesetzen war von mir als dem Prozeßvertreter Drexels und als Berater von Ernst Niekisch nach diesem Geheimurteil geforscht worden. Mit Hilfe der Münchner Dienststellen der amerikanischen Militärregierung (des LPCC = Land Property Control Chief: Mr. Lennon, und der ICD = Information Center Division: Mr. Langendorf) gelang es, im Document Center in Berlin-Dahlem nach über vierjährigen Nachforschungen dieses Geheimurteil aus den Beutebeständen der amerikanischen Militärregierung zu ermitteln und eine Fotokopie herzustellen.

Sowohl Ernst Niekisch als auch Joseph E. Drexel hatten nach mehrfacher Beratung und unter Abwägung verschiedener Überlegungen einer vollständigen Veröffentlichung dieses für die Geschichte des deutschen Widerstandes gegen den Faschismus wichtigen Dokuments nur unter der Bedingung zugestimmt, daß eine solche Publikation erst nach dem Tod des zuletzt Versterbenden und im Zusammenhang mit der Wachhaltung des Gedenkens an den Widerstandskreis erfolgen dürfe.

Der Herausgeber will daher für den Leser des Urteils einige Hinweise geben, die zwar nicht zum Range einer Leseregel anstehen, aber doch ernsthafte Beachtung beanspruchen sollten.

1. Es handelt sich um ein Urteil des nationalsozialistischen Volksgerichtshofes. Die für Geschichtsforschung, für Rechtswissenschaft und Politik interessante Note liefert bei solchen Urteilen zunächst das Verfahren. Das Gerichtsverfahren hatte

im Falle des Widerstandskreises Ernst Niekisch in den Tagen vom 3., 4., 5., 6., 7., 9. und 10. Januar 1939 in Berlin stattgefunden. Ihm war eine 660 Tage dauernde, körperlich, seelisch und menschlich ungemein belastende Untersuchungshaft vorausgegangen. Die Angeklagten waren, als sie den Gerichtssaal betraten, mehr als »vorpräpariert«.

Den Vorsitz führte der damalige Präsident Thierack. Es mag zugegeben werden, daß unter seiner Leitung noch eine schwache formale Korrektheit der Verfahrensführung versucht wurde. Für eine juristisch kritisierbare Betrachtung der ganzen Verfahrensvorgänge sind die späteren Erinnerungsberichte von Ernst Niekisch[7] und die Mitteilungen von Joseph Drexel aufschlußreich.

Ein weiterer Hinweis kann aus einem Bericht über spätere Prozeßführungen beim Volksgerichtshof unter dem Nachfolgerpräsidenten Freisler[8] ersehen werden. Hier haben wir es mit einem – seltenen – Beleg, geradezu mit einer wortgetreuen Bandaufnahme aller Geschehnisse des Gerichtsverfahrens zu tun. Im Rückschluß von den dortigen Vorgängen auf das Verfahren von 1939 mag zwar ein gewisser Unterschied in der Form der Verhandlungsführung angenommen werden; rechtsstaatlichen Grundsätzen hat sie aber bestimmt nicht entsprochen. Drexel wurde damals schon als konzentrationslagerreif behandelt. Daß neben Ernst Niekisch vor allem auch Joseph E. Drexel durch den Zugriff der nationalsozialistischen Mächte aus dem Gesamtstaatsleben ausgeschlossen werden sollte, ergibt sich aus verschiedenen Umständen. Hier sei vor allem darauf hingewiesen, daß das Untersuchungsverfahren in Nürnberg (Drexels Wirkungsstätte!) abgewickelt wurde. Ernst Niekisch und später auch seine Frau wurden als Untersuchungsgefangene nach Nürnberg eingeliefert. Auch der Spitzel der Gestapo war in Nürnberg eingeschleust. Eine treibende Kraft der Verfolgung war vor allem der »Frankenführer« Streicher, der ja dann später beim Volksgerichtshofverfahren als Zuhörer, trotz Ausschluß der Öffentlichkeit, teilnehmen konnte. Für diese Kräfte stand von Anfang an fest, daß Drexel noch im Konzentrationslager landen würde.

Häftlinge der KZ waren aber im Unterbewußtsein der Mehrzahl der damaligen deutschen Richter nicht mehr als vollwertige Menschen anzusehen. Das, was Freisler später über die Konzentrationslager sagte, war die Wiederholung oder Zusammenfassung eines allgemein gültigen moralischen Urteils[9]. Es muß darüber hinaus betont werden, was die Geschichtsforschung in ihren Arbeiten über den 20. Juli 1944 verschwiegen hat, daß sogar die Attentäter des 20. Juli eine ganz erhebliche Abneigung gegen diesen Kreis der antifaschistischen Widerstandskämpfer hatten. Im Programm der »Sofortmaßnahmen« der Männer des 20. Juli 1944 hieß es wörtlich: »Die Konzentrationslager sind beschleunigt zu besetzen, die Lagerkommandanten zu verhaften, die Wachmannschaften zu entwaffnen und zu kasernieren, den politischen Häftlingen ist zu eröffnen, daß sie sich bis zu ihrer Entlassung aller Kundgebungen und Einzelaktionen zu enthalten haben.«[10] Ein bitteres Wort läßt sich für den Geschichtsforscher der Gegenwart hier nicht vermeiden: Die vier Besatzungsmächte haben nach dem Zusammenbruch des Großdeutschen Reiches die KZ-Häftlinge anders behandelt – sie haben diese *sofort befreit.*

2. Die vom Gericht ermittelte »Wahrheit« darf nicht mit der Geschichtswahrheit gleichgestellt werden. Während des Nürnberger Hauptkriegsverbrecherprozesses (IMT) und der Nachfolgeprozesse, insbesondere im Umkreis des Juristenprozesses, wurde am Rande der Verfahren im Gespräch mit Verteidigern und vor allem Presseberichterstattern nach leidenschaftlichen Diskussionen der Grundsatz aufgestellt: Prozeßwahrheit ist nicht Geschichtswahrheit. Dieses sicherlich richtige Prinzip muß der Leser des Geheimurteils gegen Niekisch und Drexel stets bedenken. Jeder Angeklagte hat später kaum ein Interesse daran, den tatsächlichen, sogenannten objektiven Tatverlauf zu schildern, selbst wenn er dazu in der Lage wäre. Er erinnert sich hauptsächlich dessen, »was er gesagt hat«, und dieser Worte meist in gut formulierter, treffender Fassung. Da sowohl Ernst Niekisch als auch Joseph E. Drexel mehrfach ihre Widerstandstätigkeit, sei es zusammenhängend, sei es aus Anlaß bestimmter konkreter Vorgänge, später aufgedeckt haben, kommt dem vom Volksgerichtshof festgehaltenen Tatbestand nur der Rang einer einseitigen, allerdings interessanten und äußerst wichtigen Darstellung zu. Es haben aber manche aus heutiger Sicht ungemein tapfere und ethisch tief fundierte Vorgänge der Widerstandskämpfer nicht in das Tatgeschehen, wie es der Volksgerichtshof sah, Eingang gefunden.

3. Es handelt sich um ein *Geheim*-Urteil. Alle Volksgerichtshofurteile waren geheim. Das Urteil wurde den Verurteilten niemals bekannt. Auch die Rechtsanwälte erhielten keine Ausfertigung. Wozu auch, es gab ja kein Rechtsmittel. Schon die

Anklageschrift, alle Unterlagen und Schriftstücke, die im Untersuchungsverfahren ausgehändigt werden mußten, waren stets nach einigen Tagen zurückgeholt worden. Jedem Angeklagten, jedem Anwalt, jedem irgendwie Beteiligten oder Zuhörer war strengste Schweigepflicht auferlegt. Richter und Beamte waren sowieso zum Schweigen verpflichtet. Die Art der Ausnahmeregelung für ganz wenige und bestimmte Zuhörerfälle läßt sich ebenfalls aus dem zitierten Prozeßbericht von 1944 ersehen.

Wenn Ernst Niekisch in seinen späteren Erinnerungen die Anwesenheit zahlreicher ausländischer Presseberichterstatter erwähnt, so mag er vor allem an Schweizer Kreise gedacht haben. Am Verfahren selbst konnten solche Berichterstatter auf keinen Fall teilnehmen[11].

4. Das Urteil muß – und das mag ein Grund für die Genauigkeit und ausgedehnte Formulierung der Gründe gewesen sein – als zitatfähig für Folge-Prozesse ausgearbeitet worden sein. Ein Zweitprozeß fand statt: Am 17. Februar 1939 wurde gegen vierzehn weitere Angeklagte (Frau Niekisch war darunter) unter Verwendung des im Prozeß gegen Niekisch und Drexel gesprochenen »Rechts« ebenfalls ein Strafurteil verkündet, das Freiheitsstrafen, meist durch die lange U-Haft verbraucht, aussprach.

5. In diesen Volksgerichtshofverfahren wurden weder Tatsachen noch Rechtsfragen *streitig* erörtert. Die Verteidiger konnten, soweit sie überhaupt zu Worte kamen, eigentlich nur zum Strafmaß Ausführungen machen. Der erste Verteidiger, den die Mutter Drexels (Drexels Ehefrau war ja zunächst ebenfalls verhaftet gewesen; außerdem mußten sich – verfolgungsbedingt – die Eheleute Drexel zweckmäßigerweise während der Dauer der Untersuchungshaft und der Strafvollstreckung scheiden lassen; nach der Strafverbüßung folgte alsdann am 12. 1. 1941 in Stuttgart die Wiederverheiratung während der Zeit der Ausweisung Drexels aus Bayern) nach der Verhaftung beauftragt hatte, starb während der langen Dauer des Untersuchungsverfahrens. Der zweite, ein aus der bündischen Jugendbewegung Drexel bekannter Anwalt, war kurze Zeit nach der Beauftragung selbst verhaftet worden, so daß Drexel keinen selbst gewählten Anwalt zur Seite hatte, der ihn während der langen Haft hätte ständig betreuen können. Die Rolle der Verteidiger in solchen politischen Strafsachen war grundsätzlich eingeschränkt, wie sich aus dem mehrfach zitierten, uns im vollständigen Ablauf bekannten Verfahren aus dem Jahre 1944 ersehen läßt. Von der

anwaltschaftlichen Tätigkeit konnte sich ein Angeklagter kaum Erfolge erwarten. In dem erwähnten Urteil gegen Männer des 20. Juli 1944 heißt es auf S. 499 der amtlichen Akten, »daß ein Verteidiger [Rechtsanwalt Weismann] reichsanwaltschaftlicher als die Reichsanwaltschaft selbst« auftrete. Von einem anderen Anwalt wird vermerkt, daß er seine Mandanten als »mit nahezu erschütternder Instinktlosigkeit handelnd« beschimpfte.

Im Prozeß gegen Niekisch und Drexel hatten die Verteidiger ebenfalls keine große Rolle gespielt. Dies war im ganzen Prozeßgeschehen der damaligen Zeit seit den ersten, von der ganzen Welt widerstandslos hingenommenen öffentlichen Morden nach dem 30. Juni 1934 zur Übung geworden. Der Rechtsanwalt trug meist nur vor, in welchen nationalsozialistischen Organisationen der Angeklagte gegebenenfalls eingeschrieben war und welche Verdienste er sonst gehabt hätte, oder er machte – wie im Falle Drexel möglich – einen Hinweis auf militärische Dienstleistungen und insbesondere auf Teilnahme am Ersten Weltkrieg. Dies war tatsächlich die einzige Hilfe, die ein nicht allzu mutiger Anwalt geben konnte.

6. Es muß gleichzeitig bedacht werden, daß Schilderungen wie Äußerungen und Prozeßverhaltensweisen der Angeklagten unter dem Gesichtspunkt von *Schutzmaßnahmen* oder *Schutzbehauptungen* gewertet werden müssen. So gibt auch die Betonung bestimmter Einzelaspekte in den Urteilsgründen dem tatsächlichen Gesamtgeschehen nicht den objektiven Ausdruck. Einzelne Passagen sind überakzentuiert, andere Umstände sind unbekannt geblieben. Es muß auch der weite Komplex des Verschweigens gewürdigt werden. Sowohl Niekisch wie Drexel war es gelungen, viele Mitwisser und Mitarbeiter verschweigen zu können. Die Anklage hatte neben den Aussagen des Spitzels (B.) vor allem mit Urkundsbeweisen arbeiten müssen. Viele mündlich abgewickelte konspirative Zusammenkünfte und vor allem zahlreiche Einzelgespräche der Widerstandskämpfer untereinander konnten daher verborgen bleiben.

7. Nationalsozialistische Gerichte und auch der Volksgerichtshof arbeiteten weitgehend mit »Geständnissen«. Es blieb tapferen politischen Angeklagten im Dritten Reich möglich, diese »Geständnisse« gleichzeitig als »Anklage« gegen das »System« aufzubauen.

Der Leser mag auch bedenken: das Urteil wurde am 10. Januar 1939 gesprochen. Hätte die Verhandlung ein Jahr später stattgefunden, so wäre sie sicherlich nicht so eingehend und mit einer geradezu auffallenden Breite erfolgt. Ohne lange Verhandlung wäre damals der Strang fällig gewesen[12].

Doch: ein Urteil ist (nach Hegel) nur »das nackte Resultat«. Es gilt, den ganzen Prozeßweg und die gesamte Geschichte des Widerstandskreises, also auch die Geschehnisse, die zum Verfahren geführt hatten, beim Lesen des Volksgerichtshofsurteils stets im Auge zu behalten.

September 1977 W. R. Beyer

Das Geheimurteil des Volksgerichtshofs vom 10. 1. 1939 im Prozeß Niekisch-Drexel-Tröger

22
Abschrift
8 J 214/37
1 H 31 / 38

Geheim!

Im Namen des Deutschen Volkes

In der Strafsache gegen

1.) den Schriftsteller *Ernst* August Karl *Niekisch* aus Berlin SW. 11, Hallesches Ufer 36, geboren am 23. Mai 1889 in Trebnitz in Schlesien, verheiratet, vorbestraft,
2.) den Volkswirt Dr. rer. pol. *Joseph* Eduard *Drexel* aus Nürnberg, Kinkelstraße 20, geboren am 6. Juni 1896 in München, geschieden,
3.) den Regierungsrat *Karl* Christoph *Tröger* aus Breslau, Kürassierstraße 99, geboren am 21. Dezember 1900 in Hof an der Saale, verheiratet,

sämtlich zur Zeit in Untersuchungshaft,

wegen Vorbereitung zum Hochverrat

hat der Volksgerichtshof, 1. Senat, in der teilweise öffentlichen Sitzung vom 10. Januar 1939 auf Grund der mündlichen Verhandlungen vom 3., 4., 5., 6., 7., 9. und 10. Januar 1939, an welchen teilgenommen haben

als Richter:
Präsident des Volksgerichtshofs Dr. Thierack als Vorsitzender,
Landgerichtsdirektor Dr. Wildberger,
SS-Brigadeführer Breithaupt,
SA-Gruppenführer Heß,
Stadtrat Kaiser,

als Beamter der Reichsanwaltschaft:
Staatsanwalt Nöbel,
als Urkundsbeamter der Geschäftsstelle:
Justizsekretär Sonnenschein,

für Recht erkannt:

I. Es werden verurteilt wegen Vorbereitung zum Hochverrat und Verbrechens gegen § 2 des Gesetzes gegen die Neubildung von Parteien vom 14. Juli 1933:
der Angeklagte Ernst *Niekisch* zu lebenslangem Zuchthaus und zum dauernden Verlust der bürgerlichen Ehrenrechte,
der Angeklagte Joseph *Drexel* zu einer Gesamtstrafe von 3 – drei – Jahren und 6 – sechs – Monaten Zuchthaus und zum Verlust der bürgerlichen Ehrenrechte auf die Dauer von 3 – drei – Jahren.
Bei dem Angeklagten Drexel werden auf die erkannte Freiheitsstrafe 1 – ein – Jahr und 9 – neun – Monate der erlittenen Untersuchungshaft angerechnet.

II. Der Angeklagte Karl *Tröger* wird wegen Verbrechens gegen § 2 des Gesetzes gegen die Neubildung von Parteien vom 14. Juli 1933 zu einer Gefängnisstrafe von 1 – einem – Jahr und 9 – neun – Monaten verurteilt; die erkannte Freiheitsstrafe ist durch die erlittene Untersuchungshaft verbüßt.

III. Die beschlagnahmten Schriften werden eingezogen.

IV. Die Kosten des Verfahrens tragen die Angeklagten.
Von Rechts wegen.

Gründe.

In dem vorliegenden Strafverfahren hatte sich der Senat mit dem Streben und der Tätigkeit der *Widerstandsbewegung*, die im Jahre 1926 von dem Angeklagten Niekisch gegründet worden war und seit diesem Zeitpunkt bis zu seiner im März 1937 erfolgten Festnahme fortgeführt wurde, zu befassen. Von der Anklage wird Niekisch und den beiden Mitangeklagten Drexel und Tröger, die die »Oberste Führung« dieser Bewegung bildeten und bis zuletzt miteinander in besonders regem schriftlichen und auch mündlichem Gedankenaustausch standen, vorgeworfen, es unternommen zu haben, die Widerstandsbewegung auch nach der Machtergreifung durch die NSDAP weitergeführt und entgegen der Bestimmung des § 2 des Gesetzes gegen die Neubildung von Parteien vom 14. Juli 1933 als neue politische Partei gebildet zu haben. Weiter wird den Angeklagten Niekisch und Drexel – gegen den Angeklagten Tröger hat der Vertreter der Anklagebehörde in der Hauptverhandlung den dahingehenden Vorwurf der Anklageschrift nicht mehr aufrechterhalten – zur

Last gelegt, das hochverräterische Unternehmen, mit Gewalt die Verfassung des Reichs zu ändern, vorbereitet zu haben, indem sie im Verlaufe einer von ihnen erwarteten und herbeigewünschten deutschen proletarischen Revolution die Staatsmacht hätten an sich reißen wollen, um so dann ein im Bunde mit Sowjet-Rußland stehendes Deutsches Reich auf nationalbolschewistischer Grundlage zu errichten, wie dies besonders aus den von Niekisch zur Drucklegung vorgesehenen Entwürfen ›Deutsche Mobilmachung‹ und ›Geheimnis des Reichs‹ hervorgeht (§§ 80 Abs. 2, 83 Abs. 2 und 3 StGB).

Im Laufe der zur Aufklärung der illegalen Tätigkeit der Widerstandsbewegung vorgenommenen Ermittlungen sind von der Gestapo in allen Teilen des Reichs über 70 Personen festgenommen worden, die über das Jahr 1933 hinaus als »führende Kameraden der Widerstandsbewegung« oder in den örtlichen Widerstandsgruppen, insbesondere in Nürnberg, München, Berlin, Leipzig, Breslau, Dortmund und Hamburg, Beziehungen zu Niekisch und den beiden anderen Angeklagten oder zueinander hatten und aufrechterhielten oder sich sonst für die Widerstandsbewegung bzw. Niekisch betätigten und gegen die zum Teil ebenfalls bereits Anklage wegen Vorbereitung eines hochverräterischen Unternehmens (vergl. 8 J 386/38 – 1 H 33/38 – und 8 J 214/37 – 1 H 31/38 –) erhoben ist.

Auf Grund der Einlassungen der Angeklagten, der Aussagen der zahlreichen vor dem Senat vernommenen und unten noch näher zu erwähnenden Zeugen, meist Angehörigen der Widerstandsbewegung, sowie der in der Hauptversammlung verlesenen Schriften und Briefe der Angeklagten Niekisch und Tröger konnte über die Bestrebungen und die Tätigkeit der Widerstandsbewegung sowie der Angeklagten folgendes festgestellt werden:

A.
Die Widerstandsbewegung, ihre Entstehung, Organisation und ihre Ziele.

I.
Die Persönlichkeit des Angeklagten Niekisch, insbesondere sein politischer Werdegang und die Entstehung der Widerstandsbewegung.

Der Angeklagte Ernst *Niekisch*, dessen Vater Feilenhauer war und in dürftigen Verhältnissen lebte, besuchte nacheinander die Volks-, die Real- und die Präparandenschule in Nördlingen, anschließend das Lehrerseminar in Altdorf bei Nürnberg, an dem er im Jahre 1907 die Abschlußprüfung bestand. Er war sodann in verschiedenen Dörfern als Lehrer tätig, diente von 1909 bis 1910 als Soldat bei dem Bayerischen Infanterieregiment Nr. 15 in Neuburg an der Donau und wurde im Jahre 1912 in Augsburg als Volksschullehrer angestellt. Während des Weltkrieges bildete er, da er wegen eines Augenleidens nicht kriegsverwendungsfähig war, zunächst Rekruten aus und führte dann in einem bayerischen Gefangenenlager die Geschäfte des Kompaniefeldwebels. Im Jahre 1915 heiratete Niekisch die Lehrerin Anna Kienzle, aus welcher Ehe ein jetzt 22 Jahre alter Sohn hervorgegangen ist. Nachdem der Angeklagte im Frühjahr 1917 auf Ansuchen seiner Dienstbehörde aus dem Heeresdienst entlassen worden war, übte er bis zur Novemberrevolte 1918 in Augsburg wieder den Lehrerberuf aus und widmete sich von da ab ausschließlich der politischen und schriftstellerischen Tätigkeit.

Niekisch neigte schon vor Ausbruch des Weltkrieges zu den Gedankengängen der SPD, der er sich dann im Oktober 1917 als Mitglied anschloß und in der er sich sofort auch sehr rege betätigte. Er hielt damals bei Parteiveranstaltungen Bildungsvorträge und erstattete dabei Berichte über politische Vorgänge. Über sein damaliges politisches Streben schrieb Niekisch in seinem in den Akten B 425/19 des Standrechtlichen Gerichts München beschlagnahmten Tagebuch folgendes nieder:

4. 11. 17: »Soviel ist gewiß: daß ich den festen Willen habe, noch eine politische Rolle zu spielen und daß ich zielbewußt mich ans Werk mache, sie mir anzueignen.

Mein Anschluß an die Sozialdemokratie war der erste Schritt. Das Leben der Nichtigkeit ist unerträglich.«

11. 2. 18: »Was hätten die Arbeiter tun sollen, musterhafte Streikorganisation, mit einem Schlag in ganz Deutschland losbrechen – die Regierung hätte sofort einlenken müssen, in zwei bis drei Tagen wäre alles erfolgreich beendet gewesen.«

28. 8. 18: »Meine agitatorische und unermüdlich befeuernde Tätigkeit im Dienste der Partei, bei welcher ich kein Blatt vor den Mund nehme, wird mich ohne Zweifel in Konflikt mit meiner Behörde bringen. ... Konflikt mit Behörden heißt aber, nicht-mehr-reklamiert werden, also einrücken und dann selbstredend ins Feld müssen – und schließlich vielleicht Krüppel werden – oder tot.«

Kurz nach der Novemberrevolte im Jahre 1918 war er Vorsitzender des Augsburger Arbeiter- und Soldatenrats und wurde Anfang 1919 in den Zentralen Arbeiter- und Soldatenrat in München entsandt. In diesem übernahm er nach kurzer Zeit den Vorsitz und vereinigte nach der am 21. Februar 1919 erfolgten Erschießung des »Ministerpräsidenten« Eißner die gesamte vollziehende Gewalt in Bayern in seiner Hand. Auf Veranlassung des neuen nachfolgenden Ministerpräsidenten Hoffmann behielt er diese Stellung auch bei, als Bestrebungen zur Bildung einer Räterepublik hervortraten, und hatte sie noch bei der am 6. und 7. April 1919 in München erfolgten Ausrufung der Räterepublik inne, an der er maßgeblich beteiligt war. Als Vorsitzender des »Revolutionären Zentralrats« veranlaßte er die von diesem einstimmig beschlossene Veröffentlichung einer Kundgebung an das bayerische Volk, in der entgegen dem Vorläufigen Staatsgrundgesetz vom 17. März 1919 die Diktatur des Proletariats erklärt und die Übernahme der öffentlichen Gewalt durch die Arbeiter- und Soldatenräte, die Entlassung des Landtages und die Ersetzung der Minister durch Volksbeauftragte bekanntgegeben wurde; ferner wies Niekisch am 7. April 1919 die bayerischen Verwaltungsbehörden an, die Ausrufung der Räterepublik bekanntzugeben und zu feiern. Seine jetzige Darstellung, er habe sich seinerzeit gegen die Ausrufung der Räterepublik gewandt, wird nicht durch seine früheren Einlassungen bei seinen polizeilichen bzw. richterlichen Vernehmungen am 5. und 15. Mai 1919, in denen er die Einstimmigkeit des gefaßten Beschlusses zugab, sondern auch dadurch widerlegt, daß er, wie er heute noch einräumt, damals aus innerster Überzeugung Anhänger des Rätegedankens war. Am 8. April 1919 legte der Angeklagte Niekisch den Vorsitz im Zentralrat nieder, erklärte aber seine Bereitwilligkeit zur weiteren Mitarbeit und blieb weiter in ihm. Nach der Niederwerfung des Münchner Aufstandes wurde er am 5. Mai 1919 festgenommen und am 23. Juni 1919 von dem standrechtlichen Gericht in München wegen Beihilfe zum Hochverrat zu zwei Jahren Festungshaft verurteilt, die er auch verbüßt hat (B 425/19 des standrechtlichen Gerichts München). In einem sich anschließenden Dienststrafverfahren wurde seine Entlassung aus dem Schuldienst ausgesprochen.

Am 1. Mai 1919 trat Niekisch zur USPD über, weil er, wie er in der Begründung seines Aufnahmegesuches angegeben hat, als überzeugter Anhänger des Rätesystems in Gegensatz zur Politik der SPD geraten war. Noch während der Strafverbüßung wurde er auf der Liste der USPD zum bayerischen Landtagsabgeordneten gewählt; sein Mandat übte er nach der am 29. August 1921 erfolgten Entlassung aus der Strafhaft bis zum Jahre 1922 aus und schloß sich sodann wieder der SPD an, in der er sich für die Gewerkschaftsbewegung entschied. Er erhielt damals in der wirtschaftlichen Abteilung des »Textilarbeiterverbandes« die Stelle eines Sekretärs und siedelte deshalb nach Berlin über. Während seiner gewerkschaftlichen Tätigkeit arbeitete er auch schriftstellerisch und geriet dabei in Gegensatz zum Parteivorstand, als er in einer im Jahre 1924 oder 1925 herausgegebenen Schrift ›Weg der deutschen Arbeiterschaft zum Staat‹ sowie in Einzelaufsätzen den Standpunkt vertrat, daß die deutsche Arbeiterschaft zur Wehrwilligkeit erzogen werden müsse. Ein deshalb gegen ihn eingeleitetes Ausschlußverfahren kam zwar nicht zum Abschluß; indessen schied Niekisch freiwillig aus der SPD aus, als er erkannte, daß auch von gewerkschaftlicher Seite versucht wurde, ihn beiseite zu drängen. Im Sommer 1926 schloß er sich der »Altsozialistischen Partei« (ASP) an. Hier übernahm er die Schriftleitung der in Dresden erscheinenden Parteizeitung ›Der Volksstaat‹, in der er mit besonderem Nachdruck der Reparationspolitik der Reichsregierung entgegentrat. Als er daraufhin auf Veranlassung des damaligen Reichsaußenministers Dr. Stresemann von dem der ASP angehörenden sächsischen Ministerpräsidenten Held gedrängt wurde, seinen Kampf gegen die Regierungspolitik einzustellen, gab er im Oktober 1928 seine Schriftleitertätigkeit für diese Zeitung auf und widmete sich von nun ab ganz als freier Schriftsteller ohne politische Bindungen der von ihm bereits seit dem Jahre 1926 nebenher und seit Dezember 1927 dann in eigenem Verlag herausgegebenen Zeitschrift ›Widerstand‹.

Bereits in den Jahren 1924 und 1925 arbeitete der Angeklagte Niekisch neben seiner eben erwähnten gewerkschaftlichen Tätigkeit im Textilarbeiterverband an der Zeitschrift ›Der Firn‹ mit, die von einem Kreis gemäßigter Sozialdemokraten herausgegeben wurde und deren darin vertretene Gedanken er selbst weitgehend teilte; später übernahm er auch deren Schriftleitung. Hierbei kam er in nähere Beziehungen zu einer als »Hofgeismarer Kreis« bezeichneten Gruppe von Jungsozialisten, deren Einstellung zur Wehrfrage und zur deutschen Außenpolitik mit der seinen übereinstimmte. Als nun die Zeitschrift ›Der Firn‹ aus Mangel an Beziehern ihr Erscheinen einstellen mußte, entschloß Niekisch sich im Jahre 1926 zur Herausgabe einer eigenen Zeitschrift, die vornehmlich der schriftstellerischen Schulung der ihm nahestehenden Jungsozialisten und als deren Sprachrohr dienen sollte. Als Grundgedanken sollte der »Kampf gegen die Versailler Mächte und den dahinter stehenden Geist des Westens und Roms sowie gegen jede Art der Überfremdung« herausgestellt werden. Angeregt durch eine in dem Clausewitzschen Werke ›Vom Kriege‹ gegebene Begriffsbestimmung: »Widerstand ist eine Tätigkeit, durch die soviele von des Feindes Kräften zerstört werden, daß er seine Absichten aufgeben muß«, wählte Niekisch als Titel für die neue Schriftenfolge das Wort »Widerstand«; er bezeichnete sie zuerst als ›Zeitschrift für nationalrevolutionäre Politik‹, später ›Zeitschrift für sozialistische und nationalrevolutionäre Politik‹. Als sich ergab, daß die Zeitschrift einen über die jungsozialistische Gruppe hinausgehenden Leserkreis fand, nahm Niekisch diesen Erfolg zum Anlaß, die Zeitschrift weiter auszubauen, und gründete im Dezember 1927 in Dresden einen eigenen »Widerstands-Verlag«, den er im April 1929 nach Berlin verlegte. Nach außenhin trat, angeblich weil er damals noch Hauptschriftleiter des ›Volksstaats‹ war, als Inhaberin seine Ehefrau – Anna Niekisch – auf, während er selbst Handlungsvollmacht hatte. Tatsächlich war er selbst bis zuletzt der geistige und geschäftliche Leiter des Unternehmens.

Im Laufe der Zeit bildete sich um die Zeitschrift ›Widerstand‹ ein größerer Abnehmer- und fester Leserkreis, woraus sich dann, wie Niekisch angegeben hat, allmählich die »Widerstandsbewegung« entwickelte. Maßnahmen in der Richtung, die Anhänger und Leser des ›Widerstand‹ organisatorisch zusammenzuschließen, wurden in der ersten Zeit nicht getroffen, weil Niekisch damals zur Zeit seines Ausscheidens aus der SPD der Auffassung war, daß »für die Verwirklichung seines politischen Geschichtsbildes die Zeit noch nicht gekommen sei und sich jede politische Form, sei es in der Gestalt einer Partei oder Vereinigung, deshalb nicht empfehle«.

II.
Die Maßnahmen zur Schaffung einer Organisation in der Widerstandsbewegung.

1. *Erste Versuche Niekischs zu einem Zusammenschluß nationaler Verbände auf der Grundlage seines Widerstandsgedankens.*

Jedoch zeigten sich bereits im Frühjahr 1928 Bestrebungen des Angeklagten Niekisch, nationale Verbände und kleinere rechtsgerichtete Gruppen auf der Grundlage seines Widerstandsgedankens zusammenzuschließen. Damals wollten er und der ihm nahestehende ehemalige Oberpräsident August Winnig, wie sich aus seinem Schreiben vom 8. Juni 1928 an Drexel ergibt, die ASP aufgeben und »die Bewegung, für die wir weiterhin tätig zu sein gedenken, ganz auf den *in der Widerstandsgesinnung wurzelnden Befreiungsgedanken* stützen«. Etwa seit dieser Zeit unternahm Niekisch, der übrigens bereits seit dem Jahre 1926 auf Tagungen und Zusammenkünften von sog. vaterländischen Verbänden aufgetreten war, Versuche, mit einer Anzahl dieser Verbände, darunter dem Bund Oberland, dem Jungdo, Stahlhelm, Wehrwolf, den Geusen u. a., in nähere politische Verbindung zu kommen und sie in eine gemeinsame Front gegen die Politik des Reiches, vorerst zu einer losen Gemeinschaft um den Bund Oberland herum, zusammenzuschließen. Aufgabe dieses Gebildes sollte es sein, alle nationalen Organisationen mit nationalaktiver Gesinnung – mit Widerstandsgesinnung – zu durchsäuern, wobei »die Bildung eines besonders zielbewußten und eng verbundenen Kreises als eines festgefügten und richtunggebenden Gerippes überlegt werden könne« (vgl. Brief Niekischs an Drexel vom 13. März 1929). Diese Bemühungen scheiterten jedoch hauptsächlich an dem Gegensatz zwischen Stahlhelm und Jungdo. In einem Brief an Drexel vom 20. August 1929 brachte Niekisch zum Ausdruck, er »würde einen großen Erfolg darin sehen, wenn wir wirklich 300 ganz zuverlässige Menschen zusammenbrächten. Falls sie in alle Kreise und Zirkel und Bünde und Parteien hineinreichen: Dann läßt sich viel damit ausrichten. Man muß von innen her zu einer gewissen Einflußnahme auf die Direktion der großen Organisationen kommen«. Ebensowenig führten im Jahre 1930 unternommene Versuche zu einem greifbaren Ergebnis, mit dem Wehrwolf, dem Bund Oberland, Absplitterungen des Stahlhelm und kleineren nationalen Gruppen einen »Widerstandsblock«, der unter Niekischs Führung stehen sollte, zu bilden, wofür Niekisch in seinen an Drexel gerichteten Briefen vom 29. April und 2. Mai 1930 seine organisatorische Gesamtkonzeption umriß und einige knappe Richtlinien aufstellte. Im Oktober 1930 lud der Angeklagte Niekisch die Anhänger seiner Widerstandsbewegung zu einer Tagung auf die Burg Lauenstein ein. Zu dieser erschienen etwa 100 Teilnehmer, unter denen sich eine Anzahl Angehöriger nationaler Verbände, darunter auch Oberländer, befanden, die in ihren Rundbriefen hierzu aufgefordert worden waren. In dem Schreiben Niekischs vom 20. Oktober 1930 an Drexel, das sich mit dieser Lauensteiner Tagung befaßt und über die Drexel in den Oberlandbriefen berichten sollte, heißt es u. a.:

»...Zwischen den Angehörigen verschiedener Gruppen wurde vereinbart, eine Mittelstelle zu schaffen, die die verschiedensten Gruppen auf eine große politische Linie allmählich bringen solle. Mit der Wahrnehmung dieser Vermittlungsstelle wurde Ernst Niekisch betraut ...

Als allgemeine politische Basis, die den verschiedenen Gruppen gemeinsam ist, wurde im allgemeinen folgendes festgestellt:

1. Man ist Gegner der Demokratie und des besitzbürgerlichen Faschismus.
2. Man betrachtet die Frage des Privateigentums an den Produktionsmitteln unter staatspolitischen Gesichtspunkten, ist von der nur bedingten Berechtigung des Privateigentums überzeugt ...
3. Man steht auf dem Boden der russischen Orientierung, fühlt seine Gemeinsamkeit mit allen unterdrückten Völkern und Minderheiten (Süd-Tirol), enthält sich infolgedessen der Kolonial-Propaganda und wahrt der kommunistischen Partei gegenüber Neutralität ...«

In diesem Sinne wurde hierüber dann auch in einem der Oberland-Rundbriefe Bericht erstattet.

2. *Die Oberland-Kameradschaften des Bundes »Oberland« und ihr Aufgehen in der Widerstandsbewegung.*

(Persönlichkeit und politischer Werdegang der Angeklagten Drexel und Tröger.)

Erst Anfang 1931 kam es in der Widerstandsbewegung zu einem organisatorischen Zusammenschluß, als in ihr die sog. Oberland-Kameradschaften, die im damaligen Reichsgebiet verbliebenen Reste des Bundes Oberland, aufgingen.

Das Freikorps Oberland war am 12. April 1919, einige Tage nach der durch den Angeklagten Niekisch als Vorsitzenden des Zentralen Arbeiterrates in München erfolgten Ausrufung der Räterepublik gebildet worden; es wurde damals, etwa 1500 Mann stark, während und nach den Kämpfen in München gegen diese Räteherrschaft verwendet und am 31. Oktober 1919 wieder aufgelöst. Aus Anlaß der oberschlesischen Unruhen wurde im Mai 1921 ein neues Freikorps unter demselben Namen zusammengestellt und unter der Führung des Hauptmanns Beppo Römer, des Majors Horadam und des Hauptmanns Österreicher in Oberschlesien, insbesondere am Annaberge, eingesetzt, im August 1921 jedoch von der preußischen Regierung verboten. Ein Teil seiner Angehörigen gründete am 31. Oktober 1921 in München den »Bund Oberland e. V.«, der vor allem in Bayern und Schlesien Fuß faßte und völkische Gedankengänge vertrat. Nachdem er am 23. September 1922 in München behördlich aufgelöst worden war, sammelten sich die Anhänger in dem Bund »Treu-Oberland« wieder. Dieser trat in nahe Beziehungen zur NSDAP, war am 9. November 1923 an den Münchner Ereignissen beteiligt und wurde deshalb verboten, bestand aber dessen ungeachtet unter dem Decknamen »Deutscher Schützen- und Wanderbund« weiter. Nachdem das Verbot am 14. Februar 1925 aufgehoben worden war, übernahm der jetzige Staatsrat Dr. Friedrich Weber die Bundesführung. Entsprechend der großdeutschen Einstellung des Bundes galt seine Arbeit vornehmlich den Fragen des Grenz- und Auslandsdeutschtums. Gegenüber anderen nationalen Verbänden bewahrte er eine betonte Selbständigkeit. Die Bundeszeitschrift wurde zunächst unter dem Titel ›Drittes Reich – Eckart-Briefe‹ herausgegeben und erschien, nachdem am 21. November 1926 ein eigener Bundesverlag gegründet worden war, unter dem Namen ›Das Dritte Reich‹.

Seit dem Jahre 1926 hielt der Angeklagte Niekisch auf Einladung Dr. Webers häufiger auf Oberlandtagungen und vor örtlichen Oberlandgruppen außenpolitische Vorträge. Hierdurch war er mit dem Angeklagten *Drexel* und flüchtig auch mit dem Angeklagten *Tröger* bekanntgeworden.

Über deren Persönlichkeit und politischen Werdegang ist folgendes zu sagen:

Der Angeklagte *Drexel*, Sohn eines Kaufmanns, bestand nach dem Besuch der Volksschule und des Reformrealgymnasiums in Nürnberg im Jahre 1914 die Notreifeprüfung und rückte als Kriegsfreiwilliger ins Feld. Vorwiegend gehörte er der Fliegertruppe als Funker an und wurde im Jahre 1917 zum Leutnant d.R. befördert; er besitzt das EK II, das Bayerische Militärverdienstkreuz und das Ehrenkreuz für Frontkämpfer. Nach Kriegsende gehörte er zunächst dem Freiwilligenbataillon Rauscher, später bis zum Mai 1920 dem Freikorps Epp als Nachrichtenoffizier an und nahm an der Niederwerfung der Aufstände in Nürnberg teil. Nebenher studierte er Volkswirtschaft und promovierte im Jahre 1923 zum Dr. rer. pol. Vom Jahre 1923 ab war er als Hilfsarbeiter bei einer Zweigstelle des Auswärtigen Amtes, als Syndikus bei dem Bayerischen Industriellenverband sowie in kaufmännischen Stellungen tätig und fand vom Jahre 1929 ab Beschäftigung bei der Nürnberger Lebensversicherungsbank, wo er zuletzt Prokurist und Abteilungsleiter war. – Die kinderlose Ehe des Angeklagten ist im Jahre 1937 geschieden worden. Einer politischen Partei hatte Drexel nicht angehört, er war aber im Jahre 1928 auf Vorschlag des Angeklagten Niekisch auf der Parteikonferenz der ASP auf die Reichsliste dieser Partei gesetzt worden. Er ist Mitglied der Reichskulturkammer, der DAF und des RLB.

Der Angeklagte Drexel trat im Jahre 1923 auf Veranlassung seines Kriegskameraden Heidingsfelder in Nürnberg in Beziehungen zu der »Vereinigung ehemaliger Angehöriger des Fliegerkorps«; als es dort zu ernstlichen Auseinandersetzungen über die politische Einstellung kam, gründete er mit Heidingsfelder den »Völkischen Fliegerbund« und übernahm das Amt des ersten Vorsitzenden. Um dieselbe Zeit (1923) trat er dem Bund »Oberland« bei, wo er sich zunächst als Gruppenführer der militärischen Ausbildung der Mitglieder widmete. Im Jahre 1925 wurde er in die Führung dieses Bundes berufen und zum Kreisleiter für Mittelfranken ernannt; damit zog er sich von der Arbeit für den »Völkischen Fliegerbund« völlig zurück. In seinen Vorträgen vertrat er, angeregt durch die in der Zeitschrift ›Widerstand‹ erschienenen Aufsätze und Gedankengänge Niekischs, den er im Jahre 1926 auf einer Oberlandtagung kennengelernt hatte und dessen politische Auffassung er weitgehend teilte, die Meinung, daß eine wirtschafts- und militärpolitische Annäherung an Rußland im Kampf gegen das Versailler Diktat notwendig sei. Auch betätigte er sich schriftstellerisch für die Oberlandzeitung ›Das Dritte Reich‹.

Der Angeklagte *Tröger*, dessen Vater Rechtsanwalt in Wunsiedel war, besuchte die Volksschule und das Gymnasium. Im Juni 1918 wurde er zu dem 11. Bayerischen Infanterieregiment einberufen, kam jedoch nicht mehr an die Front. Im Jahre 1919 trat er dem Freikorps Epp bei und kämpfte bei den Unruhen in München und Hamburg mit. Während dieser Zeit erhielt er ohne Prüfung das Reifezeugnis. Anschließend widmete er sich vom Herbst 1919 ab dem Rechtsstudium. Während seiner Studienzeit gehörte er dem Studentenbataillon in Erlangen an. Im Jahre 1921 nahm er im Freikorps Oberland einige Monate an den Kämpfen in Oberschlesien, u.a. am Annaberg, teil und wurde dort mit den beiden Schlesischen Adlerorden ausgezeichnet. Um die Jahreswende 1922 auf 1923 gründete er auf Veranlassung des ihm befreundeten Führers des Bundes Oberland Dr. Friedrich Weber in Erlangen eine Ortsgruppe dieses Bundes, deren Führung er übernahm. Während der Ruhrbesetzung war er etwa drei Monate lang mit einem Sabotagetrupp in der Eifel und im Ruhrgebiet tätig. Im Jahre 1926 legte er die zweite juristische Staatsprüfung ab und ließ sich in Bayreuth als Rechtsanwalt nieder. Am 1. Dezember 1927 wurde er als Assessor bei der Reichszollverwaltung eingestellt und im Jahre 1931 zum Regierungsrat in Nürnberg ernannt. Von dort wurde er am 1. April 1934 als Vorsteher an das Hauptzollamt in Rosenheim und am 1. Mai 1936 an das Landesfinanzamt in Breslau versetzt. Der Angeklagte ist seit dem Jahre 1927 verheiratet und hat vier Jungen im Alter von 3 bis 9 Jahren.

Seit dem Jahre 1924 widmete er sich der Arbeit für den Bund Oberland und stand dabei mit Dr. Weber in enger Fühlung. Von 1924 bis zum Herbst 1925 war er Führer des Bezirks Fichtelgebirge (»Siebenstern«) des damals verbotenen Bundes Oberland und übernahm anschließend die Leitung des Bezirks Regensburg. Mitte 1926 wurde er in die Bundesführung berufen, wo er Auslandsfragen und Fragen der deutschen Ostmark bearbeitete. Bald darauf wurde er als Leiter des Kreises Oberfranken und am 1. Dezember 1927 als Landesleiter Nordbayern eingesetzt. Nachdem er dieses Amt im Jahre 1928 wegen Überlastung niedergelegt hatte, übernahm er die Schriftleitung der Bundeszeitung ›Das Dritte Reich‹. Im Jahre 1929 hatten sich dann Niekisch und Tröger, der damals vom Januar bis Spätsommer als Bezirkszollkommissar in Sebnitz bei Dresden Dienst tat, näher kennengelernt, wobei sich eine weitgehende Übereinstimmung ihrer politischen Auffassung, daß der Kampf gegen die Versailler Mächte in enger bündnismäßiger Anlehnung an Sowjetrußland geführt werden müsse, ergab.

Drexel und Tröger betätigten sich in der Folgezeit schriftstellerisch auch in Niekischs Zeitschrift ›Widerstand‹, während dieser hin und wieder Aufsätze für die Oberlandzeitung ›Das Dritte Reich‹ lieferte.

Im Jahre 1929 erwog die Führung des Bundes Oberland, darunter auch die Angeklagten Drexel und Tröger, die Überführung eines großen Teils ihrer Bundesmitglieder in die NSDAP, in der Erkenntnis, daß der Bund lediglich als Zusammenschluß ehemaliger Freikorpskämpfer auf die Dauer nicht lebensfähig sei. Zu dem Zwecke fanden Verhandlungen mit dem jetzigen Reichsführer SS Himmler statt, der einer Gesamtübernahme in die SS grundsätzlich zustimmte. Vor Abschluß der Verhandlungen trat im Herbst 1929 Dr. Weber von der Bundesführung zurück, und Drexel und Tröger beriefen nun für Dezember 1929 eine Generalversammlung ein. Der dort auf Grund der Verhandlungen mit der NSDAP gestellte Auflösungsantrag wurde jedoch infolge des Widerspruches der österreichischen Gruppen abgelehnt. Zum ersten Bundesführer wurde auf ein Jahr der Generalmajor a. D. Aechter in München gewählt. In dieser Zeit fanden infolge der engen Beziehungen Trögers und Drexels zu Niekisch sowie durch dessen häufigeren Vorträge die Gedanken der Widerstandsbewegung auch in den Reihen der Kameraden des Bundes Oberland immer mehr Eingang, und es wurde auch eifrig für Niekischs Zeitschriften geworben. Tröger wies in seinem Briefe an den Oberlandkameraden Studienrat Dr. Griessbach vom 8. Dezember 1930 darauf hin:

»Adolf Hitler ist immer noch große Mode ... Was die NS seit den Reichstagswahlen sich an Verbeugungen jeder Art vor dem Westen geleistet haben, ist riesig, aber es haben nur wenige durchschaut ... Niekischs Buch ›Entscheidung‹ trägt in seiner Unerbittlichkeit und der Grausamkeit der Forderungen sicher viel zur Klärung bei. Man müßte nur versuchen, das Buch, das von der Presse bisher fast gänzlich totgeschwiegen wurde, weiterzuverbreiten.«

Bei der auf der Generalversammlung des folgenden Jahres (Dezember 1930) stattfindenden Neuwahl des Vorsitzenden des Bundes Oberland erlangte gegen die Stimmen der nordbayerischen und sächsischen Gruppen, die für die Wiederwahl Aechters eintraten, der Fürst Starhemberg durch die südbayerischen und österreichischen Stimmen eine knappe Mehrheit. Dies führte zu scharfen Auseinandersetzungen innerhalb des Bundes und schließlich zum Austritt des größeren Teils der reichsdeutschen Gruppen. Während ein Teil dieser ausgetretenen Gruppen zur NSDAP übertrat, schlossen sich auf einer von dem Angeklagten Tröger bald darauf – Ende Januar 1931 – nach Nürnberg einberufenen Versammlung der Führer der restlichen, insgesamt etwa 400 bis 500 Mitglieder zählenden, Kameradschaften zu neuen örtlich und landschaftlich selbständigen Oberlandkameradschaften zusammen, die mit dem alten Bund »Oberland« nichts mehr zu tun hatten. Solche Kameradschaften entstanden u.a. in München, Nürnberg, Erlangen, Bamberg, Leipzig, Breslau, in der Oberpfalz und an einigen anderen Orten. Zum Führer dieser Oberlandkameradschaften wurde der Generalmajor a.D. Aechter eingesetzt, während Tröger die organisatorische und damit die eigentliche Leitung übernahm. Ihm wurden die Führer der örtlichen Kameradschaften, die wiederum zu einer Führerkameradschaft zusammengefaßt wurden, unterstellt; diese hatten ihrerseits ihre Gruppen zu organisieren, die Beiträge der Mitglieder an Tröger abzuführen und auf regelmäßigen Versammlungen politische Vorträge zu halten. Auf dieser Nürnberger Tagung, an der auch Niekisch teilgenommen hatte, trat zum ersten Mal die enge Anlehnung der Oberlandkameradschaft an die Widerstandsbewegung, die schon seit dem Jahre 1930 immer stärker geworden und auch in Oberlandrundschreiben zum Ausdruck gekommen war, nach außen hin und endgültig in Erscheinung; der Abmarsch eines Teils Oberlands in die Widerstandsbewegung war damit vollzogen. In der nächsten Zeit wurde dann auch die Zusammenlegung der örtlichen Oberlandkameradschaften mit den örtlichen Widerstandsgruppen durchgeführt; erstere wurden zugleich der Kern der Widerstandsbewegung. Im Frühjahr 1931 hatte schließlich auch die Oberlandzeitschrift ›Das Dritte Reich‹, nachdem sie bereits seit dem 1. Januar 1930 ab nur noch als Kopfblatt des ›Widerstand‹ herausgegeben war, endgültig ihr Erscheinen eingestellt. Von da ab bildete ausschließlich die Zeitschrift ›Widerstand‹ das Bundesblatt auch der Oberlandkameradschaften; sie wurde von den meisten Mitgliedern gelesen, und die darin veröffentlichten Aufsätze bildeten den Stoff für die politischen Abende.

3. Die Organisation der Widerstandsbewegung seit dem Jahre 1931.

Gleichzeitig mit dem Aufgehen der Oberlandkameradschaften in die Widerstandsbewegung und der Zusammenlegung der einzelnen Oberlandkameradschaften mit den Widerstandsgruppen befaßten sich der Angeklagte Niekisch und insbesondere der Angeklagte Tröger mit dem Auf- und Ausbau einer strafferen Organisation innerhalb der durch die Eingliederung der zahlreichen aktiven und einsatzbereiten Oberländer verstärkten Widerstandsbewegung. So teilte Niekisch in seinem Briefe vom 4. März 1931 an Tröger diesem anläßlich einer Tagung des Dortmunder Widerstandskreises, zu der zahlreiche Oberländer erschienen waren, über organisatorische Fragen folgendes mit:

> »... Anderen Tages war dann eine organisatorische Besprechung. Gerade wegen der besonderen Verhältnisse im Westen habe ich ein Organisationsschema entworfen. Dieses Organisationsschema liegt als Durchschlag vor. Mir erscheint der Name ›Widerstandsfront‹ für größere Bezirke sehr geeignet. So könnten wir auch eine Widerstandsfront Sachsen einführen. Ferner entwickelte ich, was zu tun sei ...«

Auf dieser Tagung führte er selbst mehrere Widerständler in ihre Ämter ein, verpflichtete sie und eine größere Anzahl Gruppenführer gemäß der Formel: »Ich gelobe als Kamerad der Sache deutschen Widerstandes Treue und Gehorsam« und wies die Gruppenführer an, in gleicher Weise ihre Mitglieder zu verpflichten; Niekisch empfahl dann Tröger noch, daß man dies allgemein durchführen sollte.

Tröger entwarf schließlich für den engeren Kreis der führenden Männer der Widerstandsbewegung eine *Kameradschaftsordnung,* die dann auf der für den 2. bis 4. Oktober 1931 nach der Leuchtenburg bei Kahla einberufenen Tagung angenommen wurde. Diese Kameradschaftsordnung lautet in ihren wichtigsten Teilen:

> »1. Zur Kameradschaft des Widerstands kann nur gehören, wem die deutsche Freiheit so sehr unbedingter Wert und höchstes Gut ist, daß er um ihretwillen schlechthin jeden Einsatz für gerechtfertigt hält und auch zu leisten bereit ist. So

schwer es gegenwärtig ist, ein Deutscher zu sein: Die Kameraden sind es um jeden Preis und unter allen Umständen.

2. In die Kameradschaft des Widerstands werden die in der Widerstandsbewegung an führender Stelle stehenden oder mit besonderen Aufgaben betrauten Kameraden berufen. Um eine solche Berufung kann sich also jeder bewerben, der eine örtliche oder landschaftliche Gefolgschaft (Widerstandsgruppe, Widerstandskreis, Gruppe eines Bundes oder einer sonstigen Organisation, welche die Widerstandshaltung bejaht, Zelle oder dgl.) hinter sich hat oder der als Vertrauensmann der Widerstandsbewegung für einen bestimmten Bereich aufgestellt ist oder dem innerhalb einer Gefolgschaft bestimmte Führeraufgaben zugeteilt sind oder der ein für die Widerstandsarbeit wichtiges Arbeits- oder Beobachtungsgebiet (Einflußbereich) innehat.

3. Freiwillige Erfüllung aller übernommenen Pflichten und ein ständiger Dienst an der Erringung und Erhaltung deutscher Freiheit ist hervorstechendstes Merkmal der Kameradschaft. Soweit ein Kamerad keine Befehle erhält, leistet er seine Widerstandsarbeit aus eigenem Entschluß und eigener Verantwortung.

4. Der Berufung in die Kameradschaft muß eine längere Bewährungszeit vorausgehen ...

5. Die endgültige Berufung erfolgt durch Beschluß der Obersten Führung der Widerstandsbewegung ...

6. An der Spitze der Kameradschaft steht die *Oberste Führung*. Diese besteht aus dem Führer und aus den in sie berufenen Beauftragten. Die Beauftragten sind mit besonderen Vollmachten ausgestattete Kameraden.

Die Oberste Führung bestimmt die gesamten Richtlinien der Arbeit der Kameradschaft und damit der Widerstandsbewegung überhaupt.

7. *Der Beauftragte* der Widerstandsbewegung bestimmt im Rahmen der Obersten Führung die gesamten organisatorischen Fragen der Kameradschaft und der Widerstandsbewegung.

8. Sämtliche Kameraden werden zur Entrichtung einer *Vierteljahresspende* verpflichtet ...

Kameraden, die Gefolgschaftsführer sind, haben neben der eigenen Spende auch noch eine Spende ihrer Gefolgschaft (Widerstandskreis, Widerstandsgruppe usw.) abzuführen.«

Zur besonderen Unterrichtung der Kameraden war unter Ziffer

11 die Herausgabe gedruckter vertraulicher Rundbriefe vorgesehen, in denen auch die Weisungen der Führung, die »für die Kameraden Befehle sind«, bekanntgegeben werden sollten. Unterzeichnet war diese Kameradschaftsordnung: »Die Oberste Führung der Widerstandsbewegung«.

Die angekündigten Rundbriefe wurden – als Fortsetzung der früheren Oberlandrundbriefe – in Abständen von etwa sechs Wochen bis zum 26. April 1933 regelmäßig von Tröger als Beauftragten der Widerstandsbewegung im Einvernehmen mit Niekisch an die führenden Kameraden, die ihrerseits die anderen Kameraden zu unterrichten hatten, versandt; sie enthielten von Niekisch entworfene Abhandlungen über die jeweilige politische Lage sowie Anweisungen für die Mitglieder. In dem Rundbrief vom 25. Oktober 1931 wurde auch die Kameradschaftsordnung, die bereits in einem Rundschreiben vom 29. Juli 1931 vorläufig und seit dem 1. Juli 1931 in Kraft befindlich mitgeteilt war, vollständig bekanntgegeben; auf sie wurde auch in den meisten der späteren Rundbriefe, teilweise unter auszugsweiser Wiederholung (vgl. Rundbrief vom 24. Dezember 1931, 29. Februar, 24. Juni, 26. August, 5. Oktober 1932 und 26. April 1933), sowie am Schluß der Werbeschrift ›Politik deutschen Widerstands‹ hingewiesen.

Die Aufnahme der von der Obersten Führung berufenen Mitglieder wurde im allgemeinen auf den Jahrestagungen in feierlicher Form dadurch vollzogen, daß diese Niekisch gegenüber folgende Erklärung abgaben:

> »Ich gelobe als Kamerad aus freiem Entschluß und willigem Herzen der Sache des deutschen Widerstands Treue und Gehorsam. Ich fühle mich in jeglichem Lebenszusammenhange als Soldat des deutschen Widerstands, der um der deutschen Zukunft willen zu jeglichem Einsatz bereit ist. Ich will mich unverbrüchlich an mein Gelöbnis gebunden halten, weil Deutschlands Schicksal sich nur wenden läßt, wenn sich Männer finden, die der schwarzen Fahne des deutschen Widerstands bis zum Tode die Treue wahren.«

Hierauf wurden sie von Niekisch durch Handschlag verpflichtet und führten nun, jedenfalls seit dem Jahre 1932 und der Tagung der Widerstandsbewegung auf der Schwarzburg/Thür. im September 1932, die Bezeichnung »Reichskameraden«. Von Tröger wurde außerdem entsprechend Ziffer 10 der Kameradschaftsordnung ein auch dem Angeklagten Niekisch bekanntes (vergl. seinen Brief an Tröger vom 30. September 1932) »Feldgericht« geschaffen, das über den Ausschluß von Reichskameraden befinden sollte; es soll nur einmal, und zwar am 20. Dezember 1932 unter dem Vorsitz des Rechtsanwalts Dr. Hörstel auf Antrag des Beauftragten der Widerstandsbewegung, mit der Ausschlußangelegenheit gegen den Dresdner Kameraden Rudolf Klemm getagt haben.

Von der Erwägung ausgehend, daß das Ziel, das sich die Widerstandsbewegung gesetzt hat, nicht dadurch, daß die Tatkräftigsten der Bewegung miteinander Verbindung halten und das auch »mit guter Gesinnung allein nicht erreicht werden« kann, sollte all denen, denen Fühlungnahme und gemeinsame kameradschaftliche Zusammenarbeit Bedürfnis ist, die Möglichkeit hierzu gegeben werden. Es gab demgemäß neben dieser Kameradschaft (Reichskameradschaft) der führenden Kameraden der Widerstandsbewegung noch örtliche Widerstandsgruppen und -trupps, örtliche Widerstandskreise und den bereits im August 1931 gegründeten Bund »Der Freunde der Widerstandsbewegung«. In dem Rundbriefe vom 29. Februar 1932 wurde im Hinblick auf zahlreiche Anfragen von Widerständlern über das Anwendungsgebiet der verschiedenen Organisationsformen ein Überblick über die organisatorischen Grundgedanken der Widerstandsbewegung gebracht, der wie folgt lautet:

I. Führende Kameraden gehören in die *Kameradschaft des Widerstands* (maßgebend ist die Kameradschaftsordnung).

II. a) Männer, welche sich völlig auf den Boden der Widerstandsbewegung stellen und in der Widerstandsbewegung für die deutsche Befreiung zu arbeiten bereit sind, gehören in die örtliche *Widerstandsgruppe.*
b) Männer, welche der Widerstandsgruppe angehören und körperlich voll leistungsfähig sind (schematische Grenze: 30 Jahre!), gehören in den *Widerstandstrupp.*

III. Männer, welche mit der Widerstandsbewegung sympathisieren, gehören in den örtlichen *Widerstandskreis.*

IV. Männer, welche mit der Widerstandsbewegung sympathisieren und welche bereit sind, diese finanziell zu unterstützen, gehören in den *Bund der Freunde der Widerstandsbewegung.*

V. Frauen, welche mit der Widerstandsbewegung sympathisieren oder völlig auf dem Boden der Widerstandsbewegung stehen, gehören in den *Bund der Freunde der Widerstandsbewegung.*

Hiernach zog sich, wie es in der Werbeschrift ›Politik deutschen Widerstands‹ heißt, vor der Machtübernahme über das ganze deutsche Gebiet nicht nur ein »Netz von Vertrauensleuten der Widerstandsbewegung, deren Aufgabe es war, mit allen Mitteln die Widerstandsgesinnung zu verbreiten, den Einfluß der Widerstandsbewegung zu erweitern, Gleichgesinnte zu sammeln und neue Kameraden zu gewinnen«, sondern es bestanden an zahlreichen Orten in den verschiedensten Teilen des Deutschen Reiches Stützpunkte der Widerstandsbewegung, die sich in Widerstandskreise und nach soldatischen Grundsätzen aufgebaute Widerstandsgruppen gliederten. Im Rahmen der Widerstandskreise, die z.B. in Berlin und Nürnberg je etwa 200 Personen umfaßten, wurden etwa allmonatlich Vorträge und Referate gehalten, die allen Anhängern der Widerstandsbewegung zugänglich waren. Die bedeutendsten Widerstands*gruppen* bestanden in Nürnberg, München, Leipzig, Breslau, Hamburg, Dortmund und Berlin, welch letztere im Jahre 1931 auf Betreiben Niekischs gegründet worden war; ihre Mitglieder, deren Zahl nicht sehr groß war, wurden nicht nur in den Gedanken der Widerstandsbewegung geschult, sondern auch in Fragen der Grenzlandarbeit und im Wehr- und Grenzschutzdienst (vgl. den Monatsplan für Januar 1933 der Widerstandsgruppe Leipzig) ausgebildet. Über die den Mitgliedern der Widerstandsgruppen weiter obliegenden Aufgaben ließ sich Niekisch in einem Brief vom 28. November 1931 an Tröger folgendermaßen aus:

> »... Den Leipzigern setzte ich auseinander, daß es nicht auf die Tätigkeit bei den gelegentlichen Zusammenkünften ankomme; so handle jeder Verein. Sie müßten die Arbeit teilen, jeder einzelne müßte einen Auftrag bekommen und diesem Auftrag entsprechend verfahren. So müßte einer in der SA, der andere in der NSDAP, der dritte in DVP arbeiten; in den Ämtern, in den Betrieben müßten Zellen gebildet werden; einer hätte die geistige Ausbildung, ein anderer die Wehrausbildung zu übernehmen und dgl. mehr ...«

Nach einer Mitteilung im Rundbrief vom 31. Januar 1932 machte die ständig fortschreitende Arbeit der Bewegung die Zusammenfassung größerer Gebiete unter einheitlicher Führung notwendig, und es wurden demgemäß für einige größere Gebiete besondere Beauftragte der *Widerstandsfronten* aufgestellt; solche Widerstandsfronten, welche Bezeichnung von Niekisch in dem bereits oben erwähnten Schreiben vom 4. März 1931 vorgeschlagen war, bestanden für Württemberg, Rheinpfalz, Thüringen, Süd-Hannover, Rheinland-Westfalen, Sachsen-Ost und Sachsen-West sowie Rhein-Main-Dreieck.

Die »Oberste Führung« der Widerstandsbewegung bestand aus den Angeklagten Ernst Niekisch, Drexel und Tröger, zwischen denen bis zuletzt auch ein enges persönliches Freundschaftsverhältnis bestand. Während Niekisch als der geistige und eigentliche Führer der Bewegung galt, befaßte sich Tröger mit den organisatorischen Fragen als Beauftragter der deutschen Widerstandsbewegung; an ihn wurden auch die Vierteljahresspenden abgeführt. Dem Angeklagten Drexel wurde das Amt eines »Beauftragten für das Finanzwesen« (Schatzmeister) übertragen; er überließ jedoch Tröger diese Arbeit und bemühte sich hauptsächlich um den Absatz der im Widerstandsverlage erscheinenden Bücher und Schriften.

III.
Die Gedanken und Ziele der Widerstandsbewegung.

Der geistige Führer der Widerstandsbewegung war jederzeit der Angeklagte Niekisch. Seine Gedankengänge und seine politische Zielsetzung bildeten die Grundlage für die Arbeit in den Widerstandskreisen und innerhalb der örtlichen Widerstandsgruppen, wie auch der Stoff für die Versammlungen und Vortragsabende seinen Schriften entnommen wurde. Zu diesen Schriften gehörten die außen- und innenpolitische Fragen behandelnde, monatlich erscheinende Zeitschrift ›Widerstand‹, die seit Oktober 1932 herausgegebene Wochenzeitung ›Entscheidung‹ sowie insbesondere die Bücher ›Gedanken über deutsche Politik‹ (1929), ›Entscheidung‹ (1930) und ›Politik und Idee‹, für deren Absatz innerhalb der Widerstandsgruppen und auch sonst immer eifrig geworben wurde.

Das Ziel der politischen Bestrebungen Niekischs bildete die Erringung der »deutschen Freiheit«. Das der Erringung dieses Zieles hauptsächlich entgegenstehende Hindernis sah er in dem Versailler Diktat und dem hinter ihm stehenden, das Abendland und seine Kultur beherrschenden Weltkapitalismus. Gegen sie forderte er den rücksichtslosesten, alle irgendwie verfügbaren Mittel ausnutzenden Kampf. Nach seiner Auffassung war deshalb eine unbedingte Frontstellung gegen den »romanisch-katholischen Geist«, d.h. gegen die »Westmächte« in weitestem Sinne und ihre politischen, wirtschaftlichen und weltanschaulichen Grundsätze notwendig und die enge Anlehnung an Sowjetrußland das Erfordernis der deutschen Politik. Beeinflußt war Niekisch auch durch Spenglers ›Untergang des Abendlandes‹. In wirtschaftlicher und sozialer Beziehung sah er das »romanische und undeutsche Prinzip« des Privateigentums als den »festesten Riegel, der dem deutschen Volk den Ausweg aus seiner Knechtschaft versperrt«. Dabei ging er davon aus, daß Deutschland durch die »Zone des Bolschewismus« hindurchgehen müsse und daß nur im Zuge der Weltrevolution die Weltsendung des deutschen Volkes, nämlich die Beseitigung der politischen, wirtschaftlichen und kulturellen Vormachtstellung des abendländischen Kapitalismus und die Schaffung eines »Friedensstaates«, unter der Führung der Widerstandsbewegung erfüllt werden könne. Daß dieses Ziel nur durch einen Bürgerkrieg erreicht werden könne, kommt an zahlreichen Stellen seines im Jahre 1930 als Propagandaschrift erschienenen Buches ›Entscheidung‹ zum Ausdruck:

(S. 154/155) »... Organische Reinigungsprozesse verlaufen stets in der Form von Krankheiten; was ausgeschieden werden soll, wehrt sich, von seinem Platze verdrängt zu werden. Auch ein Fäulnisstoff ist vom Willen zum Dasein erfüllt; er möchte sich dort, wo er sich niedergelassen hat und wo er bisher gedieh, nicht verjagen lassen.

Wo gar die Reinigung so tief greifen soll, wie es in Deutschland nötig wäre, wird sich vielerlei auch in sich selbst Widerspruchsvolles und Gegensätzliches zusammenfinden, um sich zu durchkreuzen; sie geschieht nur als Gewaltkur oder sie wird niemals geschehen. Das bedeutet, daß sich die deutsche Erneuerung ähnlich wie die russische nicht ohne Bürgerkrieg vollziehen kann ...«

(S. 156): »... Hier ist der Bürgerkrieg der erste Akt des nationalen Freiheitskampfes ...«

(S. 157): »... Im Bürgerkrieg wird zumeist schon um die Prinzipien gefochten, die später dem großen Streit der staatlichen Mächte das Gepräge geben werden ...«

(S. 163): »... Die Bartholomäusnacht und Sizilianische Vesper gegen alles, was an Westlichem in ihm lebt. Mit grausamer Härte muß es in sich selbst ausrotten, was in ihm dem Westen verbündet ist, dem Westen Zuträgerdienste anbietet, dem Westen Vorschub leistet ...

... Von diesem Gesichtspunkt aus bekommt die Tendenz kommunistischer Zivilisationszerstörung ihre besondere nationalpolitische Bedeutung: Sie ist wesentlich Vorhut des deutschen Widerstandes ...«

Alle diese Gedankengänge spiegeln sich in wechselnden Fassungen in sämtlichen Veröffentlichungen Niekischs wider und sind in der im Jahre 1932 herausgegebenen Werbeschrift ›*Politik deutschen Widerstandes*‹ mit dem Untertitel ›Was will die Widerstandsbewegung?‹ kurz zusammengefaßt. Hier hat Niekisch im wesentlichen folgendes dargelegt: Seit Karl dem Großen habe sich das Germanentum zu seinem Unglück dem römischen Herrschaftsgedanken untergeordnet. Nur die preußische »Idee von Potsdam« habe Ansätze eines neuen ursprünglichen Herrschaftsgedankens herausgebildet, der im Gegensatz zum abendländischen Geist gestanden habe und auf den Osten gerichtet gewesen sei. Er sei in Deutschland nicht zur vollen Entwicklung gekommen, sondern immer mehr vernachlässigt worden; jedoch habe ihn die bolschewistische Revolution in Rußland aufgegriffen. Niekisch führt hierzu aus:

(S. 7): »Potsdam ist ein geistiges und politisches Formprinzip, das sich zum europäischen Osten verhält wie römische Formkraft zur europäischen Mitte. Nur im Rahmen der Ostbewegung ist es gestaltschöpferisch.

Es gehört zu den merkwürdigsten Erscheinungen, daß die Ausstrahlungen des Geistes von Potsdam in Rußland noch zeugekräftig waren, als dieser Geist auf deutschem Boden selbst im Verröcheln war. Denn das war der Sinn der bolschewistischen Revolution: In der äußersten Todesnot griff Rußland zu der Idee von Potsdam, steigerte sie bis in ihr äußerstes Extrem, bis ins Maßlose fast, und schuf jenen unbedingten Kriegerstaat, der sogar den Alltag unter die Regel des Feldlagers zwingt, dessen Bürger zu hungern weiß, wenn er kämpfen muß; dessen sämtliche Lebensäußerungen bis zum Bersten mit Wehrwillen geladen sind ... Insoweit der russische Bolschewismus ›Marxismus‹ war, war er verpreußter Marxismus. ... Rußland überfremdete sich preußisch; darin trat Preußens Führungskraft dem Osten gegenüber ans Licht, diese Führungskraft, die vom deutschen Raume aus, der sich selber romanisch verseuchte, bis zu dieser Stunde noch nicht bewußt und selbstsicher zur Geltung gebracht worden ist ...«

(S. 8): »Deutschland hat sein Eigenwüchsiges an Rußland weitergegeben; indem es zur Schicksalsgemeinschaft mit Rußland strebt, winkt ihm noch eine Hoffnung, dieses wieder zurückholen zu können ...«

(S. 9): »... Potsdam wird das Rom und das Paris der neuen Ostwelt sein, die bis zum Stillen Ozean reicht. Noch erschauert Deutschland vor dem Anblick des vom Geist von Potsdam empfangenen bolschewistischen Rußland, weil es so schmählich im romanischen Wohlleben erlag, daß es fürchtet, sich wieder zu seiner Kargheit und Pflicht, zu der Zucht seines Selbst zurückfinden zu müssen. Der deutsche Nationalismus ist die Härte und Unerbittlichkeit zu sich selbst.

Noch steckt die neue Welt in ihren Anfängen. Noch regt sich Potsdams Formkraft, die den Osten bereits zu gestalten begann, nicht auf deutschem Raum. Noch blieb Deutschland bis zur Stunde seinen großen Revolutionär schuldig, der in seinem Zuge von Nordosten nach dem Süden und Westen den deutschen Boden von der romanischen Überwucherung zu befreien, den Trödelkram westlicher Philosophie, Kirchlichkeit, Gesellschaftsverfassung und Wirtschaftsordnung zu zertrümmern und alsdann das politische Verhältnis zwischen Deutschland und Rußland in Form zu bringen hätte.

Gewiß werden sich – die Dinge fließen – eines Tages auch die heftigsten Spannungen zwischen Deutschland und Rußland ansammeln ... Aber es werden immer nur Nebenbuhlerkämpfe innerhalb eines und desselben Kulturkreises sein – und wie sie auch immer verlaufen mögen: der Kulturkreis wird im Zeichen von Potsdam stehen, wie das hinschwindende Abendland im Zeichen von Rom und des Rom beerbenden Paris gestanden war.«

Anschließend behandelt Niekisch das Versailler Diktat und führt aus, daß er die bestehenden Parteien einschließlich der nationalen Opposition für unfähig zum erfolgreichen Kampf gegen dieses halte:

(S. 12): »... Aber auch die repräsentative ›nationale Opposition‹ gehört in das Versailler System; der weltpolitische Rückhalt, den sie sucht, bindet sie an Versailles ... Das Besondere jener Opposition ist nur, daß sie innerhalb der Versailler Ordnung auf deutschem Boden eigene geschlossene Frontabschnitte bildet, die der Gesamtleitung des Versailler Zustandes Anlaß zu allerhand Besorgnissen geben: Es sind Frontabschnitte, die von murrenden und meuternden Truppen betreut sind. Auch wenn sie sich gegen ihr fremdes Kommando gelegentlich auflehnen, bleiben Deutschnationale Volkspartei, Stahlhelm und Nationalsozialistische Arbeiterpartei nichtsdestoweniger der Versailler Front verhaftet; gegen diese sind sie nicht anzusetzen.«

(S. 13): »Hier tritt ins Licht, wie auch die nationale Opposition nur Substanzrückstand des verwesenden Reichskörpers ist: vielleicht noch etwas widerstandsfähigere Substanz, aber doch dem Untergang geweihte Substanz. In irgendeinem Sinne im Bannkreis der Versailler Tendenz zu stehen heißt: vom Tode gestempelt zu sein. Indem die nationale Opposition ihren weltpolitischen Standort nicht in der Gegenversaillesfront hat, wurzelt sie im Kreislauf des deutschen Untergangsschicksals.

Nur etliche kleine Gruppen und vielleicht noch die kommunistische Bewegung sind auf deutschem Raum Träger der Gegenversailler Tendenz ...«

(S. 14): »... Von der Grundlage des privaten Eigentumsprinzips aus läßt sich der Kampf für Deutschlands Unabhängigkeit überhaupt nicht mehr führen; alle Anstrengungen, die von dieser Grundlage aus unternommen werden, sind nur lächerliche Lufthiebe und ergebnislose Belanglosigkeiten. Wer Deutschlands Freiheit ernsthaft will, muß sich zuerst gegen das Prinzip des privaten Eigentums kehren; der Kampf gegen dies Prinzip ist ein wesentlicher Bestandteil deutscher Befreiungspolitik ...«

Im Faschismus sieht er lediglich die »Notform« der von der proletarischen Revolution bedrohten kapitalistisch-abendländischen Welt.

(S. 18): »... was sich in ihr Verteidigungssystem als erhaltendes Element einfügt, empfängt damit faschistischen Charakter. In diesem Sinne sind heute alle Parteien von Hitler bis Breitscheid faschistisch – sie sind es zwangsläufig auch dann, wenn sie es nicht sein möchten.

Nationalsozialismus und Sozialdemokraten sind dabei die faschistischen Flügelparteien. Beide tragen zur Verteidigung der kapitalistischen Ordnung bei, jede aber tut es auf ihre besondere Weise. Keine jedoch bestimmt die Rolle selbst, die sie spielt; jede wird von der katholisch-kapitalistischen Allianz, die sich im Hintergrund hält, gelenkt und eingesetzt. Beider Aufgabe ist, Wachhund der kapitalistischen Welt zu sein. Die Gleichheit der Funktion, die beide zu erfüllen haben, prägt sich in der Ähnlichkeit des Typs ihrer Funktionäre aus; Crispien und Hitler sind verwandter als beide auch nur ahnen.«

(S. 19): »... Je mehr sich in Europa die Entscheidungen zuspitzen, je bedrohter die kapitalistisch-abendländische Ordnung wird, desto deutlicher wird werden, wie Nationalsozialismus und Sozialdemokratie im Grunde für die *gleiche* Sache fechten. Rußland gegenüber fletschen Hitler wie Breitscheid gleichermaßen die Zähne. ... Eine ›Volksgemeinschaft‹ ist in der Tat im Werden; sie umfaßt alles, was noch bereit ist, sich für die kapitalistische Ordnung zu schlagen. Insofern ist unter den heutigen Umständen die ›Volksgemeinschaft‹ automatisch ein ›faschistisches‹ Gebilde.

Innenpolitisch wird sie den Kapitalismus und den Geist des Abendlandes zu retten suchen.

Außenpolitisch wird sie allerdings Versailles endgültig anerkennen müssen; denn wer den Kapitalismus und das Abendland will, muß auch Versailles wollen.

Sie wird hoffen, sich schadlos zu halten, indem sie in fremdem Auftrag gegen Rußland marschiert.«

Die Errettung Deutschlands erwartet er von der »Haltung deutschen Widerstands« und fordert von seinen Anhängern den »Mut zum Abgrund«, dem alles erlaubt sei.

(S. 21/22): »Alle westlichen Elemente, die Deutschland selbst in sich trägt, sind Spione, Soldaten, Advokaten und Missionare der westlichen Mächte. Weil es um Sein oder Nichtsein geht, bleibt Deutschland, wenn es sich selbst erhalten will, das Schwerste nicht erspart: die Bartholomäusnacht und Sizilianische Vesper gegen alles, was an Westlichem in ihm lebt.«

(S. 22): »Was infolgedessen das Bürgerlich-Liberale auflöst, das bürgerliche Lebensgefühl austilgt, dient unmittelbar der Kräftigung der Deutschheit. Von diesem Gesichtspunkt aus bekommt die Tendenz kommunistischer Zivilisationszerstörung ihre besondere nationalpolitische Bedeutung: Sie ist wesentlich Vorhut des deutschen Widerstandes ...

... Als einer jener Wirbelwinde, die das Unterste nach oben werfen, indem sie über die Volkskörper dahintosen, mag die kommunistische Bewegung wirksam werden ...

... Es ist so: Inwieweit man für Deutschlands Zukunft in Betracht kommt, das entscheidet sich daran, wie man zur kommunistischen Bewegung steht. Wer sich ihr gegenüber verhält wie ein kreischendes Weib, der gehört zu Europa: Für Deutschland bedeutet er wenig oder nichts.«

(S. 23): »Ihrem Wesen nach sind Kommunismus und Bolschewismus, über ihren begrifflichen Inhalt weit hinaus, die wirksamsten Erscheinungsformen des intransigenten antirömischen, antieuropäischen Fanatismus. In dem Augenblick, in dem zu 100 Millionen solcher russischen Fanatiker noch 80 Millionen gleichgerichtete deutsche Fanatiker stoßen würden: In diesem Augenblick stürzte die Versailler Ordnung zusammen wie ein kindisch aufgebautes Kartenhaus ... Vermutlich hängt die deutsche Schicksalswende daran, ob sich genug verwegene Gesellen finden – vielleicht in östlicher Emigration lebend –, die nichts zu verlieren haben und von keiner anderen Leidenschaft wissen als von der Leidenschaft deutscher Freiheit. Vielleicht findet sich in rebellischen Staaten des halbasiatischen und asiatischen Ostens Hilfe zur Errichtung von Fremdenlegionen, zu denen deutsche Jugend strömen möge ...

... Von jenseits der deutschen Grenzen her mögen diese entschlossenen Männer alsdann ihre Unternehmungen in Gang bringen; so steht die deutsche Regierung, so steht das deutsche Volk selbst außerhalb der Verantwortung.«

Am Ende der Broschüre sind auf Seite 25 die Grundsätze der Widerstandsbewegung aufgeführt, die in siebzehn Punkten eine Zusammenfassung der vorstehend dargelegten Gedanken enthalten, insbesondere ihre politische Zielsetzung in recht umfassender Weise umreißen und die auszugsweise wie folgt lauten:

»1.

Die deutsche Widerstandsbewegung nimmt in Anspruch, der Träger des Selbstbehauptungswillens, des Freiheitswillens und des Geschichtswillens des deutschen Volkes zu sein, sich an die Überlieferungen der Vergangenheit gebunden und sich zur Verantwortung für das Schicksal zukünftiger Geschlechter berufen zu fühlen.

2.

Dieser Anspruch ist gerechtfertigt angesichts der Politik des nationalen Selbstmordes, die die Mehrheit der deutschen Parteien und der sonstigen politischen Organisationen treibt.

3.

Die Widerstandsbewegung behandelt in ihrer Eigenschaft als Verkörperung des kommenden Deutschland das Versailler Diktat als erpresserischen Akt, der, als Erpressung, das deutsche Volk weder moralisch noch juristisch verpflichtet.

4.

In sämtlichen Tributregelungsverträgen sieht sie nur Instru-

mente zur wirtschaftlichen Überfremdung und finanziellen Ausbeutung Deutschlands; diese Verträge werden nur erfüllt, weil zur Zeit die Macht fehlt, sie zu mißachten.
Die Widerstandsbewegung betrachtet auch die private Auslandsverschuldung als rechtsunverbindlich ...

5.–9.

....

10.

Die Widerstandsbewegung wehrt die Einwirkungen des westlichen Geistes auf Deutschland ab; sie fühlt sich berufen, die Formen zu bekämpfen und die Einrichtungen zu vernichten, in denen er in Deutschland Fuß gefaßt hat.

11.

Die Ideen des Westens verkörpern sich im römischen Herrschaftsgedanken, in romgebundener Kirchlichkeit, im römischen Recht, aber ebenso in der westlichen Zivilisation, in dem Gedankengut des Aufklärungs- und Humanitätszeitalters, in den geistigen Elementen von 1789, im modernen Individualismus, in der bürgerlichen Welt- und Wirtschaftsauffassung, im Liberalismus, Parlamentarismus und modernen Demokratismus.

12.

Der russische Bolschewismus ist der bisher radikalste Aufstand gegen die Ideen und Einrichtungen des Westens. Rußland ist nicht individualistisch, ist nicht liberal. Es stellt die Politik über die Wirtschaft. Es ist nicht parlamentarisch, nicht demokratisch und nicht kapitalistisch. Der Bolschewismus ist die Abkehr vom Humanismus und von den zivilisatorischen Werten. Die äußerlichen, oft westlich gefärbten Formen dieser Umkehr können nicht über den barbarisch-asiatischen Gehalt hinwegtäuschen.

13.

Deutschland entwickelt aus sich selbst seine besondere den Ideen des Westens entgegengesetzte Lebensform. Es kann diese besondere Lebensform aber gegenüber der Übermacht der Sieger nur herausbilden, wenn es in jeder Hinsicht Rückhalt an dem radikalsten Feind der Ideen des Westens, an Rußland, findet.

14.

Deutschlands Beteiligung am Kreuzzug gegen Rußland bedeutet infolgedessen für Deutschland Selbstmord.

15.

Wenn man den besonderen deutschen Standpunkt schlagwortartig umreißen soll, ergeben sich folgende Formeln:

a) Blickwendung nach Osten und seinen primitiven Werten statt nach Westen. Entschlossene Abkehr von allen Gütern, die Europa hochschätzt. Ablösung der deutschen Westbewegung durch eine deutsche Ostbewegung.

b) Umfassend vorbereiteter und rücksichtslos durchgeführter Rückzug aus der Weltwirtschaft. Abbau des überentwickelten industriellen deutschen Produktionsapparats bis zur Grenze dessen, was der innere Bedarf und die Versorgung des nahen europäischen und vielleicht noch des ferneren asiatischen Ostens erfordern. Gewaltsame Drosselung der Einfuhr aus dem Wirtschaftsbereich der Versailler Siegerstaaten.

c) Zwang zur Stadtflucht durch eine Wirtschafts- und Sozialpolitik, die das Leben in den Großstädten zur Hölle macht. Bewußte Verödung der Städte als der vor Gas- und Bombenangriffen ständig erzitternden Herde pazifistischer Feigheit und nationaler Verlumpung.

d) Durchführung aller Maßregeln, die insbesondere dem Zwecke dienen, die Selbstversorgung sicherzustellen. Siedlung auch unter den dürftigsten Voraussetzungen; kärglichstes Kolonistendasein auf dem Lande muß immer noch erträglicher erscheinen als das Leben in der großen Stadt. Bekenntnis zur ländlichen Werthaltung.

e) Strenge Gewöhnung der Jugend an Unterordnung, Gehorsam, kärgliches Leben, Entbehrungen und alle Art männlicher Tugenden.

f) Wille zur Armut. Wille zu einfachem Lebensstil; man ist stolz, ihn dem überfeinerten Lebensstil der imperialistischen Westmächte entgegenzusetzen.

g) Absage an die Ideen der Humanität. Bejahung auch des Barbarischsten, wenn es um des nationalen Aufstiegswillens notwendig ist.

h) Bekenntnis zum Autoritären und zu einem harten Dasein in Zucht und Pflichten. Schaffung von Zwangslagern, die den städtischen Massen keinen anderen Ausweg lassen als den, sich in diesen Lebensstil hineinzuschicken.

i) Pflege der Wehrhaftigkeit mit allen Mitteln. Verbreitung der Erkenntnis, daß die Privatisierung der politischen Tributschuld zu gegebener Zeit auch den privatisierten Freiheitskrieg rechtfertigen würde.

k) Absage an das Prinzip des Privateigentums im Sinne des römischen Rechtes. Die deutsche Tributverknechtung wurzelt seit der Privatisierung der Tributschuld in diesem Privateigentumsbegriff. Man muß den grundsätzlichen Unterbau unseres Tributverhältnisses zerschlagen, wenn man sich dieses Verhältnisses überhaupt entledigen will.

Der Grundsatz »Privateigentum ist heilig« setzt die fremden Gläubiger gegen das gequälte ausgesaugte deutsche Volk ins Recht. Man kann nur noch insoweit Eigentümer sein, als man sein Eigentum als Mittel und Werkzeug gebraucht, zu seinem persönlichen Teil an der Befreiung, Selbstbehauptung und Größe seines Volkes mitzuwirken.

l) Abkehr von der kapitalistischen Wirtschafts- und Gesellschaftsform überhaupt, da sie seit 1918 mit dem Inhalt des Versailler Systems zusammenfällt und innerhalb Deutschlands die festeste Stütze der Versailler Ordnung ist.

m) Aus Gründen nationaler Selbsterhaltung ist eine Wirtschaftsform notwendig, durch die gewährleistet werden: das Obereigentum des Staates an allem Grund und Boden, an allen Bodenschätzen, an allen Betrieben und Unternehmungen, die der Förderung und ersten Bearbeitung der Urprodukte dienen, und schließlich an allen Betrieben und Unternehmungen, die in der Form von Gesellschaften des öffentlichen Rechts organisiert oder vertrustet, kartelliert, syndiziert sind; ferner die Nationalisierung der Banken, die Einführung des staatlichen Kreditmonopols, einer Binnenwährung und des staatlichen Außenhandelsmonopols.

n) Anknüpfung von, sei es offenen, sei es geheimen Beziehungen mit allen Völkern, die gleich dem deutschen Volke unter der Unterdrückung durch die imperialistischen Westmächte leiden.

16.

Die Widerstandsbewegung ist geduldig und zäh, um auch in langen Jahres des Wartens nicht zu ermüden, nicht schwach und lahm zu werden und zu jeglicher Zeit und jeglicher Stunde bereit zu sein.

17.

In der Hinwendung zu einem armen, unter der Herrschaftsidee von Potsdam stehenden, dem Osten zugekehrten, die abendländischen Elemente in sich vertilgenden, den Staatsgedanken über das ganze Dasein erhebenden Lebensstil ergreift das deutsche Volk seine Weltsendung.«

Am Schluß dieses Werbehefts wird außer einer ausführlichen Darstellung der Gliederung der Widerstandsbewegung eine Übersicht über die Bücherei der Widerstandsbewegung gebracht und darauf hingewiesen, daß die Bücher von Ernst Niekisch die für die Widerstandsbewegung *grundlegenden* Schriften sind und diese sowie die Aufsätze des ›Widerstand‹ den besten Stoff für die regelmäßigen Ausspracheabende über Haltung und Politik des Widerstandes geben.

Aus diesen politischen und wirtschaftlichen Auffassungen schon ergab sich für den Angeklagten Niekisch zwangsläufig eine scharfe ablehnende Einstellung gegen die nationalsozialistische Bewegung, die insbesondere in der ebenfalls im Frühjahr 1932 erschienenen Broschüre: ›Hitler, ein deutsches Verhängnis‹ ihren Niederschlag fand. Diese Schrift hat über den Kreis der Anhängerschaft Niekischs hinaus besonders in intellektuellen Kreisen und auch im Ausland weiteste Verbreitung gefunden. Die in ihr niedergelegten Grundsätze wurden ebenfalls vor wie auch nach der Machtübernahme als Grundlage der Widerstandsbewegung und für sie richtunggebend betrachtet. Bereits in dieser Schrift, die nach ihrem Vorwort »nicht unbezwinglicher Sucht zur Kritik, sondern der Sorge um die Zukunft des deutschen Volkes entspringt«, zeigt es sich, daß Niekisch zu einer vorurteilslosen Stellungnahme gegenüber dem nationalsozialistischen Gedankengut und den für dieses eintretenden Männern außerstande war. Sich von sachlicher Kritik weit entfernend, enthält die Broschüre an zahlreichen Stellen Ausfälle, die nicht nur von einer grundlegenden Verkennung des Nationalsozialismus zeugen, sondern von tiefgehender Gehässigkeit erfüllt sind. Schon gleich im Anfang der Broschüre sucht er das Positive und Erhabene der nationalsozialistischen Weltanschauung in gehässiger Weise zu verkleinern und herabzusetzen, indem er auf Seite 5/6 ausführt:

»... Die nationalsozialistische Bewegung ist vieldeutig und vielsinnig; ... bis zum Rande ist sie mit Gegensätzen gefüllt; sie birgt fast ebenso viele Widersprüche in sich, wie der gesamte Umkreis des Lebendigen selbst es tut. In ihr spricht die Stimme des Blutes, aber auch die Stimme der sozialen Rachsucht. Hinreißend ist der Schwung echten nationalen Gefühls; aber er wird doch wieder ohne Scham durch kleine persönliche Eitelkeit oder berechnenden Eigennutz mißbraucht. Die Flamme eines herrlichen Idealismus wird verdunkelt durch den Qualm widerwärtiger Korruption.

Entschlossenen Tatendrang übertönt ein unerträglicher Lärm hohler Worte. Der starke Eindruck gesammelter Kraft wird verwischt durch abstoßende Ausbrüche zügelloser Roheit.

Welsche Liebedienerei erweckt Zweifel an der Ehrlichkeit des deutschen Protestes. Deutscher Freiheitswille wird kühn entfesselt; sogleich aber übt dürftige Diplomatenpfiffigkeit wieder tückischen Verrat an ihm. Gute politische Instinkte verstummen vor schlechten bürgerlich-liberalen Eigentumsängsten.

Die nationalsozialistische Bewegung hielt bisher alle diese Spannungen aus, weil sie sich noch nicht auf ein bestimmtes Ziel hin ausgerichtet hat; jedes einzelne ihrer Elemente kann noch hoffen, das Übergewicht zu gewinnen und siegreich dem Ganzen das Gesicht zu geben. Keine besondere Strömung fühlt sich schon vergewaltigt und zur Abwehr und Selbstbehauptung herausgefordert. Die Entscheidung, die Grenzen zieht, klare Fronten schafft, scheint noch nicht getroffen zu sein. Die Bewegung flutet, aber niemand weiß, wohin. Noch alle Wege sind offen, noch keine Tür ist verschlossen. Noch erhob sich aus dem brodelnden Wirrsal der Gegensätze keine durchgebildete Gestalt, an der sich der Kampf der formlosen Kräfte gegen die geformten hätte entzünden können. Die programmatische Unbestimmtheit kommt jedem Auslegungsbedürfnis entgegen; man kann herauslesen, was man im Programm finden möchte ...«

An anderen Stellen wirft Niekisch dem Nationalsozialismus »Erpressungsversuch an der bürgerlichen Gesellschaft« (S. 19), »Hinterhältigkeit«, »Taschenspielerkunststück der kapitalistischen Ordnung« (S. 25) und »Unredlichkeit« (S. 28) vor, bezeichnet die Politik des Führers als »außenpolitische Familienintrige« (S. 16) und »Spiegelfechterei« (S. 27) und den Führer selbst als einen »abendländischen Querulanten« (S. 16). Von besonderer Gehässigkeit und Verkennung des politischen Wollens der nationalsozialistischen Bewegung sprechen ferner folgende Ausführungen dieser Broschüre:

(S. 7): »... Der größte Demagoge, den Deutschland hervorgebracht hat, überflügelte alle seine Nebenbuhler, indem er gerade jene Sache, die deutsche Sache, zu seiner eigenen machte, die ihrem inneren Gesetze gemäß der Gegenpol der demokratischen Zeitkräfte ist. Statt die Überfremdung zu befestigen, erweckte er im Gegenteil den deutschen Protest gegen sie ...

... In Hitlers lärmendem Gestammel bekannte sich die trotzige Auflehnung des deutschen Lebenswillens ...«

(S. 15): »... Die nationalsozialistische Außenpolitik ist kein Ergebnis kühler politischer Erwägung. Sie ist ein Gefühlsausbruch: In ihr strömen sich Hitlers ererbte römische Benommenheit und Rosenbergs auf Eis gelegtes antirussisches Rachebedürfnis aus ...

Die nationalsozialistische Außenpolitik findet keinen Ansatzpunkt, von dem aus die weltpolitischen Machtverhältnisse umgestürzt werden könnten. Darum hat der Nationalsozialismus keine außenpolitische Stoßkraft; er ist unfähig, ein weltpolitisch wirkendes Element zu sein. Er steht hilflos und ratlos vor der Versailler Ordnung ...«

(S. 16): »... Hitler ist Erzbergers Nachfahre; er ahnt nicht, wie sehr er auch erzbergert. Er bietet deutsche Landsknechte aus, wie das um kein Haar weniger würdelos einst Erzberger getan hatte. Katholische Instinkte und habsburgische Nachklänge befeuern Hitlers Bolschewistenhaß, der in Wahrheit nur verdeckter Rußlandhaß ist ...«

(S. 17): »... Insoweit der Bolschewismus wirklich ein Gift ist, versagt seine Giftwirkung vor der inneren Selbstbehauptungskraft der deutschen Wesenheit, die gegen das Slawisch-Asiatische je und je widerstandsfähiger war als gegen das Romanische ...

Antibolschewismus ist eine soziale, keine politische Stellungnahme; man bangt um seinen Besitz, nicht um sein Vaterland. Versailles hingegen ist das Politische an sich, nur wer unbedingt gegen Versailles steht, verhält sich ausschließlich politisch. Wo man allzu laut gegen den Bolschewismus lärmt, will man verbergen, daß man mit Versailles bereits Worte geheimen Einverständnisses tauscht.

Hitlers heftiger Antibolschewismus deutet darauf hin, daß er in Versailles gar nicht den eigentlichen Feind sieht. Wenn er nach Waffen und Uniformen ruft, so geschieht das nicht, um Soldat gegen Versailles, sondern um Gendarm des Abendlandes gegen den »Bolschewismus« sein zu dürfen. Er will keinen Krieg gegen Versailles; er meldet sich zu einer Polizeiaktion gegen Rußland. Er will nicht die Versailler Ordnung umwerfen, er will sie bis zum Ural oder gar bis zu Gestaden des Stillen Ozeans vortragen. Nur ein schäbiger Sold freilich, nicht aber die deutsche Freiheit, ist auf diesem Wege zu gewinnen ...«

(S. 31): »... Indem Hitler im Zeichen des römischen Grußes und der faschistischen Geisteshaltung gegen den deutschen Norden vordrang, nagte er das protestantische Erbe Luthers an und nahm er an der preußischen Hinterlassenschaft Bismarcks eine lang verhaltene Rache für Königgrätz. Hitlers nationale Erlösungslehre war die auf die deutsche Tonart abgestimmte abendländische Rattenfängermelodie, die allen Protestanten und Preußen die Sinne benahm ...«
(S. 35): »... Hitler versäumte, für eine weltpolitische Konstellation, die ihm günstig hätte sein können, rechtzeitig Sorge zu tragen; er verdarb sie sich geradezu durch seinen flachen Antibolschewismus. Hitler handelte ohne Umsicht und Weitsicht; er hat sich keine zureichenden weltpolitischen Gedanken gemacht ...

Deutschland lebte in den verflossenen Jahren von fremden Anleihen; es vergeudete die Zukunft seiner Kinder, um sich seine Gegenwart zu erleichtern. Der Geist der Hochstapelei waltete über seiner Wirtschaft und seiner Politik. Kreditschwindler hatten gute Tage. Sie stiegen zu stolzer Höhe empor, wurden bewundert, umjubelt – und taten zuletzt einen jähen Fall.

In diesen Rahmen gehört der Nationalsozialismus; er ist das verwegenste Kreditschwindelgebäude, das auf politischem Boden errichtet wurde. Das Braune Haus ist wie einer jener großspurigen Geschäftspaläste, in denen betrügerische Konzerne ihre Blütezeit vorwegzunehmen gedachten. Weg und Schicksal der Stinnes, Lahusen, Dumcke, Katzenellenbogen und Goldschmidt werden über kurz oder lang auch Weg und Schicksal Hitlers sein.

Der Nationalsozialismus ist kein Beginn – er ist ein Ende. Er ist der Ausklang der wilhelminischen Zeit ...«
(S. 36): »... man proklamiert zahllose ›Ideen‹, aber man hat keine Idee. Man verfügt über ein köstliches Erbe, über wundervolle Energien; sie bringen einen jedoch nicht weiter als bis – in den Wald von Compiègne.

Das Ergebnis des unerhörten Aufwandes ist am Schluß die Katastrophe. Sogar das ist wilhelminisches Schicksal noch einmal ...«

Auf S. 19/20 der Broschüre ist weiter die Auffassung Niekischs zu entnehmen, daß der Nationalsozialismus der sozialistisch getarnte Vorkämpfer der bürgerlich-kapitalistischen Klasse sei, dessen Aufgabe darin bestehe, sie vor der drohenden proletarischen Revolution zu bewahren, und dessen Anhänger aus den Kreisen der »kleinen Bürger« und »verbürgerlichten Existenzen«, nicht aber aus der politisch und gewerkschaftlich geschulten Arbeiterschaft hervorgingen:

»Die bürgerliche Gesellschaft ... würdigt es, daß Hitler die Kleinbürger noch an die bürgerlichen Werte bindet, während ihnen die bürgerlichen Existenzgrundlagen schon unter den Füßen fortgezogen sind. Seinen Sozialismus betrachtet sie als ein unausweichliches Zugeständnis, das Hitler machen muß, um sich das Vertrauen der absinkenden Kleinbürgerschicht zu erhalten. Hitlers Aufgabe ist, zu verhindern, daß diese Schicht in das antibürgerliche Lager abgleitet ...

... Hitler ist die letzte Hoffnung der bürgerlichen Welt in Deutschland. Er warb die Meutererhaufen an, die im Begriffe standen, aus der bürgerlichen Gesellschaft auszubrechen; sie leisteten ihm Gefolgschaft, als er den Anschein erweckte, sich selbst mit Meutererabsichten zu tragen. In Wahrheit verleitete er sie dazu, ihre Wut an Unschuldigen auszulassen; es gelang ihm, sie gegen die *wirklichen* Feinde der bürgerlichen Gesellschaft, die eigentlich Bundesgenossen hätten sein müssen, zu hetzen.

Ähnlich hatten sich seit jeher Kleriker an die Spitze von Bewegungen gestellt, aus denen der katholischen Kirche hätte Schaden erwachsen können: Sie fingen diese Bewegungen für die katholische Kirche auf ...

... *Hitler wurde noch zur rechten Stunde zum Kardinal der bürgerlichen Gesellschaft erhoben,* die Wirtschaftsführer waren flink genug gewesen und hatten nicht gespart. Seitdem übt er die Methode des Rebellen, um die legitime bürgerliche Sache zu retten. Das ist sein sozialer Jesuitismus, der keinem, der feine Geruchsnerven hat, verborgen bleibt. Sein ›nationaler‹ Sozialismus ist die zeitgemäße Schutzfärbung des erschütterten Kapitalismus; der Kapitalismus bedient sich ihrer, damit er in den Reihen seiner natürlichen Feinde Eingang finde, um sie entwaffnen zu können.«

Schließlich kommt auch in dieser Broschüre wie in früheren Schriften wieder die Verherrlichung des russischen Bolschewismus zum Ausdruck, indem er auf S. 28 schreibt:

»... Kaum hatte der russische Bolschewismus die bürgerlichen Lebensformen zerstört, begann Rußlands Wiedergeburt aus den Tiefen slawisch-asiatischer Urinstinkte. ... Rußland entwickelte sich aus slawisch-asiatischen Volksnotwendigkeiten zum totalen Staat, obschon der Marxismus den Staat als alten Plunder in die Rumpelkammer werfen möchte. In so schroffem Widerspruch die marxistischen Ideen zu den Regungen nationaler Selbsterhaltung stehen, so deckten doch gerade sie die Erweckung, Mobilmachung und Aufrichtung des russischen Lebenswillens.«

IV.
Stellungnahme und Beziehungen der Führung der Widerstandsbewegung zur KP.

Der kommunistischen Partei stand der Angeklagte Niekisch entsprechend seiner oben dargelegten politischen und wirtschaftlichen Einstellung an sich keineswegs ablehnend gegenüber. Bereits auf der Tagung der Widerständler auf der Burg Lauenstein im Oktober 1930, auf der er eine allgemeine politische Grundlage für einen Zusammenschluß verschiedener nationaler Gruppen aufstellte, wollte er, wie sich aus dem bereits erwähnten Briefe an Drexel vom 20. Oktober 1930 ergibt, der »kommunistischen Partei gegenüber Neutralität wahren«. Auch in seiner im Jahre 1931 erschienenen Broschüre ›Der politische Raum deutschen Widerstandes‹ äußert er sich über die kommunistische Bewegung in folgender Weise:

(S. 12): »... Es besteht eine Gemeinsamkeit zwischen der kommunistischen Bewegung und der deutschen Widerstandsbewegung: beide begegnen sich in der Gegenversailler Front im vollen Bewußtsein dessen, daß der, dem es mit dem Kampf gegen Versailles ernst ist, mit der abendländischen Kultur, der bürgerlichen Gesellschaft, der kapitalistischen Wirtschaftsordnung gebrochen haben muß ... Jede wirkliche Gegenversailler Tendenz muß irgendwie »kommunistisch« oder »bolschewistisch« sein ...

An sich ist die deutsche Widerstandshaltung weder kommunistisch noch antikommunistisch; aber sie ist des Kommunismus fähig, wenn es keinen anderen Ausweg mehr gibt ...«

(S. 13): »... Es ist keine Frage der Prinzipien, sondern der völkischen Substanz , ob man Kommunist oder Mann deutschen Widerstandes ist. Die deutsche Substanz aber wird zuletzt mächtig genug sein, selbst das kommunistische Prinzip in ein Werkzeug kommender deutscher Größe umzubilden ...«

Seine Stellungnahme zu dieser Frage hat er auch in einem Briefe an Drexel vom 25. August 1931 dahin umrissen:

»... Ich sehe die Dinge so: die KP ist die elementarste Kraft. Wir sehen weiter als sie und wurzeln ganz anders in unserer deutschen Notwendigkeit. Aber unsere Blickrichtung geht ein Stück mit der Blickrichtung der KP einig. Da halte ich es augenblicklich nicht für zweckmäßig, unser ›Darüberhinauswollen‹ zu betonen. Die KP ist die Bereiterin einer *notwendig chaotischen Durchgangsstation;* wir denken an das, was dahinter kommt, während sie darin ein Ende erblickt. Wir können die Elementarkraft nur regulieren und ausmünzen, wenn sie in uns ein Solidarisches vermutet. So benutzten einst die Demokraten die Sozialdemokratie, so will der Stahlhelm die Nazis benutzen ...«

Auch in seinem Schreiben vom 19. Januar 1933 an Drexel wies der Angeklagte Niekisch darauf hin, daß es Aufgabe der Zeitschrift ›Entscheidung‹ sei, »in kommunistische Kreise hineinzuwirken«.

Auch sonst nahm man von seiten der Führung der Widerstandsbewegung Beziehungen zu kommunistischen Kreisen auf. Schon bald nach dem Aufgehen der Oberlandkameradschaften in die Widerstandsbewegung, also Anfang 1931, setzte sich der Angeklagte Tröger mit dem vom Reichsgericht wegen Vorbereitung zum Hochverrat verurteilten ehemaligen Reichswehrleutnant *Scheringer,* der sich in Gollnow in Strafhaft befand und dort von der NSDAP zur KPD übergetreten war, in Verbindung, angeblich, weil ihn dieser Übertritt zusammen mit dem ihm damals bekanntgewordenen sog. nationalen Programm der KPD interessierte, und sandte ihm Widerstandsschriften zu. Auch der Angeklagte Niekisch hatte Scheringer während dessen Strafhaft häufiger Widerstandshefte übermittelt und ihn auch einmal in der Haft besucht. Einige Zeit später erhielt Tröger – offenbar durch Scheringer veranlaßt – eine Aufforderung des kommunistischen Reichstagsabgeordneten Kippenberger zu einer Besprechung in Nürnberg, der er Folge leistete; die mehrstündige Unterredung war ohne besonderes Ergebnis. Durch Vermittlung des ihm aus der Selbstschutzzeit in Oberschlesien bekannten ehemaligen Hauptmanns Beppo Römer traf er dann noch ein- oder zweimal mit Kippenberger in Berlin zusammen; dieser teilte ihm damals mit, daß Scheringer und Römer innerhalb der KPD die Bildung eines »Aufbruchkreises« betrieben, für den besondere Anhänger aus den nationalen Reihen gewonnen werden sollten, und bat ihn um seine Mitarbeit an der von diesem Kreis herausgegebenen Zeitschrift ›Aufbruch‹. Tröger lehnte dies aber ab. An einer dieser Besprechungen nahm auch der Angeklagte Niekisch, der von Tröger über diese Beziehungen unterrichtet worden war, teil. Zu einer Verbindung zu Kippenberger, der angeblich von ihm nichts wissen wollte, ist es nicht gekommen; als Antwort auf die damalige Ablehnung einer Mitarbeit seitens Trögers und Niekischs wurden die Anhänger der Widerstandsbewegung in einem bald darauf erscheinenden Artikel der Zeitschrift ›Aufbruch‹ als »Jesuslatscher« bezeichnet. Im Zusammenhang mit der Aufnahme der Verbindung zu Scheringer erhielt Tröger damals auch mehrfach Besuche der in der Nürnberger Bezirksleitung der KPD tätigen Funktionäre Stiebel, der auch einmal mit dem Angeklagten Drexel zusammenkam, und Riemer. Die durch Stiebel gewonnene Verbindung zur Nürnberger KPD hielt er in der Folgezeit aufrecht und hatte auch wiederholt Besprechungen mit führenden Nürnberger Kommunisten, so mit dem Bezirksleiter Boulanger und dem im »Aufbruchkreis« tätigen Werner Kaufmann. Auch über diese Beziehungen Trögers zu Nürnberger kommunistischen Kreisen war der Angeklagte Niekisch wenigstens im allgemeinen unterrichtet. Zu dem ebenfalls in der Nürnberger Bezirksleitung tätigen Kommunisten Schrödel äußerte Tröger einmal gesprächsweise, es sei wünschenswert, daß Mitglieder der KPD zu den Veranstaltungen des Nürnberger Widerstandskreises kämen, zu welchem Zweck sie ihre Zugehörigkeit zur KPD nicht aufzugeben brauchten. Weiter hatte Tröger den Fürther Kommunisten Gustav Schneider, den er in einer Versammlung des »Bundes der Freunde der Sowjetunion« als Redner kennengelernt hatte, veranlaßt, Ende 1932 vor den Nürnberger Widerstandskameraden einen Vortrag über seine Erlebnisse und Erfahrungen in Sowjetrußland zu halten.

Bis zum Verbote der KPD und ihrer Schriften bezog der Angeklagte Tröger laufend die ›Rote Fahne‹ und erhielt etwa fünfmal durch den Funktionär Johann Schrödel von der Nürnberger Bezirksleitung vertriebene kommunistische Schriften. Darunter befanden sich teilweise in mehreren Stücken solche, deren hochverräterischer Inhalt in Urteilen des Reichsgerichts festgestellt worden ist, so ›Der Weg zum Sieg‹ (Urteil vom 16. Dezember 1930 – 14 a J 867/30), ›Hamburg auf den Barrikaden‹ (Urteil vom 23. März 1926 – 14 a J 51/26), ›Der Arbeiterkalender 1932‹ (Urteil vom 26. August 1932 – 14a/8 J 1364/31), ›Der bewaffnete Aufstand‹ (Urteil vom 27. Mai 1932 – 14a/9 J 1406/31) sowie die Hefte Nr. 1 des Jahrganges V und Nr. 4 des Jahrganges VI der militärpolitischen Schrift ›Oktober‹ (Urteile vom 16. Dezember 1930 – 14a J 867/30 – und vom 10. Juni 1932 – 14a/9 J 1534/31). Einzelne dieser Schriften gab er an Widerstandskameraden, darunter z.B. die Nummer 1 der Zeitschrift ›Oktober‹ an Niekisch und ein Stück des ›Bewaffneten Aufstand‹ an den Dipl.-Kaufmann Johann Pillhofer in Nürnberg, weiter. Bei seiner Übersiedlung nach Rosenheim im April 1934 händigte er die Schriften zusammen mit anderem Material dem Angeklagten Drexel aus, der sie im Archiv der Nürnberger Lebensversicherungsbank unterbrachte.

Schließlich kam auch der Angeklagte Drexel anläßlich einer Versammlung des »Werkmeisterverbandes«, in der dieser über den Aufbau der Sowjetunion sprach, mit dem Kommunisten Schrödel zusammen, der von dieser Rede den Eindruck hatte, als ob sie eine Propagandarede für den Kommunismus sei.

B.
Die Widerstandsbewegung nach der Machtergreifung durch den Nationalsozialismus am 30. Januar 1933 und die Tätigkeit der Angeklagten in ihr.

Die Ernennung Adolf Hitlers zum Reichskanzler und die Übernahme der Macht im Reich durch die NSDAP kamen für die Führung der Widerstandsbewegung und wohl auch für die meisten ihrer Anhänger überraschend und wurden als harter Schlag empfunden. Die Angeklagten führten aber in der Folgezeit bis zu ihrer Festnahme im März 1937 die Widerstandsbewegung fort; Niekisch betätigte sich auch weiterhin schriftstellerisch.

I. Die Aufrechterhaltung der Verbindung innerhalb der Widerstandsbewegung.

1. *Die Tätigkeit der Angeklagten als Führer der Gesamtbewegung und ihre Beziehungen zueinander.*

a) *Die ersten Maßnahmen zur Weiterführung der Widerstandsbewegung und die Tätigkeit in den örtlichen Widerstandsgruppen.*

Unmittelbar nach der Machtergreifung durch die NSDAP trat, da man hierzu keine Notwendigkeit sah, in der Tätigkeit der Widerstandsbewegung eine Änderung zunächst nicht ein, wenn man auch nach außen hin eine gewisse abwartende Vorsicht obwalten ließ; die Rundbriefe und die Zeitschriften der Widerstandsbewegung erschienen weiter und es wurden auch, z. B. in Nürnberg, Versammlungen in den Widerstandskreisen abgehalten. Nach der Märzwahl 1933 jedoch war man sich darüber klar, daß öffentliche und sonstige Veranstaltungen in den Widerstands*kreisen* nicht mehr durchgeführt werden könnten. Die Angeklagten Niekisch, Tröger und Drexel rechneten jedoch damit, daß sich der Nationalsozialismus nicht lange werde halten können, und erwarteten einen baldigen politischen Umschwung. Sie kamen deshalb im schriftlichen Meinungsaustausch, Niekisch und Tröger bzw. Tröger und Drexel auch bei einer mündlichen Besprechung dahin überein, den Widerstandsgedanken und die Widerstandsbewegung durch Aufrechterhaltung der Verbindung zu den Reichskameraden sowie in den örtlichen Widerstandsgruppen fortzuführen, um beim Eintritt der erwarteten politischen Schwierigkeiten bereit zu sein und im Falle des erhofften Zusammenbruchs der nationalsozialistischen Bewegung die politische Führung übernehmen zu können. Man vertrat die Auffassung, daß die örtlichen Widerstandsgruppen, in die man aus den Reihen der Angehörigen der Widerstandskreise einsatzbereite Männer aufnehmen wollte, im Hinblick auf die Ereignisse der letzten beiden Wochen schärfer zusammengefaßt werden sollten. Diesen Erwägungen gab das von dem Angeklagten Tröger im Auftrage der deutschen Widerstandsbewegung unter dem 21. März 1933 im Abzugsverfahren hergestellte Mitteilungsblatt an die Kameraden des über 200 Personen starken Nürnberger Widerstandskreises klaren Ausdruck. Darin nahm er kurz zu den Ereignissen Stellung, wobei er die antibolschewistische Losung der Regierung und die italienfreundliche Haltung des Nationalsozialismus mißbilligte; er führte weiter aus, daß die vor ihr liegenden Aufgaben der Widerstandsbewegung nun ins Ungeheure gewachsen seien und einen stärkeren Zusammenschluß als bisher erheischten. Aus diesem Grunde forderte er alle Kameraden, die glaubten, sich voll auf den Boden der Gedankenwelt der Widerstandsbewegung stellen zu können, auf, sich unmittelbar der Widerstandsgruppe anzuschließen; besonders nachdrücklich forderte er zur Werbung für die Schriften des Widerstandsverlages und zur Entrichtung freiwilliger Spenden auf. An dem im Rundschreiben vom 10. März 1933 erwähnten Treffen der thüringischen Kameraden auf der Ettersburg bei Weimar Ende März 1933 nahm auch Tröger als Beauftragter der Widerstandsbewegung teil; bereits in seinem Briefe vom 7. März 1933 an den thüringischen Beauftragten Menhofer wies er darauf hin, daß »er im Interesse des Aufbaues der Reichskameradschaft Wert darauf lege, den Hauptteil der Besprechungen innerhalb der aktiveren Reichs- und Probekameraden abzuhalten«. Das weitere – letzte – gedruckte Mitteilungsblatt vom 26. April 1933, das von Tröger als Beauftragtem der deutschen Widerstandsbewegung den Führern der örtlichen Gruppen und anderen Widerständlern in insgesamt 80 Stück übersandt wurde, enthielt zunächst nach einem Aufruf zu weiterem Festhalten an dem Widerstandsgedanken einen ausführlichen von Niekisch verfaßten und teilweise in gehässiger Form gehaltenen Überblick über die außen-, innen- und wirtschaftspolitische Lage des Reichs sowie über das Wesen der nationalen Revolution von 1933, über die gesagt wurde, daß »der bürgerlich-kapitalistische Zustand fortbestehe und daß der Nationalsozialismus nicht imstande sei, den Weg der sozialistischen Revolution zu beschreiten«. In dem Rundschreiben folgen Anordnungen, in denen zur Abführung der Vierteljahresspenden, zur Werbung zahlender Anhänger bei der Gefolgschaft, in Freundes- und Bekanntenkreisen sowie – unter Hinweis auf die Kameradschaftsordnung – zur unbedingten Weiterarbeit und Aufrechterhaltung der Verbindungen aufgerufen wurde: »Wo die Verbindung abreißt, ist zunächst zu versuchen, sie von dort aus wieder aufzunehmen. Erscheint dies unmöglich, arbeitet der Kamerad unter allen Umständen selbst weiter. Kameraden einer Kameradschaft haben engste Fühlung miteinander zu halten.« Schließlich wurde die Ausstellung der neuen Mitgliedsausweise angekündigt und das inzwischen erfolgte Verbot der Wochenschrift ›Entscheidung‹ bekanntgegeben mit der Aufforderung, Geldspenden für diese Zeitschrift zu sammeln, um die bestehenden Verbindlichkeiten bestreiten zu können, und nun besonders eifrig für den Absatz des ›Widerstand‹ zu werben. Am Schluß des Rundbriefes ist unter der Überschrift »Kontrolle« folgender Hinweis enthalten:

»Sofort nach Erhalt dieses Briefes ist die anliegende Karte zur Post zu geben. Auf der Karte ist lediglich in Form einer Buchbestellung das Wort »Walter Flex« (handschriftlich) anzubringen – sonst nichts – Absendervermerk beliebig! Absendestempel des Briefumschlages mit Ankunftszeit vergleichen!«

In den folgenden Monaten bis mindestens August 1933 versandte Tröger weitere, jetzt im Abzugsverfahren hergestellte Rundschreiben an die Führerkameraden, die im wesentlichen außen- und innenpolitische Ausführungen Niekischs enthielten und zugleich dazu bestimmt waren, den örtlichen Gruppen Stoff für Aussprachen und Vorträge zu liefern. In dem Rundschreiben vom 10. Juli 1933 wurde zur Werbung für die Zeitschrift ›Widerstand‹ und Zahlung der Vierteljahresspenden und Bezugsgelder aufgefordert sowie auf das baldige Erscheinen des Buches ›Deutsche Mobilmachung‹ hingewiesen.

Im Spätsommer 1933 plante der Angeklagte Niekisch, wie sich aus einem undatierten und einem mit dem Datum des 8. September 1933 versehenen Brief an Tröger ergibt, die Einberufung einer Versammlung der Reichskameraden an einem Ort außerhalb des Reichsgebiets (etwa Saargebiet oder Danzig), um sich mit ihnen über die weitere Arbeit der Widerstandsbewegung auszusprechen. Auf Anraten Trögers, der ein solches Treffen mit Rücksicht auf die innerpolitischen Begebenheiten des Jahres 1933 für unangebracht hielt, ließ er diesen Gedanken jedoch fallen.

Die *örtlichen Widerstandsgruppen* kamen entsprechend den Anweisungen der »Obersten Führung« in der Folgezeit zu regelmäßigen Vortrags- und Ausspracheabenden zusammen. Wenn im Laufe der Zeit, insbesondere nach dem Verbot der Zeitschrift ›Widerstand‹ Ende 1934, auch viele dieser Gruppen abbröckelten, so blieben doch u.a. die Gruppen in Nürnberg, München, Berlin, Leipzig, Breslau und Hamburg zusammen. Ab und zu besuchte der Angeklagte Niekisch die von den Gruppen veranstalteten Zusammenkünfte, wo er dann auch sprach. So kam er, wie unten noch näher ausgeführt werden wird, seit dem Jahre 1933 jährlich etwa zweimal nach Nürnberg, und zwar meistens anläßlich seiner Reisen ins Ausland oder zu seinen in Nördlingen wohnenden Eltern, mitunter aber auch ausschließlich zu dem Zweck, um mit den Nürnberger Kameraden in Fühlung zu bleiben. Seinem Wunsche entsprechend fanden bei diesen Gelegenheiten auch Zusammenkünfte in kleinerem Kreise in den Wohnungen verschiedener Widerstandskameraden statt, wobei Niekisch seine Ansichten zur politischen Lage auseinandersetzte. Vor seinem letzten Besuch in Nürnberg am 15. Februar 1937 bemerkte er in seinem Briefe vom 3. Februar 1937 an Drexel:

»... schon oft, wenn ich bei Dir war, hast Du mich gefragt, ›ob es mir nicht zuviel werde‹. Daß ich mit meinem Mundwerk arbeite, ist doch der Zweck meines Kommens. Sei also in Zukunft nicht mehr schüchtern, sondern disponiere über mich, wie Du es aus sachlichen Gründen für richtig hältst. Nur um das eine bitte ich Dich: daß vorher von meiner Anwesenheit so wenige wie möglich wissen ...«

Auch über das Fortbestehen und die Zusammenkünfte der übrigen Widerstandsgruppen war Niekisch unterrichtet, so auch nach der Bekundung des Widerstandskameraden Eckelmann über den Zusammenhalt innerhalb der Leipziger Gruppe; die Angehörigen der letzteren kamen regelmäßig in Gastwirtschaften, später in den Wohnungen der einzelnen Kameraden zusammen. Im Februar 1937 benutzte Niekisch die Gelegenheit eines Aufenthaltes in Leipzig, um mit den dortigen Widerstandskameraden in der Wohnung des Widerstandskameraden Euba zusammenzutreffen.

An den Berliner Gruppenabenden nahm Niekisch nur selten teil, sprach jedoch im Herbst 1934 und im Herbst 1935 in der Wohnung des dortigen Kameraden Hadrich vor den Berliner Widerständlern. Dagegen kam er häufiger mit einzelnen Kameraden, insbesondere mit Polin, dem er einmal auch ein Paket mit Schriften in Verwahrung gab, um sie vor einem polizeilichen Zugriff zu sichern, ferner mit Dr. Hadrich und Ulbrich, die ihn in seiner Wohnung oder im Verlage aufsuchten, zusammen; mit diesen sprach er dann über die politische Lage und gab ihnen seine Ansicht darüber kund. Hadrich riet er auch bei einer Besprechung, die Berliner Widerständler, die sich in zwei Gruppen geteilt hatten, in Form von Arbeitsgemeinschaften zusammenzufassen. In seiner Wohnung empfing er auch des öfteren Besuche verschiedener auswärtiger Kameraden und Anhänger der Widerstandsbewegung.

Auch der Angeklagte Tröger nahm als Beauftragter der Widerstandsbewegung – abgesehen zunächst von seiner Tätigkeit in der Nürnberger Widerstandsgruppe – im Frühjahr und Sommer 1933 an Zusammenkünften der Widerstandsgruppe in Leipzig und Berlin teil, in denen er anläßlich der von ihm gehaltenen Vorträge zu weiterem Zusammenhalten aufforderte. Auch nach seiner Versetzung nach Rosenheim im April 1934 kam er wiederholt in München mit dem Leiter der dortigen Gruppe, dem Reichsbahninspektor Faulhaber, sowie dem ebenfalls häufiger bei dieser Gruppe erscheinenden Generalmajor Aechter, dem früheren Führer der Oberlandkameradschaften, zusammen, mit denen er sich u. a. auch über die politische Lage aussprach. Auch Drexel war häufiger in München, wie umgekehrt Faulhaber mehrfach Drexel in Nürnberg aufsuchte. Nach seiner Übersiedlung von Rosenheim nach Breslau nahm Tröger mehrere Male an Zusammenkünften der Breslauer Kameraden teil, die in Wohnungen stattfanden.

Erwähnt sei in diesem Zusammenhang, daß, als im Sommer 1936 der Nürnberger Widerstandskamerad Euba nach Leipzig verzog, sein Wegzug von Drexel dem Leiter der dortigen Gruppe gemeldet wurde, der dann die Einladung Eubas zu den Veranstaltungen der Leipziger Widerstandsgruppe veranlaßte. Auch von Leipzig aus nahmen die Kameraden Euba und Eckelmann einmal im Jahre 1936 an einer der Zusammenkünfte der Nürnberger Gruppe im Mautkeller teil. Ebenso wurde der Umzug des Widerstandskameraden Dr. Hadrich von Leipzig nach Berlin dorthin von der Leipziger Gruppe gemeldet. Dr. Hadrich wurde daher in Berlin alsbald zu Zusammenkünften eingeladen, um die er sich nicht bemüht haben will.

b) Weitere Maßnahmen für den Ausbau der Widerstandsbewegung und die Herausgabe von Informationsberichten.

Der Angeklagte Niekisch äußerte sich in seinen zahlreichen Briefen an die beiden anderen Angeklagten häufiger über die Ausgestaltung der Fortführung der Widerstandsbewegung und der Aufrechterhaltung der Verbindung unter den Kameraden und gab auch dahingehende Anregungen und Anweisungen; über diese Frage sprachen auch die Angeklagten bei ihrem gelegentlichen Zusammenkommen. Bei dem Empfang der an ihn gerichteten Briefe bediente Niekisch sich übrigens, besonders nach seiner polizeilichen Vernehmung im September 1933, zeitweilig der Deckanschriften einiger Berliner Kameraden. So schrieb Niekisch in seinem Briefe vom 3. Mai 1933 an Drexel, daß es in Hinsicht auf die ›Entscheidung‹ nötig sei, richtige Gruppensammlungen zu machen, und daß es »für sie nunmehr keine nützlichere Aufgabe gebe, als einen Kampffonds für die ›Entscheidung‹ zu sammeln«. Wie Niekisch weiter in seinem Briefe vom 25. November 1933 zum Ausdruck brachte, sollte Drexel mit dem Angeklagten Tröger darüber sprechen, daß bei einzelnen Gruppen auf eine stärkere Werbetätigkeit für den ›Widerstand‹ hingedrängt würde; »bei einigen Gruppen liegen die Dinge noch im argen, da ja unsere Aktionsmöglichkeiten an sich sehr beschränkt sind, müßte sich die ganze Aktivität nach dieser Richtung entwickeln«. In einem Schreiben an Tröger vom 7. Januar 1934, in dem Niekisch auch erwähnte: »Ich zweifle nicht im geringsten daran, daß *unsere* Front das Schlachtfeld behaupten wird«, gab er folgende Anweisungen und Anregungen:

»Für uns scheint mir folgendes nötig zu sein:

1. Die militärische Ausbildung jedes einzelnen ist nach wie vor zu forcieren. Insbesondere sollte auf die technische Seite Wert gelegt werden: also Auto- und Motorradfahren, Fliegen, Morsen u. dgl.!

2. Zu prüfen wäre, ob man nicht folgende Ratschläge geben sollte:

a) Radio wird bei allen politischen, wirtschaftspolitischen etc. Punkten grundsätzlich abgestellt. Man hört das nicht mehr mit an. Diese Maßregel verfolgt den Zweck, die Leute aus der Atmosphäre herauszuziehen. Schriftlich soll freilich dieser Rat nicht verbreitet werden; nur die ›Führer‹ müssen es erfahren; sie hätten dann mündlich für Durchführung zu sorgen.

b) Es werden grundsätzlich keine deutschen Zeitungen mehr gelesen. In den einzelnen Kreisen und Zirkeln könnte einer, der unabhängig ist, evtl. die Basler Nachrichten kaufen, die dann zirkuliert. So erführe man die politischen Neuigkeiten. Über außenpolitische Geschehnisse unterrichtet ja dann die Zeitschrift, die mit Absicht die Übersichten eingeführt hat und daran festhalten will.

c) Es ist zu erwägen, ob wir einen ganz einfachen Nachrichtendienst einführen. Ich stelle, sagen wir wöchentlich, die Informationen, die wichtig sind, ohne besonderen Kommentar zusammen. Zuvor müsse klargestellt sein, ob die evtl. Bezieher die Unkosten aufbringen – folgen Einzelheiten –

... Schreibe mir Deine Meinung darüber.«

Der Angeklagte Tröger will auf diese Wünsche nicht eingegangen sein und auch, wie ihm nicht zu widerlegen war, die Anregungen Niekischs nicht weitergegeben, sich vielmehr gegen die Herausgabe eines Nachrichtenblattes ausgesprochen haben. Obwohl Niekisch wiederum in einem Brief vom 11. April 1934 an Tröger auf diese Frage zurückkam und ein Nachrichtenblatt für »immer nötiger« hielt, ist ein solches damals und in der nächsten Zeit tatsächlich nicht erschienen. Auch der in seinem Brief vom 4. Januar 1935 an Tröger mitgeteilte Plan, ungefähr alle zwei bis drei Monate eine außenpolitische Broschüre herauszugeben, ist zunächst nicht Wirklichkeit geworden.

Als der Angeklagte Tröger am 1. April 1934 von Nürnberg nach Rosenheim versetzt wurde, teilte er dies den Führerkameraden und den Leitern der einzelnen Widerstandsgruppen in einem Rundschreiben vom 2. April 1934 mit, in dem noch folgende Anweisungen enthalten waren:

»1. Ab morgen bin ich an meinem neuen Wohnort, ich bin aber bis auf Widerruf unter der bisherigen Anschrift zu erreichen. Mitteilungen an mich werden mich mit einer Verzögerung von höchstens 24 Stunden erreichen.

2. Es besteht Veranlassung darauf hinzuweisen, daß Nachrichten, die von mir ausgegeben werden, nur für den Empfänger bestimmt sind. Sie sind alsbald zu vernichten. Lediglich der Inhalt der Nachrichten ist mündlich oder in neuer schriftlicher Form durchzugeben. Selbstverständlich ist auch, daß alles sonstige Papier nicht aufbewahrt wird.

3. Mitgeteilte Anschriften gelten nur für den, für den die Mitteilung bestimmt ist. Sie dürfen nicht von anderen Kameraden benützt werden, da im Ernstfalle sonst jeder Überblick fehlt.

4. Die einzelnen landschaftlichen Vertrauensleute müssen dafür sorgen, daß engste Verbindung mit den Kameraden ihrer Landschaft aufrechterhalten bleibt. Unmittelbarer Verkehr der einzelnen Kameraden mit mir ist ausgeschlossen. Ich habe den Eindruck, daß es gerade in diesem Punkt notwendig ist, noch schärfer auf den Ernst der Situation hinzuweisen und alle Kameraden innerhalb einer Landschaft zum engsten Zusammenhalt anzuweisen.

5. Es besteht die Absicht, in der ersten Septemberhälfte ein Treffen im kleinsten Kreise abzuhalten. Aus jeder Landschaft soll mindestens ein Kamerad teilnehmen. Ob mehr Kameraden zugelassen werden, hängt von der Lage ab. Ort steht

noch nicht fest. Es ist aber notwendig, daß sich die Kameraden heute schon darauf einrichten und vor allem auch eine Reisekasse anlegen.

6. Ich mache darauf aufmerksam, daß von den bei Händlern erhältlichen Zeitungen die ›Basler Nachrichten‹ recht gut unterrichten.

7. Empfang dieses Schreibens ist mir umgehend zu bestätigen.

8. Sehr wichtig ist es, für baldigen Eingang der neuen Spenden besorgt zu sein.«

Die von Tröger in diesem Schreiben für September 1934 angekündigte Zusammenkunft fand tatsächlich im Oktober 1934 auf dem dem Hamburger Kaufmann Töpfer gehörenden Brümmer-Hof in der Lüneburger Heide statt. Diese Zusammenkunft wurde durch Mitwirken des Widerstandskameraden Paul Weber, der Maler ist, als eine Ausstellung seiner Gemälde getarnt. Niekisch, der zu dieser »Tagung« einlud, meinte in seinem Brief vom 3. August 1934 an Tröger, daß »es dort ganz abgelegen sei und man dafür sorgen müsse, daß unsere Leute erst im letzten Augenblick erfahren, wohin; sie müssen sich lediglich für Oktoberanfang bereit halten«. Auf dieser Tagung, auf der Niekisch längere Ausführungen über die außenpolitische Lage machte, nahmen neben Tröger und Drexel u. a. die Widerstandskameraden Polin, Petras, Weber, Fischer sowie die beiden Jünger teil. Auf die Anwesenheit Drexels, der zunächst nicht erscheinen konnte, legte Niekisch, wie sich aus seinen Briefen vom 12., 16. und 20. September 1934 ergibt, größten Wert und sagte ihm auch die Übernahme der Kosten der Reise auf »unsere Kasse« zu, während er vorher in dem bereits erwähnten Brief an Tröger vom 3. August 1934 für die anderen Teilnehmer keinen Fahrtkostenzuschuß in Aussicht stellen wollte.

Als der – inzwischen verstorbene – Widerstandskamerad Postassessor Krumreich im Frühjahr 1934 Niekisch gegenüber die Absicht äußerte, eine Fahrt mit dem Rad durch größere Teile Deutschlands zu unternehmen, kamen beide überein, daß Krumreich bei dieser Gelegenheit auswärtige Kameraden aufsuchen sollte. Niekisch gab ihm daraufhin eine Anzahl von Anschriften und auch Empfehlungsschreiben mit; außerdem trug er ihm u. a. auch auf, die von ihm aufgesuchten Kameraden vor Otto Strasser zu warnen. Von dieser vorgesehenen Reise Krumreichs unterrichtete Niekisch in mehreren Briefen auch den Angeklagten Tröger, teilte ihm mit, daß man Krumreich mit Weisungen versehen solle, und forderte auch Tröger auf, ihm seine

Wünsche in dieser Richtung mitzuteilen. Wie ihm nicht zu widerlegen ist, hat Tröger in dieser Richtung nichts veranlaßt.

In einem weiteren Brief vom 15. September 1934 fragte Niekisch bei Tröger an, ob er die Möglichkeit habe, »die Leute dahin zu verständigen, daß sie Juni-, Juli- oder Augustnummern haben könnten und daß sie damit werben sollten, die Berliner habe er selbst angeregt und außer Drexel habe sich noch niemand gerührt«.

Etwa Ende April 1936 kamen die Angeklagten Niekisch, Drexel und Tröger in der Wohnung Drexels in Nürnberg zusammen. Bei dieser Gelegenheit kam auch die Rede auf die schlechte wirtschaftliche Lage Niekischs und des Widerstandsverlages. Drexel schlug die Herausgabe von Informationsberichten vor, die den Kameraden und anderen der Widerstandsbewegung nahestehenden Personen übersandt werden sollten, um auf diese Weise Mittel zur Unterstützung Niekischs und zur Erhaltung des Verlages zu bekommen. Tröger, der schon bei einer früheren Gelegenheit Drexel gegenüber zum Ausdruck gebracht hatte, daß er keine Bücher mehr für Niekisch verkaufen wolle, lehnte diesen Vorschlag ab und machte Bedenken dahin geltend, daß sie hierdurch in den Verdacht konspirativen Zusammenhalts kommen könnten. Niekisch und Drexel kamen jedoch überein, daß Niekisch derartige Berichte, die sich auf das außenpolitische Gebiet beschränken sollten, abfassen und daß Drexel in Nürnberg unter Beachtung aller Vorsichtsmaßregeln ihre Vervielfältigung und den Versand übernehmen sollte; es wurde in Aussicht genommen, nach einer gewissen Zeit durch eine Rundfrage bei den Empfängern festzustellen, ob die Berichte Anklang gefunden hätten, und sodann zum fortlaufenden Bezug gegen Zahlung eines Geldbetrages aufzufordern. Entsprechend dieser Abrede stellte Drexel in Nürnberg aus eigener Kenntnis und aufgrund der ihm von Niekisch gegebenen Unterlagen ein Verzeichnis der für die Zusendung der Berichte in Betracht kommenden Personen her. Niekisch sandte ihm bis zu seiner Festnahme im März 1937 etwa alle fünf bis sechs Wochen die Entwürfe zu. Davon stellte Drexel etwa je 30 Vervielfältigungen her und versandte sie in neutralem Umschlag ohne Angabe eines Absenders, wobei er auch ein paarmal Geschäftsumschläge der Nürnberger Lebensversicherungsbank verwendete. Die Briefe gab er teilweise durch Vermittlung auswärtiger Kameraden, so z. B. des Münchner Kameraden Faulhaber, an verschiedenen Orten, wie Nürnberg, München, Starnberg und

Berlin, zur Post oder warf sie auf dem Nürnberger Bahnhof in Streckenbriefkästen ein; über die Empfänger und die Aufgabestellen der Briefe führte er ein Verzeichnis. In dieser Weise wurden ab Juni 1936 bis März 1937 fünfmal Informationsberichte versandt, die Betrachtungen über außenpolitische Ereignisse enthielten. In diesen Berichten, die teils aus Auszügen ausländischer Zeitungen und außenpolitischer Aufsätze herrührten, teils aus persönlicher Kenntnis des Angeklagten Niekisch stammten, wurden die politischen Geschehnisse vielfach in einseitiger, dem Nationalsozialismus feindlicher und sowjetfreundlicher Einstellung sowie in hetzerischer Weise dargestellt. So heißt es u.a. in ihnen:

(I/36): »...Die Volksfront ist eine antifaschistische Einrichtung. Das Wesen des Faschismus beruht darauf, daß sich das Bürgertum des Liberalismus in dem Augenblick entledigt, in dem dieser zu einer proletarischen Waffe gegen die bürgerliche Ordnung zu werden beginnt ...

Im Zeitalter des Faschismus sind aber auch die Kommunisten an der Erhaltung dieser bürgerlichen Freiheitsrechte interessiert. Sie haben mit den Radikalsozialen und Sozialdemokraten ein gemeinsames Interesse. Aber sie haben zugleich auch ihre weiter ausschauenden Hinterabsichten. Ihnen genügt nicht die Defensive gegen den europäischen Faschismus: sie wollen zur Offensive gegen ihn vorgehen ...

Hier wollen die französischen Kommunisten, hinter denen wohl Moskau steht, Wandel schaffen. Der Streik richtet sich nicht gegen die Regierung Blum: er will aber gewissermaßen dieser Regierung antifaschistische Beine machen. Die Arbeiterschaft hat sich hier mit neuem Selbstbewußtsein erhoben; damit soll weniger das französische Bürgertum erschreckt, als der Arbeiterschaft in den faschistischen Ländern ein aufrüttelndes und anfeuerndes Beispiel und Vorbild gegeben werden ...

Diese Politik würde auch eine deutsche Rechnung durchkreuzen; sie würde den Gang der Dinge auf ein Geleise schieben, auf das die deutschen Spezialisten für den Antibolschewismus nicht geeicht sind ...«

(II/36): »... So sind die Meerengen gewissermaßen der Angelpunkt, um den sich der französisch-russische Aufmarsch von Osten her gegen das faschistische Mitteleuropa vollziehen soll ...

Die Volksfrontregierung Spaniens stützt sich auf die eindeutige Willenskundgebung der überwiegenden Mehrheit des spanischen Volkes. Wer Respekt vor dem Willen des Volkes hat, hält ihr dies zugute ...

... Würden die Militärputschisten siegen, hätte das folgenschwere Auswirkungen auch für Frankreich ...

Hier fühlt sich die Sowjetunion bedroht. Sie behauptet, Deutschland wolle im Osten Land erobern; es wolle sich mit allen europäischen Staaten vertragen, um über die Sowjetunion herfallen zu dürfen. Infolgedessen proklamiert die Sowjetunion den Grundsatz der *Unteilbarkeit des Friedens.* Sie hat keine Angriffsabsichten ...«

(III/36): »... Die völkerrechtliche Lage ist, in Hinsicht auf Spanien, eindeutig. Da die Madrider Regierung legal ist, kann sie völkerrechtlich Waffen beziehen, woher sie will; ihr Waffen zu geben, wäre an sich keine Einmischung. Einmischung wäre nur, die Rebellen zu unterstützen.

Die Rebellen aber erfreuen sich seit längerer Zeit der Unterstützung auswärtiger faschistischer Mächte ...«

(IV/36): »... Den zahlreichen Gerüchten gegenüber, die über innere russische Vorgänge in Umlauf sind, empfiehlt sich in der Regel äußerstes Mißtrauen; sie entsprechen gewöhnlich weniger dem Tatsächlichen als propagandistischen Bedürfnissen ...«

(I/37): »... Die Sowjetunion hat sich diesem westeuropäischen Bedürfnis angepaßt, indem sie sich eine demokratische Verfassung gab. So kann sie dem Block der demokratischen Länder eingegliedert werden ...

... Diese demokratische Offensive paßt nicht in die faschistische Rechnung; würde sie ernsthaft durchgehalten werden, könnte sie plötzlich das Bild der Welt verändern ...

Von deutscher Seite aus klingt die koloniale Forderung wie ein Ultimatum: entweder ihr erlöst uns aus der Habenichtserei oder ihr werdet mit uns noch eure blauen Wunder erleben ...«

Zur weiteren Unterstützung Niekischs und seines Verlages forderte Drexel im Sommer 1936 eine Anzahl Kameraden auf, einmalig oder laufend Spenden zu entrichten, die er an Niekisch weiterleiten wollte; er bezeichnete diese teilweise als »Lebkuchensendungen für Onkel Ernst«. Mit Schreiben vom 30. Juli 1936 richtete er auch an Faulhaber in München ein gleiches Ersuchen, in dem er erwähnte, daß er es übernommen habe, wegen der schlechten persönlichen und finanziellen Lage von

»Onkel Ernst« mit »unserer ganzen Familie« in Verbindung zu treten, daß er mit »unseren Berliner Verwandten« bereits einig sei, Niekisch wenigstens auf die Dauer eines Jahres über Wasser zu halten, und Faulhaber bat, auch mit »der Münchner Verwandtschaft« über einen monatlichen Zuschuß von 10 RM zu sprechen. In der Nürnberger Gruppe veranstaltete Drexel seit dieser Zeit bei den monatlich stattfindenden Gruppenabenden regelmäßig derartige Geldsammlungen. Drexel brachte damals außerdem für Niekisch ein Darlehen von 2000 RM auf, zu dem er selbst 1300 RM, der Zeuge Hüller und der Jenaer Kamerad Gentschel je 300 RM sowie der Nürnberger Kamerad Meyer 100 RM beisteuerten.

In diesem Zusammenhang sei darauf hingewiesen, daß die »Egerlandnothilfe«, die auch in mehreren Briefen Niekischs erwähnt ist, von dem Angeklagten Tröger im Rahmen seiner Tätigkeit im Auftrage der Wehrmacht in den sudetendeutschen Ländern im Jahre 1933 gegründet wurde. Tröger war nämlich seit dem Jahre 1924 oder 1925 bis zuletzt ein nach größeren Richtlinien arbeitender Vertrauensmann der militärischen Abwehrstelle im Bereich des Wehrkreiskommandos München, für die er sowohl in militärischen Angelegenheiten wie irredentistisch in den deutschen Gebieten der Tschechoslowakei, und zwar, wie der frühere Leiter der Münchner Abwehrstelle Oberst Körbitz und Oberstleutnant Graf von Marogna-Redwitz bekundet haben, besonders aktiv und erfolgreich tätig. Auf dieses Konto wurden von Widerständlern regelmäßig Beiträge bezahlt, die dann von Tröger, wie er glaubhaft angegeben hat, *ausschließlich* zur Unterstützung von Sudetendeutschen und für seine Abwehr- und Grenzlandarbeit verwendet wurden; der Widerstandsbewegung sind aus der »Egerlandnothilfe« keinerlei Beträge zugeführt worden. Die »Egerlandnothilfe« ist dann im Jahre 1935, nachdem die militärische Abwehrstelle zu diesem Zwecke reichlichere Zuschüsse zur Verfügung stellte, eingegangen.

c) Die sonstigen Beziehungen der Angeklagten zueinander und ihr Briefwechsel.

Der Angeklagte Niekisch stand bis zu seiner Festnahme mit den beiden Mitangeklagten, mit denen er auch gelegentlich persönlich zusammentraf, vor allem mit dem Angeklagten Drexel in lebhaftem Briefwechsel. In diesem teilte er neben den bereits erwähnten Wünschen und Anregungen für die Fortführung der

Widerstandsbewegung diesem ihm bekanntgewordene politische Neuigkeiten und Kenntnisse über politische, insbesondere außenpolitische Geschehnisse zum großen Teil aus seinen zahlreichen persönlichen Beziehungen im Inland und auch nach dem Ausland mit. Bereits seit dem Jahre 1932 unternahm er jährlich eine größere Auslandsreise, für die ihm der Hamburger Großkaufmann Töpfer, einmal auch der Maler Paul Weber die Mittel zur Verfügung stellten. Seine erste drei- bis vierwöchige Reise führte ihn im Sommer 1932 mit der Arplangesellschaft nach Sowjetrußland, auf der er Leningrad, Moskau, Charkow und Kiew besuchte und auch mit dem ihm bekannten Radek-Sobelsohn zusammentraf; von dieser Besichtigungsreise stammen, wie Niekisch angegeben hat, seine Kenntnisse über die wirtschaftlichen und sozialen Einrichtungen der Sowjetunion und die diese verherrlichenden Berichte in Briefen und Büchern. Die folgende Reise führte ihn im Sommer 1933 nach Frankreich, Holland, Belgien, Schweiz und Italien, im Jahre 1934 nach England und in die nordischen Länder, 1935 wiederum nach Italien und im Jahre 1936 zweimal nach der Schweiz. In Zürich hatte er mit dem Verlag Oprecht und dem Verlag Rascher wegen der Herausgabe mehrerer politischer Bücher Besprechungen; in seinem Briefe vom 12. April 1936 an Drexel erwähnte er hierüber, daß er möglicherweise in der Schweiz Verschiedenes (Figur, Pakte, Grundlinien, Neues Buch) unterbringen könne; »alle 14 Tage habe ich Zusammenkunft mit einem Manne ›von dort‹, er ist sehr fruchtbar, und wir stehen in sehr gutem Kontakt«. In Basel kannte er noch den Schriftleiter Dari des bekannten deutschfeindlichen Hetzblattes ›Baseler Nachrichten‹. Von seinen ausländischen Freunden erhielt Niekisch, der übrigens im Jahre 1936 aus der Reichsschrifttumskammer ausgeschlossen wurde, auch mehrere Schriften, die im Deutschen Reich verboten waren, so die Bücher ›Moorsoldaten‹ von Langhoff und ›Die Kommunistische Internationale vor dem VII. Weltkongreß‹ wie auch aus der Schweiz das Buch ›Vor großen Wandlungen‹ von Ludwig Renn zugesandt; diese Schriften übermittelte er auch dem Angeklagten Drexel, der diese wiederum an Nürnberger Kameraden zum Lesen weitergab. Auch von dem Angeklagten Tröger erhielt Niekisch mehrfach Berichte über aus dem Ausland stammende politische Betrachtungen. Diese stammten aus seiner im Ausland geleisteten Arbeit. Es waren ihm auf Grund seiner Beziehungen dorthin zahlreiche politische Aufsätze aus tschechischen, österreichischen, italienischen und Schweizer Zeitungen zugänglich. Solche Aufsätze sandte er etwa bis zu seiner Versetzung nach Breslau im Mai 1936 gelegentlich auch dem Angeklagten Niekisch zu; in seinem Briefe vom 7. Juni 1936 an Drexel beklagte sich Niekisch darüber, daß »er das außenpolitische Material, das ihm Tröger bisher besorgt habe, sehr vermisse«. Auch Drexel hatte durch Tröger ausländische Zeitungen und einige Emigrantenschriften in die Hand bekommen. – Tröger hatte nämlich in den Jahren 1934 bis 1936 dem Polizeikommissar Dr. Grafenberger bei der Gestapostelle Nürnberg, mit dem er dienstlich zusammenkam, mehrfach ausländische Zeitungen wie der ›Christliche Ständestaat‹ und einige Leitartikel, die sich mit der »Katholischen Aktion« befaßten, besorgt und sie ihm nach seiner Versetzung nach Rosenheim, da Dr. Grafenberger ihre postalische Zusendung nicht wünschte, abredegemäß über Drexel zukommen lassen. Diesen Sendungen fügte er gelegentlich auch einige Emigrantenschriften, wie das ›Braunbuch‹, die ›Deutsche Bartholomäusnacht‹ von Otto Strasser, das ›Weißbuch über die Erschießungen des 30. Juni‹ und das ›Braune Netz‹, bei. Drexel gab jedoch ohne Wissen Trögers mit Ausnahme des ›Braunbuchs‹ und des ›Braunen Netzes‹ diese nicht an Dr. Grafenberger weiter, sondern behielt sie für sich zurück und gab sie später auch einmal einigen Widerstandskameraden zum Lesen.

Aus dem umfangreichen Briefwechsel Niekischs mit Tröger und vor allem mit dem ihm persönlich sehr nahestehenden Drexel sind folgende in der Hauptverhandlung verlesene Briefe für seine damalige Einstellung zu den politischen Ereignissen aufschlußreich und wenigstens auszugsweise erwähnenswert:

Brief Niekischs an Drexel vom 3. Mai 1933:

»... Die Nazi setzen ihr Werk der Flurbereinigung fort. Vieles bringen sie zu Fall, was überfällig ist. Aber die Gewerkschaften? Hier unterstützen sie glatt die Position der Arbeitgeber. Nirgends ist der Jesuitismus der Bewegung handgreiflicher. Man spricht arbeiterfreundlich, indem man den Arbeiter gleichzeitig zum Eunuchen macht ...«

Brief Niekischs an Tröger vom 27. September 1933:

»... Die offenbar *sehr schlecht* gewordenen Beziehungen nach Ost sind augenblicklich keine günstige Atmosphäre für unsere Richtung ...«

Brief Niekischs an Drexel vom 20. Januar 1934:

»... Irgend etwas muß noch ›riskiert‹ werden; man muß zeigen, daß man noch da ist: dies ist das wenigste. Nun kenne ich wiederum die Nürnberger Verhältnisse nicht: es ist bis *jetzt* nichts zu bemerken, daß der Adler ›den Flug‹ gehemmt hätte. Wir sind wirklich in einer Periode schönen Aufstiegs; wir haben Tage, an denen 6 bis 10 Neuabonnenten kommen ...« Irgendwie müssen wir anreizend wirken; natürlich darf man auf der anderen Seite nicht wie ein Tier sein. Ich glaube, daß wir uns auf der richtigen und gesund abgewogenen Linie bewegen.«

Brief Niekischs an Tröger vom 26. Februar 1934:

»... Ich glaube, daß die internationale Lage auch vor 1914 so gespannt war, wie sie es jetzt ist. Das Habsburger Geschlecht ist eine Spekulation auf den Abfall Süddeutschlands. Die Stimmungen bei uns scheinen mir immer überhitzter zu werden. Seltsam war die Äußerung: ›Wir brauchen keine außenpolitischen Erfolge.‹ Es ist schade, daß man den Zustand nicht analysieren kann. Er wäre ein dankbares Objekt. Die Befürchtungen nehmen zu, daß 1934 noch eine Katastrophe bringen wird. Möglicherweise ist Österreich der Preis, den Frankreich an Italien zahlt, um gegen uns eine neue Entente zustande zu bringen ...

Im Grunde ist doch heute nur noch der ein zuverlässiger Deutscher, der der Suggestion *nicht* verfallen ist. Der Stil unserer Politik ist in keiner Hinsicht seriös; es ist Vereinsmeierei – politische Bierbank aus dem Hofbräuhaus. Aber das muß man mit Geduld hinnehmen, bis eines Tages Deutschland wirklich erwacht ...«

Brief Niekischs an Drexel vom 26. Februar 1934:

»... Die politische Lage ist schauerlich gespannt. Die Gewehre können jeden Tag losgehen. Kein Mensch will an ein friedliches Deutschland glauben. Es wiederholt sich die Wilhelminische Logik: ...«

Brief Niekischs an Drexel vom 21. April 1934:

»... Wir müssen das Niveau wahren: Niveau haben ist heute ein Mittel tiefer Wirkung. Es kommt nicht auf ›Masse‹ an (wenn sie freilich im Geldlichen auch sehr nützlich wäre); wir sind in einer konkreten Situation, wo auch im Organisatorischen das Massenprinzip nicht mehr gilt. Wir hatten, auf die Zukunft hin gesehen, schon früh eine gute Nase. Heute verwerfen sogar Kommunisten das Massenprinzip (früher wollten sie es nie glauben) ...«

Brief Niekischs an Tröger vom 3. August 1934:

»... Ich glaube, daß Hindenburgs Tod unsere außenpolitische

Lage stark verschärft. Nun sind wir von der Ebene unserer großen Geschichte ganz abgerutscht. Was Barthou ausbrütet, weiß niemand. Ich lese seit einiger Zeit auch die Times; von England haben wir wenig Gutes zu erwarten ...«

Brief Niekischs an Drexel vom 9. Januar 1935:

»... Gestern abend besuchte mich mein Bekannter, bei dem ich öfters eingeladen war. ... Der gleiche Bekannte machte sonst noch etliche nicht üble Bemerkungen: ...

1. ...

2. Man halte Hitlers Stellung nicht für stabil. Die nationalsozialistische Fassade werde durch den kapitalistischen Kern bald abgelöst; man rechne sogar mit Monarchismus. Deshalb erhalte Hitler keinen Kredit; ein bürgerlich kapitalistischeres Regime würde Kredite bekommen.

3. Die Wirtschafts- und Finanzlage sei schlimm.

4. An der Saar rechne man mit rund 30% Statusquoisten, dies sei für das Regime böse ...«

Brief Niekischs an Tröger vom 18. März 1935:

»... Zur Politik: Wir setzen die Katastrophe seelenruhig in Rechnung, vor der die andern Angst haben. Das bringt uns weiter. ... Kunst ist keine dabei. Wenn die andern plötzlich die Angst verlören, könnte es schlimm werden ...«

Brief Niekischs an Tröger vom September 1935:

»... Ein Nürnberger Teilnehmer erzählte mir von seinem Eindruck: 1. Kriegserklärung gegen Ost. 2. Verstärkung der Despotie. Das Rassegesetz wird teilweise als – Juden*schutz*gesetz beurteilt.

Die abessinische Frage wächst sich offenbar aus. Es ist denkbar, daß wir am Vorabend des neuen Weltkrieges stehen ...«

Brief Niekischs an Drexel vom 23. November 1935:

»... Die Hitlerei mobilisiert Rasse und Vorgeschichte, um von daher neuen Wind auf die bürgerlichen Segel zu bekommen; wenn man an einem Ende ist und es nicht weitergehen will, macht man nicht den Schritt ins Neuland, sondern hofft, sich diesen Schritt ersparen zu können, indem man bei der Vergangenheit – und sei es auch eine jüdische – anklopft ...«

Brief Niekischs an Drexel vom 6. April 1936:

»... Zum Politischen: Da Frankreich bei einer Befestigung der deutschen Westgrenze auf die Stufe Spaniens oder eines größeren Belgiens herabsänke, ist der 7. 3. noch keineswegs abgeschlossen. Ich habe den Eindruck, daß der Krieg allerorts vorbereitet wird. Von Rußl. weiß ich es sicher. Man rechnet mit Juni. Vermeidbar ist er nur, wenn H. auf die Befestigung feierlich verzichtet ...«

Brief Niekischs an Drexel vom 12. April 1936:

»... Maxl wird Ende dieser Woche bei mir sein. Ich weiß nicht, was Ihr vereinbaren werdet. Meine Meinung aber ist, daß wir trotz der Einzelzusammenkünfte uns in Ruhe zu dritt aussprechen müßten. Wir müssen zu einer Klärung über das weitere Verhalten kommen. Maxl hat, mehr als ich dachte, alles schleifen lassen. In der letzten Zeit beklagten sich mehrere darüber, nicht mehr an Egerland gemahnt zu werden; als Auffassung trat zutage, daß man uns viel schuldig sei wie der Partei. Im übrigen tritt aber zur Zeit auch ein Szenenwechsel ein. Bisher ging die Lawine noch immer nieder, und man mußte es geschehen lassen. Allmählich kommt sie indes zu Tal, und man hat zu prüfen, was sich tun läßt. Nach meinem Dafürhalten wird in der Befestigungsfrage der casus belli aufgeworfen werden. Das wird ein Wendepunkt sein. Dafür müssen wir die Ohren spitzen. Maxl schreibt, er rücke im Mai wieder ein. Meinetwegen, obschon mich dieser Drang der Freiwilligkeit nicht recht überzeugt. Aber: schließlich scheint mir unsere Sache wichtiger. Wenn man für jenes etwas übrig hat: warum nicht für uns? Wir treten bald in eine Zone, wo es gezeigt werden muß, daß alles nicht bloß Spielerei war, was man früher machte. Ich sehe in aller Schärfe die Bürgerkriegssituation und finde, daß die Zeit zu Ende geht, in der man schlafen durfte. Ich schreibe Dir das, daß Du weißt, in welcher Richtung Du mit ihm reden sollst. Zu lesen braucht er diesen Brief nicht. Ich nehme bei ihm keine Absicht an; der Wirkung nach läuft seine monatelange Untätigkeit auf Sabotage hinaus. Ich gestehe, sehr enttäuscht zu sein; ich nehme unsere Sache wichtiger als die ganze Tschechei, die doch für den ›Feind‹, die Gegenfront, Hilfsdienst ist. Wo man es sich so leicht macht, gedeiht keine Leistung ... Vernichte diesen Brief.«

Brief Niekischs an Drexel vom 20. Juli 1936:

»... Heute war ein Mann aus Königsberg da, der von Danzig erzählte. Die Opposition sei dort sehr stark, die Erbitterung außerordentlich. Er hält Explosionen für möglich.

Interessant wird Spanien. Wünschenswert wäre, daß die Offiziermeuterei niedergeschlagen würde. Dann wäre Spanien im Bürgerkrieg erobert; ein echt revolutionärer Vorgang wäre erfolgt; Spanien würde das Gegenstück zu Rußland werden. Man wüßte, daß die ›Weltrevolution‹ Auftrieb hat.

Es würde sich auf Frankreich auswirken. Der Faschismus hätte seine Niederlage.

Siegen die Offiziere, dann ist das ein böses Zeichen. Es wird den französischen Faschismus stärken. Der große europäische Block käme sicher. Die augenblickliche Schwäche der weltrevolutionären Sache wäre offen demonstriert ...«

Brief Niekischs an Drexel vom 22. November 1936:

»... Gestern wurde mir aus zuverlässiger Quelle mitgeteilt, daß Renn in Spanien, natürlich bei der Volksfront, militärische Dienste leistet. (Der Österreicher Deutsch ist auch dort) ...

Ich habe Nachricht, daß Mussolini bereits wieder im Begriffe steht, abzuschwenken. Er scheint bei England etwas erreicht zu haben (Englands Beteiligung an der Ausbeutung Abessiniens, d.h. praktisch: Geld, Kredite). Horty sei für stark italienische Orientierung Ungarns und Distanzierung gegen Deutschland. Aussöhnung mit Jugoslawien in der Absicht, dieses von Deutschland abzudrängen. Hierzu ist auch ein passables Verhältnis Italien–Frankreich nötig ...

Brief Niekischs an Drexel vom 26. Dezember 1936:

»... Politisch sieht es seltsam aus: England und Frankreich wollen uns aus Spanien hinauswerfen. Bei uns steigt die Lust zu Abenteuern. Das Jahr 1937 kann ein Jahr der Entscheidungen werden. Der ganze Spuk, der 1914 bis 1918 wiederholt, erreicht vielleicht seinen Gipfel – und vielleicht noch mehr.

Es ist eine ganz phantastische Existenz, die wir führen; der enge Horizont, der Murks, der Wahnglaube, die forsche Draufgängerei sind die politischen Elemente. Wie lange hält dies ein 60-Millionen-Volk aus? ...«

Tröger schließlich teilte, nachdem ihm die Festnahme Niekischs bekannt geworden war, am 25. März 1937 den Nürnberger Kameraden mit, daß »Onkel Ernst schwer erkrankt« sei, und erklärte sich bereit, 70 RM zu den »Arztkosten« beizusteuern.

2. Die Tätigkeit der Angeklagten in der Nürnberger Widerstandsgruppe.

Eine hervorragende Rolle spielten in der Widerstandsbewegung vor wie nach der Machtergreifung der Nürnberger Widerstandskreis und die dortige Widerstandsgruppe, da sie die stärksten waren und unter dem unmittelbaren Einfluß der Angeklagten Drexel und, jedenfalls bis zu seinem Wegzuge nach Rosenheim, Tröger standen. Kurz nach der Machtübernahme fanden noch zwei Versammlungen des Nürnberger Widerstandskreises statt. Niekisch selbst wünschte in seinem Schreiben vom 10. März 1933 an Tröger nicht, daß, wenn man nicht unbedingt gezwungen würde, die öffentlichen Versammlungen in Nürnberg aufgegeben würden. Zu diesen Versammlungen des Widerstandskreises, die im Februar 1933 im Gasthof »Theodor Körner« stattfanden und in denen sowohl Tröger und Drexel sprachen, nahm Tröger den ihm im Jahre 1932 bekanntgewordenen, im »Aufbruchkreis« tätigen Kommunisten Kaufmann mit. Nach der Bekundung des Kaufmann soll damals aufgefordert worden sein – von wem diese Aufforderung allerdings ausging, kann der Zeuge nicht mehr angeben –, bei den bevorstehenden Wahlen keineswegs für die NSDAP, sondern für die KPD zu stimmen.

Wie bereits ausgeführt wurde, fielen jedenfalls seit der Reichtagswahl am 5. März 1933 die Versammlungen des Widerstandskreises aus. Auch die regelmäßigen Zusammenkünfte der Widerstandsgruppe, die zunächst nach wie vor, wenn auch in vorsichtiger Weise, stattfanden, setzten damals kurze Zeit aus, da man wegen der dem Nationalsozialismus entgegenstehenden Einstellung der Widerstandsbewegung mit polizeilichen und sonstigen Maßnahmen rechnete. Nachdem jedoch die »Oberste Führung« sich über die Weiterführung der Widerstandsbewegung geeinigt und die hierzu – oben bereits mitgeteilten – auffordernden Rundbriefe vom 21. März und 26. April 1933 herausgegeben hatte, kamen auch die Nürnberger Widerständler bei einer von Tröger einberufenen Zusammenkunft in einer Gastwirtschaft in der Nopitschstraße, an der etwa 25 Mann teilnahmen, überein, auf alle Fälle zusammenzuhalten und sich in regelmäßigen Zusammenkünften zu treffen; man war sich darüber klar, daß die Widerstandsbewegung wegen ihrer gegensätzlichen Einstellung zum Nationalsozialismus nicht weiter werde bestehen dürfen und daß deshalb die Zusammenkünfte geheimzuhalten seien und nur in vorsichtiger Weise stattfinden könnten.

Ein weiteres Zusammentreffen fand bald darauf im Walde bei Ziegelstein statt, bei dem der Angeklagte Tröger ebenfalls auf die Notwendigkeit weiteren Zusammenhaltens hinwies.

Etwa im Mai 1933 fand eine von Tröger einberufene Versammlung in dem Wochenendhaus des Widerstandskameraden Friedrich Nurtsch bei Behringersdorf statt, bei der etwa 20 Personen, darunter – wie auch bei sonstigen Zusammenkünften – Drexel, anwesend waren. Zur Sicherung dieser Zusammenkunft vor der SA und SS wurden, wie u. a. die Zeugen Bauer, Meyer und Wieser bekundet haben, Posten aufgestellt. Tröger wies auch hier darauf hin, die NSDAP werde nicht lange regieren, dann kämen »sie« zur Regierung; zu diesem Zweck müßte man zusammenbleiben, sich aber vorsichtig verhalten, »es sei ganz gleich, wie der Laden heiße, die Hauptsache sei, daß es so bleibe, wie es jetzt sei«. Tröger will damals auch über einen zu befürchtenden Poleneinfall in Danzig gesprochen haben.

Einige Zeit später, wohl im Oktober 1933, wurde ebenfalls im Landhaus Nurtschs eine weitere Versammlung in Anwesenheit von etwa 18 Personen abgehalten. Ob auch damals Posten aufgestellt wurden, hat sich nicht mehr feststellen lassen; die Aussage des Zeugen Becker, daß im Versammlungsraum Heiligenbilder und ein Kruzifix aufgehängt worden seien, woraus er den Schluß gezogen habe, daß man so den Eindruck einer religiösen Versammlung hätte machen wollen, hat nur insofern ihre Bestätigung gefunden, als in diesem Raum, wie Nurtsch bekundet hat, schon immer ein Kruzifix hing. Tröger berichtete von dem Austritt des Emskirchener Reichskameraden Sandermann, dem er dies zum Vorwurf machte, und forderte die Anwesenden auf, zusammenzubleiben und durchzuhalten, ohne nach außen hin aufzufallen. Er empfahl ferner den Bezug von Büchern des Widerstandsverlages, von denen Drexel eine Anzahl zur Ansicht auslegte. Bei diesem Zusammensein war auch Niekisch erschienen. Er machte im Anschluß an Tröger längere Ausführungen etwa folgenden Inhalts: Das System der Rücksichtslosigkeit sei jetzt größer als früher und die wohlerworbenen Rechte seien gewaltsam beseitigt worden. Der Nationalsozialismus werde sich nicht lange halten; in einigen Monaten, höchstens aber in einigen Jahren werde das neue System, dessen Machtergreifung nur einem Zufall zu verdanken sei, unvermeidlich zusammenbrechen, und es käme dann ein Chaos. Für diesen Fall eines zu erwartenden Bürgerkrieges müßten die Männer der Widerstandsbewegung bereitstehen, um einen gänzlichen Zusammenbruch zu verhindern und um dann die Macht zu ergreifen. Man müsse ruhig abwarten, bis es soweit sei, und inzwischen auf der bisherigen politischen Linie weiterarbeiten. Er hob ferner die Notwendigkeit eines Bündnisses mit Rußland zum Kampf gegen die Versailler Ordnung und die bürgerlich-kapitalistischen Westmächte hervor, bezeichnete den Nationalsozialismus als eine Spielart der westlichen Staatsidee und führte aus, daß ein wirksamer Kampf gegen diese Mächte nur durch eine »Sprengung von innen heraus« möglich sei. Auch stellte er die Behauptung auf, das Reichstagsgebäude sei von der SA angezündet worden.

Neben den erwähnten Zusammenkünften trafen sich mehrere Widerständler mehrfach in der Wohnung Trögers, was aber offenbar mehr der im Auftrag der Abwehrstelle vorzunehmenden funktechnischen Ausbildung einiger von Tröger hierzu eingespannten Kameraden diente. Tröger forderte jedoch auch hierbei zur Aufrechterhaltung der Verbindungen auf, kritisierte Einrichtungen und Maßnahmen der nationalsozialistischen Regierung und kündigte das baldige Versagen des Nationalsozialismus an.

In der Folgezeit trafen sich die Mitglieder der Nürnberger Widerstandsgruppe in vier- bis sechswöchentlichen Abständen in verschiedenen Nürnberger Gaststätten, zumeist im Mautkeller, wozu in der ersten Zeit der Angeklagte Tröger einlud. An diesen abendlichen Veranstaltungen, an denen man in einer stillen Ecke an einem längeren oder an mehreren kleineren Tischen saß, berichteten Tröger und Drexel über außen- und innenpolitische Fragen und Tagesereignisse, wobei der Nationalsozialismus und seine Bestrebungen immer abfällig kritisiert wurden.

Nach Trögers Wegzug von Nürnberg nach Rosenheim am 1. April 1936 gingen die Einladungen zu diesen Abenden von Drexel aus, der auch ihre Leitung übernahm. Seit dieser Zeit wurden die Einladungen vielfach in getarnter Form abgefaßt, wobei die Zusammenkünfte als Fotoklub, Skatabende oder in anderer, dem Uneingeweihten nicht erkennbaren Weise bezeichnet wurden. An ihnen nahmen fast regelmäßig etwa 15 Kameraden, darunter Hüller, Euba, Klaus, Müller, Barth, Bauer, Dannhofer, Fischer, Heydrich, Meyer und Zeuch, teil, von denen einige sich in ihren Reden besonders aktiv hervortaten; im Herbst 1936 führte Drexel noch den in seinem Büro bei der Nürnberger Lebensversicherungsbank tätigen Hans Walter ein. Einige Male war auch der Angeklagte Niekisch anwesend, wie auch Tröger bis zum Herbst 1936 hin und wieder, wenn er gerade in Nürnberg war, an ihnen teilnahm, ohne aber dabei hervorzutreten. Niekisch kam, wie bereits oben ausgeführt ist, seit dem Jahre 1933 jährlich etwa zweimal nach Nürnberg. Bei den bei diesen Gelegenheiten einberufenen Zusammenkünften, die zum Teil in kleinerem Kreise in den Wohnungen der Widerstandskameraden Drexel, Euba und Bauer stattfanden, setzte Niekisch seine Ansichten über die politische Lage auseinander. Aus seinen meist recht vorsichtig gehaltenen Reden klang, wie Euba bekundet hat, deutlich heraus, daß er einen Bürgerkrieg herbeisehne, daß man schon jetzt in einer Bürgerkriegssituation lebe und in dem Augenblick, in dem der Nationalsozialismus abgewirtschaftet habe, der geeignete Zeitpunkt für die Widerstandsbewegung gekommen sei, dann werde ein freier Mensch im Sinne der »Dritten imperialen Figur« entstehen; zunächst heiße es allerdings »abwarten«.

Kurz nach dem 30. Juni 1934 fand auf dem Hahnhof eine von Drexel einberufene Versammlung von etwa 20 Personen statt, bei der er, wie die Widerstandskameraden Bauer, Dannhofer und Barth bekundet haben, eine Liste der bei der Röhm-Revolte angeblich erschossenen Personen umlaufen ließ, Einzelheiten über die Erschießungen Röhms, Strassers und Schleichers erzählte und die Behauptung aufstellte, der Reichstagsbrand sei von Nationalsozialisten angelegt worden.

Die regelmäßigen Mautkellerabende spielten sich ganz allgemein in der Weise ab, daß Drexel zunächst auf Neuerscheinungen des Widerstandsverlages aufmerksam machte und die dort erschienenen Bücher zur Anschaffung empfahl. Seit Sommer 1936 wurden von Drexel dann auch regelmäßig Spenden zur Unterstützung Niekischs gesammelt. Anschließend behandelte er vortragsweise außenpolitische Fragen und machte auch Ausführungen über die Politik des Dritten Reiches. Im Laufe des Abends pflegte er seinen Platz zu wechseln, um seine Ausführungen allen zugänglich zu machen; er unterhielt sich jeweils nur mit den ihm zunächst Sitzenden. Seine Ausführungen bewegten sich im Sinne der Widerstandsgedanken. Dabei trat jedoch der durch die Erfolge der nationalsozialistischen Regierung überholte Kampf gegen das Versailler Diktat immer mehr zurück, und es wurde schließlich, besonders seit etwa Sommer 1936, nur noch eine scharf ablehnende Stellung gegen den Nationalsozialismus und eine ausgesprochen sowjetfreundliche Haltung eingenommen, indem die Einrichtungen Sowjetrußlands begrüßt und für gut und erfolgversprechend befunden wurden, ohne daß sich irgendein Widerspruch geltend machte. Drexel sprach auch von Schwierigkeiten wirtschaftlicher und politischer Natur, erwartete den Zusammenbruch des Dritten

Reiches, rechnete mit einem ihn beschleunigenden Kriege und sah den Bürgerkrieg unvermeidlich vor sich, in dessen Verlaufe die Männer der Widerstandsbewegung sich an die Macht setzen sollten; zu dem Zwecke wollte man auch weiterhin zusammenhalten. Es wurde ferner davon gesprochen, daß in dem dann eintretenden Chaos, bei dem es zum »Klassen-Kampf« käme, die Widerstandsleute die Interessen der Widerstandsbewegung und die nationalen Belange wahrnehmen sollten; »es müßten Leute da sein, die das völlige Abrutschen des Reiches verhindern sollten«. Drexel las ferner häufiger auch einzelne mit Schreibmaschine geschriebene Blätter, deren Inhalt auf grobe Beschimpfungen führender Persönlichkeiten des Reiches hinausliefen oder sich gegen Maßnahmen des Staates und der NSDAP richteten, wie z.B. die ›Predigt des Dompfarrers Johann Kraus in Eichstätt‹, ›Ein Reichstagsbrandstifter meldet sich‹ (sog. SA-Mann Krusebrief), ›Protestschrift der evangelischen Kirche an den Reichsbischof Müller‹, ›Briefe des Erzbischofs von Freiburg an den Reichsstatthalter in Baden‹ u.a., weiter politische Nachrichten aus ausländischen Zeitungen sowie ihm zugegangene Schreiben Niekischs vor. Bei den sich anschließenden Aussprachen brachten einige der Anwesenden vor allem persönliche Mißhelligkeiten und Enttäuschungen vor, denen sie sich ausgesetzt glaubten, und schoben die Schuld daran stets dem Nationalsozialismus zu. Bei einer Anfang August 1936 im Mautkeller abgehaltenen Zusammenkunft befaßte sich der Angeklagte Drexel mit der militärischen Lage des Reichs; er behauptete, Deutschland stehe in der Welt allein und sei durch die Rüstungen wirtschaftlich erschüttert; in der Wehrmacht seien Bestrebungen im Gange, die auf eine Änderung der Außen- und Innenpolitik hinausliefen. Bei einer anderen ebenfalls im Herbst 1936 stattgefundenen Versammlung sprach Drexel auch über die Kämpfe in Spanien. Er bezeichnete, wie dies der in seinen Briefen und Informationsberichten zum Ausdruck kommenden Auffassungen Niekischs entsprach, den General Franco als Meuterer, der sich gegen die rechtmäßige Regierung auflehne, und führte aus, das Deutsche Reich unterstütze ihn militärisch und habe Flieger- und Flaktruppen nach Spanien entsandt. Er wisse, daß der Neffe eines Bekannten, der als Flieger diene, den Befehl erhalten habe, sich in Bremerhaven einzufinden, und sodann nach Spanien gebracht worden sei. In diesem Zusammenhang führte er sinngemäß aus, das alles müsse die Arbeiterschaft erfahren, damit sie über das hinterhältige

Spiel der Regierung aufgeklärt werde; jeder Kamerad müsse deshalb an seinem Arbeitsplatz und bei sonstigen geeigneten Gelegenheiten die Volksgenossen hierüber aufklären und sich für den Widerstandsgedanken einsetzen. Wenn die an sich schon wegen der Lohnfrage unzufriedene Arbeiterschaft das erfahre, werde eine allgemeine Unzufriedenheit eintreten; dann werde das ohnehin erschütterte Vertrauen zum Führer und zur Regierung weiter schwinden und der Zusammenbruch so schneller kommen. Ähnliche Gedankengänge vertrat Drexel auch auf den folgenden monatlichen Zusammenkünften bis zum Frühjahr 1937. So führte er im November 1936 bei einer Versammlung, zu der die Widerstandskameraden Euba und Ekkelmann aus Leipzig erschienen waren, nach der Ankündigung, daß die Truppen des General Franco vor der endgültigen Niederlage stünden und daß sich der Bolschewismus in Spanien durchsetzen würde, aus, die Folge dieser Ereignisse werde zunächst die Bolschewisierung Frankreichs sein; im Laufe der weiteren Entwicklung werde dann Deutschland von zwei bolschewistischen Staaten in die Zange genommen, und das Übergreifen der Weltrevolution auf Deutschland sei die notwendige Folge davon. Wie die Zeugen Meyer und Becher bekundet haben, sprach Euba damals mit Drexel auch darüber, daß es keinen Sinn habe, der sächsischen Bevölkerung den Widerstandsgedanken beizubringen; dort könne man in dieser Richtung nichts unternehmen, da alles nationalsozialistisch sei. Drexel äußerte dabei noch zu Euba, »ob er die Flinte ins Korn werfen wolle«.

Am 15. Februar 1937 fand eine Versammlung im Nürnberger Künstlerhause statt, zu der auch der Angeklagte Niekisch erschienen war und sprach; von seinem Erscheinen sollten, wie er in dem bereits erwähnten Brief an Drexel vom 3. Februar 1937 zum Ausdruck brachte, möglichst wenige vorher erfahren. Er behandelte damals in seinen Ausführungen u.a. den Gegensatz zwischen Stalin und Trotzki und bezeichnete den ersteren als nationalen Bolschewisten, dessen Arbeit auf Rußland beschränkt sei und der sich nicht mit dem Bolschewismus in anderen Ländern und mit der Weltrevolution befasse, sondern eine Art von »rotem Faschismus« vertrete; Trotzki dagegen erstrebe den Weltbolschewismus und erhoffe dessen Ausbreitung vor allem von kriegerischen Verwicklungen. Seine Ausführungen hierüber wurden von einigen seiner Zuhörer dahin verstanden, als ob Niekisch selbst Anhänger Trotzkis sei und dessen Gedankengänge im Sinne der Widerstandsbewegung lägen. Als einige Tage darauf mehrere Widerständler (Drexel, Bauer, Klaus, Meyer, Barth und Reif) mit Niekisch in der Wohnung Bauers zusammensaßen, wurde, wie Bauer und Meyer bekundet haben, an Niekisch die Frage herangetragen, ob man nicht den Führer beseitigen solle; Niekisch lehnte dies jedoch ab und erklärte, so etwas habe gar keinen Sinn.

Der Angeklagte Drexel wies auch bei seinen Vorträgen darauf hin, daß die Schriften Niekischs ›Hitler ein deutsches Verhängnis‹ und insbesondere sein Werk ›Entscheidung‹ Grundlagen des Widerstandsgedankens seien, und bezeichnete sie, wie die Zeugen Dannhofer, Meyer und Bauer in Übereinstimmung mit der Aussage Bechers bekundet haben, als »akuter denn je«; er forderte auch zu ihrer Verbreitung auf, wobei er erklärte, er habe – was auch den Tatsachen entsprach – einen größeren Vorrat in Verwahrung. Bauer bekam auch einmal 15 Stück des Buches ›Entscheidung‹ von Drexel ausgehändigt.

Anfang 1937 beauftragte Drexel den Widerstandskameraden Zeuch, auf seinem Rad zu früheren Widerstandskameraden zu fahren, um diese, die sich inzwischen zurückgezogen hatten, wieder zum Erscheinen an den monatlichen Zusammenkünften aufzufordern.

Drexel war auch im Besitz einer umfangreichen Büchersammlung, die unter anderem zahlreiche marxistische und kommunistische Schriften enthielt und aus der er bei Zusammenkünften in größerem Umfang Bücher verlieh. Weiter gab er mehreren Kameraden, u.a. Müller, Hüller, Euba, Walter und Klaus, die zum Teil von Niekisch erhaltenen verbotenen Bücher ›Moorsoldaten‹, ›Die deutsche Bartholomäusnacht‹ von Otto Strasser, ›Söldner und Soldat‹, die ›Kommunistische Internationale vor dem VII. Weltkongreß‹, ›Februaraufstand‹, ›19 Monate im Konzentrationslager‹, ›Vor großen Wandlungen‹ von Renn sowie sonstige staatsfeindliche Schriften (z.B. den ›Krusebrief‹) zum Lesen.

II. Die schriftstellerische Tätigkeit Niekischs nach der Machtübernahme.

Der Angeklagte Niekisch setzte auch nach der nationalsozialistischen Erhebung seine schriftstellerische Tätigkeit fort.

Grundsätzlich vertrat er in seinen Schriften und Aufsätzen die gleichen politischen Anschauungen wie bisher, legte sich aber in seiner Stellungnahme zum Nationalsozialismus nach außen hin, zunächst jedenfalls, eine gewisse Zurückhaltung auf.

1. Die Zeitschriften ›Entscheidung‹ und ›Widerstand‹.

Die Wochenzeitschrift ›Entscheidung‹ wurde zuerst im Februar 1933 und zum zweiten Male im Mai 1933 mit Wirkung bis Ende Juni 1933 verboten; seitdem ist sie offenbar aus wirtschaftlichen Gründen trotz Niekischs in dem bereits erwähnten Briefe an Drexel vom 3. Mai 1933 geäußerten Wunsch, daß für die ›Entscheidung‹ richtige Gruppensammlungen gemacht und für sie ein Kampffonds gesammelt werden sollte, nicht mehr erschienen.

Die Zeitschrift ›Widerstand‹ dagegen wurde zunächst regelmäßig herausgebracht. Da Niekisch mit ihrem Absatz zeitweilig nicht zufrieden war, veranlaßte er in seinem Briefe an Drexel vom 25. November 1933, er möge Tröger veranlassen, auf eine stärkere Werbetätigkeit für den ›Widerstand‹ hinzudrängen. Der Absatz der Zeitschrift, die noch im April 1934 in einer Auflage von etwa 4000 Stück gedruckt wurde, nahm in den nächsten Monaten erheblich ab, worüber sich Niekisch im Briefe vom 26. August 1934 Drexel gegenüber beklagte und zu stärkerer Werbung in den Gruppen anregte: »... Rundschreiben und Anzeigen empfehlen sich nicht. Es müßte die Gruppe aus sich selbst funktionieren, vielleicht gibt es Möglichkeiten mündlicher Verständigung. Gut wäre es, wenn für diese Werbestücke auch kleine Entschädigungen eingingen.« Die Zeitschrift ›Widerstand‹ blieb bis zum November 1934 unbeanstandet. Sie wurde erst durch Verfügung des Polizeipräsidenten von Berlin vom 20. Dezember 1934 wegen zweier im Dezemberheft veröffentlichter Aufsätze ›Kritik der Innerlichkeit‹ und ›Kolportage‹ bis auf weiteres verboten; sie ist dann in der Folgezeit nicht mehr erschienen. Über die damals bei Niekisch vorgenommene polizeiliche Durchsuchung machte sich dieser in seinem Briefe vom 22. Dezember 1934 an Drexel lustig und erwähnte: »Da es bei mir nichts gab, konnte man nichts finden, Du brauchst gar keine Sorge zu haben.«

2. Das Manuskript ›Deutsche Mobilmachung‹.

Im Jahre 1933 beschäftigte sich Niekisch mit der Abfassung einer Schrift, der er den Titel ›Deutsche Mobilmachung‹ gab und die er als Buch zu veröffentlichen gedachte. Das Erscheinen des Werkes wurde in den Bücherbriefen des Widerstandsverlages sowie in dem hektografierten Rundschreiben der »Obersten Führung« vom 10. Juli 1933, in dem es heißt: »Über das Erscheinen der ›Deutschen Mobilmachung‹ ist noch nichts weiter bestimmt. Im Interesse einer raschen Auslieferung nach Erscheinen sind Vorausbestellungen und nach Möglichkeit Vorauszahlungen erwünscht«, angekündigt. Für diese Schrift verwendete Niekisch teilweise Entwürfe, die er bereits in den Jahren 1931 und 1932 niedergeschrieben hatte, sowie Auszüge aus früheren im Druck erschienenen Schriften. Er verfolgte darin die Entwicklung des Klassengedankens und des Klassenkampfes, als dessen Endziel er die Schaffung der »klassenlosen Gesellschaft« durch Beseitigung der bürgerlichen Klasse bezeichnete. Nach Behandlung der nationalsozialistischen Erhebung als »Triumph des Kleinbürgers« kam er am Ende der Schrift zu dem Ergebnis, daß ein »germanisch-slawisches Imperium« zwangsläufig in den Besitz der Weltherrschaft gelangen müsse. Die Schrift stellte im ganzen eine Verherrlichung des Marxismus und Sowjetrußlands dar, würdigte den Nationalsozialismus und seine Leistungen herab, wobei Niekisch u. a. auch die Reichstagsbrandlüge übernahm, und setzte sich unzweideutig für Bürgerkrieg und gewaltsamen Umsturz ein. Erwähnenswert sind folgende in der Hauptverhandlung verlesene Stellen dieses gegen Ende 1933 abgeschlossenen und mit einem Inhaltsverzeichnis versehenen Manuskripts:

(s. 8): »... Das ohnmächtige Deutschland, das nicht mehr auf Beute auszugehen vermag, wird nach den Gesetzen der bürgerlichen Gesellschaft sogleich selbst Beutegebiet. Das deutsche Bürgertum, das alle diese Gesetze in sich verkörpert, ist nicht imstande, sie auf deutschem Raum außer Kraft zu setzen; es gäbe sich in einer wesentlichen Substanz preis, wenn es der Überfremdung Herr zu werden versuchte, indem es die Gesetzlichkeit, nach der sich diese vollzieht, zerrüttete und ihren Boden zerstörte. Der Sturz der Fremdherrschaft über Deutschland setzt voraus, daß der Gesamtkörper der bürgerlichen Gesellschaft überhaupt vernichtet wird ...«

(S. 10): »...Die Versailler Machthaber konnten durch nichts stärker in Verlegenheit gesetzt werden als durch deutsche Menschen im Aufstand, durch soziale Ordnungszerstörer und wirtschaftliche Brandstifter im deutschen Raum.

Da traten die Freikorps auf, um Ordnung zu stiften, Ruhe

zu schaffen, die Aufruhrgebiete zu befriedigen. Sie glaubten, damit eine nationale Sendung zu erfüllen. In der Tat aber wurden sie nur durch soziale Antriebe in Bewegung gesetzt. Die Aufrichtung einer roten Front am Rhein, durch Rußland gedeckt und verstärkt, wäre eine nationale Leistung gewesen; in München, in Hamburg, in Thüringen und im Ruhrgebiet gab es nur Besitzverhältnisse zu schützen und konnte nur Rache an Arbeitern genommen werden ...«

(S. 11): »... Rußland blieb das Schicksal erspart, in Unfreiheit und Abhängigkeit zu versinken, obschon es 1917 so zerfallen und geschwächt am Boden lag, wie Deutschland dann 1918 zu Boden geworfen wurde. Es war der Schauplatz eines sozialen Umsturzes, dem kein Freikorps und kein weißer General gewachsen war. ... Dem sozialen Umsturz verdankte Rußland den Fortbestand seiner außenpolitischen Selbstbestimmung und Unabhängigkeit. Das sind Zusammenhänge, die in ihrer vollen Bedeutung allmählich auch in Deutschland gesehen werden müssen, so feige man dort auch weiterhin die Augen davor verschließen möchte ...

Der soziale Umsturz stand in Rußland unter der Führung einer Idee, die vor Jahren in Westeuropa geprägt worden war: der Klassenkampfidee. Man ergriff sie in Rußland, gewann ein eigenartiges Weltbild und handelte in einem Sinne, der diesem Weltbild entsprach. Aber am Ende zeigte es sich, daß die Klassenkampfpolitik große nationale Politik gewesen war. Mit ihr eröffnete Rußland das Zeitalter der Klassenkriege.«

(S. 19): »Lenin war kein marxistischer ›Ideologe‹; er war ein politisches Genie, das sich der marxistischen Ideologie zur Gründung eines Staates bediente. ... Lenins natürlicher politischer Scharfblick ist außerordentlich; mit geradezu nachtwandlerischer Sicherheit trifft er in jedem Fall den entscheidenden Punkt politischer Verhältnisse, spürt er den politischen Gehalt, die politische Tendenz jeder Situation, Resolution, jeder Beweisführung und Theorie auf.«

(S. 21/22): » ... Rußland stand 1917 in Gefahr, von seinen bisherigen bürgerlich-imperialistischen Bundesgenossen aufgeteilt zu werden; dem russischen Volke drohte, in die Rolle eines ausgebeuteten, kolonialen Volkes abzusinken. Den bürgerlichen Westmächten gegenüber befand sich Rußland in einer ›proletarischen Situation‹.

In dieser nationalen Lebensnot drückte Lenin dem russischen Volke die Waffe des Proletariers in die Hände: den Klassenkampfgedanken ...

Wer mit den bürgerlichen Ordnungsgedanken einen Strauß auszufechten hatte, konnte im Zeitalter des bürgerlichen Nationalstaats gegen sie keine irgendwie geartete ›nationale Idee‹ ausspielen; er kam gegen sie nur mit Hilfe des proletarischen Klassengedankens auf. Lenin erfaßte das und schritt ans Werk; darin bestand seine unvergleichliche politische Größe. Er steigert den Klassenkampfgedanken zu einem politischen Gedanken erster Ordnung; in seiner Hand wurde nunmehr der *Klassenkrieg* zu einer Fortsetzung der nationalen Politik mit anderen Mitteln. Was bisher der ›nationale‹ Krieg war, wurde nunmehr der Klassenkrieg: die fortgeschrittenste, entwickeltste, weltpolitische Kampfwaffe.«

(S. 27): »...Ist die Zerstörung der bürgerlichen Gesellschaft der einzige Weg, auf dem ein Volk politisch wieder in die Höhe kommen kann, dann wird das bürgerliche Bewußtsein zur Quelle fortgesetzter Sabotagehandlungen gegen die Staatsräson. Unerbittliche Erbarmungslosigkeit gegenüber dem Bürger wird zur elementaren staatlichen und nationalen Notwendigkeit; der nationale Notstand gebietet, den Bürger außerhalb des Gesetzes zu stellen. Der ›Bürgerhaß‹ wird plötzlich nationale Tugend und verbindliche Staatsgesinnung ...«

(S. 36): »... Klassenkampf und proletarische Diktatur haben aufgehört, *soziale* Kategorien zu sein; sie sind hoch darüber hinausgewachsen; sie sind die zeitgemäßesten und geschichtlich berufensten *politischen* Kategorien geworden. Lenin hatte ihre Schlagkraft als erster im politischen Raum erprobt. Er brachte mittels Diktatur des Proletariats das russische Volk in die Verfassung, in der es seiner politischen Aufgabe dann gewachsen war. In den Unternehmungen des Klassenkampfes vernichtete er die bürgerlichen Kreaturen jener imperialistischen Mächte, die nach russischen Reichtümern und der Arbeitskraft russischer Menschen gierig ihre Hände ausstreckten.«

(S. 44/45): »... Rußland und Deutschland gerieten durch den Kriegsausgang in eine proletarische Lage ...

Dieser Notstand rief nach dem klassenbewußten Proletariat als dem natürlichen und berufenen Führer des Volkes – freilich nur nach dem ›klassenbewußten‹. Es kam weniger darauf an, Proletarier zu sein, als vielmehr unter dem proletarischen

Klassengesichtspunkt den Kampf gegen die bürgerliche Gesellschaft zu organisieren ...

Lenin war niemals Proletarier, aber er war der erste aller Klassenkämpfer. ... Das Klassenbewußtsein war die Form der zeitgemäßen politischen Kampfhaltung geworden; man stand so weit in wesentlicher Beziehung zum Lebensgrund des nationalen Daseins, als man sich klassenkämpferisch ausrichtete. In der Struktur der Klasse ist die gewollte Ausschließlichkeit angelegt; ausgeschlossen aber soll der Typus des bürgerlichen Menschen sein ...«

(S. 45): »Die Idee der ›klassenlosen Gesellschaft‹ hat einen sehr blutigen Hintergrund: Sie ist die geistige Vorwegnahme jenes Zustandes, der eintreten wird, sobald alle Bürger füsiliert sind. Der Bürger ist existentiell ein Schädling; er hält es im eigenen Lande mit dem Feinde. Der deutsche und russische Bürger ist Spion und Vorposten der Versailler Ordnung im mittel- und osteuropäischen Raum. Man führt Krieg gegen Frankreich, wenn man rechts des Rheins dem Bürger ein Ende macht. Ein Bürger muß untergehen, wenn das deutsche und russische Volk leben wollen.

...Der soziale Klassenkampf, der der Stil etwa der deutschen Sozialdemokratie ist, ist Triebentfesselung und Anarchismus; der politische Klassenkampf, wie ihn der Bolschewismus seit 1917 führt, ist Schulung zur Askese und revolutionäre Geburt eines neuen Staates ...«

(Bl. 49): »... Die klassenlose Gesellschaft entsteht, wenn die proletarische Klasse die Klasse der Bourgeoisie eingeebnet und sich selbst einverleibt hat. Die Beseitigung der bourgeoisen Klasse ist der Vorgang, durch den die Macht des Bürgers gebrochen, durch den der Bürger dem Proletariat unterworfen wird. Das Verschwinden der bourgeoisen Klasse zeigt an, daß der proletarische Mensch seine Herrschaft angetreten hat. Die klassenlose Gesellschaft ist der Zustand, der sich einstellt, sobald der proletarische Mensch sich als ausschließlich daseinsberechtigter Menschentyp durchgesetzt hat ...«

(Bl. 77/78): »...Als Hitler noch im Sommer 1933 den Schlußpunkt hinter die Revolution setzte und der ›zweiten‹ Revolution Einhalt gebot, war die Partie für die bürgerliche Gesellschaft gewonnen; das ›Abenteuer‹ war gut abgelaufen. Die Einrichtung des Privateigentums, die privatkapitalistischen Grundsätze, die bürgerlichen Wertmaßstäbe und das abendländische Lebensgefühl waren in Deutschland neu befestigt;

der ›Sozialismus‹ wurde zu einer schalen, zu nichts verpflichtenden Phrase. Indem man die blutlich-völkischen und soldatischen Instinkte entfesselt hatte, hatte man die Massen und die Jugend so fest in die Hand bekommen, daß man ihre antikapitalistischen und antibürgerlichen Regungen zum Verstummen bringen konnte ...«

(S. 85/86): »...Seit Jahren ist eine deutsche Revolution fällig, um die europäische Ordnung zu stürzen, durch die Deutschland vergewaltigt wird. 1918 bezahlte das deutsche Volk mit einem schlechten Schmierenstück, dessen hasenherzige Helden nur mit innerem Zagen und Zittern bei ihrer Rolle waren; 1933 bezahlte es mit einer schäbigen bürgerlichen Restauration, die schon die außenpolitische Kapitulation heimlich anbot, da sie sich noch lärmend als Aufstand gegen Versailles gehabte. Der Nationalsozialismus berauschte das Volk mit Weltanschauung, damit es nicht dahinterkam, daß er die außenpolitische Tat völlig schuldig geblieben war, innenpolitisch aber einen zynischen Betrug ins Werk gesetzt hatte.

Es lag in der Natur der Verhältnisse, daß die ›nationale Revolution‹, *weil* sie nur eine bürgerliche Restaurationsangelegenheit war, die deutschen Daseinsnotwendigkeiten nicht nur vernachlässigte, sondern zu guter Letzt schlechthin verriet.«

(S. 87): »Am 30. Januar, als Hindenburg Hitler die Kanzlerschaft auslieferte, vereinigten sich die bürgerlichen Heerhaufen; der Reichstagsbrand war ihr erstes Husarenstück. ›Not kennt kein Gebot‹ – am 5. März bereitete die bürgerliche Masse der proletarischen Masse ein wahres Tannenberg; an diesem Tage erwies sich Hitler Hindenburgs unwürdig.«

(S. 88/89): »Die Rechtsprechung, insbesondere der Reichstagsbrandprozeß, hatte die Aufgabe, die proletarischen Kampfscharen in das Licht zu rücken, mordbrennerischer Auswurf der Menschheit zu sein.«

(S. 92): »... ›Sozialismus‹ war ursprünglich der Aufstand der proletarischen Masse gegen die Autorität des Geldsacks gewesen; jetzt fand plötzlich der Sozialismus seinen Sinn darin, die gleiche Masse mit aller Strenge wieder der Zucht des Geldsacks zu unterwerfen ...

... Der Umdeutungsvorgang gipfelte schließlich im ›Tag der Arbeit‹; am Tag und in den Formen der bisherigen Maifeier genoß die nationale Revolution den Sieg, den sie über den proletarischen Umsturzwillen erfochten hatte. So ähnlich hatte einst die Kirche die Heiden ihrer Festtage beraubt.

Diese Falschmünzerei war ein wesentliches Stück der besonderen Kampfesweise, Taktik und Strategie, die allmählich die bürgerliche Masse gegen die proletarische Masse entwikkelte, und deren Summe ebenso der Faschismus ist ...«

(S. 106): »Der Kleinbürger übernahm den Auftrag, den Arbeiter zu entmachten; sein Dank wird sein, um schlechthin jeglichen Lohn betrogen zu werden. Hinter der kleinbürgerlichen Maske fletscht der Großbürger die Zähne, zwischen denen er den Kleinbürger zermalmen wird, sobald er dessen zur Hinschlachtung der Arbeiter nicht mehr bedarf.«

(S. 110): »... Die nationale Revolution war ein Abstiegsereignis. Ihre Aufmärsche vollzog sie in Versammlungssälen; ihre Schlachten schlug sie mit Stimmzetteln; ihre Feldherren waren zügellose Demagogen. Sie zahlte mit Reden anstelle von Taten. Sie hatte ihre Gefallenen, die sie später mythisierte; aber es waren Tote von der Straße, und der kommunistische Gegner hatte deren kaum weniger. Sie rückte ihren Bürgerkrieg neben den Weltkrieg und ihre erschlagenen Straßenkämpfer neben die gefallenen Weltkriegshelden: als ob beide gleichen Ranges wären. Diese Gleichstellung war eine Ehrfurchtslosigkeit gegenüber Deutschlands erschütterndster Tragik, die die Jahre 1914–1918 erfüllt hatte, sie war eine Schändung des Frontsoldaten.«

(S. 117): »Der Staatsakt in der Garnisonskirche in Potsdam am 22. März 1933 war der Höhepunkt eines Spektakelstükkes, in dem eine große Vergangenheit zum Zwecke der Pöbelbelustigung an einem Tage verkitscht wurde.«

(S. 152/154): »Für ein von bürgerlichen Mächten besiegtes Volk gibt es nur eine einzige Verfassungsform, in der es den Kampf am zweckentsprechendsten nochmals aufnehmen kann: die Klasse. Es bereitet die neue Auseinandersetzung um so nachdrücklicher und aussichtsreicher vor, je folgerichtiger es politisch als antibürgerliche Klasse handelt. Klasse im weltpolitischen Rahmen wird ein Volk, wenn es bürgerliche Völker zu Fall bringen will, indem es das bürgerliche Prinzip selbst an seiner Wurzel trifft. Klasse scheint eine verengerte Daseinsform zu sein; in Wahrheit ist sie die ›geschliffenste‹ Form; ein Volk, das sich als arbeitende und unterdrückte Klasse der bürgerlichen Welt entgegensetzt, ist wie eine geschärfte Schneide, die die feindlichen Völker aufspaltet. Ein

Volk, das innerhalb der bürgerlichen Zeitlage als Klasse den geschichtlichen Schauplatz betritt, zeigt, daß es sich auf den Kampf um Sein oder Nichtsein sachgemäß eingerichtet hat. Daß es sich als Klasse formiert, ist Mobilmachungsmaßnahme, ist die strategische Gliederung seines Aufmarsches. Die bürgerlichen Völker vollführen ihr Unterdrückungswerk als ›Nationen‹; die unterdrückten Völker entledigen sich dieses Joches als ›Klassen‹. Als sich der dritte Stand zur Nation erklärte, meldete das französische Bürgertum seinen europäischen Vorherrschaftsanspruch gegenüber den feudalen Mächten an. Wenn sich das entbürgerlichte deutsche Volk als Klasse organisiert, wirft es der bürgerlichen Welt den Fehdehandschuh vor die Füße: Es will der Überwinder und der Erbe sein. Die Nation ist heute nur eine Vermummung der bürgerlichen Gesellschaft; will ein entbürgerlichtes Volk auch ›Nation‹ sein, dann begibt es sich wehrlos unter die Räuber. Gerade die nationale Lebensnotwendigkeit gebietet ihm, ›Klasse‹ gegen die ›Nationen‹ zu sein; so nur kommt es noch gegen den Druck und den Gewaltwillen der bürgerlichen Mächte auf. Unter diesem Gesichtspunkt ist die ›Klasse‹ keine soziale Kategorie mehr; sie ist eine politische Ordnung. Die Klasse hat ihre besondere Form der Kriegsführung: sie entfesselt die ›Weltrevolution‹. Das ist ihre Antwort auf den bürgerlichen Weltkrieg, der mit Versailles endete. Die Weltrevolution zieht den bürgerlichen Nationen den Boden unter den Füßen fort; sie hören auf, gefährliche Gegner zu sein, weil sie einfach im Abgrund versinken. ... Die Klasse ist das Werkzeug des kriegerischen Weltumsturzes; sie ist die modernste Heeresorganisation kriegerischer Revolutionäre. Wer in sie eintritt, ist Kämpfer, ›Partisan‹, ›Rotgardist‹, ›Soldat der Weltrevolution‹. Er führt die Sache der ›freiheitbringenden‹ Umwälzung, an welchem Platz er auch stehe. Er ist schlechthin in jeder Situation revolutionärer Freiheitskrieger. Sobald sich Deutschland als Klassenstaat konstituiert, tritt es in den Zustand außenpolitisch ausgerichteter kriegerischer Revolution, in der es um seine Freiheit und um eine neue Weltstellung kämpft.«

(S. 156/157): »... Auch der ›nationale‹ Kampf gegen den ›Bolschewismus‹ ist Klassenkampf: Kampf der bürgerlichen Klasse gegen ihr Verhängnis. Die Soldaten der ›nationalen‹ Revolution müssen im Verlaufe des revolutionären Geschehens dahinter kommen, daß sie auf der falschen Seite stehen:

Sie müssen entdecken, daß sie als ›nationale‹ Revolutionäre nur für die bürgerliche, nicht für die deutsche Sache fechten. Sobald sie sich herausfordernd als ›Klasse‹ gegen die ›Nation‹ rüsten, wird offenbar, daß sie den bürgerlichen Betrug durchschaut haben und sich durch die bürgerlichen Betrüger nicht länger mehr mißbrauchen lassen wollen. Im Schoße der ›nationalen Revolution‹, die nur eine neue Verkleidung der deutschen bürgerlichen Kapitulation vor Versailles ist, reift die antibürgerliche, antiabendländische Revolution heran, in die das deutsche Volk als klassenmäßig gegliederter Vorkämpfer aller Unterdrückten eintreten wird ... Die nationale Revolution drillt den Soldaten und Arbeiter, welcher später um Deutschlands willen weltrevolutionäre Taten vollbringen wird: Das ist ihre Rechtfertigung, ihr eigentlicher Sinn und ihre schließliche Notwendigkeit.«

(S. 166): »Der Nationalsozialismus ist für die deutsche bürgerliche Gesellschaft das unentbehrliche ›Element der Dekomposition‹; über kurz oder lang wird er seinen Zweck erfüllt haben: Dann erst wird die große Stunde des Arbeiters schlagen.«

166a/166b): »Das Deutschland der nationalsozialistischen Revolution ist die verkörperte Übersteigerung des demokratischen Prinzips; dieses Prinzip kann keinen Schritt mehr weitergehen; es kann sich nur noch überschlagen. Was nachher kommt, kann nur noch auf einem *neuen* Prinzip beruhen. Das neue Prinzip ist die proletarische Klassenkampfdiktatur ... Lenin hatte rechtzeitig begriffen gehabt, daß man einen Diktaturstaat nur mit einem Instrument der Diktatur zu errichten vermag ...

Nunmehr ist die entorganisierte Arbeiterschaft an der Reihe, sich gegenüber dem demokratischen Gehäuse der nationalsozialistischen Bewegung die politisch fortgeschrittenste und zeitlich vollkommenste Waffe zu schmieden, deren innere Gesetzmäßigkeit auf das Ordnungsbild der proletarischen Diktatur zugeschnitten ist.«

(S. 169): »Man macht als Deutscher mobil gegen die Versailler Welt, der der Bürger in der Angst um seine kapitalistische Ordnung unlöslich verhaftet bleibt, wenn man die Fahne des Klassenkampfes entrollt.«

(S. 170): »... Der Klassenkampfwille ist der ursprüngliche proletarische Wehrwille; er ist die elementare Äußerung proletarischen Ehr- und Freiheitsgefühls. Der Arbeiter wird ehr-

los und wehrlos in dem Maße, in dem sein Klassenkampfwille erlahmt; gerade seine soldatische Substanz zerfällt auf diesem Wege.«
(S. 171): »... Innerhalb der kapitalistischen Gesellschaft ist die Eingliederung der Arbeiterschaft in die ›Volksgemeinschaft‹ nicht das ›Ende der Klassengegensätze und des Klassenkampfes‹, sondern die rücksichtsloseste Auswertung der bürgerlichen Klassenübermacht. Die Verfemung des Klassenkampfgedankens ist die gewalttätigste Maßnahme des bürgerlichen Klassenkampfes überhaupt ...«
(S. 177): »Indem das deutsche Volk seine Lebensformen auf den klassenkriegerischen Zweck hin ausrichtete, würde es zum Element einer Weltrevolution mit imperialistischen Zielsetzungen. Der Faschismus organisiert das Volk als eine um sich selbst kreisende Kugel, deren Horizonte nur im eigenen Innern liegen, in dem Raum, den sie gegen die Umwelt abgrenzt. Die wirkliche deutsche ›Erhebung‹ bäumt sich in erster Linie gegen jenen Druck auf, der von außen kommt; sie kann infolgedessen erst jenseits des Faschismus beginnen.«
(S. 189): »Lenin, der sich als Weltrevolutionär gegen den gesamten bürgerlichen Zustand erhob, hat hehre Ahnen: Luther im Ungehorsam gegen den Papst, Friedrich der Große im Hochverrat gegen Kaiser und Reich, Fichte in der Haßleidenschaft gegen Napoleon, Hegel in der dialektischen Unerbittlichkeit gegen die Transzendenz, Karl Marx in der eiskalten Gründlichkeit gegen Adam Smith, Nietzsche in dem alle Maße sprengenden Gefühle, Gott selbst zu sein, zählen dazu. An Lenin scheiden sich die Geister; wer gegen ihn steht, ist kein wahrhaftiger Protestant mehr.«
(S. 197): »... Die jüngste echte Revolution ist die russische Revolution gewesen; sie erwies ihre Echtheit, indem sie der Welt das neue herrscherliche Wesensbild des Arbeiters gab. Dieser herrscherliche Arbeiter ist der Gründer und Schöpfer, der Soldat und Cäsar eines neuen Imperiums, eines Imperiums, das den andern Imperien Rang und Raum streitig macht...«
(S. 200): »... Anfangs konnte es den Anschein erwecken, als ob das bolschewistische Rußland sich im Schatten der marxistischen Formel ›Proletarier aller Länder vereinigt Euch!‹ damit beschränken solle, die bestehenden weißen Imperien sowohl unter dem Klassen- wie dem Rassengesichtspunkt von innen heraus zu erschüttern. Es war, als wolle Rußland die

Sache der weißen Völker an die farbigen Völker verraten, als spiele es in zügelloser und blinder Feindschaft gegen weiße Krieger und bürgerliche weiße Imperien die Weltherrschaft den farbigen Völkern in die Hände.

Indes vollzog Lenin von der sozialrevolutionären Plattform jener Lösung aus einen bewunderungswürdigen Absprung in die Höhen imperialer Politik; alles Klassen- und Rassenressentiment wurde ihm dabei nur Mittel zu einem ganz großen politischen Zweck. Lenin sah nicht nur die Unterdrückung farbiger Völker durch die weißen, sondern auch diejenige eines farbigen Proletariats durch seine farbige Bourgeoisie. Von hier aus entwickelte er seine kühne imperiale Konstruktion ...«

(S. 204/205): »... Der deutsche Faschismus war anfänglich entschlossen gewesen, an diesen beiden Ausbruchsstellen vorzustürmen; inzwischen erlebte er freilich seine vernichtenden Enttäuschungen. Da stellte sich ihm die Lage so dar, daß ihm nichts übrig bleibe, als zwischen Paris und Moskau zu wählen. Für das bürgerliche Element in ihm gab es kein Zögern: Es bevorzugte, trotz aller Folgen für Deutschland, Paris. Im Schatten Frankreichs wollte er Deutschland ein kleines kümmerliches Dasein einrichten. Das bürgerliche Element in ihm macht ihn blind für eben jenen politischen Auftrag, der Deutschland wieder zu weltpolitischem Rang emporheben würde ...«

(S. 205): »Ein rein slawisches Großreich wäre eine Weltmacht neben andern seinesgleichen; ein germanisch-slawisches Imperium würde indessen das erste aller Imperien sein; auf Grund seiner natürlichen, geistigen und willenhaften Kräfte fiele ihm die Weltherrschaft zwangsläufig zu.«

(S. 208): »Die Klasse ist die Organisationsform, in der der Arbeiter seinen Internationalismus praktisch anwendet. Das Klassenbewußtsein hat imperiales, weltherrisches Pathos. Daß es die ›Nation zerreißt‹, ist nicht seine wesentliche und für die Geschichte erhebliche Wirkung; das ist nur eine unvermeidliche Begleiterscheinung ... In Rußland fiel diesem Typus des Arbeiters die Macht bereits in die Hände ...«

(S. 209): »Der Faschismus ist lärmvoll inszenierte Flucht aus der Weltgeschichte; indem der Typus des Arbeiters unter Deutschen doch wieder an Boden gewinnt, darf man sicher sein, daß Deutschland in den Raum der großen Politik zurückkehrt. Das germanisch-slawische Imperium ist die Tat, die das deutsche Volk der Geschichte schuldig ist und die zum wenigsten ein Jahrtausend für sich haben wird; es wird das politische Werk des ›klassenbewußten Arbeiters‹ sein.«

Von dieser Arbeit stellte Niekisch ein für den Druck überarbeitetes und mit Anweisungen für den Drucker versehenes Manuskript her. Zur Drucklegung ist es allerdings nicht gekommen, offenbar weil ihm die Drucklegung eines solchen staatsfeindlichen Machwerks angesichts der Entwicklung der politischen Verhältnisse wenigstens vorerst nicht durchführbar erschien. Das druckfertige Manuskript übersandte er im Dezember 1933 dem Angeklagten Drexel über eine Deckadresse zur Verwahrung. In dem Übersendungsschreiben vom 11. Dezember 1933 führte er hierzu aus:

»Heute gab ich ein Paket zur Post, es wird Dir von Else (Franz!) überbracht werden. Darin ist 1.) das Buch. Es ist das einzige Exemplar, ich lade Dir damit eine große Verantwortung auf. Es wurde noch durch eine ganze Anzahl neuer Abschnitte vervollständigt. Von diesen neuen Abschnitten liegen 2.) Durchschläge bei, die allerdings noch durchkorrigiert werden müßten auf Grund der Stücke, die original in das Buch aufgenommen wurden. 3.) Die Handschriften der Ergänzungsteile zur Aufbewahrung.

Sollte es zu einer Vervielfältigung kommen, könnten alle jene Teile, die schon gedruckt sind, aus dem Exemplar der Zeitschrift übernommen werden.«

Alle diese Teile (Handmanuskripte des ganzen Werkes, maschinenschriftliche Ergänzungsteile sowie handschriftliche Ergänzungsteile) konnten im Büro des Angeklagten Drexel bei der Nürnberger Lebensversicherungsbank vorgefunden und beschlagnahmt werden. Teile der Schrift, und zwar Durchschläge der Ergänzungsteile, machte Niekisch gelegentlich auch dem Angeklagten Tröger zugänglich, der auch einräumt, sie gelesen zu haben. Anderen will Niekisch den Entwurf nicht zur Kenntnis gebracht haben.

3. ›Die Dritte Imperiale Figur‹ und ›Im Dickicht der Pakte‹.

Der Angeklagte beschäftigte sich jedoch weiterhin mit den in der ›Deutschen Mobilmachung‹ verfolgten Klassenkampfgedanken und gab ihnen schließlich in veränderter und gemilderter Form in seinem im Widerstandsverlag um die Jahreswende 1934/1935 in einer kleineren Auflage als Druck für Bücherfreunde erschienenen Buch ›Die Dritte Imperiale Figur‹ Ausdruck. Den als Titel dieses Buches verwendeten Begriff der »Dritten Imperialen Figur« sah er in der Arbeiterklasse als dem »Träger des technischen Weltbildes« und als »antiabendländische Erscheinung« verkörpert und stellte sie als Vertreter einer neuen, in fortschreitender Entwicklung begriffenen Weltordnung in Gegensatz zu den zwei herrschenden, im Abendlande verwurzelten »Imperialen Figuren« des »ewigen Römers« und des »ewigen Juden«; der Proletarier des industrialisierten Abendlandes – der »Barbar« (S. 205) – tritt als eine imperiale Figur von höchstem Rang auf die Bühne (S. 169) und trägt ein neues »Ordnungsbild in sich« (S. 217). Auch in diesem Werk bekennt er sich unter Ablehnung der Anerkennung des Privateigentums zum Klassenkampfgedanken, zur Diktatur des Proletariats und als fanatischer Anbeter Lenins, in dem er den größten Staatsmann aller Zeiten sieht. Aus diesem Werk sind folgende Stellen als für seine politische und wirtschaftliche Einstellung bedeutungsvoll erwähnenswert:

(S. 159/160): »... Die sozialistische Bewegung Europas brachte nur einen einzigen Mann hervor, der die revolutionäre Realität, die umstürzende Gewalt des technischen Fortschritts und die geschichtliche Sendung des Menschentypus, den die technische Vervollkommnung der Produktionskräfte geprägt hatte, so klar und scharf sah, wie das alles von Karl Marx gesehen worden war, der diese Dinge aber nicht mehr unter jüdischem Aspekt betrachtete und auf das jüdische Interesse ausrichtete, sondern mit frischer Unbefangenheit und unbekümmerter Unmittelbarkeit ihrer ursprünglichen, ihnen eingeborenen Logik freie Bahn verschaffte. Dieser Mann war Lenin ...«

(S. 163): »... Lenins Radikalismus beruht gerade darauf, daß Lenin kein Doktrinär ist. Auch der radikalste Doktrinär erweckt den Verdacht, es auf Scheingefechte abgesehen zu haben, durch welche die Radikalität der Praxis vereitelt werden soll; er will durch den Radikalismus des Worts dem Radikalismus der Tat den Weg verlegen. Der ›Wortradikale‹ kann in der Regel als ›Helfer der Bourgeoisie‹ entlarvt werden ...«

»... Lenin befürwortete damals, in der Zeit der russischen Revolution, eine Revolution, die eine Teilnahme von Sozialdemokraten an der ›provisorischen revolutionären Regierung zwecks schonungsloser Bekämpfung aller konterrevolutionären Anschläge und Wahrung der Sonderinteressen der Arbeiterklasse‹ als zulässig erklärte ...«

(S. 171): »... Die klassenlose Gesellschaft entsteht, wenn die proletarische Klasse die Klasse der Bourgeoisie eingeebnet und sich selbst einverleibt hat. Die Beseitigung der bourgeoisen Klasse ist der Vorgang, durch den die Macht des Bürgers gebrochen, durch den der Bürger dem Proletariat unterworfen wird. Das Verschwinden der bourgeoisen Klasse zeigt an, daß der proletarische Mensch seine Herrschaft angetreten hat ...

»... Sie ist ein vollendeter imperialer Zustand «

(S. 203): »... Die ›Diktatur des Proletariats‹ ist die Staatsmaschinerie, die gar kein Hehl daraus macht, lediglich ein Machtwerkzeug des Proletariats zu sein; sie trägt den Ehrgeiz offen zur Schau, ausschließlich proletarischen Zwecken zu dienen ...«

(S. 212/213): »... Der ewige Römer und der ewige Jude sind Gestalten des Mittelmeergebietes; von dort aus haben sie das räumliche Europa erobert und das geistige Europa geschaffen. Beide haben Wurzeln, die in andere Kontinente reichen. Hinter dem Juden spürt man vorderasiatische Instinkte, hinter dem Römer nordafrikanische Geheimnisse.

Ihr geschichtlicher Schauplatz freilich ist Europa. Europa steht und fällt mit ihnen; sie sind die schlechthin abendländischen Figuren. Auf dem Rücken von Germanen und Slawen stiegen sie zu ihrer imperialen Höhe empor ...

Die neue imperiale Figur, der Träger des technischen Weltbildes, ist eine antiabendländische Erscheinung ...

Auf russischer Erde schufen Lenin und Stalin für den eigenwilligen imperialen Anspruch das ihm angemessene politische System ...«

(S. 214): »... Dies, ›Unerhört-Neue‹ ist in Rußland seit Lenin im Werden; es ist das ›Wort‹, das Rußland der Welt anbietet und durch das die ›allgemeine Harmonie‹ hergestellt und die ›Vereinigung der Menschen‹ vollzogen werden soll ...«

(S. 218/219): »Die neue imperiale Figur hat notwendigerweise ihr nihilistisches Stadium. Ihr verlegen sowohl die provinziellen Ordnungen wie die Ordnung Roms den Weg. Insofern bleibt ihr nur übrig, zuerst Zersetzungsarbeit zu leisten. Dann freilich kommt die Stunde, in der sie auf dem gesäuberten Bauplatz unter eigener Verantwortung ihre planvoll kühnen Konstruktionen errichtet ...«

Von diesem Buch gelangten, wie sich aus einem undatierten Brief Niekischs an Drexel ergibt, auch 10 Stück in die Schweiz, in der »ein Geraune von diesem Buch gehe«.

Weiter gab der Angeklagte Niekisch im Jahre 1935 im Widerstandsverlag die von ihm verfaßte Schrift ›Im Dickicht der Pakte‹ heraus. In dieser Schrift, in der er die außenpolitischen Geschehnisse der letzten Zeit behandelte, verlieh er seiner sowjetfreundlichen Einstellung Ausdruck; insbesondere gab er in dem Kapitel ›Europa und Asien‹ (S. 71 ff.), in dem es u. a. heißt: »Gegenwärtig wird immer deutlicher, wie jede Rechnung, bei deren Aufstellung die Sowjetunion unter den Tisch fallen soll, zu den Rechnungen gehört, die ohne den Wirt gemacht sind. Die Sowjetunion ist kein Posten mehr, über welchen man ungefragt verfügen könnte; sie machte sich umsichtig die Zeit zunutze, die Europa abwartend seit 1919 verstreichen ließ. Sie hat sich wirtschaftlich auf ihre eigenen Beine gestellt – diese Beine tragen sie –«, Rechenschaftsberichte führender Sowjetfunktionäre, in denen die politische und wirtschaftliche Lage Rußlands sowie seine Armee im günstigsten Licht dargestellt waren, unbedenklich als zutreffend wieder. Er hatte diese Berichte wie er angibt, auf der russischen Handelsvertretung in Berlin erhalten.

Beide Schriften, ›Im Dickicht der Pakte‹ und ›Die Dritte Imperiale Figur‹, wurden auf Anordnung des Geheimen Staatspolizeiamtes bald nach ihrem Erscheinen, wie ihm am 19. Oktober bzw. 2. November 1935 auch mitgeteilt wurde, beschlagnahmt und verboten, »weil Teile dieser Bücher als bolschewistische Propaganda wirken und ihr Inhalt daher geeignet ist, die öffentliche Ordnung und Sicherheit zu gefährden«. Kurz darauf wurden diese Schriften auch durch den Präsidenten der Reichsschrifttumskammer in die Liste des schädlichen und unerwünschten Schrifttums eingereiht. Trotzdem trat Niekisch bald darauf mit dem Verlag Oprecht in Zürich in Verhandlungen, um die Bücher, insbesondere ›Die Dritte Imperiale Figur‹, in der Schweiz neu herauszugeben, was er auch dem Angeklagten Drexel in seinem oben bereits erwähnten Briefe vom 12. April 1936 mitteilte. Außerdem forderte er im September 1936 Drexel auf, einen Sonderdruck der ›Dritten Imperialen Figur‹ an einen Lehrer in Neubrunn zu übersenden.

4. Politische Grundlinien.

Im Jahre 1935 fertigte Niekisch weiter eine als ›Politische Grundlinien‹ bezeichnete Arbeit an, in der er geschichtliche Persönlichkeiten und geschichtliche Ereignisse der Zeitspanne vom Jahre 1924 bis 1933 behandelte. Ihr bevorstehendes Erscheinen kündigte er ebenfalls in den Bücherbriefen seines Verlages an. In dem letzten, ›1933‹ überschriebenen Abschnitt befaßte er sich auch in allerdings vorsichtiger und zurückhaltender Form mit dem Nationalsozialismus, dem Bolschewismus und der Stellung des nationalsozialistischen Staates zu diesem. Die Arbeit, die er als seine beste Leistung ansah, übersandte er Ende 1935 dem Angeklagten Drexel zur Beurteilung, wie er diesem überhaupt die meisten seiner Werke vor ihrer Veröffentlichung und Drucklegung zu diesem Zwecke zukommen ließ. Dieser sprach sich ihm gegenüber sehr anerkennend aus. Im Einverständnis mit Niekisch ließ Drexel eine größere Anzahl Abschriften herstellen, die er dann anderen Widerstandskameraden zum Preise von 5 RM zugänglich machte und deren Verkaufserlös er an Niekisch abführte. Niekisch ermahnte ihn noch in seinem Briefe vom 12. April 1936, bei der Abgabe die entsprechende Vorsicht walten zu lassen, und bat ihn, nachdem er kurz zuvor schon mehrere Stücke erhalten hatte (vgl. Brief vom 4. April 1936), damals um die Überlassung noch weiterer 6 Abschriften; über die Verwendung der ihm zugeleiteten Stücke hat er eine Erklärung verweigert. Ein Stück übermittelte Niekisch jedenfalls dem Verlag Oprecht in Zürich, von dem er die Schrift herausgeben lassen wollte; Oprecht verlangte noch verschiedene redaktionelle Änderungen, mit denen sich Niekisch dann befaßte; zur Drucklegung ist es indes nicht mehr gekommen.

5. Das Manuskript ›Geheimnis des Reichs‹.

Ende 1935 entschloß sich Niekisch zur Arbeit an einem umfangreichen Werk, für das er, wie er in seinem Briefe an Drexel vom 23. November 1935 zum Ausdruck brachte, den Titel ›Geheimnis des Reichs‹ in Aussicht nahm und das zu gegebener Zeit gedruckt und verbreitet werden sollte. Den Entwurf zu diesem Werk fertigte er im Laufe des Jahres 1936 bis Januar 1937 an. Die Arbeit war in drei große Teile gegliedert. In dem ersten Teil behandelte Niekisch den Bolschewismus, in dem er eine »dem Nationalsozialismus in mancher Hinsicht verwandte Erscheinungsform der Diktatur und des Totalismus« sah, und in dem zweiten als »Weimar« bezeichneten Teil die Zeit zwischen 1918 und 1933 als die »Zeit der Herrschaft der deutschen Finanzbourgeoisie, die die Arbeiterschaft hinter sich hergezogen hat«. Das Kapitel 12 dieses zweiten Teiles (»Weimar«) veröffentlichte er mit der Überschrift: ›Faschismus und Nationalbolschewismus‹ in etwas abgeänderter Form in Heft 4/5 des Jahrgangs 1936 vom Juli/August 1936 der ›Schweizer Monatshefte‹ unter dem Decknamen Friedrich Baumann; ferner brachte er, was er ebenfalls dem Angeklagten Drexel im Briefe vom 6. Juli 1936 mitteilte, das 14. Kapitel dieses Manuskripts in einer ausländischen Zeitschrift unter. In dem dritten Teil, der später die Bezeichnung ›Ab Weimar‹ erhielt, befaßte er sich mit dem Nationalsozialismus. Dieser Abschnitt enthält die unverhohlene grundsätzliche Ablehnung des Gedankengutes und der Leistungen des Nationalsozialismus, wobei die von einer sachlichen Betrachtung durchweg weit entfernte Einstellung Niekischs hierzu klar zutage tritt. Er scheute sich nicht, die Tatsachen zu entstellen, die von deutschfeindlichen Kreisen im In- und Auslande verbreiteten Lügenmeldungen als wahr zu übernehmen und sich zu den gehässigsten Verleumdungen und Beschimpfungen der nationalsozialistischen Bewegung, ihrer Einrichtungen und ihrer führenden Männer hinreißen zu lassen.

a) Auszüge aus dem Manuskript ›Geheimnis des Reichs‹.
Aus der großen Fülle derartiger Ausfälle in dem Teil ›Ab Weimar‹ und zur Kennzeichnung der in ihm enthaltenen hochverräterischen Zielsetzung sei nachstehend nur das Hervorstechendste wiedergegeben:

(Kap. 2, S. 10 u. 12): »Noch ganz andere Bestände des Lumpenproletariats, als sie von Hitler bisher in die Bewegung hineingezogen worden waren, waren flüssig zu machen; man mußte zuvor noch einmal erst recht dahintergekommen sein, wer zum Lumpenproletariat gehört. Lumpenproletarier ist in der Regel jede verkrachte Existenz, gleich, auf welcher gesellschaftlichen Höhe sie ihren Bankrott gemacht hat.

... Nach dem verlorenen Kriege traf man in Deutschland Lumpenproletarier auf allen Wegen und Stegen: Kriegsfreiwillige, die ihr Studium oder ihre Lehre verlassen hatten und sich nach den Erlebnissen des Schlachtfeldes nun nicht mehr in die alte bürgerliche Lebensordnung einzufügen vermochten. Vor allem aber entlassene, ehemals aktive Offiziere, die im zivilen Dasein nichts mit sich anzufangen wußten ...

Der Typus dieses Lumpenproletariers fand seine vollkommenste Verkörperung in G. Der angesehene Hauptmann mit dem Pour le Mérite ist plötzlich wurzellos. Er studiert, kommt zu Hitler, handelt mit Fallschirmen, betäubt seine Verzweiflung mit Morphium, schlägt sich, sobald er dazu befohlen wird. Hinter dem ganzen revolutionären Ungestüm aber, das in den Jahren der agitatorischen Demagogie über seine Lippen poltert, steckt nichts als die verzehrende Sucht, ... eines Tages neronischen Prunk und Pomp, zäsarische Pracht entfalten zu können. Der Sozialist G. ist ein verhinderter Verschwender, er ist Revolutionär, weil ihm das Geld fehlt, das er braucht, um den Aufwand treiben zu können, nach dem es seine pathologische Veranlagung gelüstet. Er steckt sich in jede Uniform, wenn er sich schließlich nur seine Taschen füllen kann: ihm bleibt, nachdem er der Welt gezeigt hat, wie weit es ein skrupelloser Lumpenproletarier zu bringen vermag, jenes seltsame Bedürfnis, seine Umgebung durch die reiche Mannigfaltigkeit seiner Garderobe zu überraschen, die er mit unerschöpflichen Erfindungen seiner Fantasie immer wieder neu ergänzt ...«

(Kap. 3, S. 19): »Noch als Unmündiger durfte man hoffen, zu seinem Auto und zu seiner Mätresse zu kommen und zu seinem Landhaus am Walchensee. Die Nachkriegsjugend war seelisch und geistig in schlechter Form; durch die Hitlerbewegung erhielt defekte Menschensubstanz jeder Art eine Anwartschaft auf alle großen und einträglichen Stellungen des Staates und der Wirtschaft ... In der Hitlerbewegung wurde sie daraufhin dressiert, ihr ämterräuberisches Rowdytum als Ausfluß ihres sozialistischen Ethos und als Erfüllung ihrer nationalsozialistischen Mission zu praktizieren ...«

(Kap. 6, S. 13, 34, 36): »Hitler entstammt der untersten Hefe der Massen: er ist glücklich, ihr zu entrinnen und mit der großbürgerlichen Oberschicht unter einer Decke stecken zu können ...

Nicht auf Grund einer Gasvergiftung verlor Hitler das Augenlicht; es war eine *hysterische Erblindung*, die ihn befiel. Die Ärzte, die sich im Lazarett von Pasewalk seines nervösen Zustandes annahmen, behandelten ihn als einen ›seltenen Fall‹; hysterische Erblindung kam nicht häufig vor.

Hitler ist ein Hysteriker, den die Dinge, welche in Bewegung geraten sind, leicht umwerfen; infolge seiner nervösen Schwäche und Hemmungslosigkeit wird er so wirbelnd mitgerissen, daß er selbst wieder mitreißt, was nicht ganz feststeht ...

Dieser Machtsüchtige steht am Ende der morschen bürgerlichen Welt; er ist als Person so leer, so ausgeschöpft und faul, wie sie es als Institution ist ...«

(Kap. 8, S. 10): »Der Faschist macht seine Politik wie der Gangster seinen Einbruch, seine Brandstiftung, seinen Bombenanschlag. Der Faschist ist der Bürger, für den in seiner kapitalistischen Not kein Gebot mehr gilt; er macht die Methoden der ›Unterwelt‹ für seine kapitalistische Politik fruchtbar ...«

(Kap. 9, S. 17, 18, 19, 20, 21): »Jeder Messerheld, jeder Abenteurer, der gern über Leichen ging, jeder gefährliche Bruder, dem anderer Menschen Leben billig war, jeder Mann mit Mordinstinkten und sadistischen Gelüsten, war in der SA an der richtigen Stelle ...

Das braune Hemd, die braune Hose, die braune Affenmütze zeigten die Farbe des Wüstensandes ...

Rowdys, die von dem Schicksal ereilt wurden, das für sie natürlich ist, wurden mit Lorbeer bekränzt ...

Die SA-Kasernen waren Lasterhöhlen, Arbeitsscheue, Säufer, Lebensbankrotteure, Homosexuelle, Raufbolde, Totschläger brüteten hier jene finsteren Anschläge aus, mit deren Hilfe Deutschland ›erweckt‹ werden sollte ...

Von dem Studenten Horst Wessel stammt das Lied, das der SA und später des Dritten Reiches würdig war. ›Kameraden, die Rotfront und Reaktion erschossen, marschiern im Geist in unsern Reihen mit‹. Das ist die Poesie des Verbrecherkellers. ›Die Fahne hoch vor Toten, die noch leben‹: die deutsche Sprache sollte nicht weniger vergewaltigt werden, wie es der politische Gegner wurde. Horst Wessel war eine zweifelhafte Gestalt; er endete nicht als *politischer* Märtyrer, sondern als Opfer der Eifersucht: ein Zuhälter erschoß ihn, weil er diesem die Dirne abspenstig gemacht hatte. Er bezahlte es mit seinem jungen Leben, da er auf das Milieu der ›Ganoven‹ abgesunken war. Indem das Deutsche Reich seinem Walhall diesen Horst Wessel einverleibte, gab es zu verstehen, welche Art Taten es von seinen Musterhelden erwartete; insoweit Horst Wesel der deutschen Jugend zum Vorbild gesetzt wurde, war klargestellt.«

(Kap. 10, S. 33 u. 34): »Welches nationalsozialistische Gehirn den Plan der Reichstagsbrandstifung ausgeheckt hat, welche SA-Führer durch den unterirdischen Gang aus Görings Amtspalast in das Reichstagsgebäude eindrangen, um dort das Feuer zu legen, wird vielleicht niemals mehr aufgedeckt werden: am 30. Juni 1934 wurden die meisten Mitverschworenen kalt gemacht. Niemand wohl wird mehr erfahren, durch welche Verheißungen der Repräsentationstäter van der Lubbe gedungen wurde; sein Mund wurde für alle Ewigkeit versiegelt. Die Diabolik des Unternehmens, das Volk gegen den Kommunismus zur Siedehitze aufzupeitschen durch einen Anschlag auf eben jenes Gebäude, das niemandem weniger im Weg stand als den Kommunisten, das hingegen den Nationalsozialisten ein ›Stein des Anstoßes‹ war, diese Diabolik ist wahrhaft seiltänzerisch, und sie könnte in Goebbels Kopf entsprungen sein. Ob in der Tat diese nationalsozialistische Brandstiftung ursprünglich auf internationale Horizonte abgestimmt war, indem durch gefälschte Dokumente Spuren, die nach Moskau wiesen, vorgetäuscht werden sollten, ist kaum noch nachweisbar, nachdem der Verbindungsmann zwischen Lord Deterding und Hitler, Dr. Bell, durch SA-Männer auf österreichischem Boden ermordet wurde. Die Dinge, die er wußte, waren so gefährlich, daß er um jeden Preis um die Ecke gebracht werden mußte...«

(Kap. 11, S. 1 u. 2): »Am Anfang der nationalsozialistischen Bewegung steht ein politisches Schundbuch, am Eingang des Dritten Reiches ein Bubenstück ...

Das Verbrechen des Reichstagsbrandes war mit solch zynischer Unverschämtheit aufgezogen, daß die bürgerliche Masse sowohl der zwingenden Logik des gesunden Menschenverstandes wie dem klaren Augenschein zum Trotz der schuldigen Regierung Gehör schenkte und auf die nationalsozialistische ›Frechheit der infamsten Verdrehung‹ hereinfiel.

Wer noch die Weimarer Verfassung verteidigen wollte, erschien als Spießgeselle, kommunistischer Verbrecher: das war ein genial gedrehter Banditenstreich. Tausende deutscher Bürger schweigen wider besseres Wissen: seitdem gibt es in Deutschland schlechthin keinen bürgerlichen Ehrenmann mehr, seitdem steckt das ganze deutsche Bürgertum mit dem nationalsozialistischen Lumpengesindel im gleichen Topf.

Damals, als Hitler, der oberste Anführer der Reichstagsbrandstifter, anständigen Leuten die Ehre abschnitt, lag das deutsche Volk auf der Waage, auf welcher darüber entschieden wurde, was noch an ihm war: wer Hitler beistimmte oder ihn deckte, sackte zum Unrat ab.«

(Kap. 13, S. 14, 20, 22): »Nationalsozialismus ist wie ein gewaltiger Verdauungsapparat: von den köstlichen Leckerbissen, von den wundersamsten Früchten der Kultur bleiben, wenn er sie geschluckt hat, nur Haufen braunen Unflats übrig ...

Schauspieler, Zauberkünstler, Sektierer, Hochstapler, Lügner und Betrüger fanden in dieser gleichgeschalteten Kanaille das Publikum, das ihnen gerade gemäß war und das dem gewagtesten Taschenspielertrick rasenden Beifall zollte ...

... nachdem Brandstifter, Mörder und Fälscher regierten, war es in der Ordnung, das ganze deutsche Volk zu einem Volk von Kriminellen zu machen. Jeder unbestrafte Deutsche sollte seinen Richter finden: auch das war ein Akt der Gleichschaltung. Die Spitzbuben- und Mordbrennerphantasie der ›alten Kämpfer‹ ersann unerschöpflich immer neue Delikte: so konnte man jeden kriminell straucheln lassen, wen man politisch zu Fall bringen wollte ...«

(Kap. 14, S. 28, 29, 30, 31, 36–38): »Den Bettelsozialismus des Winterhilfswerks bezeichnete Goebbels als ›Sozialismus der Tat‹ ...

Der 1. Mai, der für den klassenbewußten Arbeiter bisher der Tag seines größten klassenkämpferischen Stolzes gewesen war, wurde für ihn nunmehr der Tag seiner tiefsten Erniedrigung und Schande ...

Es wird immer bedeutungsvoll bleiben, wen das Dritte Reich zum eigentlichen Arbeitsführer bestellte. Dr. Ley war vom bürgerlichen Standpunkt aus eine höchst wurmstichige Persönlichkeit. Er war eine schlechthin verlumpte Existenz; er war ein bürgerliches Fäulnisprodukt; jeder klassenbewußte Arbeiter beschmutzte die Hand, die er dem Führer der Arbeitsfront reichte ...

Er war im Tabakdunst der Kneipe, in der schwülen Luft der Bordelle zu Hause; er soff, hurte und war ein Clown: so konnte er sich mit dem proletarischen ›Gesindel‹ gemein machen. Er war ein Mann ohne Distanz; um so besser erfüllte er in den Regionen der sozialen Tiefe seinen Zweck. Um so besser besorgte er zudem für die Großbourgeoisie die unsauberen Geschäfte, die sie ihm aufgetragen hatte.

Er war ein Feldherr, der seine Armee, an deren Spitze er stand, mit kaltem Bewußtsein in ihr Verhängnis führte; er kommandierte sie in der Absicht, ihren Kampfwert zu ruinieren ...

Ihm war jede massenpsychologische Falschmünzerei, jede Täuschung der Arbeiter erlaubt, wenn die Masse damit geprellt werden konnte, ohne daß sie hinter seine Schliche kamen ...

Die *Arbeitsdienstpflicht* gibt einen Vorgeschmack davon, wohin die Reise geht. So organisch sie sich in den Rahmen eines proletarisch-sozialistischen Landes einfügt, so fragwürdig wird sie in einem bürgerlich-kapitalistischen Lande. Man kennt aus der Sowjetunion die Einrichtung der freiwilligen Sonnabendnachmittagarbeit, die große Kampagne mit ihren ›Stoßbrigaden‹ und Stachanowleuten zur Erreichung außerordentlicher Arbeitsleistungen, alle die großartigen Veranstaltungen, die Arbeit als Dienst am proletarischen Vaterland zu verrichten ...

Die Arbeitsdienstpflicht wird zum Arbeitszwang; sie gewöhnt den deutschen Menschen (Mann) an Sklavenarbeit; sie ist Rückfall in die Sklaverei ...«

(Kap. 15, S. 18, 20, 26, 32): »Röhm brütete in Wiessee nicht terroristische hochverräterische Anschläge aus, sondern lag friedlich im Bette, als SS-Banden das Haus besetzten und sich seiner bemächtigten. Er leistete keine Gegenwehr, weil er die Situation nicht verstand ...

Das sind die Auffassungen entweder eines Verbrechers, der nie Sinn für Ordnung oder Recht besaß, oder diejenigen eines cäsarenwahnsinnig gewordenen Tyrannen, dem dieser Sinn verstört wurde.

Die Morde des 30. Juni sind der spätrömischen Geschichte würdig; in der neuen Geschichte finden sie ein Gegenstück nur in jener Scheußlichkeit von Sinigaglia, wo Cesare Borgia die Orsine und Vitelli im Dezember 1502 zu sich geladen, dann gefangennehmen und ermorden ließ. Hitler hatte sich im Stil Cesare Borgias gefallen ...

Es wäre bedenklich gewesen, wenn diese Massen plötzlich die großbürgerliche Funktion des Nationalsozialismus und des Dritten Reiches begriffen hätten. Sie mußten in Verwirrung gestürzt und auf (die) falsche Fährten gelenkt werden. Dies geschah durch die Mordtaten, die an ›Reaktionären‹ begangen wurden ...

Die Junimorde zeigten die Herrlichkeit des neuen Regiments, und dem Mann, dessen Arme noch im Blute der schuldlos Hingeschlachteten trieften, stand es wahrhaftig seltsam an, sich zum Sittenrichter über die Weimarer Vergangenheit aufzuwerfen ...«

(Kap. 16, S. 4, 16): »Weil Rußland Rohstoffe und Naturschätze besitzt, ist seine Rüstung und Industrialisierung defensiv ...

Deutschland rüstet, um die natürlichen Schatzkammern anderer Völker sprengen zu können, es ist offensiv ...

Die proletarischen und kleinbürgerlichen Massen begehen

Verrat an sich und ihren Interessen, solange sie das Dritte Reich, das sich mit den spanischen Granden und Latifundienbesitzern verwandt fühlt, dem Bolschewismus vorziehen, sie dürfen nicht zur Selbstbesinnung und wirklichen Erkenntnis der Dinge gelangen. Darum verzerrt das Dritte Reich den Bolschewismus zur Schreckgestalt, darum liegt Hitler dem deutschen Volk unausgesetzt mit seinen geifernden Flüchen gegen den Bolschewismus in den Ohren ...«

(Kap. 17, S. 1, 2, 4, 5, 9, 10, 11, 12): »Während das Drum und Dran alle Sinne der Masse gefangen nimmt, geht sie blind und ahnungslos in die Fallen, in denen sie krumm geschlossen wird. Noch indem ihre Gliedmaßen verrenkt werden, belustigt sie sich an den Faxen, welche die Henker des Dritten Reiches aufführen; sie kann den Ernst ihrer Situation nicht begreifen ...

Die vaterländische Geschichte ist eine unerschöpfliche Rumpelkammer, aus der sich das Dritte Reich für seine bösartigen Mummenschänze mit Staub, Fackeln, Fahnentüchern, Kostümen und Masken versorgt; ...

Der Sarg des Preußenkönigs wurde, als Hitler im ›ehrfürchtigen Gebet‹ vor ihm verharrte, zum Komödienrequisit und die Potsdamer Garnisonkirche zum Treffpunkt dunkler Ehrenmänner. Hindenburg agierte als komischer Alter; seine Gage war das steuerfreie Geschenk von Neudeck ...

Wie Potsdam, die Stadt der Hohenzollern, wurden Nürnberg, die Stadt der Meistersinger, Goslar, die Stadt der Sachsenkaiser, Bückeburg, die Landschaft Hermann des Cheruskers, für alle Zeiten bloßgestellt. Es blieb kein stiller und verborgener Winkel der deutschen Geschichte mehr zurück, der nicht nationalsozialistisch verunreinigt worden wäre. Jeder redliche Mann wurde notwendigerweise seiner deutschen Geschichte aus Herzensgrund überdrüssig, jede Periode der deutschen Vergangenheit roch schließlich mit der gleichen Penetranz nach dem braunen Parfüm ...

Die hemmungsloseste Unterweltgestalt als Heiland, in dem nach tausend Jahren deutscher Geschichte die Zeit erfüllt ward, das ist die Theaterfigur, die den letzten Akt des gleichen Schauspiels beherrscht ...

Kraft durch Freude verunstaltet die Welt des proletarischen Feierabends, der proletarischen Muße zum Rummelplatz; dort soll er die Erinnerung an das soziale Kampffeld verlieren. In den Gewerkschaftskassen speicherte er einst seinen sozialen Kriegsschatz auf; nunmehr finanzierte er mit seinen Beiträgen Jahrmarktsspektakel und grobschlächtige bandenmäßige Globetrotterei ...

Die Hanswurstiaden, der Firlefanz, der Massentrubel, der Reisezauber, mit denen Kraft durch Freude die Freizeit des Arbeiters ausfüllt, sollen ihn bestechen, sich in seiner Arbeitszeit damit abzufinden, eine rechtlose Kreatur des Kapitalismus zu sein ...

Aber auch hier bricht plötzlich die Doppelgesichtigkeit aller deutschen Dinge aufschlußreich hervor.

Im Kriegsfall wird die Masse auf die bekannten Signale reagieren, wie sie es im Frieden geübt hat. Bei den Aufzügen fällt sie nicht aus der Gewöhnung des Marschierens. Wenn sie sogar bei ihren Lustbarkeiten blind gehorcht, kommt mit ihr jeder Unteroffizier zurecht. Die Eisenbahn verfrachtet Abertausende zu den großen Veranstaltungen der Nation; so gewinnt sie für die Mobilmachung Erfahrungen, wie unübersehbare Massen in Tagen, ja in Stunden von einem Ort zum anderen zu befördern sind. Die Massen, die in Zelten kampieren und sich aus Feldküchen verpflegen, passen sich dem Feldlagerdasein an. Generalstäbler machen für Hunderttausende und von heute auf morgen Quartier und verproviantieren sie mit unwahrscheinlicher Schnelligkeit; ihr Blick, ihr Urteil gewöhnte sich daran, über Millionen zu disponieren. Die Seebäder und Landerholungsheime sind künftige Lazarette, die Seedampfer die kommenden Truppentransportschiffe. Das olympische Dorf gewährt mit einem Mal der Kriegsakademie Unterschlupf, in der Durchführung der Olympiade erprobte die Wehrmacht ihr organisatorisches Geschick. Alle Spiele sind verschleierte Kriegsspiele ...«
(Kap. 18, S. 18, 19, 25, 27, 32, 42, 44): »Die Staatspolizei ist das Organ einer Tyrannis besonderer Art; sie ist darauf abgestellt, jeden ohne Federlesens zu vernichten, der nicht in den neuen Stil der bürgerlich-kapitalistischen Ordnung hineinpaßt ...

Als das Reichsgericht nur schwer ein leises Widerstreben verbarg, sich vorbehaltlos zum Revolutionstribunal erniedrigen zu lassen, wurde der *Volksgerichtshof* geschaffen, der auf der Plattform des ›nationalsozialistischen Grundsatzes, daß ein Treubruch am eigenen Volk das fluchwürdigste Verbrechen sei‹, sich als Ausrottungsmaschine gegen klassenbewußte Arbeiter etablierte; ...

Die Gerichtsbarkeit ist die Falle, in die der Feind hineingetrieben wird, das Urteil der Stich in den Rücken und der Richter der Bravo, welcher für die Schandtat gemietet wurde. Das deutsche Richtertum war für alle Bübereien zu haben, die ihm abgefordert wurden: es schickte klassenbewußte Arbeiter ins Zuchthaus wegen eines kritischen Wortes, eines weitergegebenen Flugblattes, einer Verabredung mit Gesinnungsfreunden; gegen die wenigen deutschen Männer, die nicht zu charakterlosen Memmen geworden waren, erkannte es auf Ehrverlust ...

Reichstagsmandat und Staatsratsposten sind Sinekuren für Parteigenossen, denen, weil man sie sonst nicht ausreichend genug an die Futtergrippe heranlassen kann, öffentliche Gelder zugeschanzt werden sollen ...

Hinter der glänzenden Außenseite verwandelte sich das Dritte Reich in einen ungeheuerlichen Korruptionssumpf: die Rüstungsindustrie schröpfte den Staat, die Staatsfunktionäre machten ihre Beutestücke ... So ist das Dritte Reich eine schauerliche Synthese von Rom und Potsdam, von Kirche und Feldlager, von Beichtstuhl und Kaserne, von Seelsorger und Feldwebel, von Pfaffe und Gamaschenknopf, von Katechismus und Prügelstock, von Dogmatik und Kadavergehorsam ...

... nur ein instinktloses, allen Menschenstolzes und aller Menschenwürde bares Rassemischmasch, wie es das deutsche Volk ist, ist in eine solche politische menschenschänderische Formenwelt hineinzuzwingen ...«

(Kap. 19, S. 13, 26, 28–30, 47, 48, 50, 51): »Die Propaganda korrigiert die Realität und überschreit sie, um den Massen den Bären dieser Korrekturen aufzubinden. Vor der Erkenntniskraft der marxistischen Literatur wird der schwungvollste Elan dieser Propaganda zur spukhaften Possenreißerei; deshalb werden marxistische Bücher verfolgt, verbrannt, eingestampft, ausgetilgt; sie sollen verwehen wie ein Hauch, der keine Spur hinterläßt ...

Nur wo er haßt und Rache schnaubt, wird Goebbels glaubwürdig, vielleicht ist die Rachsucht sein einzig natürliches Gefühl. Er hat einen Klumpfuß, nach dem Sterilisationsgesetz müßte er, wenn es ohne Ansehen der Person durchgeführt würde, entmannt werden. Er verzeiht der Welt und der Menschheit nicht, daß er als ein abstoßender Krüppel durchs Leben geht; er trampelt auf den Massen mit seinem Klumpfuß herum, um sich vergessen zu machen, daß er mit ihm geschlagen hat. Er trotzt seinem Klumpfuß; die Raserei dieses Trotzes stellt sich in seinem verzehrenden Ehrgeiz, in seiner fressenden Eitelkeit dar ...

Es liegt nahe, diesen kleinen hinkenden, kümmerlichen Mann für einen Angestellten aus der Reklameabteilung eines Warenhauses zu halten. Alles, was er schmäht, scheint er selber zu sein: er sieht aus wie ein Jude, er ist gebrandmarkt wie ein Erbkranker, er ist psychopathisch wie ein Untermensch, er vereinigt in sich alle körperlichen und geistigen Merkmale der Niederrasse; er ist substanzlos wie ein Intellektueller, wurzellos wie ein Asphaltliterat und treulos wie ein Welscher ...

Während er für Siegfrieds Lichtgestalt wirbt, steht er vor seinen Zuhörern wie ein Auswurf des Acheron; ...

Darum schwebt er förmlich mit der Ganzheit seiner Person im Element der Unwahrheit, Unredlichkeit und Unsauberkeit: er lügt darin, wie er die Worte wählt und sie ausspricht, wie er sie betont und wie er den Mund spitzt, wie er die Zunge rollt und den Hals streckt, wie er den Kopf dreht und die Augen aufschlägt, wie er lächelt und wie er die Miene verfinstert, wie er die Stirne glättet und sie in Falten zieht, wie er die Finger spreizt und die Hand ballt, wie er sich auf die Zehenspitze stellt und wie er mit dem Fuße stampft – er lügt in dem allen, bewundert sich selbst dabei und verhöhnt die Masse, auf die er damit wirkt.

Erst wenn Goebbels vor der Masse spricht, wird man die sozial unheimliche Funktion gewahr, die er erfüllt. Breit und weit klafft sein Mund, der ganze kinnlose Mann ist nur noch ein *tönendes Maul.* Es öffnet sich wie ein Krater, aus dem den Massen schwadenweise jener Unflat entgegenströmt, der bisher in ihrem eigenen Wesensgrund niedergehalten worden war ...

Indes litt sie (d.h. die Propaganda) hier unter einem Mißgeschick höchst wunderlicher Art. Die Kamera ist grausam, und mit der nationalsozialistischen Führerelite war kein Staat zu machen. Wer sie betrachtet, entdeckte Spießerköpfe, Galgengesichter, böse Dämonen, Spitzbubengestalten, Schmierenkomödianten. Man überzeugte sich persönlich davon, daß es überall dasselbe zweideutige Gesindel war, welches mit dem gleichen Theater das ganze Reich in Atem hielt. Wer in diesen Physiognomien gelesen hatte, war sich über das Dritte Reich im reinen: er erschrak, von *solchen* Menschen *regiert* und *repräsentiert* zu sein. Diese Figuren waren so finster, daß auch die vorzüglichste Propaganda mit ihnen nur *abschrekkende* Wirkungen hervorbringen konnte ...

Alsbald verunreinigten den Äther die propagandistischen Exzesse des Dritten Reiches. Den Untertanen wurde, damit sie bequem zu erreichen waren, der Volksempfänger aufgeschwatzt; ...

Wer seinen eigenen Apparat nicht aufdrehte, vernahm aus der Wohnung des Nachbarn oder von der Straße her das Geplärr der Führerreden, das Geheul der erhitzten Massen, die Reportage über die Festlichkeiten ...«

(Kap. 20, S. 5): »Wagner wäre durch den Namen seines wahren Vaters ebenso bloßgestellt worden wie Hitler durch den des seinigen: einem ›Richard Geyer‹ hätte man nicht das nordisch-germanische Pathos geglaubt, und ›Heil Schicklgruber‹ wäre sogar dem fanatischen Nationalsozialisten im Munde stecken geblieben ...«

(Kap. 21, S. 32): »Hitler ist der Wunderdoktor, der kurieren soll, wo jede natürliche ärztliche Kunst versagt. Er ließ eine letzte Hoffnung, solange man ihn nicht konsultiert hatte: damals konnte auch noch die Jugend an ihn glauben. Seitdem er jedoch kuriert, können sich nur noch Schwächlinge, die den Selbstbetrug nötig haben, oder Flachköpfe, die nie etwas durchschauen, Gesundung versprechen. Der Schwindel liegt greifbar am Tage, und es gehört wenig Grütze dazu, um zu merken, daß hier auf die Dummen spekuliert wird. Man macht den bedenklichen Zauber noch mit, teils in Ermangelung eines besseren, teils weil der Kurpfuscher zugleich ein skrupelloser Erpresser ist, man ist sich aber über die Aussichtslosigkeit der ganzen Behandlung durchaus im reinen ...«

(Kap. 22, S. 7): »Das Genie, das Goebbels erwartet, darf kein Verhältnis zur Wahrheit haben. Es müßte in Gestalten gießen, was sein Weltlügenmaul bisher nur in verklingende demagogische Worte fassen konnte, es müßte ein pathetischer Münchhausen sein ...«

(Kap. 23, S. 22): »Die nationalsozialistische Mannestugend war bis 1934 die Homosexualität gewesen, in der Hitlerjugend war sie noch später nicht zu unterdrücken. Es stand diesen abgebrühten Knabenhändlern seltsam an, plötzlich als Splitter- und Sittenrichter in die Klöster einzubrechen ...

Die nationalsozialistischen Richter waren so scharf hinter ihrem kuttentragenden Wild her, daß sie nicht zum Bewußtsein dessen kamen, wie sie selbst erbärmliche politische Hurendienste leisteten ...«

(Kap. 27, S. 18): »Die nationalsozialistischen und faschistischen Landesleiter in der Schweiz, in Holland, Frankreich, in der Tschechoslowakei sind die geheimen Botschafter, die die Vorarbeiten für die faschistischen Gegenregierungen leisten und die, wenn die Stunde herangereift ist, das Zeichen zum Ausbruch des Bürgerkrieges geben. Solange die großen Operationen noch nicht fällig sind, organisieren sie – man denke an Vormis, Lessing und Jakobs – Morde und Entführungen und üben sie Spitzelei und Spionage ...«

(Kap. 28, S. 4, 5, 6): »Der deutsche Bürger hatte es richtig am Platze gefunden, sooft Hitler weder am Kommunismus noch an Kommunisten ein gutes Haar ließ; jede verleumderische, ehrabschneiderische, besudlerische Ausschweifung war Hitler gegen den Kommunismus erlaubt. Die internationale Bourgeoisie hatte bald Gefallen daran, daß Hitler denselben Ton im Verkehr mit dem kommunistischen Staatswesen, der Sowjetunion, anschlug. In dem Maß, in dem er den Kampf gegen den Bolschewismus zum Hauptgegenstand der internationalen Politik machte, setzte Hitler den Gossenton als diplomatischen Stil durch ...

Die Kniffe und ›Machiavellismen‹, mit denen der Nationalsozialismus seine innerdeutschen Bürgerkriegsaktionen erfolgreich bestritten hatte, wurden nun auf die Ebene der internationalen Politik übertragen: Wahrheitsfälschung, Unschuldsheuchelei, zynische Provokation, Irreführung, Wortbruch, Übertölpelung, Brutalität wurden ohne geistreiche Feinheit und kultivierte Abgeschliffenheit praktiziert ...

Die deutsche Großbourgeoisie hat fehlinvestiert, wenn sie den Krieg gegen die Sowjetunion nicht bekommt. Seelisch, organisatorisch, rüstungstechnisch, militärisch, diplomatisch bereitet das Dritte Reich ihn vor ...«

(Kap. 29, S. 8, 9, 10, 13, 14): »Der Mann, der den antisemitischen Rassenhaß am besessensten aufpeitschte, war der Nürnberger Gauleiter Julius Streicher. Dieser ehemalige Volksschullehrer war ein gefährlicher, wegen Sittlichkeitsvergehens bereits vorbestrafter Sexualpathologe. Er bot das schauerliche Bild einer gemeinen, niedrigen Natur, die von einem großen politischen Ehrgeiz erfaßt war. Ein Mann, der aus dem Schmutz seiner Seele kein Hehl machte, übt obrigkeitliche Gewalt. Er war ein Mann der Orgien und Schlemmereien, ein Mann, der nach allen Lastern stank, während er die germanische Reinheit feierte. Die ›jüdische Rassenschande‹ war für ihn die Fundgrube, aus der er seine pornographischen Bedürfnisse befriedigte. Der ›Stürmer‹ war von Schweinen geschrieben, und man wurde, falls man es nicht schon vorher war, zum Schwein, indem man ihn las. Er vergiftete die Phantasie von Männern, Frauen und Knaben und Mädchen, er gewöhnte Kinder an die Atmosphäre und den Jargon des Bordells. Der ›Stürmer‹, der Hitlers besondere Förderung genoß, verriet durch seine Riesenauflage, daß es zum guten Nationalsozialisten gehörte, ebenso dem völkischen Wahn verfallen zu sein wie sich im sexuellen Unrat zu suhlen. Im zartesten Alter wurden Hitlerjungen und Hitlermädchen daran gewöhnt, mit brennenden Augen durch das Schlüsselloch die jüdischen Schlafzimmergeheimnisse auszuforschen. Jahrelang füllte Woche für Woche Streicher sein Blatt mit der perversen Jauche, die sein persönliches Lebenselement war. Er schürte den Rassenhaß mit der sexuellen Skandalchronik, die er auftischte; sein Antisemitismus vereinfachte sich auf die Formel, daß man die Juden totschlagen müsse, weil sie blonde Jungfrauen notzuzüchten beliebten.

Die Judenpolitik des Dritten Reiches war in ihrer Unvornehmheit und Unritterlichkeit von abstoßender Erbärmlichkeit ...

Die Gerichte machten sich zum Werkzeug der antisemitischen Pöbelinstinkte ...

Von 530000 Juden, die 1933 in Deutschland gelebt hatten, waren über 100000 ins Ausland geflohen oder ausgewandert. Den Ausgewanderten wurden gewaltige Vermögensbestandteile enteignet: verharrten sie in der Hölle des Dritten Reiches, stieß man sie mit Füßen, kehrten sie aber Deutschland den Rücken, bestahl man sie ...

David Frankfurter, der die Bluttat in Davos verübte, war der erste Jude, der Gleiches mit Gleichem vergalt. Frankfurter war noch kein Tell: dazu war G., ein höchst minderwertiges Subjekt, viel zu wenig ein Geßler. Aber er setzte doch die Männer des Dritten Reiches in keine gelinde Angst, als sie sahen, daß auch ein Jude mit dem Revolver zu handhaben verstehe: ihre Courage verfliegt in dem Augenblick, in dem auf sie geschossen wird ...«

(Kap. 30, S. 1, 2, 3, 4–10, 12/13): »Das Dritte Reich ist die Gewaltkur, durch welche die bürgerliche Gesellschaft ihre verlorene Autorität zurückerobern möchte, die Schwindelfassade, mit deren Hilfe sie sich neues Prestige zu verschaffen sucht, die Selbstentlarvung, durch die sie ihre unheimlichsten Abgründe aufdeckt ...

Mit grausamer Eindringlichkeit macht sich die nationalsozialistische Gegenauslese in der Öffentlichkeit breit. Die ›Spottgeburt aus Dreck und Feuer‹ ist keine Ausnahme, kein Mißgriff, keine ›Fehlbesetzung‹, sondern der herrschende Typus; mit unheimlicher Konsequenz haben sie sich alle als ›ihresgleichen‹ erkannt. Kaum einer ist, der nicht sein Mal verheerender Leidenschaften, verworfener Gesinnungen, tierischer Ausschreitungen, charakterloser Nichtigkeit an der Stirn trüge; jeder ist in irgendeinem Sinne ›Fememörder‹: hat er einen Fememord nicht selbst auf dem Kerbholz, so wäre er dessen fähig gewesen oder möchte ihn doch begangen haben. Dieses Mal der Niedrigkeit ist das geheime Zeichen, das allein Einlaß in ihren Ring gewährt. Wo sie versammelt sind, Führer neben Führer, Paladin neben Paladin, Minister neben Minister, Funktionär neben Funktionär, da reiht sich, wie im Gespensterreigen, Larve an Larve, eine Höllenbrut, die aus der Finsternis ans Tageslicht emporgestiegen ist. Jede Art fauler Existenz ist vertreten: wie im Panoptikum trifft der Blick auf kriminelle Schreckgestalten, stumpfe Blutsäufergesichter, dämonische Masken, den bizarr verzerrten Auswurf und Unrat aller menschlicher Kreatur ...

›Volksmänner‹ legen das Volk in Ketten, indes sie ihm schmeicheln und nach dem Munde reden, ›Freiheitspropheten‹ führen es in Knechtschaft, ›Friedensapostel‹ organisieren den Krieg, ›Sozialisten‹ restaurieren den Kapitalismus, ›Idealisten‹ mästen sich durch Korruption, und dieselben, die Brot verheißen haben, beschwören Hungersnöte herauf. Die höchsten Männer des Staates sind Provokateure, die sogar öffentliche Gebäude anzünden, um Vorwände zu haben, Unschuldige töten zu können; sie feiern sich als Drachentöter, wenn sie einen Schwachen, der ihren Waffen und ihrer Machtapparatur nur seinen Charakter entgegenstellte, zerschmettert haben; sie schieben immer ihren Opfern die Verbrechen in die Schuhe, die sie selbst unausgesetzt begehen. Wie sie vor ihrer Machtergreifung Versammlungen des politischen Gegners sprengten, um zu beweisen, daß ihre Bewegung eines Selbstschutzes bedürftig sei, so entfesselten sie nun in fremden Ländern Bürgerkriege, um davon zu überzeugen, daß sie zur Herstellung der Ordnung dort intervenieren mußten. Sie rufen allerorts Unordnung hervor, um Gelegenheiten zu schaffen, sich als Ordnungsstifter einzunisten …

Die Figur *Baldur von Schirachs* ist gewiß ein Programm: so denkt sich das Dritte Reich seine Jugend, so ungefährlich und abgegriffen, so lustknabenhaft gefügig und so byzantinisch geglättet. Aber Schirach ist doch wohl auch schon ein Symptom: wäre diese Jugend, in der das Laster der Homosexualität grassiert, nicht schon im Marke angefault, hätte sie ihn trotz des Führerprinzips abgeschüttelt.

So wenig *Schirach* ein deutscher Junge ist, so wenig ist *Darré* ein deutscher Bauer. Darré ist Salonbauer, wie es Salontiroler gibt: … hinter seinem ›schönen‹ Gesicht stecken nur Leere, Eitelkeit und Arroganz … *Er führt* nicht das Dorf, sondern *schurigelt* es, er beschwört die bäuerlichen Traditionen herauf, um die bäuerliche Zukunft zu verderben …

Es ist ein merkwürdiger Zusammenhang, daß Darrés nordische Blut-, Boden- und Rassenmystik geteilt und mitgetragen wird von der SS und deren Führer; *Himmler,* der oberste Polizeigeneral, ist ein Mann ohne Ordnungsinstinkte, er möchte durch Sterilisationen das deutsche Volk von allen nichtnordischen Blutbestandteilen reinigen und schwelgt in Batholomäusnachtphantasien. Sein Gesicht ist uneinheitlich: unterhalb der Augenbrauen lauert ein Marder, oberhalb ihrer spintisiert ein spießiger Oberlehrer. Der Marder stürzt sich in den Blutrausch und der Oberlehrer steuert wahnwitzige Ideologien bei. Das Profil mit dem fliehenden Kinn ist unintelligent; es tritt ein sadistischer Schafskopf ans Licht, der nicht weiß, was er mit seiner Mordlust anrichtet.

Ein Kopf, in dessen Miene nicht weniger Blutdunst schwelt, ist *Hess,* der Stellvertreter des Führers. Er sieht aus wie ein Mann, der über Leichen geht, und sein singend-pathetischer Stimmton steigert noch das Mißtrauen, welches er eigentlich damit beschwichtigen möchte. Er bringt in die Umgebung des Staatsoberhauptes die Atmosphäre levantinischer Verbrecherhöhlen.

Ley ist nicht der Arbeiter, sondern eine arbeitsscheue Schmutzseele, und *Rosenberg* nicht der Philosoph, sondern ein verrücktes Huhn, das um ein kleines Körnchen ein großes Gegacker erhob. *Goebbels* möchte als das Mundwerk des deutschen Geistes gelten; er ist ein mißgeborener Bastard, welcher der welschen Überfremdung alle Schleusen öffnet und mit der deutschen Plumpheit ungestraft und zynisch die blutigsten Possen treibt. Nie vielleicht wurde der nordische Wahn zu keckerem Schabernack mißbraucht, als wenn dieser mißratene Zwerg vor hochgewachsenen, wohlgeratenen SS-Männern das Glück der guten Rasse pries. *Frick*, der Innenminister, welcher mit der sachkundigen Verwaltungsroutine, über die er verfügt, in jedes Winkelchen der bürokratischen Maschinerie den Sand der alten Kämpfer streut, hat den Blick eines pedantischen Monomanen, und *Blomberg*, der oberste Soldat, der Hitlerjunge ›Quex‹, zeigt die verquollenen Züge eines alten erschlafften Weibes. *Streicher*, dem Hüter deutscher Blutsreinheit, grunzt das Schwein aus jedem seiner Mundwinkel, und dem sächsischen Reichsstatthalter *Mutschmann* grinst der Affe aus den Augen. *Lutze* schreitet nicht wie ein Heerführer aus, der revolutionäre Armeen kommandiert, er drückt sich wie ein Kommis umher, der in braunen Hosen reist, und *Rust* hat als Reichsbildungsminister in Jahren nicht die Spuren jener Unzurechnungsfähigkeit aus dem Gesicht gewischt, die ihn unter den Schutz des § 51 des StGB gestellt hatte.

Man kann nicht die Signalements der nationalsozialistischen Führerschicht, der Minister und Gauleiter, der Obergruppenführer und Polizeipräsidenten, der Reichswalter und Reichskommissare Mann für Mann durchgehen: das eine Mal stieße man auf eine tierische Fratze, das andere Mal auf ein Spitzbubengesicht, das dritte Mal auf eine Narrenmaske; eine zerstörte und verlotterte, verschrobene und verzerrte, verengte und entleerte Physiognomie folgte der anderen, und kaum begegnete man dann und wann einem wahrhaft menschlichen Antlitz.

Das ganze Ausmaß des niedrig Dämonischen, das in den Gesichtern aller dieser ›Paladine‹ spukt, verdichtet sich nochmals in zwei Gestalten: in des Führers bestem Mann, in *Göring*, und in *Hitler* selber.

Göring gehört zu jenen quallig aufgetriebenen Menschen, die unter den nationalsozialistischen Machthabern so verbreitet sind; Röhm war ein solcher gewesen, *Schirach, Ley, Blomberg* schlagen in ihre Art, und Hitler selbst ist ihrer einer. Sie legen ein Bewußtsein starker Männlichkeit, heldischer Kraft an den Tag, aber ihre Formen verfließen ins Verschwommene, ins weibisch Entspannte; in ihrer männlichen Selbstbespiegelung befriedigt sich ein Bedürfnis nach Selbstbestätigung ihrer Männlichkeit; sie sind nicht schlicht sich darstellende Männer, sondern protzig sich unterstreichende ›Kerle‹. In einer fast etwas femininer Weise beschäftigen sie sich endlos mit dem, was den rechten Mann ausmacht: als ob sie sich nach dem ›wahrhaften Mann‹ sehnten, wie ein Weib es tut. Sie plustern sich in ihrer Männlichkeit auf, wie wenn sie sich derer nicht ganz sicher fühlten ...

Würde die Reaktion Hitlers überdrüssig sein, würde er nicht zögern, seinen Führer vor die Tür zu setzen und dessen Nachfolge zu übernehmen. Dieser Landsknecht wäre ohne Hitler nichts geworden; wenn er auf sich selbst angewiesen wäre, würde er vor jeder Gefahr ausreißen, wie er es 1923 schon einmal getan hat: nun freilich will er immer noch höher kommen. Er will ein Götzenbild sein, das vor sich auf die Knie zwingt, sein Pomp und sein Luxus, seine Titel und Ämter, seine Uniformen und Orden, seine Bauten und Projekte, seine neronische Verschwendungssucht sollen ihm den Glanz verleihen, mit dem er die Massen blenden will.

Die Macht, die er übt, hat alles Wüste, das in ihm verborgen lag, ins Kolossale aufgeschwemmt. So wurde er mehr als nur der deutsche Parvenü, der durch seine dröhnende Kraftprahlerei unausstehlich wird; er ist nicht nur roh und klobig, sondern auch böse. Man kann ihn in Versammlungen erleben, wo er mit seinem breiig zerlaufenden Körper und seinem ungeschlachten Schädel wie ein Fabelwesen wirkt, wie ein vorsintflutliches Untier, das aus dem Morast aufgetaucht ist und das jedes Herz zu Eis erstarren läßt. Der große, tief zurückliegende Mund öffnet und schließt sich wie eine Falle, in die Ahnungslose hineintappen. Durch das Spiel der Mienen entdeckt man jetzt den tückischen Blick der Hexe, die Kinder an sich lockt, um sie zu fressen, dann plötzlich ein scheußliches Reptil, das mit seinem unsteten Lauerblick die Opfer lähmt, die es verschlingen will.

Göring ist kein strahlender germanischer Held, er ist ein massiger giftiger Molch, der mit dem einstudierten süßlichen Augenaufschlag treudeutschen Biedersinnes um das Vertrauen wirbt, das er nicht verdient.

Der oberste Herr dieser schauerlichen Heerscharen ist *Hitler.* Er beansprucht, *der* Deutsche schlechthin zu sein, und das deutsche Volk fühlt nicht, wie es sich besudelt, indem es diesen Anspruch anerkennt. Er ist weder Norde noch überhaupt Germane; Hans von Gruber wies vor Jahren schon auf das verkörperte Rassebild dieses dinarisch-balkanesischen Mischlings hin. Der Mann, dessen Bild in zahllosen deutschen Wohnungen hängt, von dem sich Millionen deutsche Frauen ›ein Kind‹ wünschen, zeigt die Physiognomie eines Zuhälters; er ist ›Volk‹ nur in dem Sinne von ›Mob‹, wie man es im ›Tal‹ oder im ›Platzl‹, zwei Lokalen der Münchner Unterwelt, begegnet. Zum Zuhälter macht es ihn, daß er seine politische Existenz daraus nährt, das ihm ergebene Volk anzuleiten, sich im Schmutz der Selbstwegwerfung und Selbstpreisgabe zu wälzen. Nach dem Versagen Brünings, Papens und Schleichers war der Mann aus diesem Milieu die letzte bürgerliche Stichkarte. Als Hitler bemerkt hatte, daß er zur einzigen Hoffnung des deutschen Bürgertums geworden war, wollte er diesem auch wirklich keine andere Hoffnung mehr lassen; mit brutal-boxerischer Naivität schlug er jeden knockout, der neben ihm auch noch etwas bleiben wollte; war er schon Champion, dann wollte er es ganz sein. In dem Maße, in dem das deutsche Bürgertum zu Hitler überlief, akzeptierte es seinen Horizont, sein Weltbild, seine politische Heilslehre, seine bedenklichen Instinkte, seine gewöhnliche Gesinnung, seine rohen Methoden; es sank auf das Niveau seiner beschränkten Enge und Niedrigkeit ab; nie mehr sollte es sich darüber erheben. Hitler kann sich eine andere Welt als die seinige nicht vorstellen: das soll für das ganze Volk verbindlich sein. Seitdem er am Steuerruder steht, geht Frühlingshoffen durch die deutschen Lande: dahin ist die deutsche bürgerliche Gesellschaft gekommen, daß sie am Leitseil eines Vagabunden durch die Geschichte flaniert …

Alle niedrigen menschlichen Existenzweisen rangieren plötzlich an der Spitze, sie sind der Troß, der Hitler angemessen ist.

Der Polizeiagent, der Falschspieler, der Lügner, der Defraudant, der Hochstapler, der Geldschrankknacker, der schwere Junge, der Ordensschwindler, der Abenteurer, der Quacksalber, der Sektierer, der kitschige Gemütsathlet, der Schauspieler, der Schwätzer, der Folterknecht, der Bauchaufschlitzer; das ist die Personage des Dritten Reiches, die die bürgerliche Gesellschaft aus ihren dunkelsten Löchern zu Hilfe gerufen hat; das ist die Menagerie wilder Tiere, denen sie die proletarischen Glaubenszeugen zum Fraße vorwirft.

Diese Welt geistert in Hitlers aufgequollenem Gesicht, auf seiner gewöhnlichen Stirn, entlang seiner einfältigen Nase, über seinem gemeinen Mund, in seinem hinterhältigen Blick, rund um diese dreiste Haarsträhne, in diesen Falten, die seinen Zügen wie geheimnisvolle Zeichen eines Verbrecheralphabets eingegraben sind. In seiner Physiognomie ist keine lichte, freie, edle, weite, große Form, kein humorvoller Schalk hält sich darin versteckt. Seine Wangen sind wie eine schmutzige Wand, über die Schatten von Gewalttaten, Verschwörungen, Verrätereien, Nichtswürdigkeiten, Attentaten gegen das Humane gehuscht sind, an der die Spuren von finsteren Gedanken, bösen Plänen und von Blut, von sehr viel Blut kleben.

Das ist der Herr der deutschen Bürger; er zeigt der Welt, was an den deutschen Bürgern ist. Er ist die Wahrheit und das Leben der deutschen bürgerlichen Gesellschaft, ein säkularisierter Messias, an dem sich die Geister- und klassenkämpferischen Fronten scheiden. Er ist das Böse, dem das deutsche Bürgertum seine Seele verschrieben hat und der es dafür, von seinen dienstbaren Geistern und Unterteufeln unterstützt, im Besitz der goldenen Schätze dieser Welt erhält, bis die Mitternachtsstunde schlägt, in der es unabwendbar zur Hölle fahren muß ...«

(Kap. 31, S. 2, 12, 13, 14, 20, 22, 28): »Der Kern des Fronterlebnisses, das wieder zu Ehren kam, war die Lust am Schießen, Stechen, Vernichten, Morden; die bürgerlich-monopolkapitalistische Oberschicht brauchte Landsknechte, die für Sold zu allem bereit waren ...

Der Schießprügel ist Schlüssel ins Himmelreich und Weib und Suff der Inbegriff alles irdischen Vergnügens.

Die bürgerlich-kapitalistische Gesellschaft begünstigte das abgekürzte Verfahren der Landsknechtsherrschaft, weil sie sich ihrer selbst nicht mehr sicher fühlte. Im Gegensatz zu den bolschewistischen Klassenkämpfen, die echte Gläubige sind und deren Sache sich mit dem Bewußtsein ihrer Sache deckt, klammern sich die kleinbürgerlichen Massen an ein falsches bürgerliches Bewußtsein ...

Im Dreißigjährigen Krieg büßte das deutsche Volk die ausweichende List der Reformation; in einem nicht weniger verheerenden offenen Bürgerkrieg wird über kurz oder lang ans Licht kommen, was es durch das Dritte Reich hatte im Dunkel lassen wollen. In seinen Bündnissen mit dem mittelalterlich-feudalstaatlichen Japan, mit der Rebellion der spanischen Latifundienbesitzer enthüllte sich die weltreaktionäre Grundabsicht des Dritten Reiches, die sich *räumlich* über alle Kontinente erstrecken und *zeitlich* aller auflösenden Tendenzen bis zur Renaissancebewegung Herr werden möchte ...

Der Deutsche ist gewaltgläubig und geistfeindlich, seine heidnischen Instinkte rebellieren gegen Zivilisation und Humanität: Er will Blut sehen und seinen heimlichen Göttern Menschenopfer darbringen. Er ist treulos bis ins Widerwärtige; die »germanische Treue« steht auf demselben Blatt wie die »jüdische uneigennützige Ehrlichkeit«: man versichert sie um so aufdringlicher, als kein Mensch daran glaubt. Der Erfolg, die Beute sind der Zweck, der jedes Mittel rechtfertigt, die deutsche Habgier ist so hemmungslos wie die jüdische, sie will nur mit Brutalität schaffen, was der Jude mit List und Klugheit erreicht. Der erobernde germanische Heroismus unterscheidet sich vom jüdischen Händlertum nur dadurch, daß er, wenn er die Güter des Nächsten an sich rafft, nicht den Verstand, sondern bloß die Faust in Tätigkeit setzt. Soweit der Deutsche Verstand besitzt, wendet er ihn an, um zu lügen. Er ist verlogen bis ins Mark: »genus mendacio natum«, eine zur Lüge geborene Rasse nannte der römische Militärschriftsteller Vellejus Paterculus die Germanen. Der Deutsche hat schlechthin kein Verhältnis zur Wahrheit, sie ist nicht sein Element, hinter seiner Biedermannsmaske verbirgt sich eine Pfiffigkeit, der nicht über den Weg zu trauen ist; er ist in der Lüge und im Betrug so maßlos wie im Trinken, und sein Idealismus ist sein äußerster Exzeß in Unwahrhaftigkeit, Unredlichkeit und intellektueller wie moralischer Unsauberkeit. Seine Sentimentalität ist keineswegs die Tugend edelsinniger Zartheit; sie ist der Erschlaffungszustand, der entweder einer viehischen Grausamkeit vorhergeht oder ihr nachfolgt. Man braucht nur den rohesten Fleischerknecht »Am Brunnen vor dem Tore« singen zu hören, um den rechten Begriff davon zu bekommen, was deutsches Herz und deutsches Gemüt sind. Der Deutsche kennt kein Mitleid mit dem Schwachen, er haßt ihn und will ihn mit sadistischer Wollust vollends zertrampeln; er ist unvornehm, unritterlich und weiß nicht, was Großmut ist. Alle aufrechten Männer hat er im Laufe seiner Geschichte zu Tode gequält; er ist ein Untertan, den jeder reizt, der keine Kreatur ist. Seine moralische Feigheit übersteigt alle Grenzen; er ist eine verächtliche Memme, sobald er in eine Situation gerät, die Charakter erfordert. Seine physische Tapferkeit ist, vom moralischen Gesichtspunkt aus betrachtet, in der Regel »Flucht nach vorn«; man hat nicht einmal den Mut, aus der Front einer schlechten Sache zu desertieren. Die hessischen Landeskinder, die nach Amerika verkauft worden waren, taten dort ihre Pflicht, wie sie die deutschen Soldaten taten, die Hitler nach Spanien verfrachtet hatte. Sie scheuen den Tod nicht, weil sie im Grunde doch stets fühlen, daß an ihnen nicht viel verloren ist. Es macht sie zu »Helden«, daß sie sich hirnlos und ohne Gedanken für jeden Pfifferling in den Tod jagen lassen. Dieses Heldentum ist dumm; es will gar nicht denken und beißt auf jeden Wahn an, der auf die Enge seines Horizontes zugeschnitten ist. So grobschlächtig, wie diese Helden kämpfen, glauben sie auch. Sie sind unberechenbar; nie weiß man genau, ob nicht unvermittelt eine bestialische Regung aus ihnen hervorbricht und Rache am Fortschritt nimmt, welcher der allgemeinen Gesittung und Humanisierung des Daseins zusteuert ...

Der weltrestaurative faschistisch-nationalsozialistische Druck rief einen weltrevolutionären proletarischen Gegendruck hervor. Ohne daß Sowjetrußland einen Finger rührt, revolutionierte sich die Welt. Die proletarischen Massen Italiens und des Dritten Reiches verfolgten mit brennenden Augen die heroische Verteidigung des spanischen Volkes; sie wünschten ihren Regierungen Prestigeverluste und Niederlagen und bereiteten sich seelisch darauf vor, in ihrem Klassenkrieg, zu dem sie wieder Mut faßten, sich nicht weniger zu bewähren.«

Das letzte, Ende 1936 beendete Kapitel 31 gipfelt in der als Schlußfolgerung aus den gesamten vorhergehenden Ausführungen aufgestellten Behauptung, daß mit Hilfe des Bolschewismus und der proletarischen Diktatur der von Niekisch gewünschte deutsche Idealstaat entstehen könnte. Dies ergibt sich eindeutig aus folgenden Stellen dieses Schlußkapitels:
(S. 19/20): »... Die russischen Arbeiter und Bauern schufen sich, während sie in ihrem Klassenkrieg Sieg um Sieg erfochten, ein Gemeinwesen, das nach den Grundsätzen des Feldlagers geordnet war; die proletarische Diktatur war eine Bürgerkriegsdiktatur, die alle Kräfte des Volkes, des Staates, der Wirtschaft für die Kriegsführung beanspruchte und organisierte.

So sehr nun allerdings die Sowjetunion ein Staat der totalen

Mobilmachung wurde, blieb sie doch in der *Defensive*. Die russischen Arbeiter und Bauern warfen ein Joch ab und brachen eine Gewaltherrschaft: Das war reine Verteidigung. Die russische Aristokratie und Bourgeoisie wurden vernichtet, weil sie freiwillig von der Verknechtung der proletarischen und bäuerlichen Massen nicht ablassen wollten. Wer die Volksmassen in Unfreiheit halten will, ist grundsätzlich der Angreifer; sein Beginnen ist verbrecherischer Überfall, der auch durch keine historische Überlieferung je »rechtmäßig« wurde; es ist das natürliche Recht des Unterdrückten, sich des Unterdrückers durch jedes wirksame Mittel entledigen zu dürfen. So ist der Tod des Unterdrückers die gerechte Strafe für seine Schuld. Die blutige Ausrottung der russischen Oberschichten war ein Akt der Notwehr, war durch die Übergriffe dieser Oberschichten selbst herausgefordert. Die Volksmassen wollten Freiheit und Selbstbestimmung, gleiches Recht für alle in jeder Hinsicht; sie erstrebten gerade *nicht* die Unterjochung und Ausplünderung anderer Klassen und fremder Völker. Ihre Kriegseinrichtungen waren ausschließlich darauf angelegt, die Rückkehr der überwundenen Oberschicht und der verjagten Eroberer zu verhindern. *Wenn es je ein Reich des wahren Friedens gibt, so öffnet sich der Zugang zu ihm nur durch die Zone des Bolschewismus.*

Der Faschismus war die Veranstaltung der west- und mitteleuropäischen Bourgeoisie, ihre Herrschaft insoweit gegen ihre Arbeiterklasse zu sichern, als diese in den Einfluß des russischen Vorbilds geraten war; mit dem Faschismus zog auch Bourgeoisie in den Bürgerkriegsraum ein ...«

(S. 22): »... Der Bürger verträgt sich nicht mit der Freiheit, Menschlichkeit und Gleichberechtigung alles dessen, was Menschenantlitz trägt. Die proletarische Diktatur, die ihn zum Verschwinden bringt, ist insofern wirklich der Übergang zu einem höheren sozialen Zustand. *Die proletanische Diktatur* hat die Tendenz, in ein wahres Friedensreich auszumünden. ...«

(s. 33): »... Was als Einheit der westlich-demokratischen und russisch-bolschewistischen Operation gegen die faschistisch-nationalsozialistische Diktatur erscheint, ist eine Umgruppierung der Kräfte, die sowohl die Weltrestauration wie die Weltrevolution vornimmt.

Deren Auseinandersetzung aber geht weiter. Auch wenn der Fall der Würfel das Schicksal des feudal-bürgerlichen

Abendlandes endgültig besiegelt hat, so ist dieses Abendland doch ein Organismus von höchster Lebenszähigkeit; über Jahrzehnte, ja Jahrhunderte erstreckt sich sein Zerfall. Dieser Zerfall hat seine Ruhepausen und Rückschläge, seine Perioden der Scheingesundheit. Im allgemeinen Substanzverzehr sammeln sich an verborgenen Stellen zuweilen heimliche Kräfte an; plötzlich brechen sie hervor und täuschen Erholung, neue Blüte und Wiederaufstieg vor. Bald aber ist das Reservoir der Energien erschöpft und in Tiefen reißt der Absturz, vor denen sich der Organismus in alle Ewigkeit geschützt wähnte. Eine krampfhafte Aufraffung solcher Art war das Dritte Reich – nicht mehr –, das Kräftedefizit des bürgerlichen Gesellschaftskörpers, das es hinterläßt, wird erst die Bilanz aufdecken, die die Zukunft noch aufzustellen hat.«

b) Die Vervielfältigung des Manuskripts ›Geheimnis des Reichs‹ sowie seine Sicherstellung und Verbreitung.

Von diesem gesamten Werke ›Geheimnis des Reichs‹ fertigte die Ehefrau des Angeklagten Niekisch, Anna Niekisch, im Laufe des Jahres 1936 bis Anfang 1937 teils auf einer Erika-Schreibmaschine, teils auf einer Adler-Maschine eine vollständige Abschrift mit mehreren Durchschlägen an und verbesserte sie unter gelegentlicher Mithilfe der Verlagsangestellten Zachert mit Tinte; auch der Angeklagte Niekisch nahm einige handschriftliche Verbesserungen vor. Wegen des Inhalts des Werkes machte die Ehefrau Niekisch ihrem Manne gegenüber wiederholt Bedenken geltend; dieser erwiderte ihr aber, daß sie sich nicht darum zu kümmern habe.

Um zu verhindern, daß diese Arbeit bei einer Haussuchung von der Polizei gefunden und damit eine weitere Verwendung vereitelt würde, entschloß sich Niekisch, durch Vermittlung Drexels einige Stücke an einem zuverlässigen Orte und ein weiteres Stück im Auslande unterzubringen.

Am 6. April 1936 teilte Niekisch dem Angeklagten Drexel mit, daß die »Arbeit am neuen Buch gut und laufend vorwärts gehe«, und sandte ihm in der nächsten Zeit Maschinenmanuskripte in zweifacher Ausfertigung zu. Drexel, der dieses Manuskript las und feststellte, daß es sich mit dem Bolschewismus befaßte, gab diesem Teil seinem Inhalt entsprechend die Aufschrift »Bolschewismus«. Den ihm dann später zugesandten zweiten Teil, den Niekisch bereits mit dem Titel ›Weimar‹ versehen hatte, las er ebenfalls. Beide Teile verwahrte er in seinem Dienstzimmer bei der Nürnberger Lebensversicherungsbank in einem Schrank, wo er auch das ihm einige Zeit darauf übermittelte Handmanuskript ›Weimar‹ verwahrte.

Ende Juni 1936 übersandte Niekisch dem Angeklagten Drexel die ersten Kapitel des letzten Teiles seines Werkes ›Ab Weimar‹, und zwar Originalmanuskripte mit zwei Durchschlägen, mit der Bitte, »diese Teile des werdenden großen Buches« (Brief vom 30. Juni 1936) sorgfältig aufzubewahren. In der folgenden Zeit bis zum Beginn des Jahres 1937 erhielt Drexel dann nach und nach in Abständen von etwa vier bis sechs Wochen die weiteren Kapitel des letzten Teiles, den er, da er von dem Zeitpunkt nach der Machtergreifung durch die NSDAP handelte, mit der Überschrift ›Hitler‹ versah, und zwar jeweils das handgeschriebene Manuskript mit je zwei Durchschlägen. In seinem Briefe vom 16. Januar 1937 an Drexel äußerte sich Niekisch dahin, daß »damit die Sache im allgemeinen abgeschlossen sei; die Abstimmung und Schleifung ist nun das nächste«, und berichtete ihm am 20. März 1937, daß »der erste Teil *druckfertig* sei«.

Drexel las alle ihm zugesandten Kapitel durch. Niekisch fragte ihn, auch einmal im Briefe vom 24. August 1936, ob er auch alle Schriften, die er erhalte, lese und glaube, daß die Sache so wirksam und überzeugend angepackt sei. Schon die ersten Kapitel dieses dritten Teiles ließen Drexel, wie er zugegeben hat, erkennen, daß sie ein »Haßgesang gegen das Dritte Reich« seien. Da er selbst Bedenken bekam, gab er zwei Kapitel dem Kameraden Krumreich zum Lesen, um auch dessen Meinung zu hören; dieser bezeichnete ihren Inhalt als »sehr schlimm«. Drexel brachte dann auch Niekisch gegenüber zum Ausdruck, daß die Arbeit in vielen Teilen in die Form eines Pamphlets verfalle, worauf Niekisch ihm in seinem Briefe vom 2. September 1936 antwortete, daß er »nicht möchte, daß der Gesamteindruck eines Pamphlets entstehe«. Dem Widerstandskameraden Faulhaber, dem gegenüber er die Schrift Niekischs ebenfalls als einen »privaten Haßgesang Niekischs« bezeichnete, erzählte Drexel einmal, daß er Niekisch gefragt habe, ob er dieses Werk in Druck zu geben beabsichtige, was Niekisch mit der Einschränkung, daß es jetzt noch nicht in Frage käme, bejaht habe.

In einem Briefe vom 10. August 1936, in dem Niekisch Drexel die Bezeichnung des dritten Teiles ›Ab Weimar‹ erstmalig angab, teilte dieser Drexel mit, daß er einen Teil ›Personage‹ plane und ersuchte ihn um Mitarbeit hierbei:

»Vielleicht kannst Du physiognomische Notizen machen. Ansichtskarten liegen bei. Es kommen diese beiden Herren in Betracht. Dann vielleicht der KDF-Häuptling und der Oberflieger, evtl. noch der Polizeigeneral. Diese Notizen könnten dann evtl. mir die Erleuchtungen schenken, die ich bisher suchte. Zwar wäre Deine Urheberschaft im Dunkel: Vor der Nachwelt aber würde ich dies Dunkel noch lüften. Mir tut es sehr leid, nicht auch von dieser Seite her noch den Dingen auf den Leib rücken zu können.«

Trotz nochmaliger Mahnung im Briefe vom 22. November 1936 will Drexel diesem Wunsche Niekischs nicht nachgekommen sein. In dem oben erwähnten Briefe vom 10. August 1936 ersuchte Niekisch Drexel weiterhin, gelegentlich einmal »ein Stück vollständig zusammenzustellen und es möglicherweise an einem zweiten Ort zu deponieren, damit nicht mit einem Schlag eventuell das Ganze verloren wäre«. Etwa im Dezember 1936 brachte Drexel einen Durchschlag des Teils ›Weimar‹ sowie der Kapitel 1–17, 19–22 und 24–28 des dritten Teiles bei dem Nürnberger Widerstandskameraden Hüller unter und erklärte ihm, es seien Manuskripte von Niekisch, die er gut aufbewahren solle; es sei Vorsicht am Platze. Im Februar 1937 holte er auf Wunsch Niekischs, der ihn damals aufgesucht hatte, Teile davon bei Hüller wieder ab und gab sie Niekisch zur Weiterbearbeitung zurück.

Als im Sommer 1936 Niekisch den Besuch der Ehefrau des Wiener Rechtsanwalts Sild erhielt, fragte er sie ohne nähere Angabe, ob sie ein Manuskript von ihm gut aufbewahren könne, was diese zusagte. Als nun Ende August oder Anfang September 1936 der Angeklagte Tröger bei ihm erschien, fragte er ihn, ob er Manuskriptteile über die Grenze bringen könne. Am 8. September 1936 machte Niekisch dem Angeklagten Drexel hiervon brieflich Mitteilung und ersuchte ihn, Tröger, der ihn demnächst aufsuchen werde, ein Gesamtexemplar zu geben; er habe den Auftrag, das Manuskript zur Weiterleitung nach Wien zu bringen, da »ihm daran liege, ein Stück jenseits der Grenze zu wissen«. Ende September 1936 suchte nun Tröger den Angeklagten Drexel in Nürnberg auf; kurz zuvor hatte Niekisch Drexel in seinem Briefe vom 22. September 1936 noch gebeten, daß »nur dann, wenn für die Sicherheit der Beförderung mit 100prozentiger Sicherheit garantiert werden könne, Tröger die Sachen von ihm bekommen solle«; das solle er Tröger nochmals besonders einschärfen. Tröger war, wie auch Drexel bestätigt hat, über diesen Auftrag Niekischs nicht sehr erbaut; man sprach dann darüber, daß das Manuskript der Familie Sild nicht anvertraut werden könne, weil alle Angehörigen Nationalsozialisten seien. Tröger, der das Manuskript nicht gelesen und auch seinen Inhalt nicht gekannt haben will, übernahm nun von Drexel einen Durchschlag des Gesamtmanuskripts, und zwar die ersten beiden Teile (›Bolschewismus‹ und ›Weimar‹) vollständig und von dem letzten Teile die bis dahin eingegangenen Kapitel 1 bis 16. Er erklärte dabei, er werde sie wahrscheinlich bei dem ihm bekannten Zollinspektor Fütterer unterbringen, der in Salzburg ein Zimmer habe, und bemerkte noch, ehe eine Dummheit geschehe, müsse man lieber die ganze Sache in den Ofen werfen. Sie vereinbarten, daß Fütterer durch Tröger veranlaßt werden sollte, das Eintreffen des Manuskripts in Salzburg durch die Nachricht, die »Nichte« oder die »Filme« seien gut angekommen, zu melden. Sodann fuhr Tröger nach München und traf sich dort vereinbarungsgemäß mit Fütterer. Diesen fragte er, ob er bereit sei, die Aufbewahrung von Aufzeichnun-gen Niekischs zu übernehmen. Nachdem er dessen Zusage erhalten hatte, unterrichtete er Drexel. Anschließend suchte er Faulhaber auf und übergab ihm die von Drexel erhaltenen Manuskriptteile mit dem Bemerken, daß sie eine Arbeit Niekischs seien und von Fütterer abgeholt werden würden. Fütterer, der Faulhaber im Jahre 1935 durch Tröger kennengelernt hatte, erschien nach einigen Tagen bei ihm, nahm die Stücke in Empfang und brachte sie in seiner Salzburger Wohnung unter. Zuvor hatte Faulhaber den Inhalt gelesen und erkannt, daß die Schrift ein »von großem Haß diktiertes Pamphlet« war. Er ermahnte deshalb Fütterer, vorsichtig damit umzugehen und sie nicht in unberufene Hände kommen zu lassen. Dieser sandte nach seiner Ankunft in Salzburg der Weisung Faulhabers entsprechend an Drexel eine Karte mit der Nachricht, die »Nichte« oder die »Filme« seien gut angekommen. Niekisch selbst erkundigte sich bei Drexel am 15. Oktober 1936 danach, ob »die Filme unbeschädigt ans Ziel gelangt seien«, und meinte noch am 23. Oktober 1936, daß man »in der Filmfrage nichts ändere, wenn nicht 100prozentige Garantie vorhanden sei, damit nichts verdorben werde«. Die nachträglich bei Drexel eingehenden Kapitel mit Ausnahme der beiden letzten (30 und 31) übersandte dieser, nachdem er sie gelesen hatte, wiederum an Faulhaber, der sie seinerseits bei gelegentlichen Besuchen Fütterers diesem zur Mitnahme nach Salzburg aushändigte.

Als Fütterer im Februar 1937 versetzt wurde und deshalb seine Salzburger Wohnung aufgeben mußte, teilte er dies dem Angeklagten Tröger brieflich und Faulhaber fernmündlich mit und kündigte dem letzteren an, daß er das Manuskript zurückbringen werde. Tröger wies entweder Fütterer an, sich mit Drexel in Verbindung zu setzen, oder gab diesem selbst Nachricht. Auch Faulhaber wandte sich an Drexel, der seinerseits den Angeklagten Niekisch gelegentlich seines damaligen Besuchs in Nürnberg hiervon in Kenntnis setzte. Bevor er jedoch eine Anweisung erhalten hatte, gab inzwischen Fütterer die in seinem Besitz befindlichen Manuskriptteile, und zwar als ein geschlossenes Paket, an Faulhaber zurück. Als Drexel gegen Ende Februar 1937 bei einer Urlaubsfahrt auf dem Münchner Hauptbahnhof mit Faulhaber und Fütterer zusammentraf, wollte er auch die beiden letzten Kapitel (30 und 31), die er inzwischen von Niekisch erhalten hatte, dem Fütterer aushändigen; dieser lehnte jedoch die Annahme mit dem Hinweis darauf ab, daß er die übrigen Teile bereits Faulhaber zurückgegeben habe. Daraufhin überließ Drexel diesem auch die beiden letzten Kapitel. Drexel hatte übrigens um jene Zeit mehrere der letzten Kapitel dieses dritten Teiles dem Nürnberger Widerstandskameraden Klaus, dem er schon mehrfach von diesem Werke Niekischs erzählt hatte, und Walter in seinem Büro zu lesen gegeben. Faulhaber las die ihm übergebenen letzten Kapitel zu Hause durch und legte sie zu dem von Fütterer erhaltenen Paket; ihm hatte Drexel noch gesagt, er bekäme Bescheid, was mit dem Manuskript geschehen solle. Etwa Mitte März 1937 erhielt Faulhaber den Besuch des Botanikers Dr. Friedrich Merkenschlager, der ihn fragte, ob er nicht etwas von Niekisch zum Lesen habe. Faulhaber, der angeblich eine günstige Gelegenheit sah, das ihm lästige Manuskript loszuwerden, übergab ihm dieses mit dem Bemerken, es handele sich um eine »sehr aggressiv« gehaltene Arbeit Niekischs; er solle sie vorsichtig aufbewahren und keinesfalls in unberufene Hände gelangen lassen. Merkenschlager versprach das und erklärte, er könne für die sichere Aufbewahrung in einem Bauernhause einstehen. Er brachte das Manuskript später bei seinem Bruder, dem Bauern Hans Merkenschlager, in Hauslach unter. Wie dieser bekundet hat, las sein Bruder ihm und seiner Mutter auch einzelne Kapitel aus dem Manuskript vor. Hans Merkenschlager, dem das aufgeregte Wesen seines Bruders beim Lesen des Manuskripts auffiel und dem dieser auf seine dahingehende Frage schließlich auch erklärte, daß die Schrift eine »brenzliche Sache« sei, versteckte die Manuskriptteile zunächst in einer alten Milchkanne auf dem Getreideboden und verbrannte sie schließlich im April 1937 nach einer erfolglosen polizeilichen Durchsuchung.

Kurz vor seiner Festnahme erhielt Faulhaber einen für Drexel bestimmten Brief Niekischs mit der Bitte, ihn diesem bei der Rückkehr von seiner Urlaubsreise auszuhändigen. In diesem unter dem 20. März 1937 datierten Brief, den Faulhaber dem Angeklagten Drexel nachsandte, gab Niekisch Anweisung, den »ganzen Salzburger Zurückkehrer« an »Franz« – d.i. der Berliner Kamerad Franz Polin – senden zu lassen. »Das wäre für die weitere Arbeit daran am zweckmäßigsten.« In diesem Briefe erwähnte Niekisch weiterhin noch, »daß ihm jemand vorgeschlagen habe, einen Verlagsabzweiger in London aufzumachen, daß 1000 Pfund zur Verfügung stünden, aber er selbst dorthin müßte«.

Der Angeklagte Niekisch hatte, obwohl er Drexel in seinem Briefe vom 10. August 1936 mitgeteilt hatte, »daß Drexel alles habe und sonst nichts bestehe«, einen weiteren Durchschlag seines Manuskripts bei sich zurückbehalten. Maschinengedruckte Teile seines Werkes übersandte er im Laufe des Jahres 1936 mehrfach dem ihm befreundeten Zeugen Petras und gab auch dem Berliner Widerstandskameraden Dr. Hadrich im November 1936 einige Teile zum Lesen. Bei einer Unterhaltung mit letzterem über dieses Werk äußerte er zu diesem, wie Hadrich bekundet hat, daß dieses größere geschichtsphilosophische Werk, das auch ein Kapitel über den Nationalsozialismus enthalten werde, in etwa zwei Jahren fertig sei und daß er dieses dann, ohne allerdings einen Verlag zu nennen, in der Schweiz drucken lassen werde. Auch bei dem Besuch von Petras in Berlin im August 1936 kam die Rede darauf, daß dieses neue Werk Niekischs veröffentlicht werden sollte. Petras meinte Niekisch gegenüber noch, daß einzelne Äußerungen über den Staat so gehalten seien, daß die Arbeit nicht veröffentlicht werden könnte; Niekisch erwähnte hierzu, man könne an eine Veröffentlichung unter einem Pseudonym denken.

Auch der Leipziger Widerstandskamerad Euba erhielt anläßlich seines Besuches bei Niekisch Anfang 1937 von diesem die mit Schreibmaschine geschriebenen Kapitel 18, 24 bis 28 des Teiles ›Ab Weimar‹, die er auch gelesen hat, mit dem Auftrag, sie vorsichtig aufzubewahren, bis er sie in Leipzig wieder abhole.

Nach der Festnahme ihres Mannes ließ die Ehefrau des Angeklagten Niekisch ein vollständiges in seiner Wohnung zurückgebliebenes maschinenschriftliches Stück dieses Manuskripts durch ihren Sohn Ernst Niekisch verbrennen und weitere Teile dem Berliner Widerstandskameraden Dr. Hadrich in Verwahrung geben; ferner übermittelte sie dem Kameraden Polin andere schriftliche Aufzeichnungen ihres Mannes, die bei einer polizeilichen Durchsuchung nicht entdeckt worden waren.

C.
Die Einlassung der Angeklagten, tatsächliche und rechtliche Würdigung des Sachverhalts sowie Strafzumessung

I. Die Einlassung der Angeklagten.

Sämtliche Angeklagten bestreiten, die Widerstandsbewegung nach der Machtergreifung durch den Nationalsozialismus als politische Partei fortgeführt sowie durch ihr Wollen und ihre Tätigkeit den gewaltsamen Umsturz des nationalsozialistischen Staates vorbereitet zu haben. Im einzelnen haben sie sich wie folgt eingelassen:

1. Der Angeklagte Niekisch.
Die von ihm im Jahre 1926 gegründete Widerstandsbewegung habe er zu keiner Zeit ihres Bestehens als eine festgefügte Organisation aufgezogen oder betrachtet; er habe sie niemals in eine Organisation überführen wollen. Er sei in erster Linie ein »geschichts- und kulturphilosophischer Denker, der sich nur mit denkerischer, schriftstellerischer und verlegerischer Tätigkeit« befaßt habe. Als geistiger Führer seiner Bewegung habe er sich um organisatorische Fragen, um eine »Organisationsphantasterei«, überhaupt nie gekümmert. Schon seit dem Jahre 1926 habe er sich von organisationsgebundener Tätigkeit innerlich und äußerlich abgekehrt, weil seine Wirksamkeit sich habe frei ins Ungebundene hinein erstrecken sollen und weil er noch in jeder Organisation, in der er sich befunden habe, am Ende durch ein Ketzergericht belästigt worden sei. Wenn seit dem Jahre 1931, nachdem ein paar festgefügte Oberlandgruppen in die Widerstandsbewegung eingegangen seien, von dem Angeklagten Trö-

ger, der dies ganz von sich aus getan und dem er dies gänzlich überlassen habe, irgendwie geartete, höchstens jedoch nur geringfügige organisatorische Maßnahmen getroffen worden seien, so habe er diesen weiter keine Bedeutung beigemessen und sie nicht ohne inneres Widerstreben hingenommen. Er sei jedoch schließlich einverstanden gewesen, weil er angenommen habe, daß Tröger damit bestimmte vaterländische Zwecke verfolge und eine solche Organisation für seine Abwehrtätigkeit zugunsten des Reichs brauche; auch die von Tröger herausgegebenen Rundschreiben hätten denselben Zwecken gedient. In diesem Sinne habe er auch die von ihm vorgenommene, auf der Kameradschaftsordnung, die übrigens noch nicht in Kraft gewesen sei, beruhende Verpflichtung der Reichskameraden aufgefaßt; diese seien nicht auf eine Person oder einen Bund, sondern ganz allgemein auf die »Sache deutschen Widerstandes« verpflichtet worden. Diese Organisation habe Tröger auch wohl noch im Jahre 1933 für seine militärischen Aufgaben nicht entbehren können, ihre Zweckbestimmung sei wohl erst Mitte 1934 zu Ende gewesen. Um Tröger bei dieser Arbeit zu unterstützen, habe auch er dahingehende Anregungen und Anweisungen gegeben; so sei sein Brief an Tröger vom 7. Januar 1934 darauf zurückzuführen, daß zahlreiche Freunde die Lust an ihrer reichswichtigen Arbeit verloren und sich resigniert davon zurückgezogen hätten; um dem vorzubeugen, habe er Tröger in diesem Briefe Ratschläge gegeben. Eine »Oberste Führung« sei nie vorhanden gewesen. Zwischen ihm, Drexel und Tröger habe lediglich ein enges Vertrauensverhältnis bestanden, das sich früher auf die Zusammenarbeit bei der Förderung und Überwachung des Ausbaues des Widerstandsgedankens beschränkt habe; ihr brieflicher Gedankenaustausch und ihre gemeinsamen Aussprachen seien vor allem nach dem Jahre 1933 lediglich als solche besonders nahestehender Freunde anzusehen.

Die seit dem Jahre 1934 noch bestehenden Verbindungen zwischen einzelnen Widerstandskameraden und deren Zusammenhalten seien nur freundschaftlicher und kameradschaftlicher Art gewesen und hätten dem Wunsche entsprochen, die alte Freundschaft weiterzupflegen. Auch seine Nürnberger Besuche hätten nur der Pflege dieser Beziehungen gedient, bei welchen Gelegenheiten er dann den anwesenden Kameraden seine politischen Gedanken mitgeteilt habe. Die Zusammenkunft auf dem Brümmerhof im Oktober 1934 sei keine Tagung zur Aussprache über politische und organisatorische Fragen gewesen, sondern es habe sich dabei um eine Kunstausstellung des Malers Weber gehandelt, zu der er seine engsten Freunde eingeladen habe. Wenn in den Jahren 1935 und 1936 seine Beziehungen zu seinen Freunden wieder lebhafter geworden seien, so sei dies wegen des Ausbaues des Kundenkreises seines Verlages geschehen, um diesen mit einer sicheren Abnehmerschaft auszustatten. Die von ihm auch zu diesem Zwecke herausgegebenen außenpolitischen Informationsberichte seien durchaus sachlich und objektiv gehalten und hätten sich jeder Kritik enthalten. An die Aufrechterhaltung einer Organisation der Widerstandsbewegung als einer politischen Partei habe er niemals gedacht. Neue Kameraden seien seit dem Jahre 1933 auch nicht mehr für die Widerstandsbewegung geworben und gewonnen worden; es sei auch niemals ein Verbot seiner Bewegung ergangen.

Seit Jahren habe er sich vornehmlich außenpolitischen Fragen zugewendet, während er für innenpolitische Fragen nur ein gelegentliches und bedingtes Interesse gehabt habe. Auf jenem Gebiet könne er sich auch ausweislich seiner Schriften als »Sachverständiger und wirklicher Sachkenner« bezeichnen. Bei der Behandlung außenpolitischer Fragen, in denen er in Übereinstimmung mit vielen führenden Persönlichkeiten für eine außenpolitische Ostorientierung eingetreten sei, sei es ihm mehr um eine Analyse als um eine Kritik zu tun gewesen. Im Hintergrund seiner schriftlichen und mündlichen Darlegungen habe stets die Sorge um Deutschland gestanden; mit ihnen habe er lediglich Zwecke der Belehrung verfolgt. Seine Denkergebnisse seien keine Propagandalosungen, noch bezweckten sie eine Aufreizung zu irgendwelchen Haßgefühlen. Sie seien ausschließlich Zeugnisse des unbekümmerten Wahrheitsfanatismus eines erfahrenen deutschen Mannes, der als »der prominenteste Vorkämpfer gegen Versailles« zu gelten habe. In seinem Briefe an seine Freunde, insbesondere seit dem Jahre 1933, habe er diesen seine augenblicklichen Stimmungen, Meinungen und Überlegungen über seine politische Auffassung anvertraut, in ihnen habe er sich auch über seine persönlichen Nöte und Sorgen, die in jener Zeit durch die zahlreichen polizeilichen Haussuchungen, Beschlagnahmungen und persönlichen Vernehmungen sowie schließlich durch den Ausschluß aus der Reichsschrifttumskammer an ihn herangetreten seien, ausgesprochen. So habe er in seinem Briefe an Drexel vom 12. April 1936 nur das Gefühl zum Ausdruck bringen wollen, daß die Situation, in der er sich schon seit Jahren als leidendes Opfer befunden habe, der Zustand der Gesetz- und Rechtlosigkeit, durch die bevorstehende Festigung des Rechtsbodens sein baldiges Ende finden werde; er habe nicht erst eine solche »Bürgerkriegssituation« schaffen wollen. In seinen Vorträgen, Briefen und Schriften habe er niemals den Standpunkt vertreten, daß für Deutschland eine proletarische Diktatur erstrebenswert sei und diese durch eine gewaltsame Auseinandersetzung gefördert werden solle. Die Äußerungen, die ihm von der Anklage bei seiner Anwesenheit im Landhaus Nurtsch im Herbst 1933 zur Last gelegt würden, habe er nie getan; auch habe er sich niemals als Anhänger Trotzkis bezeichnet. Wenn er bei seinen Aussprachen zum »Abwarten« aufgefordert habe, so sei dies lediglich zur Beruhigung geschehen und nicht als »aggressive Handlung gegen den Nationalsozialismus« aufzufassen. Ihn habe allerdings lange Zeit der Gedanke eines Chaos beunruhigt und die Frage seiner Vorbeugung beschäftigt. Bei der Weitergabe von Schriften, von denen er zum großen Teil gar nicht gewußt habe, daß sie verboten gewesen seien, habe er nicht die Absicht gehabt, eine Propagandatätigkeit zu entfalten.

Bei dem Manuskript ›Deutsche Mobilmachung‹ habe es sich lediglich um eine geschichtsphilosophische Arbeit gehandelt, in der er – wie sein Verteidiger meint – allerdings mitunter abgeglitten sei. In dieser Schrift habe er den Versuch unternommen, sich mit dem Marxismus und vor allem mit dem Klassengedanken auseinanderzusetzen; sie sollte eine Entwicklungsgeschichte der abendländischen geistigen und sozialen Tendenzen sein. Sie sei keine Verherrlichung des Marxismus und der Sowjetunion, sondern lediglich deren Darstellung. In ihr setze er sich weder für den Bürgerkrieg noch für einen gewaltsamen Umsturz ein, sondern setze lediglich auseinander, was die revolutionären Ideen des Marxismus bedeuteten; dies sei noch kein Bekenntnis zu ihnen. Seine idealistische Einstellung sei deutlich aus der Erwähnung der »drei heiligen Orte: Stockholm, Potsdam und Moskau des von ihm sich vorgestellten germanisch-russischen Weltreiches« zu erkennen. Im Gegensatz zu seiner früheren im Laufe der Voruntersuchung gemachten Einlassung hat der Angeklagte Niekisch in der Hauptverhandlung zugegeben, daß er zunächst daran gedacht habe, diese Arbeit zu veröffentlichen; zur Drucklegung, für die er jedoch noch keine Anweisungen gegeben habe, sei es schließlich nicht gekommen, weil ihm die Arbeit bei nochmaliger Durchsicht als zu unzulänglich und nicht sehr weit über marxistische Grundanschauungen hinausgehend erschienen war. Er habe den Gesamtentwurf dann Drexel, der zu diesem Zweck auch sonst von ihm Niederschriften und seine Tagebücher erhalten habe, zur Aufbewahrung übersandt. Außer Drexel und Tröger, dem er einige Stellen zugänglich gemacht habe, habe er diese Arbeiten niemand zur Kenntnis gebracht.

Die Schrift ›Die Dritte Imperiale Figur‹, die aus jenem Entwurf erwachsen sein, sei kein Buch des Aufruhrs und sollte nicht zu einer Tat anregen; sie müsse vielmehr als ein Werk der Resignation und der Zusammenschau betrachtet werden. In ihr gehe er von dem Glauben aus, daß das deutsche Volk noch eine imperiale Mission habe, und nehme die Gegenwart als etwas Gegebenes, von dem aus der fernere Geschichtsweg des deutschen Volkes seinen Ausgang nehme. Er habe sich um die Jahreswende 1935/1936 für berechtigt gehalten, dieses Buch im Ausland neu herauszugeben, weil ihm ein Verbot nicht bekannt geworden und von der Reichsschrifttumskammer lediglich mitgeteilt worden sei, daß das Buch auf die Liste der unerwünschten Bücher gesetzt worden sei.

Auch das Manuskript ›Geheimnis des Reichs‹ sei lediglich der Niederschlag einer Selbstauseinandersetzung mit dem Nationalsozialismus, die sich durch intellektuelle Redlichkeit, rücksichtslose Sachlichkeit und bedingungslose Wahrhaftigkeit auszeichne. In ihr werde keineswegs zu einem praktischen Durchgang durch die Zone des Bolschewismus aufgefordert; bei ihr handele es sich ausschließlich um eine theoretische Überlegung. Dieses Manuskript sei auch nie zu einer Veröffentlichung vorgesehen worden. Er hätte es in seinem unvollendeten Zustand nie aus der Hand gegeben, wenn er nicht hätte befürchten müssen, daß es in seiner eigenen Wohnung gefährdet sei; es sei zu Drexel gesandt worden, damit es von diesem zuverlässig untergebracht werde. Wenn Manuskriptteile in Nürnberg einigen Wiederstandskameraden zu Gesicht gekommen seien, so sei dies auf unglückliche Umstände zurückzuführen. Auch bei der Verbringung weiterer Teile des Manuskripts nach Wien seien nur Sicherheitsgründe maßgebend gewesen; dabei habe keineswegs der Gedanke eine Rolle gespielt, die Schrift im Ausland etwa unter einem Pseudonym im Druck erscheinen zu lassen. Er selbst habe auch nie ernstlich die Absicht gehabt, ins Ausland zu gehen, wenn ihm auch manchmal der Gedanke dazu infolge seiner mißlichen Lage gekommen sei. Hinsichtlich des

Verlagsabzweigers in London, der ihm im Frühjahr 1937 von dem Schriftsteller Hübsch angetragen worden sei, habe nicht die Absicht bestanden, das Manuskript dort zu veröffentlichen, von dort aus hätte vielmehr die deutsche Außenpolitik unterstützt werden sollen.

Nach dem Umbruch im Jahre 1933 sei er keinen Augenblick einer Überlegung nachgegangen, wie gegen das Dritte Reich praktisch etwas unternommen werden könne; die gefallene Entscheidung habe er als eine Entscheidung für viele Jahre angesehen. Er habe auch bald mit voller Deutlichkeit gesehen, wie das Stadium des Dritten Reichs zur Lösung einer Reihe deutscher Aufgaben unumgänglich berufen sei. Ihm habe es ferngelegen, den Nationalsozialismus bei der Erfüllung seiner Sendung zu stören, sein Blick habe sich nur auf die Zukunft gerichtet; niemals habe er die Absicht gehabt, die nationalsozialistische Regierung mit Gewalt zu beseitigen, wozu er ja auch bei der geringen Zahl seiner Anhängerschaft nicht in der Lage gewesen sei. Einer strafbaren Handlung sei er sich höchstens hinsichtlich eines Vergehens gegen das Heimtückegesetz bewußt.

2. Der Angeklagte Drexel.

Der Angeklagte Drexel hat sich wie folgt eingelassen: Er habe sich vor dem Jahre 1933 sehr aktiv und mit allen ihm zu Gebote stehenden Mitteln für die von ihm als richtig erkannten Ziele der Widerstandsbewegung Niekischs, dessen Kampf gegen Versailles auf der Grundlage einer Anlehnung an Rußland auch seiner Auffassung entsprochen habe, eingesetzt. Eine Organisation sei jedoch innerhalb dieser Bewegung noch nicht geschaffen worden, insbesondere sei auch die Kameradschaftsordnung noch nicht durchgeführt gewesen. Um die Aufrechterhaltung der Widerstandsbewegung und der verschiedenen örtlichen Widerstandsgruppen nach der Machtübernahme habe er sich nicht gekümmert. Dies sei vor allem Sache Trögers gewesen; es sei allerdings möglich, daß er mit diesem hierüber vor dem 26. April 1933 einmal gesprochen habe. Er habe weder auf den ersten Zusammenkünften der Nürnberger Widerständler noch sonst mit jemandem darüber gesprochen, daß die Widerstandsbewegung aufrechtzuerhalten sei, damit sie bei Eintreffen der erwarteten politischen Schwierigkeiten die politische Führung übernehmen könne. Ihre Zusammenkünfte in Nürnberg nach dem nationalsozialistischen Umbruch hätten nur den Zweck verfolgt, den kameradschaftlichen Zusammenhalt unter den früheren Oberlandkameraden, die in die Widerstandsbewegung eingegangen seien, aufrechtzuerhalten und zu pflegen; sie seien nicht als eine Aktion gegen den nationalsozialistischen Staat gerichtet gewesen. Es habe auch kein Grund bestanden, dieses kameradschaftliche Zusammenkommen aufzugeben, da ein Verbot der Widerstandsbewegung nicht erfolgt sei und auch ihre den Widerstandsgedanken tragende Zeitschrift ›Widerstand‹, für deren Absatz er sich bis zuletzt rege eingesetzt habe, bis Ende 1934 erschienen sei. Man sei sich allerdings wegen der gegensätzlichen Einstellung der Widerstandsbewegung zum Nationalsozialismus klar darüber gewesen, daß ihre Zusammenkünfte geheimgehalten werden müßten. Es sei ferner unzutreffend, daß er bei der Zusammenkunft auf dem Hahnhof im Sommer 1934 eine Liste der am 30. Juni Erschossenen verlesen und die Behauptung aufgestellt habe, die Nationalsozialisten hätten den Reichstag angezündet. Bei den Gesprächen an den Mautkeller-Abenden sei allerdings der Nationalsozialismus abfällig kritisiert und abgelehnt worden. Er selbst habe an den Abenden auf entsprechende Anregungen aus dem Kreise der Anwesenden zu politischen Tagesfragen (z.B. Abessinien-Konflikt, Spanien) Stellung genommen, habe aber keineswegs grundsätzlich gegen das Dritte Reich gehetzt, sondern sogar Kameraden, die besonders zur Verbreitung von Gerüchten und abfälligen Witzen neigten, verwarnt. Auch habe er nicht dazu aufgefordert, die Arbeiterschaft über die Unredlichkeit der Regierung in der Spanienfrage aufzuklären, den Widerstandsgedanken zu verbreiten und die bestehende Unzufriedenheit zu fördern, um so den Zusammenbruch des Dritten Reiches vorzubereiten. Er habe auch nicht darauf hingewiesen, die Schriften Niekischs seien akuter denn je, und zu ihrer Verbreitung aufgefordert. Ebensowenig habe er sich für eine größere Aktivität in der Leipziger Widerstandsgruppe eingesetzt und auch nicht die ihm in der Anklage unter Bezugnahme auf die Aussage Bechers zur Last gelegten Äußerungen über die militärische Lage Deutschlands und eine Zersetzungstätigkeit innerhalb der Wehrmacht getan; für die Wehrertüchtigung des jungen Deutschen sei er aufgrund seiner soldatischen Auffassung bis zuletzt immer eingetreten. Die Weitergabe von verbotenen Schriften und Büchern an andere Widerstandskameraden sei nicht zu dem Zweck erfolgt, propagandistisch und hochverräterisch zu wirken; die von ihm verlesenen Zeitungsausschnitte und sonstigen Blätter hätten auch keinen staatsfeindlichen Charakter gehabt.

Auch habe er niemals erkannt und angenommen, das Niekisch den gewaltsamen Umsturz des nationalsozialistischen Reiches beabsichtige und darauf hinarbeite. Aus dem Brief Niekischs an ihn vom 12. April 1936 habe er lediglich eine Mißstimmung zwischen Niekisch und Tröger herausgelesen; über die in ihm weiter enthaltenen Andeutungen Niekischs habe er sich bei dessen üblichen Prophezeiungsneigungen keine besonderen Gedanken gemacht. Über den Inhalt dieses Briefes sei auf dem darauffolgenden Zusammentreffen in seiner Wohnung auch nicht mehr die Rede gewesen, vielmehr sei damals nur über die Schulden des Widerstandsverlages und die schlechte finanzielle Lage Niekischs gesprochen worden. Die bei dieser Gelegenheit zwischen ihm und Niekisch abgesprochenen Informationsberichte, die lediglich außerpolitische Betrachtungen zu den Tagesereignissen enthalten hätten, hätten nicht den Zweck gehabt, die Widerständler zusammenzuhalten und sie in staatsfeindlicher Gesinnung auszurichten, sondern hätten nur den finanziellen Hintergrund gehabt, Niekisch und seinen Verlag vor dem wirtschaftlichen Zusammenbruch zu bewahren und den Kundenkreis des Verlags zu erhalten; es hätten auch viele Personen, die nicht zu dem Widerstandskreis gehört hätten, diese Berichte erhalten.

Das Manuskript ›Deutsche Mobilmachung‹, das ihm zusammen mit Tagebüchern Niekischs zugesandt worden sei, habe er, ohne es zu lesen, in das Archiv seiner Firma gegeben, wo es bis zu seiner Festnahme ungeöffnet gelegen habe. Soweit er einige ihm etwa um die gleiche Zeit zugeschickte Durchschläge von Einschaltungen zu diesem Manuskript gelesen habe, habe er ihren hochverräterischen Charakter nicht erkennen können. Die ihm von Niekisch zugesandten einzelnen Teile des Manuskripts ›Geheimnis des Reichs‹ habe er sämtlich gelesen. Ihren Inhalt habe er jedoch nicht gebilligt und auch sowohl Niekisch wie anderen gegenüber seine ablehnende Meinung zu diesem Werk zum Ausdruck gebracht. Bei seiner Mitwirkung bei der Sicherstellung und Verbreitung des Werks habe er nicht bezweckt und nicht daran gedacht, daß er damit Niekischs Streben, den gewaltsamen Umsturz des Reichs vorzubereiten, unterstützen werde, besonders deshalb nicht, weil er den Inhalt dieses Werks nicht gebilligt habe. Allerdings habe er gewußt, daß Niekisch die Absicht gehabt hätte, diese Arbeit später in Druck zu geben; jedoch habe er angenommen, daß dies erst nach einer Überarbeitung geschehen werde.

3. Der Angeklagte Tröger.

Der Angeklagte Tröger hat eingeräumt, daß schon vor der Machtübernahme der Gedanke bestanden habe, in der Widerstandsbewegung einen Zusammenhalt irgendwelcher Art zu bilden, mit welchem Gedanken besonders er sich befaßt habe. Die Widerstandstagungen in den Jahren 1931 und 1932 seien, vor allem nachdem die örtlichen Oberlandkameradschaften in der Widerstandsbewegung aufgegangen seien, äußere Zeichen solcher Organisationsbestrebungen gewesen. Er habe vor allem die Schaffung einer straffen Organisation einer Unterführerschicht, der »Kameradschaft des Widerstandes« im Auge gehabt, wobei die früheren Oberländer seine hauptsächlichste Stütze gewesen seien. Die Schaffung fester örtlicher und landschaftlicher Gruppen sei den Reichskameraden überlassen worden, ebenso die Bildung loser örtlicher Widerstandskreise. Ihre letzte endgültige Form hätte dieses »organisatorische Wunschbild« zur Zeit des Umschwungs noch nicht gefunden.

Nach der Machtübernahme durch die NSDAP, die ihm überraschend gekommen sei, hätte zunächst keine Veranlassung bestanden, die vorhandene Organisation aufzugeben, zumal ja auch die Zeitschrift ›Widerstand‹ nach wie vor erschienen sei. Er habe nach Rücksprache mit Niekisch und Drexel Wert darauf gelegt, daß die Verbindung unter den Kameraden erhalten bleibe. Für die Aufrechterhaltung des Zusammenhalts sei der Gedanke maßgebend gewesen, bei der bedrohlichen außenpolitischen Lage und den befürchteten außenpolitischen Verwicklungen – man habe einen polnischen Einmarsch in Danzig erwartet – sich für einen Einsatz bereitzuhalten. Sie seien damals allerdings auch der Ansicht gewesen, daß der Nationalsozialismus, den man wegen seiner Außenpolitik und seiner innerpolitischen Kampfesweise abgelehnt habe, sich nicht lange werde halten können, und hätte geglaubt, für diesen Fall des Zusammenbruchs bereitstehen zu müssen, damit dann die Widerstandsbewegung die politische Führung übernehmen könne.

Innerhalb der Widerstandsbewegung habe man nach der Märzwahl 1933 die Außenarbeit aufgegeben und die Tätigkeit in die Widerstandsgruppen verlegt. Deren Zusammenkünfte habe man nur in vorsichtiger Weise durchführen können, weil man mit Überfällen der SA und SS hätte rechnen müssen. Eine Absicht, eine politische Partei aufrechtzuerhalten oder zu bilden oder gar den nationalsozialistischen Staat gewaltsam zu stürzen, habe er bei dieser Organisationsarbeit, die praktisch ein

»organisatorischer Rückzug« gewesen sei, nicht gehabt. Was an Organisation in der Widerstandsbewegung vorhanden gewesen sei, sei nun bereits im Jahre 1933 zerbröckelt und auch später immer mehr zurückgegangen. Nach seiner Versetzung von Nürnberg nach Rosenheim im April 1934 habe er sich um organisatorische Dinge innerhalb der Widerstandsbewegung überhaupt nicht mehr gekümmert. Seine – nur in einigen wenigen Stücken – herausgegebene Anweisung vom 2. April 1934 sei als ein »Schwanengesang« aufzufassen; sie hätte sich zum Teil auch auf ihre Abwehrtätigkeit im Dienste der Reichswehr bezogen. Um jene Zeit sei er unter dem Eindruck der Erfolge der nationalsozialistischen Regierung von den Gedanken Niekischs innerlich immer mehr abgerückt und habe den Standpunkt vertreten, daß die Widerstandsbewegung überflüssig geworden sei. Die Wiedereinführung der deutschen Wehrhoheit und die Besetzung der entmilitarisierten Zone, was ja auch seiner politischen Auffassung des Kampfes gegen Versailles entsprochen hätte, hätten ihn besonders stark beeindruckt. Er habe auch bei einem Zusammentreffen mit Niekisch und Drexel Ende April 1936, bei dem ausschließlich über die schlechte finanzielle Lage des Widerstandsverlages und nicht über den Inhalt des – ihm übrigens erst bei seiner Vernehmung bekanntgewordenen – Briefes vom 12. April 1936 gesprochen worden sei, sich gegen die Herausgabe von Informationsbriefen ausgesprochen sowie bei einer anderen Gelegenheit Drexel gegenüber erklärt, daß er keine Lust mehr habe, für Niekisch Bücher zu verkaufen. Für die Widerstandsbewegung und deren Organisation habe er nichts mehr getan. Er habe sich auch nicht im August 1936, wie dies aus dem Briefe Niekischs an Drexel vom 17. August 1936 herausgelesen werden könne, wieder für Niekisch und die Widerstandsbewegung zur Verfügung gestellt; wenn er sich damals in einer guten Stimmung befunden habe, so sei dies darauf zurückzuführen gewesen, daß ihm an jenem Tage im Reichskriegsministerium die Übernahme in die Wehrmacht in Aussicht gestellt worden sei und er auch von seinem Verbindungsmann gute Nachrichten erhalten habe.

Mit Niekisch, dessen unbedingte Kampfansage gegen Versailles ihn gepackt und von dessen außenpolitischer Konzeption eines Zusammengehens mit Rußland er sich angezogen gefühlt hätte, sei er auch nach der Machtübernahme in einer allerdings im Laufe der Zeit immer lockerer werdenden Verbindung geblieben; dessen außenpolitische Schau habe ihn nach wie vor sehr interessiert, auch habe er Niekisch manches zu verdanken, was ihm bei seiner Arbeit für die Abwehrstelle des Wehrkreiskommandos München, für die er seit dem Jahre 1924/1925 tätig gewesen sei, zugute gekommen sei. Von Rosenheim aus habe er mit den Nürnberger und einigen Berliner Kameraden Verbindung gehalten, soweit dies für die Durchführung seiner für die Abwehrstelle unternommenen Funkversuche notwendig gewesen sei. In München und in Breslau habe er mit den dortigen früheren Oberlandkameraden, insbesondere mit dem von ihm hochgeschätzten Kameraden Petras, freundschaftlichen und unpolitischen Verkehr gepflogen. Von Niekischs Manuskript ›Deutsche Mobilmachung‹ habe er nur einige Teile gelesen; aus dem Wenigen habe er ein auf einen gewaltsamen Umsturz des Reichs gerichtetes Wollen Niekischs nicht entnehmen können. Von dem Inhalt des Manuskripts ›Geheimnis des Reichs‹ habe er überhaupt keine Kenntnis gehabt und dessen Verbringung nach Salzburg nur aus Freundschaft und lediglich deshalb vermittelt, weil er geglaubt habe, daß es sich um persönliche Aufzeichnungen Niekischs handele, die er vor polizeilichen Zugriffen erhalten wissen wolle.

Kommunistische Tendenzen habe er nie gehabt und sich auch niemals kommunistisch betätigt; auch nach der Machtübernahme habe er keine Wahlparole für die KPD ausgegeben. Der Fall des Leutnants Scheringer, der in der Strafhaft zur KPD übergetreten sei, habe ihn, der alles politische Geschehen in der Richtung der Befreiung Deutschlands von den Fesseln von Versailles immer aufmerksam verfolgt habe, in Verbindung mit dem damals verkündeten »nationalen Programm der KPD« interessiert. Durch die Aufnahme der Beziehungen zu Scheringer sei er dann in Verbindung zu der Bezirksleitung der Nürnberger KPD, insbesondere dem »Aufbruchkreis«, gekommen. Diese habe er dann aufrechterhalten, teils weil er hoffte, national gesinnte Kommunisten für die Widerstandsbewegung zu gewinnen, teils aus dem allgemeinen Interesse heraus, auch die Gedanken politisch Andersdenkender kennenzulernen. Die Beziehung habe er aber auch dazu ausgenutzt, um zum Zwecke seiner eigenen Unterrichtung, für den militärischen Abwehrdienst und für die Zwecke seiner sudetendeutschen Arbeit kommunistische Schriften, vor allem militärpolitischer Art, zu bekommen; daß deren Inhalt teilweise hochverräterisch gewesen sei, sei ihm nicht zum Bewußtsein gekommen. Während seiner seit dem Jahre 1925 ununterbrochen betriebenen irredentistischen Tätigkeit habe er häufiger mit führenden Sudetendeutschen (Dr. Köllner, stellvertretender Gauleiter Frank und Regierungspräsident Sebekowski) darüber gesprochen, daß für den Befreiungskampf der Sudetendeutschen gegen die Tschechoslowakei ein militärischer Kleinkrieg, in dem er seinerzeit auch in der »Feldjägerorganisation« ausgebildet worden sei, erforderlich sein werde. Zur Vorbereitung dieses Kampfes seien ihm die in zahlreichen kommunistischen Schriften, z.B. den militärpolitischen Schriften ›Bewaffneter Aufstand‹ und ›Oktober‹, enthaltenen Anweisungen brauchbar und bedeutungsvoll erschienen. Für seine Arbeit sei auch die Kenntnis der außenpolitischen Verhältnisse, wozu seit 1933 auch die literarischen Erzeugnisse deutscher Emigranten gehört hätten, notwendig gewesen. Die von ihm aus dem Ausland nach Deutschland gebrachten ausländischen Zeitungen und verbotenen Schriften und Bücher habe er keinem Widerstandskameraden zugänglich gemacht; er habe nichts davon gewußt, daß Drexel von den Büchern, die er seinerzeit auf Wunsch des Kriminalkommissars bei der Gestapo Nürnberg, Dr. Grafenberger, über ihn von Rosenheim aus zugesandt habe, einige für sich zurückbehalten habe. Wie schon seine ununterbrochene Abwehr- und irredentistische Arbeit zeige, habe er nichts gegen den nationalsozialistischen Staat unternehmen wollen. Auch als Vorsteher des Hauptzollamtes Rosenheim habe er über »bürokratische Dienstformen« hinaus den Kampf gegen die Devisennotlage des Reichs durch Bildung von »Devisenstoßtrupps« mit großem Erfolg geführt und auch in Österreich verfolgten SA-Männern bei der Flucht ins Deutsche Reich geholfen.

II.
Tatsächliche und rechtliche Würdigung des Sachverhalts.

1. Verstoß sämtlicher Angeklagten gegen § 2 des Gesetzes gegen die Neubildung von Parteien vom 14. Juli 1933.

Wie der Angeklagte Tröger eingeräumt hat, bestand schon vor der Machtübernahme, besonders nach der Verschmelzung der Oberlandkameradschaft mit der Widerstandsbewegung, der Gedanke, ihr eine organisatorische Form zu geben. Allein schon aus dem in der Werbeschrift ›Politik deutschen Widerstands‹ zur Begründung des Erfordernisses einer noch festeren

Verbindung erwähnten Gesichtspunkt, daß das »Ziel, das sich die Widerstandsbewegung gesetzt hat, natürlich nicht durch gute Gesinnung allein erreicht werden kann«, ergaben sich zwingend eine Zusammenfassung von die Widerstandsbewegung weitertragenden Männern und die Schaffung einer entsprechenden Organisation. Diese organisatorischen Maßnahmen wurden in der Hauptsache von dem Angeklagten Tröger durchgeführt. Unrichtig ist jedoch, wie sich aus zahlreichen seiner oben mitgeteilten Briefe ergibt, die Behauptung des Angeklagten Niekisch, er habe sich um diese organisatorischen Dinge, die er als »Organisations-Phantasterei« bezeichnete, nicht gekümmert. Niekisch hat sich bereits seit Jahren, mindestens seit dem Jahre 1928, fortlaufend dafür eingesetzt, kleinere rechtsgerichtete Bünde und Verbände für seinen Widerstandsgedanken zu gewinnen, diese zusammenzubringen und sie unter seiner Führung organisatorisch zu erfassen. Es mag zutreffen, daß er, wie er angegeben hat, in der ersten Zeit nach Gründung der Widerstandsbewegung, als er gerade aus der SPD ausgeschieden und in die ASP eingetreten war, eine partei- oder vereinsmäßige Bindung seiner Anhänger nicht für angebracht gehalten hat. Jedenfalls sind, als unter der These des »Kampfes gegen Versailles« der Kreis seiner Anhänger sich durch Angehörige vaterländischer Verbände immer mehr vergrößerte und man ihm die Führerschaft eines »Widerstandsblocks« antrug, seine Bestrebungen, dieser Bewegung eine organisatorische Form zu geben, nicht mehr abgerissen. Auch nach dem Übergang der Oberlandkameradschaften in die Widerstandsbewegung hat er sich selbst (vgl. seinen Brief an Tröger vom 3. Mai 1931) um solche Fragen gekümmert, dahingehende Vorschläge gemacht und war auch immer über alle Maßnahmen bei dem Auf- und Ausbau der Organisation genau unterrichtet. Die Organisation der Widerstandsbewegung war dann auch zur Zeit der Machtergreifung durch die NSDAP im wesentlichen durchgeführt, mag sie vielleicht auch ihre endgültige Form noch nicht gefunden haben und mag auch ihre genaue Kenntnis trotz der häufigeren Bekanntgaben der Organisationsform in den Rundbriefen und auch in der Werbeschrift ›Politik deutschen Widerstands‹ noch nicht in alle Kreise der Anhänger der Bewegung gedrungen sein. Die sich über das gesamte Reich erstreckende Widerstandsbewegung gliederte sich, wie dies im Abschnitt A II 3 dargestellt ist und worauf zur Vermeidung von Wiederholungen hier verwiesen werden kann, in der Hauptsache in die loseren örtlichen Widerstands*kreise* sowie die festgefügten Organisationen der führenden Männer der Bewegung (»Kameradschaft des Widerstands«) und der örtlichen Widerstandsgruppen. Das Schwergewicht des Auf- und Ausbaus der Organisation der Widerstandsbewegung erstreckte sich auf eine festorganisierte, der »Obersten Führung« unterstellte Unterführerschicht, für welche die seit dem Jahre 1931 eingeführte Kameradschaftsbewegung galt und die im allgemeinen zugleich die Leitung der örtlichen Kreise und Gruppen oder der größere Gebiete umfassenden Widerstandsfronten hatte, sowie die nach soldatischen Grundsätzen aufgebaute aktive und einsatzbereite örtliche Gefolgschaft; aufgenommen in die Reichskameradschaft wurde nur, wer nach einer gewissen Probezeit feierlich durch Handschlag entweder von Niekisch selbst oder von seinem Beauftragten ein Gelübde des unbedingten Gehorsams abgelegt hatte. Aus alledem sowie aus der Einführung der als »Vierteljahresspenden« bezeichneten Mitgliedsbeiträge, der Einführung einer bestimmten Dienstpflicht und eines Unterordnungsverhältnisses, der Schaffung eines Ehrengerichts (»Feldgerichts«) und der Herausgabe von Rundbriefen, die der politischen Unterrichtung und der verwaltungsmäßigen Betreuung der Mitglieder dienten, ergibt sich, daß die Widerstandsbewegung, jedenfalls soweit die über das ganze Reichsgebiet verteilten Reichskameraden (oder Vertrauensmänner) und die örtlichen Widerstandsgruppen in Frage kommen, nicht lediglich als lose Vereinigung der Anhänger der Widerstandsbewegung und des Widerstandsverlages, sondern als festorganisierter, nach weiterer Ausbreitung strebender Zusammenschluß gedacht und bereits durchgeführt war.

Nach der Machtübernahme durch die NSDAP bzw. nach der Märzwahl im Jahre 1933 hatte man zwar die mehr losen Widerstands*kreise* im Hinblick auf die politischen Verhältnisse aufgelassen. Dagegen blieben nach wie vor die bereits zu einer festen Organisation zusammengefaßte Kameradschaft der Widerstandsbewegung und die Widerstandsgruppen nicht nur aufrechterhalten, sondern man erstrebte, wie sich aus dem von Tröger im Einverständnis mit Niekisch herausgegebenen Rundschreiben vom 21. März 1933 an die Angehörigen des Nürnberger Widerstandskreises ergibt, einen stärkeren Zusammenschluß als bisher und die Überführung einsatzbereiter Männer aus den Widerstandskreisen in die Widerstandsgruppen. Besonders deutlich spricht sich für eine mehr als bisher notwendige

Aufrechterhaltung der Organisation der »Reichskameraden« der Widerstandsbewegung das Rundschreiben der »Obersten Führung« vom 26. April 1933 aus; in ihm wurden neben von Niekisch verfaßten politischen Ausführungen unter Bezugnahme auf die Kameradschaftsordnung organisatorische und sonstige Anweisungen, die »für die Kameraden Befehle« sind, gegeben sowie auf die Weiterzahlung der Vierteljahresspenden hingewiesen. Rundschreiben wurden auch in der Folgezeit an die führenden Kameraden versandt; sie und auch die übrigen Kameraden verband ferner die weiterhin in dem Widerstandsverlag erscheinende Zeitschrift ›Widerstand‹. Die örtlichen Widerstandsgruppen, vor allem die in Nürnberg, Berlin, München, Leipzig und Breslau, kamen entsprechend den an sie in den Rundbriefen ergangenen Anweisungen und teilweise auch aufgrund der von Tröger als Beauftragtem der Widerstandsbewegung an sie gerichteten mündlichen Aufforderung regelmäßig zusammen und setzten auf der Grundlage der Gedanken Niekischs und seiner Schriften ihre politischen Aussprachen und Schulung fort. Auch das Rundschreiben Trögers vom 2. April 1934 an die Führerkameraden und landschaftlichen Vertrauensleute im Reich diente der Aufrechterhaltung der Verbindung zu ihm als Beauftragtem der Widerstandsbewegung und enthielt die befehlsmäßige Anweisung an sie, engste Verbindung mit den Kameraden ihrer Landschaft aufrechtzuerhalten und für Durchgabe aller Nachrichten und baldigen Eingang der Spenden zu sorgen. Wie eng die Verbindung zwischen einzelnen Gruppen war, ist u. a. daraus zu entnehmen, daß der Angeklagte Drexel als Leiter der Nürnberger Widerstandsgruppe im Sommer 1936 den Wegzug des Kameraden Euba nach Leipzig dem Leiter der dortigen Widerstandsgruppe mitteilte, der dann Eubas Einladung zu den Leipziger Gruppenabenden veranlaßte.

Auch der Angeklagte Niekisch hat sich nach der Machtübernahme nicht lediglich auf die Arbeit im Widerstandsverlag und auf seine schriftstellerische Tätigkeit beschränkt. Er war auch nicht lediglich über das Weiterbestehen der Reichskameradschaft und der örtlichen Widerstandsgruppen unterrichtet, sondern ist stets selbst bestrebt gewesen, die Bewegung weiterzuführen, und hat bis zuletzt bei der Aufrechterhaltung der Verbindung tätig mitgearbeitet: Niekisch hat, wie Tröger angegeben hat, im Frühjahr 1933 mit ihm die Fortführung der Widerstandsbewegung abgesprochen; die Rundbriefe und Rundschreiben sind in seinem Einverständnis und unter seiner Mitwirkung herausgegeben worden; er hat im Herbst 1933 die Reichskameraden zu einer gemeinsamen Aussprache über die weitere Arbeit der Widerstandsbewegung in einem ausländischen Grenzort zusammenrufen wollen; er hat ferner die Veranstaltungen einzelner Gruppen besucht, im Herbt 1933 bei einer Versammlung der Nürnberger Gruppe im Landhaus Nurtsch, wie u.a. die Widerstandskameraden Barth, Bauer und Euba bekundet haben, unter Hinweis auf den baldigen Zusammenbruch des Nationalsozialismus zu weiterem Zusammenhalten aufgefordert, und auch zu der »Tagung« (vgl. Brief vom 3. August 1934) auf dem Brümmerhofe, zu deren Besuch er Drexel die Zahlung eines »Reisekostenzuschusses aus unserer Kasse« in Aussicht stellte, einberufen. Schließlich hat er u.a. in seinen Briefen vom 3. Mai, 25. November 1933, 7. Januar und 28. August 1934 für die Gruppenarbeit und Weiterführung der Gruppe Anweisungen und Anregungen gegeben. Gerade in dem an Tröger gerichteten Briefe vom 7. Januar 1934 zeigte sich sein Bestreben, auf die Weiterentwicklung der einzelnen Gruppen durch bestimmte Weisungen an ihre Führer und auf die Aufrechterhaltung der Verbindung durch die Herausgabe eines Nachrichtenblattes Einfluß zu nehmen. Die Herausgabe eines solchen Nachrichtenblattes hielt er auch in seinen späteren Schreiben vom 11. April 1934 und 4. Januar 1935 für »immer nötiger« und brachte schließlich ein solches im Sommer 1936 in Form außenpolitischer Informationsschreiben heraus.

Die Aufrechterhaltung des Zusammenhaltes innerhalb der Widerstandsbewegung diente nun nicht etwa dem Zweck, kameradschaftliche und gesellschaftliche Beziehungen unter den Widerstandskameraden aufrechtzuerhalten und zu pflegen, sondern war, jedenfalls von den Angeklagten, ganz ausschließlich als ein Zusammenhalt einer zwar kleinen, aber straffen Organisation zu politischen Zwecken gedacht. Die von der »Obersten Führung« ausgehenden Mitteilungen bezweckten die politische Unterrichtung der Kameraden im Sinne der Gedanken Niekischs; auf allen Zusammenkünften der einzelnen Gruppen wurden fast ausschließlich politische Fragen behandelt und immer wieder darauf hingewiesen, daß der Nationalsozialismus sich nicht lange werde halten können und dann ein Zusammenbruch zu erwarten sei; für diesen Fall müßten sie zusammenhalten, die Gedanken der Widerstandsbewegung weiterpflegen und in jene Zeit hinüberretten, damit dann die Widerstandsbewegung die Macht und die Regierung ihrer Zielsetzung gemäß übernehmen könne. Bereits in Ziffer 16 ihrer in der Schrift ›Politik deutschen Widerstands‹ veröffentlichten Grundsätze ist zum Ausdruck gebracht, daß »die Widerstandsbewegung geduldig und zäh ist, um auch in langen Jahren des Wartens nicht zu ermüden, nicht schwach und lahm zu werden«.

Die Einlassung des Angeklagten Niekisch, er habe sich nur widerstrebend und dann auch nur deshalb mit dem Aufbau einer gewissen Organisation, vor allem mit ihrer Fortführung nach 1933 einverstanden erklärt, weil er davon ausgegangen sei, daß Tröger sie für seine militärischen Abwehrzwecke benötige, ist lediglich eine leere Ausrede. Abgesehen davon, daß er sich selbst um die Schaffung und die Fortführung der Organisation im ganzen Reich und außerhalb der von Tröger für seine Aufgaben benötigten räumlichen Gebiete gekümmert und weiter Anweisungen gegeben hat, die in gar keinem sachlichen Zusammenhang mit Trögers Abwehrtätigkeit standen oder stehen konnten, stehen schon der Inhalt der Verpflichtungsformel, seine politischen Ausführungen in den an *alle* Reichskameraden versandten Rundbriefen, seine Besuche und Reden auf den Gruppenabenden, in denen er selbst unter Hinweis auf den zu erwartenden baldigen Zusammenbruch des Reichs zum Zusammenhalten auf der bisherigen politischen Linie aufforderte, wie nicht zuletzt entgegen, daß der Angeklagte Tröger selbst sich gar nicht darauf berufen hat. Das gleiche gilt auch für seine Behauptung, daß seine Anregungen im Briefe an Tröger vom 7. Januar 1934 nur diesen bei der Erfüllung seiner reichswichtigen Aufgaben hätten unterstützen sollen; dieser Brief zeigt gerade, wie weit Niekisch die politische Schulung der Widerstandskameraden durchführen und sie durch die Führer der einzelnen Gruppen ganz einseitig auf die von ihm vertretene, den Nationalsozialismus völlig ablehnende politische Auffassung ausrichten wollte, indem er vorschlug, daß bei allen politischen, wirtschaftspolitischen usw. Reden das Radio abzustellen und keine deutschen Zeitungen mehr zu lesen seien, um so »die Leute aus der Atmosphäre herauszuziehen«. Der politischen Unterrichtung und Schulung sollten außerdem auch die Zeitschrift ›Widerstand‹ und später die von Niekisch herauszugebenden und schließlich auch herausgebrachten Informationsbriefe, in denen in einer zum Teil staatsfeindlichen und alles andere als objektiven Weise die außenpolitischen Geschehnisse behandelt wurden, dienen.

Das Gesetz gegen die Neubildung von Parteien vom 14. Juli 1933 (RGBl. I. S. 479) bestimmt, daß in Deutschland als einzige politische Partei die Nationalsozialistische Deutsche Arbeiterpartei besteht. Zu bestrafen ist, wer es unternimmt, den organisatorischen Zusammenhalt einer anderen politischen Partei aufrechtzuerhalten oder eine neue politische Partei zu bilden.

Es ist davon auszugehen, daß der Begriff der politischen Partei in Deutschland heute ein anderer ist, als er sich im parlamentarischen System der Zeit vor 1933 darstellte. Das ergibt sich einmal daraus, daß die politische Partei vor 1933 sich an den Parlamentarismus und seine Spielregeln band, und zum anderen im Rahmen dieser Auffassungen sich betätigte. Dagegen hat sich der Begriff desjenigen, was man als politisch bezeichen muß, nicht geändert. Unter politisch ist alles das zu verstehen, was das innere und äußere Geschehen eines Volkes zu beeinflussen geeignet ist. Dabei ist es aber gleichgültig, ob ein politisches Streben oder ein politischer Zweck im Gegensatz zu den Zielen und Ideen der Volksführung steht.

Der Rechtsbegriff einer politischen Partei erfordert heute folgende Voraussetzungen: Es muß ein Zusammenschluß einer Mehrheit von Personen vorhanden sein. Diese muß politische Ziele durch das Mittel dieses Zusammenschlusses erstreben.

In der Widerstandsbewegung bestand nicht nur eine straffe organisatorische Verbundenheit, die durch die Unterordnung unter den politischen Willen ihres »Führers« Niekisch und die gemeinschaftliche Förderung dieses politischen Wollens entstanden war. Sie hatte eine politische, der Politik der NSDAP und damit des Deutschen Reichs, die beide nach § 1 des Gesetzes zur Sicherung der Einheit von Partei und Staat vom 1. Dezember 1933 eine Einheit bilden, zuwiderlaufende Zielsetzung: Grundlage für die gemeinschaftliche politische Zielsetzung und Ausrichtung der Anhänger der Widerstandsbewegung waren die aus den Reden Niekischs, insbesondere aber aus seinen im Widerstandsverlag erschienenen Schriften sich ergebenden Grundsätze, die auch nach dem 30. Januar 1933 bis zuletzt fortgalten und z.B. in der Nürnberger Gruppe noch im Jahre 1936 von dem Angeklagten Drexel ausdrücklich als für sie verbindlich und »akuter denn je« hingestellt wurden. Ihre auf dem Gebiete der Außen- und Innenpolitik, in wirtschaftlichen und kulturellen Fragen umfassende politische Zielsetzung ergibt sich besonders deutlich aus den in der Werbeschrift ›Politik deutschen Widerstands‹ in 17 Ziffern zusammengefaßten und oben unter A II 3 mitgeteilten Grundsätzen der Widerstandsbewegung. Ihre politischen Anschauungen wollten Niekisch wie auch die beiden anderen Angeklagten nun nicht lediglich in den Kreisen der Widerstandskameraden rein theoretisch erörtern, sondern auch durchsetzen. Es ist dabei – anders als es der bisherigen Übung des Parlamentarismus und des Parteienstaates entsprach – nicht erforderlich und auch bei dem Verbot jeder parteimäßigen politischen Betätigung außerhalb der NSDAP schon gesetzlich nicht möglich, daß man mit dieser politischen Zielsetzung sofort an die Öffentlichkeit tritt, um so auf die Massen einwirken und sie für seine politische Auffassung gewinnen zu können: Es muß genügen, wenn die ins Leben gerufene und mit einer politischen Zielsetzung ausgerichtete und geschulte Organisation als Ziele aufrechterhält, ihre politischen Gedanken zu gegebener Zeit zu verwirklichen.

Sämtliche Angeklagten haben nun dadurch, daß sie auch nach dem 16. Juli 1933 die Organisation der Widerstandsbewegung, die zwar bis 1933 nicht als politische Partei, wohl aber mindestens seit dem 21. März 1933 (vgl. das im Abzugverfahren hergestellte Mitteilungsblatt von diesem Tage) zu beurteilen ist, fortführten, es unternommen, eine neue politische Partei im Sinne des Parteineubildungsgesetzes und entgegen der Vorschrift seines § 2 zu bilden. Ob sie dieses Organisationsgebilde selbst als eine politische *Partei* angesehen haben, ist bedeutungslos, sofern sie sich nur, was unbedenklich zu bejahen ist, der dem Begriff der politischen Partei zugrunde liegenden Tatumstände bewußt waren. In diesem Zusammenhang sei auf die Auffassung Niekischs in seinem Briefe vom 21. April 1934 hingewiesen: »Es kommt nicht auf ›Masse‹ an. Wir sind in einer konkreten Situation, wo auch im Organisatorischen das Massenprinzip nicht mehr gilt. Heute verwerfen sogar die Kommunisten das Massenprinzip.« Die Angeklagten können sich auch nicht darauf berufen, daß die Widerstandsbewegung nicht verboten gewesen sei; es war offenbar der Gestapo nicht bekannt, daß und in welchem Umfang außer dem Widerstandsverlag noch eine politische Organisation bestand. Im übrigen hatten sämtliche Angeklagten, wie ihr ganzes Verhalten zeigte, selbst den Eindruck eines unerlaubten Zusammenhalts.

Auch an der Fortführung dieser politischen Partei bis zum Jahr 1937 haben sämtliche Angeklagten sich beteiligt. Dies gilt auch für den Angeklagten Tröger, der sich im Gegensatz zu seiner sehr aktiven Betätigung in der ersten Zeit seit seinem

Weggang von Nürnberg nach Rosenheim im April 1934 allerdings um organisatorische Dinge nur wenig oder gar nicht mehr gekümmert hat. Er hat jedoch, trotzdem er die Fortführung der politischen Ziele Niekischs kannte, die Beziehungen zu diesem, dem Führer dieser Bewegung, keineswegs abgebrochen, ihm bis Ende 1935/Anfang 1936 politisches Material zukommen und mit zahlreichen der Widerstandsbewegung noch angehörenden Kameraden in Verbindung gestanden.

2. Die hochverräterische Tätigkeit der Angeklagten Niekisch und Drexel.

Die Fortführung der Widerstandsbewegung erfolgte zunächst, wie den Angeklagten nicht widerlegt werden konnte, aus dem Gedanken heraus, daß ihr im Falle des bald aus innen- und außenpolitischen Gründen erwarteten Zusammenbruchs der Politik der NSDAP und des dann eintretenden Chaos die politische Macht im Reich zufallen werde und man für diesen Fall zusammenbleiben müsse. Man mag, wie sich dies auch aus den damals geführten Reden ergibt, bei diesem Gedankengang von der irrigen Auffassung der Systemzeit ausgegangen sein, daß die NSDAP, wie bisher die anderen im Zwischenreich in wechselnder Folge zur Regierung gekommenen Parteien, ebenfalls bald versagen werde, und weil man noch nicht die gänzlich andere Dynamik der Volk und Staat zusammenschweißenden nationalsozialistischen Bewegung erkannte. Daß die Angeklagten damals einen mit der Organisation der Widerstandsbewegung durchzuführenden gewaltsamen Umsturz des nationalsozialistischen Staates planten und einen solchen vorbereiten wollten oder sich an einem von anderen staatsfeindlichen Parteien ausgehenden hochverräterischen Unternehmen aktiv zu beteiligen gedachten, dafür haben sich außer der Aufrechterhaltung der bestehenden Organisation, zunächst jedenfalls, schlüssige Anhaltspunkte nach der objektiven und subjektiven Seite nicht ergeben. Die Bildung und Aufrechterhaltung einer verbotenen politischen Partei stellen, wenn dies nicht zur Vorbereitung eines *gewaltsamen Umsturzes* geschieht, selbst noch keine hochverräterischen Vorbereitungshandlungen dar.

Ein solches auf die gewaltsame Beseitigung des Dritten Reiches und Änderung seiner Verfassungsgrundlagen gerichtetes Wollen und Tun jedoch hat der Senat bei dem Angeklagten *Niekisch* seit Ende 1933 und bei *Drexel* mindestens seit Sommer 1936 festgestellt:

Der Angeklagte *Niekisch,* der geistige und eigentliche Leiter der Widerstandsbewegung, vertrat schon in seinen Schriften, insbesondere in dem im Jahre 1930 herausgegebenen propagandistischen Werk ›Entscheidung‹ die Auffassung, daß der Zutritt Deutschlands zu dem sich unter der Führung der Widerstandsbewegung vorgestellten »Friedensstaat« nur durch die Zone des Bolschewismus und nur über einen Bürgerkrieg erreicht werden könne. Klarer als die anderen Angeklagten, die als alte Oberländer mehr von seiner Kampfansage gegen Versailles gepackt waren, glaubte er nach der ihm überraschend gekommenen Machtübernahme durch die NSDAP in einem erwarteten baldigen Umschwung und einem dann eintretenden Chaos jene von ihm für notwendig erachtete »chaotische Durchgangsstation« für die Durchführung seines politischen Wunsch- und Zukunftsbildes herankommen zu sehen. Wenn Niekisch auch zunächst davon ausgegangen sein mag, daß ein baldiger Zusammenbruch der Politik des Nationalsozialismus ihn ohne weiteres zur Macht bringen werde, und er für diesen Fall seine Widerstandsbewegung zusammenhielt, so kann dies bei ihm nicht mehr von dem Zeitpunkt ab angenommen werden, als er die ersten großen Erfolge nationalsozialistischer Politik sah und er über die Aufrechterhaltung jenes Zusammenhalts und die Fortführung der Widerstandsbewegung hinaus zielbewußt auch darauf hinzuarbeiten begann, den Boden für diese notwendige chaotische Durchgangsstation durch ideologische Beeinflussung weiterer Kreise vorzubereiten. In seiner zur Drucklegung und Veröffentlichung bestimmten (Ende 1933 im Entwurf vollendeten) ›Deutschen Mobilmachung‹ würdigte er nicht nur in übelster Weise den Nationalsozialismus und seine Leistungen herab, sondern trat erkennbar und unzweideutig für den Klassenkampfgedanken, für Bürgerkrieg und Weltrevolution ein, um auf diese Weise Stimmung für den gewaltsamen Aufstand zu machen und das von ihm gewünschte politische Ziel zu erreichen. Mögen in dieser Schrift, die nach ihrem ganzen Inhalt weit davon entfernt ist, als ein geschichtsphilosophisches Werk angesprochen zu werden, auch mitunter eine gewisse idealistische Einstellung und zum Teil auch mehr abstrakte revolutionäre Gedanken enthalten sein, so läßt sie in ihrer Gesamtheit für jeden Leser als leitenden und gewollten Grundgedanken die Verherrlichung des Klassenkampfes und des durch ihn zu erreichenden politischen Zustandes deutlich erkennen: sie sollte erkennbar der ideologischen Vorbereitung weiter Kreise für eine proletarisch-nationalbolschewistische Revolution dienen. Daß diese ihrem Inhalt nach hochverräterische Schrift nicht lediglich ein seelisches Selbstbekenntnis Niekischs sein sollte, sondern von vornherein zur Drucklegung und Veröffentlichung, entsprechend auch der Vorankündigung in den Bücherbriefen des Widerstandsverlages und dem Rundbriefe von 10. Juli 1933, bestimmt war, hat Niekisch schließlich in der Hauptverhandlung selbst nicht mehr ernstlich in Abrede gestellt. Das Manuskript war auch, wie sich dies aus den überall im Entwurf, nicht nur auf den aus bereits erschienenen Schriften entnommenen Bogen, sondern auch auf den hand- und maschinengeschriebenen Teilen gegebenen Anweisungen für den Drucker: ›Stehsatz‹, ›große‹ und ›kleine Initialen‹ und den Korrekturzeichen ergibt, bereits für den Drucker überarbeitet und druckfertig. Zur Drucklegung ist es dann allerdings nicht gekommen, jedoch nicht aus dem von Niekisch angegebenen Grunde, weil ihm die Schrift nicht weit über marxistische Gedankengänge hinauskommend erschien, sondern weil die Drucklegung eines solchen staatsfeindlichen und zersetzenden Machwerks ihm angesichts der Entwicklung der politischen Verhältnissse im Jahre 1933, wenigstens vorerst, nicht durchführbar erschien. Aus diesem Grunde wohl (vgl. dazu seinen Brief vom 11. Dezember 1933) gab er das Manuskript dem Angeklagten Drexel, bei dem er es sicher glaubte, in Verwahrung.

Jene in der ›Deutschen Mobilmachung‹ vertretenen Gedankengänge des Klassenkampfes und der Diktatur des Proletariats veröffentlichte Niekisch dann in seiner um die Jahreswende 1934/1935 im Druck erschienenen und auch in das Ausland gelangten Schrift ›Die Dritte Imperiale Figur‹. Diese Schrift, in der er diesen Gedanken in allerdings wesentlich gemilderter und mehr abstrakt-theoretischer Form Ausdruck gab, die aber letzten Endes ebenfalls auf eine ideologische Vorbereitung zu einer »Bürgerkriegssituation« hinausläuft, wurde, ebenso wie sein Buch ›Im Dickicht der Pakte‹, wegen seiner bolschewistischen Tendenz Ende 1935 von der Gestapo verboten. Trotz dieses Verbots wollte er die Schrift um die Jahreswende 1935/1936 in der Schweiz neu herausgeben; seine Schutzbehauptung, er habe sich dazu für befugt gehalten, weil ihm von der Reichsschrifttumskammer lediglich mitgeteilt worden sei, daß das Buch auf die Liste unerwünschten Schrifttums gesetzt sei, ist widerlegt, denn unmittelbar zuvor war ihm, wie er selbst Tröger und Drexel brieflich mitgeteilt hat, das polizeiliche Verbot beider Schriften bekanntgegeben worden.

Auch das in den Jahren 1936 bis Anfang 1937 fertiggestellte Manuskript ›Geheimnis des Reichs‹ läßt die revolutionäre Einstellung Niekischs insofern erkennen, als er nach der maßlosen und kaum zu überbietenden Hetze gegen den Nationalsozialismus und die Verunglimpfung seiner Führer und auch des deutschen Menschen im letzten Kapitel die Schlußfolgerung zieht, daß sich »der Zugang zum Reich des wahren Friedens nur durch die Zone des Bolschewismus öffne und daß die proletarische Diktatur der Übergang zu einem höheren sozialen Zustand sei«. Bei diesem Werk Niekischs handelt es sich ebenfalls nicht, wie er behauptet, um eine als eine Selbstauseinandersetzung mit dem Nationalsozialismus gedachte persönliche und nicht zur Verbreitung bestimmte Abhandlung. Seiner Behauptung steht zunächst entgegen, daß diese als »tagebuchartig zu verstehende Abhandlung« neben dem handgeschriebenen Manuskript in mindestens vier maschinenschriftlichen, von ihm und seiner Ehefrau auch noch handschriftlich verbesserten Durchschlägen vervielfältigt war und die an verschiedenen Stellen, darunter auch im Ausland, verwahrt wurden. Auch bei dem ›Geheimnis des Reichs‹ war die Drucklegung und Veröffentlichung, wenn auch auf einem noch nicht feststehenden Wege, in Aussicht genommen. Dies ergibt sich u.a. aus folgenden erwiesenen Umständen: Mit Brief vom 6. April 1936 teilte der Angeklagte Niekisch Drexel mit, daß »sein neues Buch gut und laufend vorwärts gehe«, sprach im Brief vom 30. Juni 1936 von dem »werdenden großen Buch«, stellte ihm in seinem Briefe vom 10. August 1936, in dem er ihn um Mitarbeit bei dem Abschnitt ›Personage‹ bat, in Aussicht, »vor der Nachwelt das jetzt noch notwendige Dunkel seiner Urheberschaft zu lüften«, teilte ihm ferner am 16. Januar 1937 noch zwei Bemerkungen über die Fassung der Kapitel 30 und 31 mit, die Sache wäre damit im allgemeinen abgeschlossen, die »Abstimmung und Abschleifung sei nun das nächste«, und brachte schließlich Drexel gegenüber am 20. März 1937 zum Ausdruck, daß »der erste Teil nun druckfertig« sei. Eine Frage Drexels, ob er das Manuskript in Druck geben wolle, bejahte Niekisch mit der Einschränkung, daß es jetzt noch nicht in Frage käme. Gegenüber dem Widerstandskameraden Hadrich äußerte Niekisch im Herbst 1936, daß er dieses größere Werk in der Schweiz drucken lassen werde. In ähnlicher Weise sprach er im Laufe des Jahres 1936 mit dem Widerstandskameraden Petras, dem er ebenfalls wie Hadrich einzelne Teile des Manuskripts zu lesen gegeben hatte; diesem gegenüber erwähnte er auch, daß man an eine Veröffentlichung unter einem Pseudonym denken könne, unter dem Niekisch gerade kurz zuvor ein Kapitel des ersten Teiles in der Schweiz hatte erscheinen lassen. Aus alledem ergibt sich zwingend und schlüssig, daß Niekisch auch bei der Bearbeitung des Werks ›Geheimnis des Reichs‹ die Absicht hatte, es zu gegebener Zeit zu veröffentlichen, und daß er lediglich zu diesem Zweck die Entwürfe vor polizeilichen Zugriffen sicher verwahrt wissen wollte. Ob Niekisch bereits wegen der Veröffentlichung dieses Werkes in Verhandlungen mit einem der beiden Verlage Oprecht und Rascher in Zürich getreten war, mit denen er in Beziehungen stand und die er im Laufe des Jahres 1936 auch zweimal aufsuchte, hat sich trotz gewisser Verdachtsmomente (vgl. Brief vom 12. April 1936) nicht bedenkenfrei feststellen lassen. Das gleiche gilt für den im März 1937 vorgeschlagenen, neu zu errichtenden Verlag in London, der bei der Einstellung Niekischs zur Außenpolitik des Nationalsozialismus sicherlich alles andere als, wie von ihm behauptet, die deutsche Außenpolitik unterstützen sollte.

Diese in den zur Veröffentlichung vorgesehenen beiden Werken ›Deutsche Mobilmachung‹ und ›Geheimnis des Reichs‹ zum Ausdruck kommenden Bestrebungen des Angeklagten Niekisch, die Leser dieser Werke für eine proletarische Revolution und ein auf nationalbolschewistischer Grundlage zu errichtendes Reich ideologisch zu beeinflussen und vorzubereiten, zeigen sich, wenn auch in vorsichtigerer Weise und für einen kleinen Kreis bestimmt, in seinen politisch völlig einseitigen und für bolschewistische Tendenzen parteinehmenden Informationsbriefen sowie in seinen Vorträgen bei den von ihm besuchten Gruppenabenden (vgl. Brief vom 3. Februar 1937: »Daß ich mit meinem Mundwerk arbeite, ist doch der Zweck meines Kommens«); auch die Anregungen in seinem Briefe an Tröger vom 7. Januar 1934, »daß die Leute aus der Atmosphäre herausgezogen werden sollten«, dienten demselben Zweck.

Die Gelegenheit zur Durchführung seiner revolutionären Gedanken glaubte Niekisch bei jeder für das Reich angespannten außenpolitischen Lage zu sehen, welcher Hoffnung er in zahlreichen seiner oben mitgeteilten Briefe, vornehmlich an Drexel, immer wieder Ausdruck gab. Besonders klar und aufschlußreich schrieb er in seinem Briefe an Drexel vom 12. April 1936, in dem er »die Bürgerkriegssituation« in aller Schärfe sieht und erklärt, daß die Zeit des Handelns für sie unmittelbar bevorstehe. Seine Behauptung, er habe in diesem Briefe nur sagen wollen, daß die Zeit der »Rechtlosigkeit«, in der er sich befunden habe, im Hinblick auf die zu erwartende Besserung der Verhältnisse bald zu Ende sei, ist völlig unglaubhaft. Abgesehen davon, daß schon der Wortlaut dieses Briefes, den er übrigens zu vernichten Anweisung gegeben hatte, eine solche Auslegung gar nicht zuläßt, wird seine Einlassung auch durch seine weiteren Ausführungen widerlegt, in denen er anknüpfend an die schon im Briefe vom 6. April 1936 erwähnte bevorstehende Kriegsgefahr aus Anlaß der Wiederbesetzung des Rheinlandes darauf hinwies, daß dies für sie »der Wendepunkt sei und man nicht schlafen dürfe«.

Betrachtet man diese Einstellung und Tätigkeit des Angeklagten Niekisch, so kann keine Rede mehr davon sein, daß er lediglich den erwarteten und herbeigewünschten Zusammenbruch des Nationalsozialismus oder einen von anderer Seite ausgehenden Umsturz nach dessen endgültigem Gelingen ausnutzen und ein Chaos verhüten wollte. Sein Wollen und seine ganze Tätigkeit waren vielmehr nicht nur darauf gerichtet, auf ein solches Chaos hinzuarbeiten und es vorzubereiten, sondern auch, um dann bei seinem Ausbruch und Verlauf zum Zwecke der Machtergreifung in irgendeiner Weise tätig mitzuwirken. Es kann Niekisch allerdings zugegeben werden, daß er mit seiner nur über eine kleine Anhängerschaft und geringe Stoßkraft verfügenden Widerstandsbewegung diesen Umsturz des nationalsozialistischen Staates nicht selbst herbei- und durchführen konnte. Er erwartete jedoch den – von ihm oft schon in greifbarer Nähe gesehenen – Ausbruch eines Krieges oder eines von anderer Seite ausgehenden Aufstandes, welchen Zeitpunkt und welche Gelegenheit er sofort für die Durchführung seiner revolutionären Ziele ausnutzen und wobei er durch Förderung und geistige Unterstützung der gegen den nationalsozialistischen Staat arbeitenden Kräfte sowie schließlich selbst mit seiner Widerstandsbewegung – u.U., was bei Niekischs Einstellung keiner weiteren Ausführungen bedarf – mit Gewalt oder Drohung mit Gewalt gegen sich entgegenstellenden Widerstand mitwirken wollte. Für diese Aufgabe genügte auch eine kleine Schar von Männern, was Niekisch selbst auf Seite 161 seines Werkes ›Die dritte Imperiale Figur‹ in Anlehnung an einen Gedanken des von ihm stets als »größten Staatsmann aller Zeiten« verherrlichten Lenin anerkennt; »es kann sogar auf einen Mann ankommen; viele wissen nicht, welche Wunder für die Sache der Revolution die Energie nicht nur eines Zirkels, sondern sogar einer einzelnen Person zu vollbringen imstande ist. ... Die Organisation der Revolutionären darf keine sehr breite und muß eine möglichst konspirative sein«. An einem solchen Wollen und Streben Niekischs, der selbst »Weltenbaumeister und für alles verantwortlich sein« wollte (vgl. seine Tagebuchaufzeichnungen vom 23. November 1917), kann vollends kein Zweifel mehr bestehen, wenn man seine oben vielfach näher gekennzeichnete Persönlichkeit und seinen politischen Werdegang betrachtet: Er ist ein Mensch von maßlosem politischen Ehrgeiz, hemmungslosem Geltungsbedürfnis und fast krankhafter Überheblichkeit. Nicht Sorge um Deutschlands Schicksal, wie er in seinem Vorspruch zu seiner Broschüre ›Hitler, ein deutsches Verhängnis‹ angibt, war es, was ihn bewegte, sondern Haß gegen den Nationalsozialismus und dessen Erfolge und reine, nackte Herrschsucht. Zur Durchführung seines politischen Wunschbildes, das durch seine im Kern bolschewistische Veranlagung bestimmt wird und für welches das Chaos nach seiner eigenen Behauptung eine notwendige Durchgangsstation ist, ist ihm in seiner Verantwortungslosigkeit jedes Mittel recht, sofern es nur seinen Zwecken frommt.

In welcher Weise sich diese verhängnisvollen Gedankengänge Niekischs im Kreise seiner Anhänger widerspiegeln und auswirkten, zeigt die von dem Berliner Widerstandskameraden Ulbrich bereits am 15. Januar 1935 – Niekisch allerdings unbekannte – Niederschrift, in der sich dieser, in auffallender Übereinstimmung mit Niekischs Gedanken, mit der Frage der Fortführung der revolutionären Ideen der Widerstandsbewegung befaßt und aus der folgende Stellen erwähnt seien:

»Als Träger einer revolutionären Idee sieht sich unsere Bewegung vor eine Entscheidung gestellt, die wohl an jede revolutionäre Bewegung einmal herangetragen wird, nämlich vor die Wahl zwischen Legalität und Illegalität. Wie ich glaube, besteht diese Frage für unsere Bewegung schon seit langem. Sie ist bisher nicht ausdrücklich beantwortet worden. ... Es wird für die Legalität angeführt, daß die Zeit noch nicht reif sei, man müsse noch warten, die Zeit arbeite für uns, es würde der Augenblick unseres Eingreifens noch kommen, er sei aber noch nicht da, und es könne unter Umständen noch lange dauern, bis er da sei; es sei zur Zeit für uns das Wichtigste, »die Idee hinüberzuretten«, die Zahl der Unzufriedenen beginne bereits zu wachsen, das Volk, vor allem die gebildeten Schichten, beginne zu erwachen, es würde an vielen Stellen berechtigte Kritik geübt, die sich stellenweise bereits zu passivem Widerstand steigere. Man müsse diese spontane Bewegung weiter wachsen lassen, man müsse versuchen, durch persönliche Fühlungnahme die Kritik anzufeuern, ihr neue Nahrung zu geben und sie in unserem Sinne zu beeinflussen. Es wird weiter eingewendet, daß Revolutionen nicht gemacht werden können, man müsse abwarten, die Zeit für sich arbeiten lassen und dann den rechten Augenblick ergreifen ...

... Gewiß ist Vorbedingung für das Gelingen eines revolutionären Unternehmens die Wahl des rechten Augenblicks, des rechten Augenblicks nämlich für das »Losschlagen« ...

Vor diesem Augenblick der entscheidenden Aktion aber liegt eine fast unendliche Wegstrecke mühevollster und gewissenhaftester Kleinarbeit ...

... Die revolutionäre Arbeit wird also so zu leisten, vor allem so elastisch zu gestalten sein, daß sie die Aufmerksamkeit und das Mißtrauen der Staatsorgane vermeidet, nötigenfalls sich ihnen immer wieder zu entziehen versteht. ... Wer eine Revolution will, für den dürfen andere Gründe als die der revolutionären Zweckmäßigkeit nicht bestimmend sein. Es ist nicht möglich, den rechten Zeitpunkt zum Eingreifen abzuwarten, wenn man nicht selbst alles tut, diesen Zeitpunkt vorzubereiten und herbeizuführen ...

Bei der ersten Kategorie, den Schriften für den engeren Mitarbeiterkreis, wird die Aufrechterhaltung der legalen Form noch verhältnismäßig leicht möglich sein. Ich denke dabei an Briefe, die in beschränkter Anzahl vervielfältigt, kostenlos versandt werden und nur einem kleinen Kreis, etwa im Umfang der bestehenden Gruppen, zur Verfügung stehen. Die Unkostendeckung erfolgt ohne sichtbaren Zusammenhang mit diesen Briefen. Die Arbeit wird hier durch den Umstand erleichtert werden, daß sich bereits ein eigener Stil herausgebildet hat, der nur Eingeweihten ohne weiteres verständlich ist ...

Es sei noch erwähnt, daß bei Verschärfung der Lage der Führer unbedingt außer Landes gehen soll und durch die Organisation unbedingt vor materiellen Schwierigkeiten zu schützen ist. Der Grenzübertritt soll lieber zu früh als zu spät erfolgen. Alle nötigen Vorarbeiten hierfür sind sofort in Angriff zu nehmen.

Zusammenfassend soll noch einmal gesagt werden: Unsere Bewegung muß sich m.E. entscheiden: Entweder sieht sie ihre Aufgabe lediglich in der Bereitstellung des geistigen Rüstzeugs für eine künftige Neugestaltung der Welt... Oder: Wir sehen den Auftrag, der in dem Besitz eines so unerhört Neuen liegt, und gehen unverzüglich an seine Verwirklichung. Das aber erfordert mehr als die Drangabe einiger Abendstunden, mehr als das Verarbeiten und Klären unserer Ideen im stillen Kämmerlein, mehr als Werbung durch gelegentlichen Gedankenaustausch mit Gleichgesinnten. ... Um so unerschrockener werden wir mit ganzem Einsatz kämpfen müssen.«

Der Angeklagte Niekisch hat sich hiernach durch seine Tätigkeit seit spätestens Ende 1933 bis Anfang 1937 der fortgesetzten Vorbereitung eines – auch in seinem Ziel und seiner Ausführung genügend bestimmten – hochverräterischen Unternehmens gemäß § 83 Abs. 2 StGB schuldig gemacht. Nach dieser Gesetzesbestimmung wird nach der ständigen Rechtsprechung des Volksgerichtshofs jede, auch die entfernteste Vorbereitungshandlung, selbst die Vorbereitung zur Vorbereitung unter Strafe gestellt. Als solche strafbare Vorbereitungshandlung ist auch die Anfertigung einer hochverräterischen Schrift anzusehen, sofern dabei die Absicht ihrer demnächstigen Drucklegung und Veröffentlichung besteht; dies um so mehr, wenn, wie hier, die Manuskriptteile bereits einer größeren Zahl von Personen zugänglich gemacht worden sind. Die Tat des Angeklagten ist auch dadurch, daß sie, was keiner weiteren Ausführung bedarf, auf die Herstellung und Aufrechterhaltung eines organisatorischen Zusammenhalts sowie auch durch die beabsichtigte Drucklegung und Verbreitung hochverräterischer Schriften auf die ideologische Beeinflussung der Massen im hochverräterischen Sinne gerichtet war, in den Erschwerungsformen des § 83 Abs. 3 Ziff. 1 und 3 StGB begangen.

Wie bereits ausgeführt ist, hat sich der Angeklagte Niekisch außer der Vorbereitung zum Hochverrat noch eines Verbrechens nach § 2 des Gesetzes gegen die Neubildung von Parteien vom 14. Juli 1933 schuldig gemacht. Soweit die Bildung und Fortführung einer neuen politischen Partei gleichzeitig zum Zwecke der Vorbereitung des Hochverrats begangen ist, hat jene Vorschrift, wie sich aus dem Wortlaut des § 2 a.a.O. unmittelbar ergibt, gegenüber § 83 StGB nur subsidiäre Bedeutung. Dagegen ist die zunächst ohne hochverräterischen Vorsatz erfolgte Bildung einer politischen Partei gegenüber der späteren auf Grund eines *neuen* Vorsatzes vorgenommene Vorbereitung zum Hochverrat als eine in ihrer Zielsetzung andere und selbständige Handlung aufzufassen. Der Angeklagte Niekisch war somit wegen einer seit Ende 1933 bis März 1937 fortgesetzt begangenen Vorbereitung eins hochverräterischen Unternehmens *und* wegen eines in der Zeit vom 16. Juli 1933 bis Ende 1933 verübten Verbrechens gegen das Parteineubildungsgesetz vom 14. Juli 1933 zu verurteilen.

Bei dem Angeklagten *Drexel* konnte nicht mit Sicherheit festgestellt werden, daß er die auf einen gewaltsamen Umsturz des nationalsozialistischen Staates gerichteten Bestrebungen des Angeklagten Niekisch bereits Ende 1933 und in der nächsten Zeit in ihrer vollen Bedeutung erkannt hat oder daß sein eigenes Wollen in jener ersten Zeit dahin ging, einen Bürgerkrieg oder die Beteiligung an einem solchen vorzubereiten. Außer seiner zunächst nicht sehr erheblichen Mitwirkung bei der Aufrechterhaltung der Organisation der Widerstandsbewegung und seiner im Kreise der Widerstandskameraden gehaltenen, den Nationalsozialismus herabsetzenden Reden hat er keine weitere Tätigkeit in jener Richtung entfaltet. Es war ihm, wenn dies auch wenig wahrscheinlich ist, auch nicht nachzuweisen, daß er das ihm Ende 1933 zur Aufbewahrung übersandte fertige Gesamtmanuskript ›Deutsche Mobilmachung‹ gelesen hat; die Durchsicht der ihm gleichzeitig zugesandten maschinenschriftlichen Einschaltungen konnten ihn den hochverräterischen Inhalt der Schrift nicht ohne weiteres erkennen lassen. Auch *er* mag zunächst und sicherlich wesentlich länger als der Angeklagte Niekisch bei der Fortführung der Widerstandsbewegung nach dem nationalen Umbruch von der Vorstellung ausgegangen sein, daß ihrer Bewegung im Falle des Versagens des Nationalsozialismus die Macht zufallen werde und sie für diesen Fall eine Art Auffangorganisation sein sollte, die ein Chaos und ein Abgleiten in ein internationales Fahrwasser verhindern sollte.

Jedoch kann ihm in der späteren Zeit, als Niekisch in seinen zahlreichen an ihn gerichteten Briefen immer wieder und immer deutlicher auf den für die Durchführung der politischen Ziele der Widerstandsbewegung notwendigen baldigen Zusammenbruch des Reichs hinwies, dessen auf den gewaltsamen Umsturz gerichtetes Streben nicht immer verborgen geblieben sein. Dieses Wollen Niekischs hat er klar erkannt, als dieser ihm am 12. April 1936 unter Hinweis darauf, daß wegen der Frage der Rheinlandbesetzung in den nächsten Monaten mit Sicherheit ein Krieg zu erwarten sei, schrieb, daß »ihre Bewegung bald in eine Zone trete, wo es gezeigt werden muß, daß alles nicht bloß Spielerei war, was man früher machte, und daß er in aller Schärfe die Bürgerkriegssituation sehe und finde, daß die Zeit zu Ende geht, in der man schlafen dürfte«. Was Niekisch hier zum Ausdruck brachte, bedeutete nicht mehr ein »Abwarten«, sondern ein baldiges aktives Tätigwerden, das jetzt, nachdem Niekischs These des Kampfes gegen Versailles durch die erfolgreiche Politik des Führers hinfällig geworden war, nunmehr nur noch die Befriedigung reiner Macht- und Haßgelüste Niekischs zum Ziele haben konnte.

Für das Wissen des Angeklagten Drexel von jenem hochverräterischen Vorhaben des Angeklagten Niekisch, das deutlich genug bereits aus jenen Briefen zu erkennen war, insbesondere aber für sein eigenes Wollen, Niekisch in seinen den gewaltsamen Umsturz vorbereitenden Bestrebungen zu unterstützen, sprechen folgende erwiesene Umstände: Gerade in jener Zeit besprach Drexel trotz der ablehnenden Stellungnahme Trögers, der auf den Verdacht eines konspirativen Zusammenhalts hinwies, mit Niekisch die Herausgabe der Informationsbriefe, die von ihm in einer übrigens sehr vorsichtigen und getarnten Weise versandt wurden, und setzte sich bei zahlreichen Kameraden und in den einzelnen Widerstandsgruppen (u.a. Berlin, Nürnberg und München), und zwar ebenfalls in vorsichtiger und getarnter Weise (vgl. Brief an Faulhaber vom 30. Juli 1936) für Geldsammlungen zugunsten Niekischs und dessen Widerstandsverlags ein. Um die gleiche Zeit erhielt er die ersten Teile des neuen Buches des Angeklagten Niekisch ›Geheimnis des Reichs‹ zugesandt, dessen Inhalt er als einen »privaten Haßgesang« und als »sehr schlimm« bezeichnete; damals bat ihn auch Niekisch um Mitarbeit bei der ›Personage‹ und stellte ihm in Aussicht, seine Urheberschaft an diesem Teile der Nachwelt nicht vorzuenthalten. Trotz der Kenntnis des staatsfeindlichen Inhalts dieser Schrift war Drexel kurz darauf und in der Folgezeit in ganz erheblichem Umfang bei der Sicherstellung mehrerer Stücke des Manuskripts dieser hochverräterischen Schrift tätig, von der er auch wußte, daß sie demnächst im Druck erscheinen und veröffentlicht werden sollte. Etwa seit Sommer 1936 setzt ferner bei ihm an den von ihm geleiteten monatlichen

Zusammenkünften der Nürnberger Widerstandsgruppe im Mautkeller, wie die Widerstandskameraden Meyer, Dannhofer, Fischer und Hüller bekundet haben, eine aktivere und radikalere Tätigkeit ein. Hier wies er – abgesehen von seinen üblichen üblen Hetzereien gegen das Dritte Reich und dessen Bestrebungen – im Anschluß an einen Vortrag über die Kämpfe in Spanien, in dem er im Einklang mit der Auffassung seines Freundes Niekisch für die »Roten« Partei ergriff, und unter Bezugnahme auf die angebliche Beteiligung deutscher militärischer Verbände sinngemäß darauf hin, daß man die Arbeiterschaft über die Unredlichkeit der deutschen Regierung im Falle der Nichteinmischung aufklären und ein jeder an seinem Arbeitsplatz die Gedanken der Widerstandsbewegung weiterverbreiten müsse, um auf diese Weise die Unzufriedenheit, die ohnedies schon bestehe, zu nähren und damit zum schnelleren Zusammenbruch beizutragen. Daß diese Äußerungen mindestens ihrem Sinne nach so gemacht worden sind, hat nicht nur der Zeuge Becher bekundet, sondern ist auch von den Widerstandskameraden Bauer und Fischer bestätigt worden. Seine damals aktivere und auf Unterstützung der Umsturzpläne Niekischs hinarbeitende Tätigkeit im Kreise der Nürnberger Kameraden lassen auch seine von den Widerstandskameraden Dannhofer, Meyer und Bauer sowie von Becher bekundeten Hinweise darauf, daß die früheren Schriften Niekischs heute mehr denn je Geltung hätten und zu deren Verbreitung er aufforderte, sowie das Verlesen zahlreicher Hetzschriften, die Mitteilung von Lügenmeldungen und die Weitergabe einer größeren Zahl verbotener Bücher an Widerstandskameraden erkennen. Dies alles diente in gleicher Weise wie seine staatsfeindlichen Reden dazu, seine Kameraden ideologisch gegen den Staat und für Niekischs hochverräterische Pläne zu beeinflussen und zu schulen sowie durch diese Unzufriedenheit in weitere Volkskreise zu tragen. Schließlich versuchte er im Herbst 1936 noch, wie der Widerstandskamerad Meyer ausgesagt hat, die Leipziger Gruppe, deren Leiter er kurz zuvor die Übersiedlung des Nürnberger Kameraden Euba nach dort bereits mitgeteilt hatte, zu aktiverer Tätigkeit anzuregen, und weiter auch im Winter 1936/1937, bereits abgesprungene Widerstandskameraden wieder zum Besuch der Mautkellerabende zu gewinnen.

Bei dieser seit Frühsommer 1936 im Anschluß an die ihm aus dessen Briefen und Schrift ›Geheimnis des Reichs‹ bekanntgewordene Stellungnahme Niekischs zur »Bürgerkriegssituation«

und zum gewaltsamen Umsturz sich zeigenden, besonders aktiven und vielseitigen Tätigkeit des Angeklagten Drexel kann nicht im entferntesten mehr die Rede davon sein, daß er etwa lediglich ein im Falle des Zusammenbruchs des Reichs eintretendes Chaos mit Hilfe der Widerstandsbewegung hat verhindern wollen. Es kann unter diesen Umständen keinem Zweifel unterliegen, daß Drexel das hochverräterische Wollen und Tun Niekischs klar erkannt hat, diesen bei seinem Vorhaben hat unterstützen und schließlich in gleicher Weise wie Niekisch eine solche »chaotische Durchgangsstation« für den von diesem in allen seinen Schriften und Reden erstrebten nationalbolschewistischen Zukunftsstaat hat schaffen und ausnutzen wollen. Er hat sich somit außer dem bereits festgestellten Verbrechen gegen das Gesetz vom 14. Juli 1933 mindestens seit Sommer 1936 – in bewußtem und gewolltem Zusammenwirken mit Niekisch – der Vorbereitung zum Hochverrat schuldig gemacht, und zwar aus denselben Gründen wie der Angeklagte Niekisch in den Erschwerungsformen des § 83 Abs. 3 Ziff. 1 und 3 StGB.

Dagegen hat der Senat nicht für erwiesen erachtet, daß der Angeklagte Drexel sich auch der Zersetzung der Wehrmacht im Sinne des § 83 Abs. 2 Ziff. 2 StGB schuldig gemacht hat. Was Drexel bei seinem Anfang August 1936 im Mautkeller geführten Gespräch über den als Fluglehrer in Celle beschäftigten Widerstandskameraden Schneider ausgeführt, ob er insbesondere, wie ihm in der Anklageschrift zur Last gelegt ist, sich in dem Sinne geäußert hat, Schneider sei durch und durch Bolschewik, aber ein zuverlässiger Soldat und genieße das volle Vertrauen seiner Kameraden, er habe sich eigens deshalb zur Luftwaffe gemeldet, weil er hier besonders gute Möglichkeiten zur politischen Wirksamkeit gesehen habe, und seine Formation werde auf keinen Fall in einem Kriege gegen Rußland verwendet werden können, und ob er schließlich die Anwesenden aufgefordert hat, sich im Falle einer Einberufung in gleicher Weise zu verhalten, durch Liebenswürdigkeit und Diensteifer das Vertrauen der Kameraden zu gewinnen und besonders nach dem weltanschaulichen Unterricht politische Aussprachen auf den Stuben herbeizuführen, hat sich bei dem entschiedenen Bestreiten des Angeklagten, den verneinenden Aussagen sämtlicher damals anwesenden Widerstandskameraden und angesichts der in der Hauptverhandlung in diesem Punkte nicht ganz sicheren Bekundung des Zeugen Becher nicht mehr bedenkenfrei feststellen lassen.

3. Keine hochverräterische Tätigkeit des Angeklagten Tröger. Bei dem Angeklagten Tröger hatte der Senat erhebliche Bedenken, ein auf den gewaltsamen Umsturz des Reichs gerichtetes Wollen und eine bewußt auf Unterstützung eines solchen Vorhabens des Angeklagten Niekisch hinzielende Tätigkeit festzustellen. Es unterliegt keinem Zweifel und wird auch von Tröger eingeräumt, daß er auch nach der Machtergreifung durch den Nationalsozialismus bis mindestens April 1934 sehr aktiv für die Aufrechterhaltung der im wesentlichen von ihm geschaffenen Organisation innerhalb der Widerstandsbewegung tätig war. Seine Angabe, er habe sich dafür aus der Auffassung heraus eingesetzt, daß die Widerstandsbewegung im Falle des aus außen- und innenpolitischen Gründen erwarteten baldigen Versagens des Nationalsozialismus als nationale Auffangorganisation die Macht übernehmen und einen völligen Zusammenbruch des Reichs verhindern müsse, kann aus den bereits vorgetragenen Gründen nicht als völlig abwegig angesehen werden, wie auch nicht sicher festgestellt werden kann, daß Tröger hierbei an einen von Niekisch und der Widerstandsbewegung oder von anderer Seite ausgehenden und dann zu unterstützenden gewaltsamen Umsturz des Reichs gedacht hat. Die Annahme in der Anklageschrift, die hierfür allerdings sprechen könnte, daß er selbst kommunistisch eingestellt gewesen sei und aus dieser Einstellung heraus vor wie insbesondere nach der Machtübernahme und dem Verbot der KPD mit Funktionären dieser Partei nähere Beziehungen unterhalten habe oder habe anknüpfen wollen, ist in diesem Sinne nicht zutreffend. Schon seine frühere Verbindung zur Nürnberger KPD, die er über den in der Strafhaft von der NSDAP zur KPD übergetretenen Leutnant Scheringer bekommen hatte, war nach seiner keineswegs unglaubhaften Angabe im Zusammenhang mit dem damals verkündeten angeblich nationalen Programm der KPD (»Aufbruchkreis«) offenbar mehr in der Absicht aufrechterhalten worden, nationalgesinnte Männer, die in den Reihen der KPD stünden, für die Widerstandsbewegung zu gewinnen. Diese Verbindung diente ihm andererseits aber auch dazu, um auf diese Weise für seine – in vollem Umfange erwiesene – seit 1924/1925 ausgeübte militärische Abwehr- und irredentistische Tätigkeit in den sudetendeutschen Gebieten, insbesondere für den von den Sudentendeutschen nach seiner Auffassung voraussichtlich in der Form eines Kleinkriegs zu führenden Befreiungskampf gegen die Tschechoslowakei militärpolitisches Schriftenmaterial zu bekommen. Daß seine dahingehenden Angaben nicht unwahr sind, dafür sprechen sein stenographischer Vermerk: »Für die Tschechei verwenden« auf einem bei ihm beschlagnahmten Blatt der bekannten kommunistischen militärpolitischen Schrift ›Oktober‹ sowie die Aussage des jetzigen Organisationsleiters im Sudetengau Dr. Köllner, mit dem er sich u.a. häufiger über jene Art des sudetendeutschen Befreiungskampfes unterhalten hatte und dem er auch ein Stück der kommunistischen Broschüre ›Der bewaffnete Aufstand‹ geben wollte. Es hat sich auch nichts dafür ergeben, daß der Angeklagte Tröger im Februar 1933 die Angehörigen des Widerstandskreises aufgefordert hat, die Liste der KPD zu wählen, und daß er sich nach der Machtübernahme für eine Verbindungsaufnahme zu Kommunisten eingesetzt hat. Wenn er auf dem Nachhauseweg von der Zusammenkunft der Nürnberger Gruppe bei Nurtsch im Herbst 1933 den Zeugen Becher fragte, »was die Kommunisten in Sulzbach machten, ob sie fleißig zur Beichte gingen«, so scheint es bei dieser Fragestellung ihm mehr darauf angekommen zu sein, Becher, dem er mißtraute, zu ärgern, diesen Eindruck hatte dieser übrigens damals selbst. Es trifft auch nicht zu, daß er dem Widerstandskameraden Zeuch häufiger Stücke der »AJZ« und des »Gegenangriff«, die ihm bei seiner Abwehrtätigkeit zugänglich geworden waren, zum Lesen gegeben hat; dieser hat vielmehr, wie er in der Hauptverhandlung bekundet hat, solche Blätter auf Trögers Schreibtisch liegen sehen und ab und zu einen Blick in sie hineingeworfen.

Der Angeklagte Tröger hat zu seiner Verteidigung weiterhin vorgebracht, er habe seit seinem Weggang von Nürnberg im April 1934 keinerlei organisatorische Tätigkeit für die Widerstandsbewegung mehr entfaltet und sich mehr und mehr von Niekischs Gedankengängen entfernt, wie auch seine Verbindung zu diesem immer lockerer geworden sei. Ein Beweis dafür, daß Tröger für die Aufrechterhaltung der Verbindung innerhalb der Widerstandsbewegung noch nach seinem letzten, in dieser Richtung allerdings eindeutigen Rundschreiben an die führenden Kameraden im Reich vom 2. April 1934 weitergearbeitet hat, hat sich nicht ergeben; die Einberufung zu der in jenem Schreiben bereits angekündigten Zusammenkunft auf dem Brümmerhof im Oktober 1934 ging von Niekisch aus. Auch Trögers Verbindung zu einigen Widerstandskameraden war seit dieser Zeit nur mehr lose und beschränkte sich auf gelegentliche Besuche. Diese dienten teilweise sicherlich auch, wie schon die im Jahre 1933 in seiner Wohnung in Nürnberg stattgefundenen Zusammenkünfte, der Zusammenarbeit mit verschiedenen von ihm in seine Abwehrtätigkeit eingespannten Kameraden und der Durchführung der von ihm im Auftrage der Wehrmacht vorzunehmenden Funkversuche. Tröger will weiter auch auf die Anregungen Niekischs in dessen Briefe vom 7. Januar 1934 sowie auf dessen in den Briefen vom 7. Januar, 11. April 1934 und 4. Januar 1935 geäußerten Wünsche wegen Einführung eines Nachrichtenblattes nicht eingegangen sein. Das Gegenteil hat sich in keinem Falle erweisen lassen; es steht aber fest, daß das von Niekisch gewünschte und für immer dringender erachtete Nachrichtenblatt in den Jahren 1934 und 1935 nicht erschienen ist. Der Angeklagte Tröger hat sich ferner, wie Drexel bestätigt hat, bei dem Zusammentreffen Ende April 1936 in Nürnberg, auf dem man über die schlechte finanzielle Lage Niekischs und seines Verlages sprach, gegen die Herausgabe eines Informationsblattes wegen des damit bestehenden Verdachts konspirativen Zusammenhalts ausgesprochen, wie er auch vorher schon Drexel gegenüber es unzweideutig abgelehnt hat, für Niekisch noch weiter Bücher zu verkaufen.

Es kann dem Angeklagten Tröger geglaubt werden, daß die ihn besonders anziehende Berufsarbeit als Leiter des Grenzzollamts in Rosenheim im Kampf um die Devisennotlage des Reichs, vor allem aber die großen Erfolge des Nationalsozialismus bei der Wiedereinführung der deutschen Wehrhoheit und der Wiederbesetzung des Rheinlandes, die, wie auch der Oberstleutnant Graf von Marogna-Redwitz bekundet hat, einen nachhaltigen Eindruck auf ihn gemacht haben, ihn an dem Gedanken der Widerstandsbewegung irregemacht und ihn mehr und mehr der staatsfeindlichen und staatsverneinenden Einstellung Niekischs entfremdet haben. Die Beziehungen Trögers zu Niekisch sind dann auch tatsächlich, wie auch der Briefwechsel zwischen beiden ausweist, immer lockerer geworden. Niekisch beklagte sich in zahlreichen Briefen an Drexel (z.B. vom 29. November 1934, 13. Dezember 1934, 4. Januar 1935 und 12. April 1936) darüber, daß Tröger gar nichts mehr von sich hören lasse; in dem letztgenannten, bereits häufiger erwähnten Brief, von dessen Inhalt Tröger erst in der Voruntersuchung Kenntnis erhalten haben will, wirft Niekisch ihm »Sabotage« vor, daß er ›alles habe schleifen lassen und für den Feind Hilfsdienst leiste«. Daß der Angeklagte Tröger in der Folgezeit wieder in nähere Beziehungen zu Niekisch getreten sein und sich für die Widerstandsbewegung eingesetzt haben sollte, ist kaum anzunehmen. Allerdings schrieb Niekisch am 17. August 1935 Drexel, »Maxl habe sich wieder vollkommen aufgerappelt«. Tröger meint hierzu, daß er Niekisch, den er damals auf einer Dienstreise besucht habe, keinen Grund zu der Annahme gegeben habe, daß er mit dessen politischen Gedanken noch einig und zu aktiver Mitarbeit noch bereit sei; er habe sich damals wegen der guten Nachrichten, die er von einem Vertrauensmann erhalten habe, und der ihm in Aussicht gestellten Übernahme ins Heer – was übrigens auch in Niekischs Brief zum Ausdruck kommt – in guter und gehobener Stimmung befunden. Zugunsten Trögers ist weiter noch folgendes zu beachten: Niekisch hat ihn zu keiner Zeit über seine Gedankengänge, über die Beurteilung der politischen Lage, über »die Bürgerkriegssituation« und die für diesen Fall zu treffenden Maßnahmen so eingehend unterrichtet wie den Angeklagten Drexel, der ihm offenbar in politischer Beziehung viel näher stand und mit dem ihn ein besonders enges Vertrauensverhältnis verband. Dem Angeklagten Tröger war schließlich auch nicht der Inhalt der beiden Manuskripte ›Deutsche Mobilmachung‹ und ›Geheimnis des Reichs‹ bekannt. Er hat zwar, wie er zugegeben hat, von dem ersteren einige maschinenschriftliche Teile gelesen; aus diesen, die offenbar lediglich spätere Einschaltungen enthielten, konnte er kaum den hochverräterischen Charakter der Schrift erkennen. Hinsichtlich der Manuskriptteile ›Geheimnis des Reichs‹, bei deren Verbringung und Verwahrung in Salzburg er, offenbar widerstrebend, mitgewirkt hat, konnte ihm – es handelt sich übrigens nur um die Kapitel 1 bis 16, deren Inhalt allein noch nicht als hochverräterisch angesprochen werden kann – nicht nachgewiesen werden, daß er an eine Schrift hochverräterischen Inhalts gedacht hat.

Was dem Angeklagten Tröger zum Vorwurf gemacht werden kann und einen erheblichen Verdacht eines hochverräterischen Wollens gegen ihn begründet, ist, daß er, obwohl er die politischen Gedankengänge Niekischs und dessen weiterbestehende staatsfeindliche Einstellung kannte, die Beziehungen zu ihm nicht abgebrochen und ihm auch noch bis Ende 1935/Anfang 1936 verschiedentlich außenpolitische Aufsätze aus ausländischen Zeitungen beschafft hat. Tröger hat hierzu vorgebracht, daß ihn Niekischs außenpolitische Schau immer interessiert habe und dessen Mitteilungen ihm auch häufiger bei seiner militärisch-irredentistischen Arbeit zugute gekommen seien; schließlich habe er auch nicht die langjährige Freundschaft zu Niekisch, dessen hochverräterisches Treiben er nicht gekannt habe, ohne zwingende Not aufgeben wollen. Berücksichtigt man gegenüber jenen gegen Tröger sprechenden Verdachtsgründen die seit den Jahren 1924 oder 1925 ununterbrochen bis zuletzt, oft unter Einsatz seines Lebens geleistete und nach der Bekundung der Zeugen Oberst Körbitz, Oberstleutnant Graf von Marogna-Redwitz und Dr. Köllner außerordentlich aktive und erfolgreiche Abwehr- und irredentistische Tätigkeit in den sudetendeutschen Gebieten der Tschechoslowakei sowie seine tätige Mitwirkung bei der Unterstützung flüchtiger österreichischer SA-Männer, so ist kaum vorstellbar, daß Tröger den Angeklagten Niekisch bei dem von diesem erstrebten gewaltsamen Sturz des Reichs, für das er sich auf jene Weise so tatkräftig eingesetzt hat, bewußt hat unterstützen oder etwa sonst dazu hat beitragen wollen. Unter diesen Umständen konnte der Senat bei dem Angeklagten Tröger – in Übereinstimmung mit der Auffassung des Vertreters der Anklagebehörde – ein Verbrechen der Vorbereitung zum Hochverrat nicht mit Sicherheit feststellen. Einer Freisprechung von diesem Vorwurf der Anklage bedurfte es jedoch nicht, da Tröger wegen seines Tuns aus dem rechtlichen Gesichtspunkt eines Verbrechens gegen § 2 des Gesetzes gegen die Neubildung von Parteien vom 14. Juli 1933 zu bestrafen war.

III.
Strafzumessungsgründe.

Bei dem Ausmaß der gegen die Angeklagten zu verhängenden Strafen war folgendes zu berücksichtigen:

Der Angeklagte *Niekisch* hat seit dem Jahre 1933 bis zu seiner Festnahme im März 1937 gegen das Aufbauwerk des Führers gearbeitet und auf den gewaltsamen Umsturz des nationalsozialistischen Staates in Wort und Schrift zielbewußt hingewirkt. Er hat es verstanden, sich zu diesem Zwecke eine straffe Organisation ihm ergebener und an ihn glaubender Männer in allen Teilen des Reichs zur Verfügung zu halten, diese gegen den Nationalsozialismus einzunehmen, zu verhetzen und sie von der unbedingten Richtigkeit seiner politischen Zielsetzung zu überzeugen. Er war auch willens, seine revolutionären Gedankengänge in seinen Schriften in weitere Kreise im In- und Ausland zu tragen. Niekisch hat besonders in seinem Manuskript ›Geheimnis des Reichs‹ nicht nur in selten gehässiger und unflätiger Weise den Nationalsozialismus, den Führer und sonstige führende Persönlichkeiten des Reichs herabgewürdigt und verächtlich zu machen versucht, sondern auch das deutsche Volk auf das Gemeinste beschimpft. Auch diese, die übelsten Hetzereien der Emigrantenpresse weit übertrumpfenden Beschimpfungen und Verleumdungen sollten ebenfalls in die Weltöffentlichkeit gebracht werden.

Die Widerstandsbewegung war allerdings angesichts der geringen Zahl ihrer Anhänger nur von geringer Stoßkraft und konnte schon aus diesem Grunde dem gefestigten Staatsgefüge des Reichs nicht gefährlich werden. Auch die tatsächlich ausgeübte hochverräterische Tätigkeit des Angeklagten Niekisch, die sich bislang im wesentlichen nur in den Kreisen seiner Anbeter auswirkte und dessen zum Druck vorgesehenen hochverräterischen Machwerke noch nicht erschienen und in weiteren Kreisen bekannt geworden sind, war noch ohne große Bedeutung. Jedoch ist der Angeklagte Niekisch selbst nach seiner ganzen Persönlichkeit, seinen weitverzweigten Beziehungen im In- und Ausland, für welche auch die große Anteilnahme der Presse der verschiedenen Länder für das vorliegende Strafverfahren spricht, und bei seinem zielbewußten revolutionären Wollen eine dauernde und erhebliche Gefahr für die deutsche Volksgemeinschaft und das Reich. Er ist, wie oben bereits eingehend ausgeführt ist, ein Mensch von ungeheurem politischen Ehrgeiz, rücksichts- und verantwortungslosem Geltungsbedürfnis und einer, trotz Fehlschlagens aller seiner Prophezeiungen, fast krankhaften Überheblichkeit: in seiner ganzen politischen Laufbahn stand er stets in einer Oppositionsstellung, die auch jetzt wieder in seiner maßlosen Gegnerschaft gegen den Nationalsozialismus trotz dessen Erfolge bei der Zerschlagung des Versailler Diktats, der ursprünglichen Hauptthese der Widerstandsbewegung, zum Ausdruck kommt. Haß und nackte Herrschsucht sind die Triebfedern alles seines Tuns. Aus diesen Gründen erfordern die Sicherheit und die Ungestörtheit der Aufbauarbeit des Dritten Reichs, die zu wahren der Volksgerichtshof berufen ist, eine dauernde Unschädlichmachung des Angeklagten. Der Senat hat daher auf eine lebenslange Zuchthausstrafe erkannt und dem Angeklagten auch, da er in hohem

Maße ehrlos gehandelt hat, die bürgerlichen Ehrenrechte auf die Lebensdauer abgesprochen.

Für das in Tatmehrheit mit dem Verbrechen der Vorbereitung zum Hochverrat begangene Verbrechen gegen das Parteineugründungsgesetz ist als angemessene Sühne auf eine Zuchthausstrafe von drei Jahren erkannt worden, für welche beiden Strafen nach der Bestimmung des § 74 StGB eine Gesamtstrafe nicht gebildet werden kann. Jedoch bedurfte jene Zuchthausstrafe von drei Jahren neben der lebenslangen Zuchthausstrafe im Urteilsspruch schon aus dem Grunde keiner besonderen Erwähnung, weil eine solche Strafenhäufung dem nicht rechtskundigen Volksgenossen unverständlich und sinnlos erscheint. Es muß auch, da der entscheidende Teil und die Gründe des Urteils ein Ganzes bilden, genügen, wenn die einzelnen verhängten Strafen in den Urteilsgründen erkennbar zum Ausdruck kommen

Bei der hochverräterischen Tätigkeit des Angeklagten *Drexel* konnte ein minder schwerer Fall, wie es die Verteidigung angeregt hat, von vornherein nicht in Frage kommen. Wer noch im Jahre 1936 nach den gewaltigen Erfolgen des Nationalsozialismus sich gegen diesen und gegen sein Vaterland vergeht, verdient keine milde Beurteilung. Dies gilt insbesondere für einen intelligenten und gebildeten Menschen, der wie Drexel erst zu einem Zeitpunkt hochverräterisch tätig wurde, als der von ihm erstrebte Kampf gegen Versailles durch die Politik des Führers erfolgreich durchgeführt war. Auch er war recht rege tätig, hat in übler Weise gegen den Nationalsozialismus gehetzt und dessen Leistungen immer nur herabzuwürdigen gesucht. Seine Tat, deren Gefährlichkeit für den nationalsozialistischen Staat nur gering war, kann nur daraus verstanden werden, daß er in den rund zehn Jahren ihrer freundschaftlichen Beziehungen ganz dem Einfluß des ihm geistig überlegenen Niekisch und dessen »schillernden und gleisnerischen« Ideen unterlegen ist, so daß er keinen Blick und keine Urteilskraft mehr gegenüber dem Wollen und den gewaltigen Erfolgen des Nationalsozialismus hatte. Dies und die Tatsache, daß er während des Krieges als Kriegsfreiwilliger seine Pflicht erfüllt hat, später längere Zeit bei der Niederwerfung der kommunistischen Aufstände in Bayern tätig war und sich auch sonst immer für die Wehrertüchtigung des jungen Deutschen eingesetzt hat, konnten zu seinen Gunsten strafmildernd in Betracht kommen. Der Senat hat gegen ihn wegen seiner hochverräterischen Betätigung auf eine Zuchthausstrafe von drei Jahren und wegen seiner früheren verhältnismäßig nicht erheblichen Mitwirkung bei der Bildung und Aufrechterhaltung der Parteiorganisation der Widerstandsbewegung auf eine Gefängnisstrafe von einem Jahr erkannt und aus beiden Strafen entsprechend der Bestimmung des § 74 StGB eine Gesamtstrafe von drei Jahren und sechs Monaten Zuchthaus gebildet.

Da der Angeklagte durch sein hochverräterisches Tun das Aufbauwerk des Führers für Volk und Staat zu schädigen versucht hat, hat er sich damit außerhalb der Volksgemeinschaft gestellt und ehrlos gehandelt; ihm sind deshalb die bürgerlichen Ehrenrechte auf die Dauer von drei Jahren aberkannt worden.

Bei dem Angeklagten *Tröger,* der lediglich wegen eines Verbrechens gegen § 2 des Gesetzes vom 14. Juli 1933 – eine Bestimmung, die Zuchthaus bis zu drei Jahren oder Gefängnis von sechs Monaten bis drei Jahren androht – zu bestrafen war, konnte es bei einer Gefängnisstrafe sein Bewenden haben. Wenn auch der Angeklagte in der ersten Zeit nach der Machtübernahme bei dem Auf- und Ausbau der Organisation der Widerstandsbewegung besonders aktiv tätig war und sich auch in seiner Gegnerschaft zum Nationalsozialismus hervortat, so war doch zu berücksichtigen, daß er später offenbar unter dem Eindruck der Erfolge des nationalsozialistischen Staates immer mehr an den Gedanken Niekischs irre wurde und sich von diesem und der Widerstandsbewegung, wenn auch nicht völlig, so doch mehr und mehr entfernte. Zu seinen Gunsten sprechen sein aktiver Einsatz bei der Niederwerfung der kommunistischen Aufstände in Bayern und Hamburg, in Oberschlesien und im Ruhrabwehrkampf sowie, was auch bei dem Strafausmaß zu beachten war, seine einsatzbereite und erfolgreiche Tätigkeit im Kampf gegen die Devisennotlage des Reichs und schließlich seine militärische Abwehr – und die oft unter Einsatz seines Lebens jahrelang für das deutsche Volk geleistete Tätigkeit in den sudetendeutschen Gebieten der Tschechoslowakei. Eine Gefängnisstrafe von einem Jahr und neun Monaten erschien hiernach für sein strafbares Tun angemessen.

Bei den Angeklagten Tröger und Drexel sind gemäß § 60 StGB je 22 Monate der erlittenen Untersuchungshaft auf die erkannten Freiheitsstrafen angerechnet worden; die Gefängnisstrafe Trögers gilt hiernach als verbüßt.

Die Beschlagnahme der Schriften beruht auf § 86a StGB, die Kostenentscheidung ergibt sich aus § 465 StPO.

gez.: Dr. Thierack Dr. Wildberger

Das Konzentrationslager Mauthausen
Aus den Akten des Nürnberger Hauptkriegsverbrecher-Prozesses

Das Konzentrationslager Mauthausen wurde im »Prozeß gegen die Hauptkriegsverbrecher vor dem Internationalen Militärgerichtshof« in Nürnberg vom 14. November 1945 bis 1. Oktober 1946 (IMT-Prozeß) als eine Stätte niedrigster Verbrechen gebrandmarkt. Im »Amtlichen Text« der in der einstigen Druckerei des nazistischen Hetzblattes ›Der Stürmer‹, der Willmy-Druckerei, im Jahre 1947 viersprachig (darunter auch deutsch) gewissermaßen als geschichtliche Sühne hergestellten Publikation finden wir hierfür zahlreiche Unterlagen[1].

Wer sich als gelegentlicher Zuhörer einzelner Sitzungen des Prozesses der Gespräche in den Vor- und Nebenräumen im Schwurgerichtsgebäude des Nürnberger Justizpalastes und bei den üblichen Zusammenkünften in den anliegenden, teilweise halbzerbombten Gaststätten erinnert, wird dieses eigenartige geschichtliche Ereignis nie vergessen. Allgemein sah man bei diesem Prozeß in Ernst Kaltenbrunner einen der geschwätzigsten und arrogantesten Angeklagten. Kaltenbrunner war nach dem Tode Heydrichs (4. 6. 1942) von Ende Januar 1943 bis zum Untergang des Dritten Reiches Chef des Reichssicherheitshauptamtes (RSHA), damit auch Chef der Sicherheitspolizei und des Sicherheitsdienstes (SD)[2]. Dem Amt IV (Gestapo) stand der SS-Gruppenführer Müller vor. Diese beiden waren die höchste »Instanz« für das Lager Mauthausen; der örtliche Leiter Franz Ziereis (vom Februar 1939 bis Kriegsende) und alsdann der Leiter des »Zellenbaus«, in dem Drexel inhaftiert war, Josef Niedermayer (geboren 11. 4. 1920 zu Salzburg, somit während der Haftzeit Joseph Drexels 24 Jahre alt!), kommen in den Akten des IMT-Prozesses ebenfalls als Schwerbelastete vor. Kaltenbrunner suchte allerdings diesen Instanzenzug vollkommen anders darzustellen und alle Verantwortung auf Himmler, Pohl, Glücks und dann auf die Lagerkommandanten abzuwälzen[3].

Doch die organisatorische Struktur der KZ-Verwaltungen interessiert uns hier nicht vordringlich. Es geht um die Greueltaten im Lager, um die Mißachtung aller, auch der einfachsten menschlichen Regeln und um die Gemeinheiten und Verbrechen. Diese deckt das Verfahren des IMT-Prozesses nach der rechtlichen und historischen Seite, Drexels Niederschrift nach der menschlichen Seite restlos auf. Joseph E. Drexel hat selbst einige Male am Nürnberger Prozeß als Zuhörer teilgenommen. Er hatte zu Prozeßbeginn in der Nr. 10 vom 14. 11. 1945 der im Oktober 1945 von der amerikanischen Militärregierung lizenzierten Tageszeitung ›Nürnberger Nachrichten‹ einen aus der damaligen Zeit verständlichen und heute noch oder erst recht zum Nachdenken zwingenden, auf die Werbetitel der »Nürnberger Reichsparteitage« anspielenden, als ›Verantwortung vor der Geschichte‹ (so der Titel des zum 75. Geburtstag Drexels gewidmeten Auswahlbandes seiner Zeitungs- und Zeitschriftenveröffentlichungen) gültigen Artikel geschrieben, der mit dem Absatz schließt: »Der Prozeß ist in unseren Augen ein Akt der Wiederherstellung der Gerechtigkeit und für alle Völker eine Ermunterung ihres guten Willens. Auf den Rausch folgt die Ernüchterung. Auf den ›Triumph des Willens‹ und den ›Sieg des Glaubens‹ folgt nun – das Ende vom Lied.«

Bei Abschluß des Prozesses schrieb Drexel in der Nr. 79 der ›Nürnberger Nachrichten‹ am 3. 10. 1946 ›Ein letztes Wort‹. Darin heißt es: »Uns ist in diesem Prozeß – und das glaubten viele beanstanden zu müssen – nur die Rolle von Zuschauern zugemessen gewesen, obwohl wir selbst mit den Männern auf der Anklagebank eine bedeutende und vor allem sehr alte Rechnung zu begleichen gehabt hätten. Es sind eine Reihe gewichtiger Stimmen dahin laut geworden, daß zu mindestens unter den Anklägern auch deutsche Ankläger sitzen und vor dem Gericht hätten gehört werden müssen. Aber diejenigen, die eine solche deutsche Beteiligung am Prozeß brennend wünschten, haben übersehen, daß sie nicht Deutschland sind, sondern vorläufig auch heute noch das, was sie immer waren: eine aufrechte Minderheit.

Deutschland aber, *das* Deutschland, das über ein Jahrzehnt den unverhüllten Absichten und Handlungen seiner Führer in gedankenlosem Fanatismus zugestimmt, den Provokationen gegen seine Nachbarn und den ihnen erbarmungslos bereiteten blutigen Heimsuchungen sein übermütiges Einverständnis gab, mindestens solange gab, als der Stern fragwürdigen Glückes seine Bahn nicht zu jähem Sturze wandte; *dieses* Deutschland, das in einer Mischung von törichtem Trotz und manischer Gehorsamshörigkeit noch bis in die Frühjahrstage 1945 hinein seinen Verführern Gefolgschaft leistete, ihren abergläubischen

Versprechungen mehr vertraute, als der allen Sehenden offenbaren, verhängnisvollen Konsequenz eines weiteren sinnlosen Widerstandes; *dieses* Deutschland, das noch in letzter Stunde unbekümmert um die Folgen bereit gewesen wäre, seiner verbrecherischen Regierung alle Blankovollmachten für eine Politik nationalen Selbstmords auszustellen, wenn nicht die Truppen der Alliierten es an der Fortsetzung dieses Unfugs gehindert hätten; *dieses* Deutschland hatte kein Anrecht, sich wenige Monate nach seiner Niederlage zum Ankläger über die aufzuspielen, denen es aus eigenem Entschluß niemals den Gehorsam aufgekündigt hätte. Ein solcher Akt hätte die naheliegende Versuchung enthalten, sich durch eine, geringe Unkosten verursachende Distanzierung, unzulässig leicht zu rehabilitieren. Und wer weiß überdies, ob es eine solche Gelegenheit, hätte man sie ihm zugebilligt, nicht mißbraucht haben würde.«

Drexel hat kurz vor seinem Tode am eigenen Leib erfahren, daß seine geschichtliche Einschätzung der Verfolgungszeit im Grunde unbeachtet geblieben ist. Wenn heute die »geistige Situation unserer Zeit«[4] sich »in Diskussionen, Retrospektiven, Problemfeldabsteckungen, Paradigmenwechsel, Umorientierungen« und einem wortreichen »Kampf gegen Obskurantismus« vorstellt, so sollte ein aufmerksamer Leser des Leidensweges Drexels – eines Vertreters der Geistessituation seiner Zeit – doch mehr als solche Orientierungsrahmen in sich aufnehmen. Die Geschichte verlief anders, als es die unsichere Geistessituation unserer Zeit sieht. Bekanntlich wurde sofort nach der Machtergreifung Hitlers die politische Linke zurückgedrängt, ja beseitigt und vielfach ermordet. Erst dann konnte ein Rumpfparlament das »Ermächtigungsgesetz« erlassen. Erst nach Unterdrückung aller selbständigen und vor allem der kritischen geistigen Kräfte sowie nach der Entmachtung der Gewerkschaften konnte Hitler den inneren Widerstand brechen und mit der Verfolgung der Juden beginnen. Es gilt also, und das ist für die Gegenwart der Gewinn dieses Drexel-Buches, die politische Verfolgung, insbesondere die der fortschrittlichen und kritischen Intelligenz durch den Nationalsozialismus, mit größerem Nachdruck als bisher, immer wieder in das Geschichtsbewußtsein des deutschen Volkes zu rufen und dieses dadurch zum Handeln geradezu zu zwingen.

Die Verhandlungen des IMT-Prozesses berühren zunächst die Frage der »Gründung des Lagers Mauthausen«[5]. Der Verteidiger Kaltenbrunners will den Vorwurf, daß Kaltenbrunner dieses Lager gegründet habe, zurückweisen. Er bringt dazu seinen Mandanten in den Zeugenstand, der behauptet, daß das Lager auf Befehl Himmlers an Pohl gegründet worden sei. Er selbst habe damit nicht das geringste zu tun gehabt, da keine Notwendigkeit bestanden habe, in Österreich ein solches Lager zu errichten; »der Begriff des Konzentrationslagers [sei] in Österreich in diesem Sinne nicht bekannt gewesen«. Dem widerspricht die eigene Lebensgeschichte Kaltenbrunners, die erst später[6] von ihm selbst vorgetragen wurde. Er war nämlich im Jahre 1934 (zu Dollfuß-Zeiten) nach der Mitteilung der Anklage wegen nationalsozialistischer Tätigkeit – nach der Meinung Kaltenbrunners: »zur Vorbeugung nationalsozialistischer Tätigkeit« – im Anhaltelager Kaisersteinbruch. Mit dem Vorwurf der Gründung und des mehrfachen Besuches im Lager Mauthausen durch die Anklage wurden zugleich »die gesamten menschenunwürdigen Zustände« verurteilt[7]. So finden wir im Affidavit Dr. Höttl, das als Anklagedokument US-792 den Akten beigegeben ist, daß Mauthausen wegen seiner »schlechten Behandlung und Grausamkeiten« bekannt war.

Später hat Kaltenbrunner zugegeben, daß er tatsächlich in Mauthausen gewesen ist. Er unterscheidet aber zwischen dem eigentlichen Konzentrationslager, das für ihn ein »Arbeitslager« war, und dem »Haftlager«[8]. Der von Joseph E. Drexel gebrauchte Ausdruck »Zellenbau«, der mit dem »Haftlager« identisch sein dürfte, findet sich aber auch in den Akten, und zwar in der Aussage des Leiters dieses Zellenbaus Josef Niedermayer, die als Beweisstück US-801 im Verfahren Anwendung fand. Niedermayer gibt zu, daß ihm vom Herbst 1942 bis Mai 1945 »der sogenannte Zellenbau des Konzentrationslagers Mauthausen« unterstanden habe[9]. Er spricht davon, daß vor allem auf Block 20 Häftlinge untergebracht wurden, die »befehlsgemäß so schlecht genährt wurden, daß sie verhungern mußten«. Er fährt fort: »Die schlechte Ernährung und die Unterlassung ärztlicher Fürsorge erfolgten auf persönlichen mündlichen Befehl Kaltenbrunners.«[10]

Der in den Akten angeführte Josef Niedermayer wird auch von Drexel in seinem Leidensbericht namentlich erwähnt[11]. Dabei bezeichnet Drexel den »langen Niedermayer« spöttisch als den »Hausvater« des Zellenbaus. Die Aussagen Niedermayers sind sicherlich sehr vorsichtig gehalten. Er mußte aber zugeben, daß er der Leiter der »politischen Abteilung des Konzentrationslagers Mauthausen« gewesen war und daß unter seiner Leitung die Häftlinge nur »schlechte Ernährung« bekamen und daß jegliche »ärztliche Fürsorge unterlassen« wurde.

Über das Schicksal Niedermayers nach 1946 konnte nichts ermittelt werden. Das für die menschliche Haltung Drexels so ungemein interessante Moment einer etwaigen Gegenüberstellung mit seinem ehemaligen Peiniger hätte sicherlich für die Gesamtsituation einer »Bewältigung der Vergangenheit« in der ersten Nachkriegszeit typische Züge vermitteln können. Viele der Verfolgten haben bei solchen Gelegenheiten gegenüber ihren Feinden eine Großzügigkeit und überlegene Zurückhaltung bewiesen, die manchmal und besonders heute nicht mehr verstanden werden. Wir werden auf dieses psychologisch wie auch soziologisch deutbare Phänomen noch einmal stoßen, wenn in den später folgenden Akten des Reichssicherheitshauptamtes der Name des einstigen Nürnberger Polizeipräsidenten Dr. Benno Martin erscheint.

Besonders erschütternd war im Verfahren gegen Kaltenbrunner neben den Aussagen Ziereis' und Niedermayers die Aussage des ehemaligen österreichischen, nach dem Hitlereinmarsch verhafteten Staatssekretärs Karwinsky[12], in der es heißt:»Kaltenbrunner habe ich dann im Lager Mauthausen, als ich in schwerkrankem Zustand auf faulem Stroh mit vielen 100 anderen schwerkranken Personen, die sich zum Teil in sterbendem Zustand befanden, lag, wiedergesehen. Die an Hungerödem und schwersten Darmerkrankungen leidenden Häftlinge lagen im strengen Winter in ungeheizten Baracken. Es fehlten die primitivsten sanitären Vorkehrungen. Die Klosettanlagen und die Waschräume waren durch Monate unbenützbar. Die Schwerkranken mußten ihre Notdurft auf kleinen Marmeladeneimern verrichten. Das verunreinigte Stroh wurde durch Wochen nicht erneuert, so daß sich eine stinkende Jauche bildete, in der Würmer und Maden herumkrochen. Ärztliche Pflege und Medikamente gab es nicht. Die Zustände waren so, daß 10 bis 20 Personen pro Nacht starben. Kaltenbrunner ist mit einem glänzenden Gefolge hoher SS-Funktionäre durch die Baracke durchgegangen, hat alles gesehen, mußte alles sehen. Wir haben die Illusion gehabt, daß diese unmenschlichen Zustände sich nunmehr ändern werden, aber sie haben offenbar die Billigung Kaltenbrunners gefunden, denn es geschah nichts.«

Die Verteidigung Kaltenbrunners zu diesen, ihn erheblich belastenden Problemen war arrogant wie selten. Sie wies darauf hin, daß hier ehemalige »Schutzhäftlinge« aussagen und machte hochnäsige Bemerkungen über den Wert von Aussagen eines »Konzentrationslager-Häftlings.«

Besondere Ermittlungen fanden im Prozeß statt über die Stellung der Leichenträger im Krematorium von Mauthausen und auch eingehende Untersuchungen darüber, ob Kaltenbrunner »drei verschiedene Arten von Hinrichtungen zur gleichen Zeit« vorgeführt wurden. Die Akten schildern folgendes: »Die Leute wurden aus den Bunkern zur Hinrichtung herausgebracht und dann fanden alle drei Arten von Hinrichtungen statt: Erhängen, Erschießung durch Schuß in den Hinterkopf und Vergasen wurden vorgeführt. Nachdem der Staub verschwunden war, mußten wir die Leichen wegschaffen.«[13] Ziereis stellt den Vorgang genauer dar[14], er beschreibt, wie gerade aus dem Zellenbau, in dem Dr. Drexel untergebracht war, die Häftlinge vorgeführt wurden. Ziereis nennt diesen Bau »Arrest«. Das Zusammenspiel von Ziereis und Niedermayer sowie die Vorgänge der Ermordung von Schutzhäftlingen belegt die Zeugenaussage Albert Tiefenbachers, aufgenommen in Salzburg am 7. Dezember 1945 durch den Leutnant David G. Paston, Investigating-Examiner[15]. Da sich die von Tiefenbacher geschilderten Ermordungen um die Zeit ab 24. Januar 1945, also nur einige Wochen nach der Überstellung Drexels aus dem Lager Mauthausen in das Lager Flossenbürg, abspielten, war die Lagerverlegung Drexels nicht nur ein Glücksfall, sondern geradezu die Lebensrettung. Diesen Zusammenhang mag er antizipierend selbst empfunden haben als er seinen Leidensbericht mit dem Satz »Dort steigt sie herauf – die Morgenröte des Untergangs!« abschloß.

Ziereis schildert, ein Unterscharführer Winkler habe »ungefähr fünfzehn Häftlinge ausgesucht, um dem Dr. Kaltenbrunner drei Exekutionsarten, Genickschuß, Aufhängen, Vergasen, zu zeigen«. Er fährt fort: »Unter den Exekutierten befanden sich auch Frauen, denen die Haare geschoren wurden und diese wurden durch Genickschuß getötet. Die oben angeführten Leichenträger waren bei der Exekution anwesend und mußten die Leichen ins Krematorium schaffen.« Für einen späteren Zeitraum, nämlich Herbst 1944, hält Ziereis fest, daß das KZ Mauthausen auch von Baldur von Schirach besucht worden war[16].

Eine weitere eidesstattliche Erklärung stammt von Hans Marsalek. Dieser wurde 1914 in Wien geboren, war also damals 30 Jahre alt und bis zum Schluß im Lager Mauthausen als zweiter Lagerschreiber tätig; er wurde übrigens später von österreichischen Behörden erneut angestellt und bei der Polizeidirektion Wien als Verfolgter des Nazismus mit der Leitung des staatspolitischen Abwehrdienstes betraut. Marsalek schildert[17], wie der Kommandant des Lagers Mauthausen, der genannte Franz Ziereis, auf der Flucht von amerikanischen Soldaten am 22. Mai 1945 angeschossen und in das Nebenlager von Mauthausen, Gusen, gebracht wurde. Marsalek konnte dann in Gegenwart des Kommandanten einer amerikanischen Panzerdivision sowie des ehemaligen Häftlingsarztes in Gusen, Dr. Koszinski und eines weiteren Polen, Ziereis sechs bis acht Stunden lang vernehmen. Hier heißt es: »Es kam ein SS-Mann auf zehn Häftlinge. Die höchste Zahl der Häftlinge betrug ungefähr 17000, ausgenommen die Nebenlager. Die höchste Zahl des Lagers Mauthausen, das heißt samt Nebenlager betrug ungefähr 95000. Die Gesamtzahl der verstorbenen Häftlinge betrug 65000. Die Besatzung bestand anfangs aus Totenkopf-Verbänden und Stäben von 5000, die sich aus Wachtruppen und Kommandanturstab zusammenstellten.«

Ziereis führte dabei weiter aus, daß »im KZ-Lager Mauthausen auf Anordnung des ehemaligen Standortsarztes Krebsbach eine Vergasungsanstalt unter der Benennung eines Baderaumes gebaut« worden war. Er sagt »in diesem sogenannten Baderaum wurden Häftlinge vergast«. Des weiteren muß er gestehen: »Außerdem verkehrte von Mauthausen nach Gusen und umgekehrt ein besonders konstruiertes Auto, in dem während der Fahrt Häftlinge vergast wurden.« Ziereis gibt zu, daß er das Auto selbst gefahren hat[18].

Weiter heißt es in dieser von Marsalek aufgenommenen Aussage des ehemaligen Lagerkommandanten Ziereis: »Persönlich habe ich durch Einsatz in die Strafkompanie ca. 4000 Häftlinge umgebracht. Die Bildung von Strafkompanien ist auf Befehl Berlins geschehen zwecks schneller Ausrottung der Häftlinge durch schwere Arbeit. Bei den Exekutionen habe ich jedesmal persönlich teilgenommen.«

Auch muß dieser Lagerkommandant zugestehen, daß »unverbesserliche Berufsverbrecher als Geisteskranke nach Hartheim bei Linz verschickt wurden, wo sie durch ein Spezialsystem des SS-Hauptsturmführers vernichtet wurden«. Dann heißt es: »Chemielsky und Seidler in Gusen ließen sich speziell Menschenhaut gerben, auf der Tätowierungen waren. Aus diesem

Leder ließen sie sich Bilder einfassen, Lampenschirme und Taschen anfertigen.«

Schließlich muß in einer Gesamteinschätzung der Verbrechen im Lager Mauthausen vom ehemaligen Lagerkommandanten Ziereis (auf dem Sterbebett) wörtlich zugestanden werden: »Dort wurden ungefähr 1–1½ Millionen Menschen umgebracht. Im Lager wurden jene Häftlinge als normal verstorben gemeldet. Die Todesmeldungen der noch lebenden Häftlinge, die sich bereits auf Transport (nach Gusen) befanden, wurden schon vorher in der jeweiligen politischen Abteilungen ausgestellt. Unliebsame Häftlinge kamen auch in die Vergasungsanlage nach Schloß Hartheim bei Linz. Hierzu sagt Ziereis: »SS-Obergruppenführer Pohl gab den Befehl, die Häftlinge, weil sie schwach waren und keine Verpflegung hatten, in die Wälder zu treiben, um dort Beeren zu pflücken und Knospen zu fressen. Genannter (Pohl) hat der Verwaltung die Portionen von täglich 750 Gramm auf 350 Gramm gekürzt. Und SS-Gruppenführer Glücks gab die Anordnung, schwache Häftlinge als Geisteskranke zu bezeichnen und in einer Anlage, die im Schloß Hartheim vorhanden war, mit Gas umzubringen. Glücks vertrat den Standpunkt, *daß es menschlicher sei, Häftlinge zu vergasen statt zu erschießen.*«[19]

Aus anderen Dokumenten geht hervor, daß ein grundsätzlicher, alle Lager, Verwahranstalten und Vernichtungsinstitutionen betreffender Befehl bestanden haben muß, nach dem die aus dem Häftlingsbestand jeweils gebildeten Gruppen von Kapos, Hilfsführern und Kalfaktoren sowie sonstige, an der Durchführung der Verbrechen Beteiligte ebenfalls vernichtet werden müßten, damit diese Handlanger zum Schweigen verurteilt blieben und nicht etwa später von überlebenden Häftlingsgenossen zur Rechenschaft gezogen werden könnten. Ziereis bestätigt dies auf dem Totenbett: »Es bestand ein Geheimbefehl, wonach das Krematoriums-Kommando jeweils alle drei Wochen zu erschießen sei.«[20]

Der Zeuge Höss, der wegen Beteiligung an sogenannten Fememorden aus dem Jahre 1924 und später als Lagerkommandant von Auschwitz von 1940 bis 1943 bekannt wurde, hat bei einer Summenerwähnung der bis zum Kriegsende bestehenden »13 Konzentrationslager« auch das Lager Mauthausen als einen Sammel- und Mittelpunkt für Außenlager bezeichnet. Dieses Lager hätte auch die Arbeitskräfte zu versorgen und zu betreuen gehabt, mit der Pflicht, »kranke Häftlinge auszutauschen«. Daß es dabei zu Exekutionen gekommen ist, gibt er zu. Er behauptet, daß diese alle auf »Anordnungen des Reichssicherheitshauptamtes« geschehen seien[21].

Es ist daher äußerst interessant, nunmehr auch gerade für den Fall Dr. Drexel die Akten des Reichssicherheitshauptamtes auswerten zu können.

Aus den Akten des Reichssicherheitshauptamtes (RSHA)

1. Dokumente

Die in den Anmerkungen zur Zwischenbemerkung erwähnten Akten konnten vom Herausgeber im Zentralinstitut für Marxismus-Leninismus beim ZK der SED eingesehen werden. Es handelt sich um Unterlagen über Ernst Niekisch und dessen Widerstandskreis, vor allem aber auch um die Originalakten des RSHA/Abtl. IV. Dieses äußerst interessante Material stammt aus im Krieg verlagerten und wieder aufgefundenen Beständen und belegt die im »Bericht« Drexels angeführten Tatsachen in jeder Hinsicht. Die dort geschilderten Vorgänge können nun gewissermaßen »von der anderen Seite her« beleuchtet und ihrer geschichtlichen Bedeutung entsprechend ausgewertet werden. Sie sind für historische Forschungen über den antifaschistischen Widerstand wie auch für das in der Gegenwart durch zahlreiche Veröffentlichungen, Dokumentarfilme und politische Beurteilungen gewonnene Niekisch-Bild von hervorragendem Wert.

Wer jedoch nur diese Akten studiert und nicht umgekehrt wieder die andere Seite, diesmal die Verfolgten, ihr Schicksal, die Maßnahmen der NSDAP von unten und außen her wie auch die Schikanen der Ausführungsorgane bewertet, muß zu ungenügenden Ergebnissen kommen. Wer einfach bei Namensnennungen gleich eine ideologische Verbundenheit unterstellt, wer menschlich verständliche Gesuche formalrechtlich umdeutet und nicht weiß, wie schwer, ja fast unmöglich es damals war, zu politischen Gefangenen vorzudringen, oder welche Qualen ein Schutzhäftling erst überstehen mußte, um Papier, Schreibgerät oder eine abgewetzte Feder zu erhalten, wer nicht die kleinen und die großen Erniedrigungen der Menschen und die lebensbedrohenden Verstrickungen aller im NS-Staat Inhaftierten kennt, sollte »aus den Urkunden« oder aus einem dokumentarisch belegten Tatbestand allein nichts herauszulesen und auszudeuten versuchen.

Dokumente zeugen letzten Endes von Menschen; es gilt der Mensch und nicht das Papier. Die Dokumentation aus Vernehmungsprotokollen und anderen Schriftstücken kann nur das Ergebnis qualvoller, bis zur Offenbarung intimster menschlicher

Gegebenheiten vordringender Dauervernehmungen sein. Die Seelenqualen des Häftlings, besonders des noch nicht den Justizorganen überstellten Schutzhäftlings, der nicht weiß, was aus ihm wird, der nicht in eine irgendwie fest begrenzte Zukunft sehen kann, der durch zahlreiche kleine Schikanen zum Abtöten all seiner Empfindungen getrieben wird, bringen es mit sich, daß auch der Verfasser eines in Polizei- oder Schutzhaft geschriebenen Lebenslaufs weit eher als das Objekt dieser Dokumente denn als ihr Subjekt anzusehen ist.

Drexel hat – was seine Freundschaft mit Ernst Niekisch betrifft – immer wieder betont, daß das persönliche Erlebnis ausschlaggebend für seine Arbeit im »Widerstandskreis« war. Er hat, im Sinne Max Webers (sie waren ja alle Schüler Max Webers: Toller und Niessen-Leviné sowie Radbruch in Heidelberg; Drexel in München), den charismatischen Zug im Wesen Ernst Niekischs empfunden. Nur diese Ausstrahlung, die von Ernst Niekisch ausging, macht es verständlich, daß – und das wurde im Nationalsozialismus, wie die RSHA-Akten deutlich belegen, das Verhängnis für den ganzen Widerstandskreis – über das Reichsgebiet hinweg sich geistig aufgeschlossene und liberal denkende, regsame Intellektuelle dem Niekisch-Kreis anschlossen, dort zeitweise sogar eine erheblich schöpferische Rolle spielten.

Wer die personelle Zusammensetzung des Widerstandskreises aus der Kartei des Niekischschen »Widerstandsverlages« nun ersehen kann, wer die Mitarbeiter der Zeitschrift und die Bezieher von Büchern aus der »Kundenkartei« zusammenstellt, wird viele, in der späteren Geschichte und im politischen Leben der Nachkriegsjahre interessante Namen finden. Sie aufzuzählen muß aus begreiflichen Gründen späterer Zeit vorbehalten bleiben. Die Karteien belegen aber auch – negativ gewertet –, daß es Niekisch trotz aller revolutionären Gedanken und Pläne (die doch recht weit vorangetrieben waren, bis zur Möglichkeit einer plötzlichen »Machtübernahme« bei einem Abtreten Hitlers, der feierlichen »Verpflichtung« der »Reichskameraden« usw.) niemals gelungen war, auch bei den Massen festen Fuß zu fassen[1]. Und später, als es eine »Arbeitsfront« gab, in der ja Arbeitgeber und Arbeitnehmer »freiwillig« (coactus volui) gemeinsam als ein gekünsteltes Ganzes widerstreitende Interessen vertraten, war für eine klar und zielstrebig vorgehende Revolutionierung, wie sie charaktermäßig und ideologisch fundiert Ernst Niekisch verkörperte, überhaupt keine Ansatzmöglichkeit mehr vorhanden. Etwas anderes akzentuiert lag das Problem bei Drexel: er hatte – gestützt durch persönliche Freunde, vor allem Richard Scheringer, dann Hermann Schirmer und mehrere Arbeiterführer aus Nürnberg-Fürth – immer Verbindung und ständigen Gedankenaustausch mit der marxistisch organisierten Arbeiterschaft[2]. Der Gedankenaustausch vertiefte sich noch im Zuchthaus. Viele seiner Mithäftlinge in Amberg blieben seine persönlichen Freunde, auch als sie nach 1945 als ehemals verfolgte Arbeiterführer zu hohen Staatsstellungen emporstiegen. Die Verbindung Drexels mit den politischen Interessen der arbeitenden Massen bewährte sich nach seiner Zuchthausentlassung bis zu seiner erneuten Verhaftung 1944 und während dieser, wie ja der »Reisebericht« nach Mauthausen deutlich zeigt.

Niekisch stützte sich vor allem auf die ideologische Werbung in den Kreisen der unzufriedenen und oppositionellen Intellektuellen. Hier wirkten seine Redegabe, die stets mit Überzeugungserfolgen rechnen konnte, die geschichtliche Untermauerung seiner Gedanken, die außenpolitischen Aspekte und seine ausgefeilten staatswirtschaftlichen Ideen. So muß auch ein Hinweis in den RSHA-Akten gedeutet werden, daß gerade diese Tätigkeit von Ernst Niekisch im ganzen Reichsgebiet und im deutschsprachigen Ausland zunächst geduldet werden konnte. So war sich der Nationalsozialismus anfangs nicht schlüssig, ob er diese Fäden nicht einmal selbst für sich ausnützen und sich das geistige Potential einer geschlossenen Intellektuellen-Gruppe zunutze machen könnte. Es ist kaum, wie es später Ernst Niekisch zwar manchmal vage augenzwinkernd andeutete, die Reichswehr gewesen, die ihn so lange beschützt hat. Neuerdings hat Fabian von Schlabrendorff in seinem Buch ›Begegnungen in fünf Jahrzehnten‹[3] diese Version übernommen. Drexel hat nie etwas Konkretes darüber gesagt. Auch Niekisch hat in zahlreichen Gesprächen mir gegenüber lediglich daran festgehalten, daß er einige Male mit Seeckt gesprochen habe. Meine Frage, ob er nicht nur als Journalist (für gewerkschaftliche oder sonstige Nachrichtendienste) hier Audienz bekommen hätte, beantwortete er ebenfalls ausweichend[4].

Es waren die Tätigkeit Drexels in Nürnberg und sein Eifer gewesen, die den Stein ins Rollen brachten. Die polizeilichen und die gerichtlichen Schritte gingen von Nürnberg aus. Die Einleitung zu all dem Leid, das über Hunderte von Familien gebracht wurde, schrieb der Nürnberger Polizeipräsident Dr.

Benno Martin. Dieser, dem Herausgeber (er war in der Referendarzeit einige Monate dem damaligen Oberregierungsrat Martin zugeteilt) selbst persönlich sehr bekannte Freund des Gauleiters Streicher hatte allzuviele »Seiten« im gesellschaftlichen Leben Nürnbergs gezeigt. Nach dem Kriege und seiner Inhaftierung – seine sehr vermögende Frau hatte beim Einmarsch der US-Truppen Selbstmord begangen – kam er mehrfach zu Dr. Drexel und bat ihn um die Ausstellung eines »Persilscheines«. (So hieß man nach 1945 die schriftlichen Erklärungen politisch unbelasteter Dritter, daß der Betreffende »National-Sozialist, aber doch kein Nationalsozialist gewesen war«, zur Vorlage bei den »Spruchkammern«.) Merkwürdigerweise gab Drexel dieses Zeugnis, wenn auch, nach Einwendungen meinerseits, in abgeschwächter Form. Wir finden die gleiche Bitte um Ausstellung eines solchen »Persilscheines« bei Leuten, die heute das kulturelle Leben in der Bundesrepublik beeinflussen: Unterschriftserbittende auf der einen und Verfolgte oder Unbelastete als Unterschriftsgebende auf der anderen Seite. Ein Verständnis dafür bleibt schwierig; es auf den Einzelfall abzustellen, genügt nicht. Hat sich Drexel nicht von dem leiten lassen, was er selbst zu Beginn des Nürnberger Prozesses reflektiert hatte: das aktuell menschliche Moment, das erlittene Leid werde durch Überrundung im fortschreitenden gesamtgesellschaftlichen Leben »aufgehoben«?

Das aufgefundene Archivmaterial besteht aus verschiedenen Akten. Die eine umfaßt das Kostenheft in der Sache Widerstandskreis Ernst Niekisch beim Volksgerichtshof. Eine andere Akte betrifft die Vernehmungen einzelner Zeugen und vor allem die Dauervernehmungen von Joseph E. Drexel. Einmal ist ein handschriftlicher Lebenslauf von ihm in äußerster Ausführlichkeit abgefaßt[5]. Ein andermal ist ein etwa 150 Schreibmaschinenseiten umfassender Lebenslauf vorhanden, der geradezu eine Geschichte der bündischen Jugend in Bayern und speziell die Geschichte des Bundes »Oberland« bis zu dessen Ende enthält[6].

2. Beziehungen zu den Rechtsanwälten

Weder Ernst Niekisch noch Joseph E. Drexel erwartete eine ernsthafte oder gar rechtsstaatlich abgesicherte Vertretung durch Anwälte. Ein Jurist, der diese Akten studiert, kann es einfach nicht fassen, wie feige und ausweichend sich die Anwälte benommen haben. Die meisten Schwierigkeiten mit der anwaltschaftlichen Vertretung hatte Drexel.

Niekisch hatte sich um seinen amtlich bestellten Vertreter, Rechtsanwalt Wolfgang Hercher, genauso wenig bemüht wie dieser sich um ihn[7]. Die Wahl des Rechtsanwalts Dr. Horst Wienholtz, Berlin W 50, Kurfürstendamm 232, als Verteidiger war ihm nicht genehmigt worden[8]. Niekisch war gewissermaßen nur formell durch den Rechtsanwalt Hercher vertreten, der dafür 612,32 RM kassierte. Am günstigsten lag der Fall Karl Tröger; dessen Ehefrau war es gelungen, dem Rechtsanwalt Dr. Alfred Hendler 300 RM für die Verteidigung selber zahlen zu dürfen. Den Rest von 271,20 RM zahlte die Reichskasse.

Auch die (damals geschiedene) Ehefrau von Drexel, die sich unter den Familienmitgliedern der Verfolgten als das tapferste mehrfach aktenkundig machte, hatte versucht, bei dem amtlich bestellten Verteidiger für Dr. Drexel öfters vorzusprechen; sie hatte ebenfalls angeboten, die Kosten der Verteidigung entweder in Raten oder wenigstens teilweise bezahlen zu dürfen. Das wurde abgelehnt. Drexel selbst scheint es nur einmal gelungen zu sein, diesen amtlich bestellten Strafverteidiger, Rechtsanwalt Dr. Erich Müller-Bechedorff, Berlin, Unter den Linden 39, vor der Verhandlung zu sprechen. Dabei stellte sich heraus, daß dieser Rechtsanwalt vor allem Wirtschaftsanwalt und in politischen Strafsachen nicht als Spezialanwalt bewandert war. Drexel muß es fertiggebracht haben, dies irgendwie seiner Mutter oder seiner Frau mitzuteilen, denn letztere hat daraufhin ganz energisch um eine Vorsprache bei dem genannten Rechtsanwalt gebeten und auch einmal eine solche erreicht. Der Rechtsanwalt hat bei dieser Gelegenheit seine starke wirtschaftliche Betätigung eingeräumt, aber betont, daß er nun einmal hier eingesetzt sei und diese Aufgabe auch erfüllen müsse. Er hat alsdann 613,20 RM liquidiert und am 14. Januar 1939 vom Rechnungsamt des Volksgerichtshofes bezahlt erhalten. Er hat aber jeden Brief mit Frau Drexel in Abschrift der Geheimen Staatspolizei oder dem Volksgerichtshof sofort zur Kenntnis gegeben. Frau Drexel hatte ebenso wie ihr Mann erhebliche Bedenken gegen diese anwaltschaftliche Vertretung.

Frau Drexel hatte am 16. 11. 1938 an diesen Rechtsanwalt geschrieben, daß ihr Mann lieber Rechtsanwalt Kameke als Verteidiger gesehen hätte. Dieser wäre, vor allem was die Zeit des

Bundes »Oberland« betrifft, der geeignete Vertreter gewesen. Rechtsanwalt Kameke sei aber nunmehr selbst plötzlich aus anderen Gründen verhaftet worden. In diesem Brief rügte sie auch, daß Rechtsanwalt Dr. Müller-Bechedorff gar keine eigene Kanzlei habe, sondern von seiner Privatwohnung aus tätig werde. Die Antwort des Anwalts liegt ebenfalls im Akt. Der Anwalt betont sehr zurückhaltend, daß er Frau Drexel keinesfalls empfangen könne, wenn nicht »vorher eine Genehmigung der Reichsanwaltschaft bei ihm vorliege«. Diese wurde dann am 27. 11. 1938 durch den Senatsvorsitzenden für eine einmalige Rücksprache gegeben. Nach der Urteilsverkündung, die einen ganz erheblichen Schock bei den Angehörigen der Familie Drexel ausgelöst hatte, wollte Frau Drexel unbedingt sofort nach Berlin fahren und den Anwalt sprechen. Der Anwalt verweigerte das Gespräch. Er müsse nach nicht genau angegebenen Gegenden auf sehr lange Zeit verreisen. Der Absagebrief des Anwalts an Frau Drexel vom 25. Januar 1939 war eigens vom Reichsanwalt vorher genehmigt worden.

Auch der Sekretärin bei Rechtsanwalt Dr. Müller-Bechedorff, Frau Kleige, war ausdrücklich gesagt worden, daß das Verfahren gegen Drexel »ein Staatsgeheimnis« sei und die Akten stets unter besonderem Verschluß zu halten wären.

Ernst Niekisch hat sich in diesem Verfahren selbst lebhaft und energisch und ganz im Sinne des politischen antifaschistischen Widerstands verteidigt; er muß sich dermaßen hitzig und politisch engagiert verhalten haben, daß in der Familie Tröger sogar der Gedanke aufkam, ob sich Niekisch bei seinem Schlußwort nicht allzu sehr in Rage gesteigert und jeglichen Sinn für die Folgen seiner Aussagen für ihn wie für die beiden Mitangeklagten verloren hätte. Sein ganzen »Prozeßverhalten« sei aggressiv gewesen[9]. Dieses Aktenstück ist der Beleg dafür, daß Ernst Niekisch in seinen Lebenserinnerungen über das Prozeßgeschehen die Wahrheit gesagt hat.

3. Die Prozeßsituation

Rechtsanwalt Müller-Bechedorff hatte einmal[10] summarisch Drexel gegenüber festgehalten, daß »manche Ihrer Einwendungen dem Gericht nicht ganz glaubhaft klingen werden«. Mit diesem, einen antifaschistischen Widerstandskämpfer geradezu auszeichnenden Grundgedanken sind nicht nur die Polizeiorgane und die Anklagevertreter, sondern auch die Verteidiger in das Verfahren eingestiegen. Das Verfahren schwebte zunächst in Nürnberg und nicht in Berlin. Es war von der Polizeileitstelle Nürnberg-Fürth auf Antrag des Polizeipräsidenten Dr. Benno Martin in Gang gesetzt worden. Dieser hatte nach Durchführung einiger eigener Ermittlungen den Fall sofort der Geheimen Staatspolizei und dem Geheimen Staatspolizeiamt in Berlin gemeldet. Aus den Akten der Geheimen Staatspolizei wird ersichtlich, daß alle Erhebungen und Beweisnachforschungen an diesen genannten Polizeipräsidenten Martin nach Nürnberg zur Sammlung und Auswertung weitergegeben wurden.

Bei der Verhaftung von Ernst Niekisch wurden neben Listen Verzeichnisse und Bücher gefunden, die zunächst die Grundlage für die weiteren Ermittlungen abgaben. Hauptauskunftsperson war die Sekretärin von Ernst Niekisch, Frau Margot Zachert. Diese muß einige Angaben nach mehreren Einschüchterungen, die wir heute als Folterungen bezeichnen würden, gemacht haben. Wenn irgendeiner der aus den aufgefundenen Unterlagen ersichtlichen Bezieher der Literatur des Niekisch-Kreises vernommen war, wurde immer wieder Frau Zachert vorgeführt und zu weiteren Aussagen genötigt. Nur wer diese Art der polizeilichen Vernehmungen mit Überraschungen, Ermüdungen in Nachtstunden, Drohungen, Einschüchterungen auf der einen Seite und auf der anderen Seite mit Versprechen von Vergünstigungen und mit Herauslocken von Aussagen durch phantasievoll aufgestellte Lügen selbst erlebt hat, kann dies voll erfassen. Bei der ersten Vernehmung am 31. März 1937 hatte Frau Zachert, die als Beruf Stenotypistin angab, die Namen Schulze-Boysen, Drexel, Dr. Hadrich, Dr. Menk genannt und angegeben, daß unpolitische Schreiben von Ernst Jünger und Friedrich Georg Jünger vorlägen. Später mußte sie noch mehr Namen nennen, nachdem ihr anscheinend Urkunden oder Briefe vorgelegt worden waren. Sie gab dann auch zu, daß Drexel mehrere Manuskripte von Ernst Niekisch korrigiert hatte[11]. Niekisch gab Drexel unter dem Kennwort »Chef« auch eine Deckanschrift für Frau Zachert an. Diese gab ferner im Zusammenhang mit Aussagen von Frau Anna Niekisch[12] auch einige Tarnangaben wie z.B. »Fotoblätter« für Manuskripte bekannt.

4. Aussagen Drexels

In den Akten des RSHA[13] finden sich häufig Aussagen des »aus Schutzhaft vorgeführten Joseph Drexel« über seine politische Tätigkeit. Die Einvernahmen beginnen am 7. 4. 1937. Hier erscheinen Namen wie Ludendorff, Himmler, Winnig, der des späteren Staatsrates Dr. Weber, Otto Strasser. Auch andere, aus der politischen Entwicklung der Zeit nach dem Ersten Weltkrieg bekannte Namen wie Bodo Uhse, Ernst Röhm, Arthur Dinter, Fürst Starhemberg, Richard Scheringer, Beppo Römer, sogar der des Abgeordneten des Evangelischen Volksdienstes Edgar Stelzner und der des späteren Leiters des Bayerischen Verfassungsschutzes Riedmayer, damals Kriminalinspektor. Drexel versicherte, daß er nie Mitglied einer politischen Partei war[14], daß er wohl wußte, daß Ludendorff vor Niekisch warnte[15], daß er selbst aber bereits beim Bund »Oberland« etwa seit dem Jahr 1928 nicht nur gegen den Versailler Vertrag gekämpft, sondern auch eine »Annäherung an Sowjetrußland« angestrebt habe[16]. Winnig hatte ihm einst die Stelle eines Geschäftsführers der Reichsvereinigung ehemaliger Kriegsgefangener angeboten[17], was er aber abgelehnt habe. Er habe jedoch nach 1923, nach dem Verbot des Bundes »Oberland«, den »Deutschen Schützen- und Wanderbund e. V.« als Deckorganisation mitaufgezogen.

Um jene Zeit kam einmal Tröger zu ihm in die Wohnung nach Nürnberg in die Kinkelstraße zusammen mit Heinrich Himmler, der damals noch keineswegs irgendwie bedeutend war; er spielte in der NS-Hierarchie jedenfalls keine ausschlaggebende Rolle. Er wollte Tröger und Drexel bewegen, die Reste des Bundes »Oberland« in die NSDAP zu überführen und zwar alle noch verbliebenen Mitglieder, aber jeden durch Einzelaufnahme. Diesem Vorhaben widersetzten sich anscheinend einzelne »Oberländer«, die sagten: wenn schon, denn schon; ein Übertritt könne nur korporativ als Gesamtorganisation erfolgen[18]. Bei der peinlichen Vernehmung Drexels muß dieser äußerst überlegt und geradezu diplomatisch auf Dauerbefragungen geantwortet haben, daß er selbst schon einen solchen Vorschlag ernsthaft überlegt habe, daß er ihn aber zur Abstimmung hätte bringen müssen. Und diese Abstimmung hätte sich später als Ablehnung des Vorschlags Himmler erwiesen. Der Vernehmungsbeamte muß dann noch weiter gebohrt und gefragt haben: »Ja, wie haben Sie denn persönlich abgestimmt?« Die Antwort Drexels, »er sei schon dafür gewesen«, läßt alles offen. Auf alle Fälle wurde dieser Vorschlag im Kreise der verbliebenen »Oberländer« nicht weiter diskutiert oder ernsthaft erwogen. Es drängten sich zur gleichen Zeit die österreichischen Kräfte und besonders die Salzburger Ortsgruppen vor. Diese erhielten im Bund »Oberland« die Mehrheit und plädierten für den Fürsten Starhemberg als den kommenden Mann. Tröger war dagegen und Drexel ebenfalls.

Drexel hat dann auf Schloß Hoheneck bei einem »Oberland«-Treffen die politischen Ansichten von Ernst Niekisch mit diesem eingehend diskutiert, nachdem er Niekisch schon vorher bei einem Besuch in Nürnberg persönlich kennengelernt hatte. Dieses Bekanntwerden mit Drexel hat Niekisch mehrfach festgehalten, vor allem in dem Band ›Die Freunde und der Freund‹[19]. Drexel hatte damals auf Hoheneck auch ein Referat gehalten; er beschwerte sich bei der Vernehmung, daß ihm dieser Text bei seiner Verhaftung gestohlen worden sei. Er muß bei diesem Treffen auch Dr. Friedrich Weber, den »Feldherrnhallen-Weber« über die Zukunftspläne unterrichtet haben.

Als er die Verdichtung der Freundschaft mit Ernst Niekisch schilderte, kam die Bezeichnung »Nationalbolschewisten« für diesen Kreis auf. Drexel sagte, daß diese Bezeichnung »zu unrecht dem Widerstandskreis beigelegt wurde«[20]. So wurde z.B. das Buch von Ernst Niekisch ›Hitler, ein deutsches Verhängnis‹ vom Hindenburg-Wahlausschuß in sehr hoher Auflage aufgekauft und für die Wahlpropaganda Hindenburgs zum Reichspräsidenten verteilt. Erst 1931, betont Drexel, »wurden wir revolutionär«.

Bei einer anscheinend äußerst anstrengenden und langwierigen Vernehmung gab Drexel alsdann Pseudonyme der Mitarbeiter der Zeitschrift ›Widerstand‹ bekannt, und zwar

Niekisch	= Spektator,
Tröger	= Maxl,
Petras	= Lizenziat,
Drexel	= Dr., Jo., Sepp, Pitt, Frank Hessel.

Drexel erklärt auch, daß er über die Beziehungen von Niekisch zu Toepfer nicht eingehend unterrichtet war. Er hatte das Gefühl, daß Niekisch nicht haben wollte, »daß er hinter seinem Rücken mit Toepfer in Verbindung trete«. Es war ihm nicht bekannt, daß Toepfer eine Rußlandreise von Niekisch finanziert hatte. Über die Beziehungen Niekisch-Toepfer war Frau Anna Niekisch eingehend befragt worden. Anscheinend wurden deren Aussagen Drexel vorgehalten. Drexel gibt hierzu zu Protokoll, daß sein Kontakt Niekisch mindestens bis 1931 »auf literarischer Basis« geblieben sei[21]. Erst dann sei die politische Seite zum Vorschein gekommen. Drexel versichert ausdrücklich[22], der Widerstandskreis habe selbst keine Waffen gehabt. Es sei ihm aber bekannt, daß Oberst Hoffmann »Spezialisten« im Widerstandskreis ausbilden wollte, die dann natürlich auch Waffen mit sich führen sollten.

Drexel wird über die »nationalsozialistische Erhebung« ausgefragt. Er gibt an, daß er sie eigentlich »nicht miterlebt habe«. Er sei damals im Zillertal im Skiurlaub gewesen und habe erst später Einzelheiten erfahren.

Zum politischen Teil befragt, gibt Drexel zu, »viel kritisiert zu haben«[23]. Er spricht über General Schleicher und Ernst Röhm. Röhm wird von ihm politisch als der »Linie Starhemberg« zugehörig eingeschätzt. Drexel behauptet auch hier – wie später bei all seinen Erinnerungen –, daß er eine genaue Liste der am 30. 6. 1934 Ermordeten gehabt habe, die mit seinen Unterlagen abhanden gekommen sei. Er betont, Ernst Röhm habe »den Gedanken der sozialen Revolution« gegen Hitler vertreten. Er kannte Röhm vom Freikorps Epp her. Die Mehrzahl der anderen Widerstandsmitglieder seien aber nicht beim Freikorps Epp gewesen und der Widerstandskreis als solcher habe mit dem Freikorps Epp nichts zu tun gehabt. Dagegen sei allgemein »Sympathie für Rotspanien« im Widerstandskreis vorhanden gewesen[24]. Drexel unterschrieb[25] dieses Vernehmungsprotokoll mit sicheren und festen Zügen. Die Unterschrift hat den Schriftzug, den Drexel bis zu seinem Lebensende beibehielt.

5. Umfang der polizeilichen Erhebungen

Der Band 328 der RSHA-Akten belegt, daß sämtliche Leser der Zeitschrift ›Widerstand‹, sämtliche Käufer und Besteller von Büchern aus dem Widerstandskreis und vor allem alle Kunden des Widerstandsverlages vernommen worden sind und zwar sehr scharf und nach einheitlich formulierten Fragen. Als eines der ersten Opfer dieser Aktion war der Kunstmaler A. Paul Weber vorgesehen.

Im Archivband 478 »KPD-Überwachung« wird die Überwachung des »Widerstandskreises Ernst Niekisch« urkundlich belegt. Es tauchen die Namen Scheringer und Giesecke auf. Wichtig erschien den Polizeibehörden das beschlagnahmte und dem Vernehmungs-Band als Beleg[26] beigegebene November-Heft 1932 des ›Widerstand‹. Hier findet sich ein Aufsatz von Ernst Niekisch, überschrieben mit ›Klassenkampf‹. Diese Nummer der Zeitschrift bildet somit den einzigen, ernstzunehmenden Beweis für eine ideologische, keineswegs aber organisatorisch zu wertende Verbindung von Ernst Niekisch zur politischen Partei des Kommunismus.

Allerdings wird nach dieser politischen Richtung hin mehrfach Beppo Römer genannt, stets jedoch im Zusammenhang mit der »Oberland«-Gruppe um Drexel und den paramilitärischen Verbänden. Beppo Römer wird als »Überzeugter Kommunist« geschildert[27]. Es wird vermerkt: »Von seinen Leuten wird Beppo Römer als der kommende Diktator sehr verehrt.« Nach der Meinung der Polizeiakten »konnte Römer Terror-Gruppen aufziehen«. (Beppo Römer wurde erst 1941 ermordet; er soll äußerst aufrecht sein Leben für ein »besseres Deutschland« geopfert haben).

Eine weitere Polizeinotiz zeigt die damals übliche Art der Verleumdung durch ungenannte Dritte im Wege einer »Frage«, und zwar einer Aktenfrage, nicht der an einen Zeugen gerichteten Frage. Ein nicht genannter Gestapobeamter schreibt den sinnlosen Satz an den Rand: »Könnte Römer nicht Halbjude gewesen sein?«

6. Die Aussagen von Frau Anna Niekisch

Wegen einer Rußlandreise ihres Mannes wurde Frau Anna Niekisch eingehend und anscheinend mehrfach vernommen. Diese Rußland-»Kontakte« – es waren kaum solche, sondern einfache persönliche Bekanntschaften mit einzelnen Personen, die im politischen Leben standen – müssen die Vernehmungsbeamten sehr interessiert haben. Es sieht so aus, als ob dieser Vernehmungs-»Gegenstand« »von oben« vorgeschrieben worden war. Von zwei Seiten wurde Frau Niekisch mit Fangfragen überrascht: einmal zum Thema »Drexel«, zum anderen mit dem Ausgangspunkt »Toepfer«. Über Drexels Wissen bezüglich der Rußlandambitionen ihres Mannes konnte die »Vernehmungsperson« Anna Niekisch nicht viel aussagen. Sie wußte wohl – und sagte so aus[28] –, daß im Briefwechsel Niekisch-Drexel das Tarnwort »Fotoplatten« mehrfach vorkommt. Damit waren aber sicherlich Manuskripte Ernst Niekisch und nicht Hinweise auf sowjetrussische Probleme gemeint.

Frau Niekisch muß im Kreuzverhör fortwährend mit Überraschungsfragen verschiedensten Inhalts irre zu machen versucht worden sein. So kommt mitten in den Ausführungen über Drexel in das Protokoll auf einmal Toepfer als Gesprächsthema. Dies sicherlich nur wegen dessen Rußlandinteresses. Anscheinend gingen eindringliche Fragen und Vorhalte der Niederschrift des folgenden Satzes im Vernehmungsprotokoll voraus: »Toepfer hatte nichts mit der Sache des Widerstandskreises zu tun«. Gleichzeitig geht es dann über Ernst Niekisch in der UdSSR. Es geht im Protokoll weiter: »Mein Mann hat niemals verlauten lassen, daß er Trotzkist sei.« Anna Niekisch wehrt sich gegen solche Verdächtigungen. Sie weiß nur, daß ihr Mann 1932 in Moskau einmal Karl Radek getroffen hat.

Diesen kannte er aber schon von der Räte-Zeit her. Die Anregung, daß Niekisch nach Moskau ging, soll aber doch von Toepfer gekommen sein. Dieser habe sie »angeregt«. Toepfer hatte mehrere Reisen von Ernst Niekisch finanziert[29]. Frau Niekisch schildert näher die Beziehungen der Familie Niekisch zu Toepfer: »Wir standen mit Toepfer nicht im Briefwechsel. Er hat uns jährlich durchschnittlich einmal kurz auf etwa eine Viertelstunde besucht. Gegenbesuche wurden nicht abgestattet.«[30] Sie spricht dann von einem politischen Wandel Toepfers, der bereits vor der nationalsozialistischen Revolution stattgefunden habe. Sie nennt das »Umorientierung«. Toepfer hatte der Familie Niekisch 10000 RM geliehen für eine Buchherausgabe August Borms. Dafür wurde ihm das Ranke-Buch verpfändet. Bei der Vernehmung erklärte Frau Niekisch, daß Toepfer »das Geld noch nicht zurückbekommen habe«. Sie fährt dann weiter fort: »Es ist richtig, daß Toepfer Großbürger und Großkapitalist war«. Aber er wäre beim Wandervogel gewesen und ihres Wissens sogar beim »Altwandervogel«. Dieser »Altwandervogel« hatte auch »antibürgerliche Tendenzen«. Sie sagt wörtlich weiter: »Es ist richtig, daß auch Toepfer östlich orientiert war. Er ist aber meines Wissens schon vor der nationalsozialistischen Revolution davon abgekommen.«

Man muß bedenken, daß bei polizeilichen Einvernahmen der Ausdruck »Es ist richtig« stets auf scharfe Fragen der Vernehmungsperson zurückbezogen werden muß. Dabei wurde meistens verlangt oder mindestens so protokolliert, daß die entscheidenden Ausdrücke aus der Frage des Vernehmungsbeamten herausgenommen oder wiederholt und nunmehr als originäre Aussagen des Vernommenen behandelt wurden. Der Ausdruck »ostorientiert« stammt also eigentlich von der Polizeiperson. Frau Niekisch schildert aber auch, daß Toepfer 1932 Schwierigkeiten mit seiner Frau bei den sowjetischen Behörden gehabt habe. Er war im Osthandel tätig.

7. Gesamteinschätzung des Widerstandskreises Ernst Niekisch

Der Herausgeber wurde nach dem Erscheinen einer Buchbesprechung von Bodo Scheurig in der FAZ vom 5. 4. 1978 in zahlreichen Folgebesprechungen kritisiert, weil er versäumt habe, bei der Herausgabe von Drexels ›Reise nach Mauthausen‹ sein eigenes Urteil über den Widerstandskreis Ernst Niekisch kundzutun. Hierzu hat er jedoch seine Gedanken in den ›Blättern für deutsche und internationale Politik‹[31] festgehalten und als Fundstelle für des Lesens Kundige bereits an anderer Stelle zitiert[32]. Außerdem können sich für diese äußerst interessanten geschichtlichen Vorgänge Interessierende weitere Schlüsse, aus der Fußnote der letzten Seite des Buches ›Der Fall Ernst Niekisch‹[33] entnehmen.

Das oben erwähnte Buch von Erich Mühsam[34] enthält geschichtlich bedeutsames Material über Ernst Niekisch. Viele Einschätzungen Mühsams will der Herausgeber nicht von der Hand weisen. Was jedoch heute in zahlreichen Publikationen, Filmen, Berichten und Kritiken zum Thema »Niekisch« in der Öffentlichkeit bekannt wird, betrifft jene Jahre der bayerischen Revolution und der Räteregierungszeit mit ihren Folgen meistens nicht. Viele, die Niekisch nur als Gegner Hitlers Ende der zwanziger Jahre kennenlernten, sehen einfach Niekischs Tätigkeit ab 1918 nicht. Das zitierte Toller-Buch von Wolfgang Frühwald[35] enthält beachtliches Material über die politische Tätigkeit von Ernst Niekisch nach seiner im August 1921 erfolgten Entlassung aus der Haft wegen Teilnahme an der bayerischen Räteregierung. In den Kreisen intellektuell Gebildeter und Aufgeschlossener konnte Niekisch stets als echter Revolutionär handeln und sprechen.

Es wäre wichtig, ähnliche revolutionäre praktische Gedanken von Ernst Niekisch in den teilweise noch vorhandenen Unterlagen des sächsischen Landtags zu suchen, wo Niekisch ja Abgeordneter der Alt-Sozialdemokratischen Partei war. Der Herausgeber hat zahlreiche junge Wissenschaftler zu solchem Studium angeregt, diese teilten aber nicht seine Begeisterung für anstrengende archivalische Arbeit. Es erscheint der Mehrzahl der am Thema Niekisch Interessierten einfacher, in Allgemeinbeurteilungen und mit hergebrachten Schemata Pauschalwertungen vorzunehmen. Naive Interpreten, auch in und aus der Schweiz, meinen, Niekisch sei eben »zwischen zwei Stühlen« gesessen oder gar nicht zwischen »links und rechts«, sondern eben »zwischen allen Stühlen«. Dabei ist zweifelhaft, ob diese Zeitgenossen jemals die Aufsätze von Ernst Niekisch im ›Widerstand‹ oder gar die Arbeiten in der ›Deutschen Zeitschrift für Philosophie‹[36] gelesen haben.

8. Zur Rolle von Joseph E. Drexel im Widerstandskreis Ernst Niekisch

Die weitverbreitete Meinung, Drexel sei nur der getreue Schildknappe von Ernst Niekisch gewesen, bedarf der Korrektur. Drexel hatte eine eigene Meinung und vertrat eine eigene politische Haltung. Zudem belegt das abgedruckte Urteil des Volksgerichtshofs deutlich genug, daß Drexel – vielfach auf Bitten von Ernst Niekisch – dessen Entwürfe nicht nur verbesserte und umänderte, sondern in ihrer politischen Richtung umkonzipierte.

Die Geheime Staatspolizei muß Drexel zunächst als »den« Kopf der Bewegung gehalten haben. Sonst wäre das polizeiliche Verfahren nicht in Nürnberg geführt worden. Schließlich wurden ja nicht nur Ernst sondern auch Anna Niekisch nach ihrer Verhaftung sofort ins Polizeigefängnis Nürnberg überstellt. Noch am 9. 8. 1937 wurde das Verfahren von Nürnberg aus betrieben, wie sich aus einer Weisung der Geheimen Staatspolizei ergibt. Hier wird allerdings – gemäß einer im Laufe des Verfahrens eingetretenen Änderung des Rubrums – vom »Widerstandskreis Ernst Niekisch und Andere« gesprochen. Aber: der Spitzel (Becher) wurde in Nürnberg eingesetzt. Niekisch hat in seiner Autobiographie Gewichtiges über diese zwielichtige Person vermerkt; Drexel teilte dieses Urteil. Aus einem Brief der (damals geschiedenen, nach der Haftentlassung Drexels sofort wiederverheirateten) Frau Drexel an den Pflichtverteidiger entnehmen wir, daß dieser Spitzel Becher eben »nicht unbeeidigt bleiben solle, sondern schwören müsse, dann krebse er; Becher muß stolpern.«[37]

Becher wäre von seinen Auftraggebern niemals in Nürnberg eingesetzt worden, wenn »man« nicht hier den eigentlichen Sitz und die Verwaltung des ganzen Kreises vermutet hätte. Zudem: Drexel hatte die Kleinarbeit für den Widerstandskreis geleistet, wie aus der Urteilsbegründung ersichtlich ist. Niekisch kam meist nur zu Besprechungen oder zu Vorträgen in die einzelnen örtlichen Zentren. Im genannten Akt[38] finden wir in einem Brief des Häftlings Drexel an seinen Pflichtverteidiger, »daß er vor 1933 sehr aktiv und mit allen ihm zur Verfügung stehenden Mitteln für die von ihm für richtig gehaltene Widerstandsbewegung eingetreten sei, daß aber dies vor 1933 niemals ›illegal‹ gewesen sein konnte.« Bereits 1928, noch bei dem Rest des Bundes »Oberland«, sei er »nicht nur gegen Versailles, sondern auch für eine Annäherung an Sowjet-Rußland gewesen«. Darauf folgt das Bekenntnis: »1931 wurden wir revolutionär«.

Die Darstellung Drexels, wie sie der mit ihm befreundete Fabian von Schlabrendorff in seinem Buch ›Begegnungen in fünf Jahrzehnten‹[39] vorlegt, trifft in einigen Einzelzügen m. E. nicht ganz zu. So hatte von Schlabrendorff sich schon in seiner in der ›Zeit‹ veröffentlichten Besprechung der ersten Auflage des vorliegenden Buches geirrt, denn Drexel hat nie die halbwegs »gesicherte« und im gleichmäßigen Tagesablauf zwar bornierte, aber körperlich und menschlich »ertragbare Ruhe« eines preußischen Zuchthauses erlebt. Amberg, wo Drexel »büßen« mußte, hat nie zu Preußen gehört. Es liegt nun mal in Bayern, und Bayern hat – wie aus den Unterlagen Niekisch-Toller über Niederschönenfeld bei Rain am Lech ersichtlich – sich nie an preußische oder gar reichsrechtliche Haftvollzugsverordnungen gehalten.

Nun aber finden wir weitere Darstellungen der Person Drexels, die nicht unwidersprochen bleiben können. Es ist eben nicht so – wie manche meinen –, daß Drexel »der liebe Gott noch viele Jahre nach dem Krieg als Herausgeber der ›Nürnberger Nachrichten‹ ein vollendetes und von Glück und Tatkraft durchseeltes Dasein erleben ließ«[40]. Oder gar, daß »Drexel mehr Dichter als Politiker war«[41]. Und es stimmt auch nicht, daß

1955 »das Institut für Zeitgeschichte in München eine Anhörung« zum Zwecke der Aufklärung der historischen Tätigkeit von Ernst Niekisch veranstaltet hat«[42]. Das »Glück« Drexels bestand in harter, aufopfernder, schwerer und oft leidvoller Arbeit. Auch die Zeitungslizenz der amerikanischen Militärregierung fiel ihm 1945 nicht ohne weiteres zu. Seine journalistische Fähigkeit spielte hierbei eine ganz erhebliche Rolle. Sein Wagemut und sein Antifaschismus waren gleicherweise Grund für die Auswahl der Militärregierung. Das Werk, das Drexel in Nürnberg errichtete, haben viele, zahlreiche Mitarbeiter in mühevoller Arbeit mit ihm geschaffen. Drexel hat dies stets betont und – sozial wie immer – in seinem Testament deutlich zum Ausdruck gebracht. Drexel und seinen Mitarbeitern ist niemals etwas von selbst zugefallen. Und daß Drexel doch mehr Politiker als Dichter war, beweisen seine zahlreichen Aufsätze und Reden. Sie finden sich in einer von mir herausgegebenen Auswahl mit dem von Drexel gebilligten Titel ›Verantwortung vor der Geschichte‹[43].

Von Schlabrendorff hatte an der Feier zum 50jährigen Jubiläum der Promotion Drexels auf Schloß Atzelsberg bei Erlangen teilgenommen. Er hat dort erfahren, daß das Schicksal Drexels gerade auch nach dem Abtreten des nationalsozialistischen Staates keineswegs von »Glück«, sondern von einem eisernen, stets zur »Tat« drängenden, aufrechten Willen getragen war, und daß Drexel erheblichen Widerstand gegen diese seine Offenheit und Menschenfreundlichkeit (bis zu seinem Tod, wie sich später herausstellte) erfuhr. Von Schlabrendorff müßte aber auch wissen, daß die von ihm als »Anhörung« charakterisierte Zusammenkunft im Jahre 1955 in meiner Wohnung in der Äußeren Prinzregentenstraße in München um Drexels und nicht um Niekischs willen von mir arrangiert worden war. Es ging um Drexels Wiedergutmachung. Ich führte den Rechtsstreit. Der Freistaat Bayern machte Einwendungen. Um diese zu bereinigen, was auch gelang, schlug ich die Erstattung einer gutachtlichen Stellungnahme des Instituts für Zeitgeschichte vor. Bei der ungemein langen Besprechung, an der ja auch Frau Anna Niekisch (mit sehr lebhaften und häufigen Bemerkungen) teilnahm, kam das Thema »mit der Reichswehr befreundeter Politiker« nur nebenbei, ich glaube auf einen Einwurf von Schlabrendorffs selbst, zur Sprache. Wenn später Professor Hans Buchheim vom Institut für Zeitgeschichte das Konzentrat seiner Befragung unter dem Titel ›Ernst Niekisch‹ in den ›Vierteljahrsheften für Zeitgeschichte‹ veröffentlichte[44], so war auch dies vorher mit mir als ein gewisser politisch und vor allem geschichtlich lehrreicher Nebenertrag dieser Besprechung erörtert worden. Über das Urteil Niekischs über den veröffentlichten Beitrag in den ›Vierteljahrsheften‹ habe ich in meiner Besprechung des Kabermannschen Niekisch-Buches in den ›Blättern für deutsche und internationale Politik‹ aus einem ganz anderen Grunde festgehalten: Niekisch nahm den Text ab, um die Entschädigungsanträge seiner einstigen Mitkämpfer nicht noch länger hinauszuzögern.

Dies wird alles nur deshalb angeführt, um zu zeigen, daß immer wieder, wenn es um das Thema »Niekisch-Drexel« geht, Niekisch zu sehr in den Mittelpunkt gerückt wird. Wer beide Männer jahrzehntelang kannte und ihre Freundschaft untereinander oft bis in Kleinigkeiten und Alltäglichkeiten aus unmittelbarer Nähe erlebte, kam als aufmerksamer Beobachter und Zuhörer immer wieder auf den Gedanken, daß beide Widerstandskämpfer gemeinsam und gewissermaßen in einem Atemzug als Beispiele des »anderen«, des echten Deutschland, der Jugend vorgestellt werden müßten.

Anmerkungen

1. Zur Zwischenbemerkung des Herausgebers

1 Über die Widerstandsbewegung Ernst Niekisch wurden nach 1945 viele Berichte, Aufsätze und Bücher geschrieben. Auch Rundfunk- und Fernsehsendungen griffen das Thema auf. Aus der Sicht, die der Herausgeber im jahrzehntelangen Umgang mit Ernst Niekisch und vor allem in langer persönlicher und beruflicher Freundschaft mit Joseph E. Drexel sowie bei der Führung der Wiedergutmachungsverfahren zahlreicher Mitglieder der einstigen Widerstandsbewegung gewonnen hatte, können alle diese Veröffentlichungen trotz Wiederholung und jeweils gesteigerter Ausschmückung einiger Randgeschehnisse (z. B. Fall Alfred Baeumler) doch einigermaßen den Grundsatz der Objektivität und die Fahne subjektiver Richtigkeit für sich beanspruchen.

Aber: sie sind alle nur Mosaik, Akzentuierung, Beleuchtungskonzentrate, partielle Denkverknüpfungen, die das Merkmal der »Singularität« in sich tragen und offenbaren. Oft unterlaufen dabei den leidenschaftlich ansetzenden Autoren geschichtliche Fehler, wie etwa Bernt Engelmann in ›Trotz alledem. Deutsche Radikale 1777 – 1977‹ (München 1977, S. 372 und S. 408). Dieser behauptet, Niekisch sei im Konzentrationslager schwer mißhandelt worden und Joseph E. Drexel hätte solches im Buche ›Der Fall Niekisch. Eine Dokumentation‹ (Köln 1964) geschrieben. Dies stimmt einfach nicht. Ernst Niekisch war nie in einem Konzentrationslager, Drexel hat solches auch nie behauptet. Selbst gegen den Bericht von Hans Buchheim ›Ernst Niekischs Ideologie des Widerstands‹ (Vierteljahrshefte für Zeitgeschichte, 1957, S. 354 ff.) hatte Niekisch einige Einwände wegen der Darstellung geschichtlicher Daten. In meinem Aufsatz ›Die Verzeichnung des antifaschistischen Widerstands von Ernst Niekisch‹ (Blätter für deutsche und internationale Politik 1973, S. 872 ff.) habe ich anhand einer Besprechung des Buches von Friedrich Kabermann ›Widerstand und Entscheidung eines deutschen Revolutionärs. Leben und Denken von Ernst Niekisch‹ (Köln 1973) Mängel wie Widersprüche zum Thema des Auswertens der geschichtlichen Tat der Widerstandsbewegung Ernst Niekisch aufgezeigt. Die Veröffentlichung war nach ausdrücklicher Zustimmung von Joseph E. Drexel erfolgt.

Zum Thema der ideengeschichtlichen Plazierung von Ernst Niekisch und dessen politischer Ansiedlungsversuche in der Zeit der Konsolidierung der Weimarer Republik nach der Währungsumstellung, dem Ende der Rheinlandbesetzung und der Überwindung des Separatismus und vor allem in der Epoche der Fußfassung des republikanischen »Deutschen Reiches« im internationalen Geschehen liegen bisher keine wissenschaftlichen Forschungen vor. Eine solche Untersuchung müßte zeigen, wie es Ernst Niekisch gelang, nach dem Scheitern der Räterepublik (eine historisch haltbare Zeichnung der Beteiligung Niekischs an dieser liefert nach meiner, immerhin im Kreise der damals das Münchner Zuhörer-, Zuschauer- und Staffage-Publikum bildenden »Masse« geprägten Meinung: Allan Mitchel ›Revolution in Bayern 1918/19‹, München 1967, vor allem S. 247: »peinliche Hilflosigkeit«; S. 263: »Bereitschaft mit dem Parlamentarismus«; S. 267: »ewiger Vorsitzende«), nach dem Abflauen der bündischen Bewegung, nach der Verlagerung einzelner Reste derselben in paramilitärische Verbände und den Teilerfolgen erster konservativer und faschistischer Kräfte im politischen Leben interessante Teile der Jugend bis hin zum »Stahlhelm« anzusprechen. Eine umfassende, durch dokumentarische Unterlagen und Auswertung der Bestände im Zentralen Staatsarchiv der DDR in Potsdam gestützte Arbeit ist derzeit von einem Historiker der DDR in Vorbereitung. Sie dürfte eine gewisse Korrektur der durch Niekischs »Autobiographie« oft allzu subjektiv geschilderten Gesamtsituation jener Jahre nicht ausschließen.

2 Drexel hatte anläßlich der Feier seines Goldenen Doktor-Jubiläums am 1. November 1973 auf Schloß Atzelsberg die Erinnerung an Max Weber wachgerufen, nachdem ich im Eröffnungsvortrag die akademische Situation in Bayern nach dem Ersten Weltkrieg bis zur Zeit des Hitlerputsches von 1923, der mit Drexels Promotion zeitlich fast übereinstimmte, vorgetragen hatte. Drexel hatte noch in seiner letzten Rede, am 1. April 1976 in Berlin bei der Verleihung der Ehrendoktorwürde der Humboldt-Universität, auf Max Weber als einem seiner geistigen Lehrer hingewiesen.

Drexel war Schüler Max Webers in München in den ersten Nachkriegssemestern. Er gehörte zu seinem engeren Kreis und war einer der ganz wenigen Studenten, die es wagten, an der Begräbnisfeier für Max Weber teilzunehmen. Weber war nach dem bekannten Tumult präfaschistischer Studenten gegen ihn im Lichthof der Münchner Universität und den erheblichen Belästigungen, die er hinnehmen mußte, leidend geworden und alsdann viel zu früh verstorben. Aus dem Themenkreis Webers, den uns am besten Marianne Weber in ihrem Buch ›Max Weber. Ein Lebensbild‹ (Heidelberg 1950) vermittelte, wirkten auf Drexel hauptsächlich die Weberschen Gedanken zu »Wirtschaftsethik«, »Charakteristik des modernen abendländischen Menschen« und »Verpflichtung gegenüber der nationalen Kultur«.

Das Bild Max Webers wird derzeit vielfach verzeichnet. Einesteils mag die Beschlagnahme Webers ausschließlich für die amerikanische Soziologie (denken wir nur an das Wertfreiheitsproblem oder an den Briefwechsel Parsons-Schütz!) daran schuld sein, andererseits aber auch die Schwarzweiß-Zeichnungen einiger materialistisch ansetzender Denker, z.B. Joachim Kahl, der Webers Bekenntnis zur »bürgerlichen Klasse« im Jahre 1895 als Grundlage für all seine »Fehltritte« nimmt und in solcher Folge dann bei Max Webers Einteilung der Herrschaftsformationen die »charismatische« entgegen Webers eigenem Bekenntnis diesem als Zustimmung und geschichtliche Schuld anrechnet; so in ›Positivismus und Konservatismus‹ (Köln 1976, S. 32). Mit Recht hat jüngst Christof Führ in der FAZ vom 22. 10. 1977 (in ›Jaspers und Hellpach im Streit um Max Weber‹) festgehalten, daß »Max Weber vielen jungen Menschen 1919 als derjenige erschien, der die Probleme der Zeit lösen könne«. Mit ähnlichen Worten hatte Joseph E. Drexel die Situation seiner ersten Münchner Nachkriegs-Semester geschildert. Jahrzehnte später hat dann Ernst Niekisch in seiner Lebensgeschichte ›Gewagtes Leben‹ (Köln 1958, S. 25) Max Weber einer summarischen Allgemeinbeurteilung unterzogen, dabei aber trotz dieser lexikographisch verbleibenden Stichwort-Charakterisierung doch einen wesentlichen Umstand vermerkt: in Heidelberg waren Eugen Leviné und Ernst Toller Schüler von Max Weber gewesen.

Es ergab sich beim Tode Drexels, daß in den Trauerreden eine Parallele zu dem plötzlichen Ableben eines geistig hochstehenden Deutschen zwischen Weber und Drexel gefunden werden konnte, denn Drexel starb kurz vor Vollendung des 80. Lebensjahres ebenfalls während einer persönlichen, politisch aufregenden Verstrickung.

3 Ernst Niekisch hat den Beginn seiner Freundschaft mit Joseph E. Drexel

selbst erzählt im Nachwort zu dem von ihm herausgegebenen Buch ›Der Gesichtskreis‹ (München 1956, S. 213ff.) und in ›Gewagtes Leben. Begegnungen und Begebnisse‹ (Köln 1958, S. 156); ferner in dem von mir herausgegebenen Band ›Die Freunde und der Freund‹ (Privatdruck, Nürnberg 1966, S. 1ff.). Niekisch schildert hier die seit 1926 wirksam gewordene Verbundenheit und das Zusammenwirken beider Widerständler aus Anlaß des 70. Geburtstages Drexels und der 40jährigen unerschütterlichen Freundschaft.

5 Hermann Scheler, später Professor für Philosophie an der Humboldt-Universität zu Berlin, berichtete bei einem gemeinsamen Besuch im einstigen Lager Ebensee (Außenstelle von Mauthausen) über seine und Drexels lyrische Versuche während der Haftzeit. Er erzählt im Band ›Die Freunde und der Freund‹ (a.a.O.), wie Drexel durch Klopfzeichen aus der Isolationszelle ihm in die Nachbarzelle ein Gedicht übermittelte: »Von verhaltener Schwermut ist es, aber voller Glaube an den Menschen und an das Gute und Schöne im Leben.«

5 Dieses Moment suchten wir, d.h. Gefährten, Freunde und im Denkumkreis der Drexelschen Ideale Kämpfende, im Buche ›homo homini homo‹ einzufangen. Siehe die gleichnamige Festschrift zum 70. Geburtstag Drexels (München 1966). Zur Titelwahl, die zugleich als Charakterisierung des Jubilars Geltung beanspruchte, siehe meinen Beitrag im Band ›Die Freunde und der Freund‹ (a.a.O.).

6 Hierzu Hermann Schirmer ›Das andere Nürnberg. Antifaschistischer Widerstand in der Stadt der Reichsparteitage‹ (Frankfurt am Main 1974, Abschnitt »Die Gruppe ›Widerstand‹ in Nürnberg und Franken«, S. 159ff.).

7 Siehe vor allem Ernst Niekisch, ›Gewagtes Leben. Begegnungen und Begebnisse‹ (Köln 1958), derselbe, ›Erinnerungen eines deutschen Revolutionärs. Gewagtes Leben‹ (Band I der Autobiographie, Köln 1974); ferner Joseph E. Drexel, ›Geschichte und Geschichten‹ (Vortrag im Bayer. Rundfunk v. 27. 3. 1969, Privatdruck, Nürnberg 1969, S. 17ff.) und seine Rede zur Eröffnung der Ausstellung Antifaschistischer Widerstand 1933–1945 in Nürnberg am 27. 4. 1973 (Privatdruck).

8 Über Art und Weise der Prozeßführung beim Volksgerichtshof für das Großdeutsche Reich liegen genaue Angaben vor. Im Band 33 der »unter Autorität des Obersten Kontrollrats für Deutschland« in Nürnberg in der Druckerei des einstigen Stürmer-Druckers Max Willmy hergestellten Prozeßberichte (veröffentlicht in »Nürnberg, Deutschland«, 1949) lesen wir einen »wortgetreuen Bericht« eines Reichstagsstenografen, den dieser unter Lebensgefahr aus dem Geheimarchiv des Volksgerichtshofs in Urfassung »entnommen« und sichergestellt hatte; siehe S. 299–430.

Wenn auch die Prozeßführung Freislers den niedrigsten Stand, den Menschen überhaupt erreichen können, offenlegt, so mag unter Thierack noch eine gewisse – äußerlich verbleibende – Form gewahrt worden sein. Aber: es war immer der Volksgerichtshof für das Großdeutsche Reich, der hierbei in Aktion trat. Es war immer sogenanntes »nationalsozialistisches Recht«, das Anwendung fand. Dieses definierte Freisler (siehe Dokument 3881 – PS des IMT-Prozesses, a.a.O., S. 424) wie folgt: »Was weiter die nationalsozialistische Auffassung vom Recht betrifft, so kann ich als einer, der seit vielen Jahren nun wirklich im Rechtsleben darin steht, sagen, daß unsere Auffassung vom Recht theoretisch und praktisch ebenfalls eine ungeheure Vertiefung erfahren hat, daß das Recht unseres Volkes eine ungeheure Gesundung und Verstärkung erfahren hat. Wenn es früher hieß, was nicht verboten ist, ist erlaubt, d.h. wenn der Schieber und Schurke sich nicht in den Maschen ausdrücklicher Bestimmungen fängt, läuft er frei aus, so ist das heute anders.« So lautete die Antwort Freislers auf Yorck von Wartenburgs vorsichtigen Hinweis, daß »Recht« als eine »sittliche Verpflichtung nicht vom Totalitätsanspruch des Staates ausgeschaltet« werden könne.

Und vor Freisler gab der dazu berufene Jurist, Reichsleiter, Reichsminister und spätere Generalgouverneur, der einstige Münchner Rechtsanwalt Frank eine noch schwammigere, dehnbare, im Grunde alle Definitionsgebote vernachlässigende Rechtsbestimmung des »heroisches Recht« genannten Phänomens: »Recht – das ist die Beschäftigung mit vier großen Ausstrahlungen, mit Gefühl, Idee, Wissen und Können von Recht« (›Heroisches und geordnetes Recht‹, Berlin 1938, S. 5, S. 6ff.). Und dieses »Rechtsgefühl«, das eigentlich Recht erst prägt und bildet, »steht am Anfang des Wirkens unseres Führers«. Dieses »Rechtsgefühl« aber prägte ein als »arbeitsscheu« (siehe Franz Jetzinger, ›Hitlers Jugend‹, Wien 1956, S. 207) bekannter Wiener Straßenjunge (a.a.O., S. 214ff.), über dessen Charakter und Gefühlsleben doch wohl am besten seine Duzfreunde »Rudi« Heß (mit dem er auf seinen dringlichen Wunsch entgegen aller Gefängnisordnung in Landsberg in blutjungen Jahren eine gemeinsame Zelle bekommen hatte) und Ernst Röhm (den viele aus der »bündischen Zeit« in vollkommen anderer Charakterisierung kennen, als ihn Hitler hinstellte, um alle diejenigen zu beseitigen, die nur irgend etwas »Interessantes« aus seiner ersten Zeit wußten) aussagen könnten.

9 Drexels Akt in Mauthausen trug den auf dem Aktendeckel eingestempelten Vermerk »r.u.« = Rückkehr unerwünscht. Es muß also frühzeitig diese KZ-Kandidatur festgestanden haben. Lehrreich daher, was Freisler in einem Volksgerichtshof-Verfahren aufgrund des »nationalsozialistischen Rechtsgefühls« dazu sagte: »Diejenigen, die in den Konzentrationslagern sitzen, sind ja der Abschaum derer, die uns gehindert haben, ein Reich ... aufzubauen.« (Protokolle, a.a.O., S. 366).

10 Protokolle, a.a.O., S. 365, 366.

11 Ernst Niekisch meint, daß bei Verhandlungsbeginn zahlreiche ausländische Berichterstatter im Saal anwesend waren (›Gewagtes Leben‹, S. 327). Eine eigentliche »Pressebank« gab es beim Volksgerichtshof nicht. Es wird sich daher schwer ermitteln lassen, wer dieses anwesende »Publikum« war. Auf alle Fälle mußte es sofort den Saal räumen. Wie das geschah und welche Prüfungsmethoden vom Volksgerichtshof dabei gehandhabt wurden, belegt die mehrfach erwähnte wortgetreue Sitzungsniederschrift, die im IMT-Prozeß Verwendung finden konnte (a.a.O., S. 303ff.).

12 Die moderne »Universalpragmatik« (oder »Allgemeine Handlungslehre« oder »Praxeologie«) der BRD sollte sich als Beispiele für ihre Thesen statt naiver Untersuchungen über teleologisch faßbares »Handaufheben« oder andere Alltäglichkeiten einige Themen aus dem Volksgerichtshofurteil vom 10. 1. 1939 auswählen, z.B. die »Vorbereitung der Vorbereitung zum Hochverrat« leitet als in zwei Stadien ansetzende Handlungsprüfung zur Pönalisierung einer bis zur »schlechten Unendlichkeit« strapazierten Handlung und damit zur Sinnlosigkeit über. Oder: die rechtliche Beurteilung eines »Rohentwurfs« (denn anders kann modernes Denken die im Urteil angezielten Schreibtischtexte nicht einschätzen, selbst wenn sie an mehrere Interessenten zur Diskussion und an einige Verlage unter der Bezeichnung »Entwurf« ausgehändigt waren) muß von einem dem Gebot der Gesetzlichkeit der Rechtsanwendung unterliegenden Richter *kritisch* erfolgen. Als Handlungsvorgang mit politischer Zielsetzung liefert die *Veröffentlichung* oder *Verbreitung* erst das juristisch faßbare Kriterium, nicht der rohe, bei einem Hausfriedensbruch mitge-

nommene Text. Jean Paul und Hegel praktizierten die richtige Einschätzung des »Ans-Licht-Tretens« eines Schriftwerkes und sahen den Vorgang nicht etwa bereits erfüllt mit der Ankündigung in einem Verlagsprogramm (im vorliegenden Fall kam die Vorbereitung der Vorbereitung nicht einmal so weit!) oder in Werbeschriften für eine Buchmesse (auch dies war im vorliegenden Fall noch in sehr weiter, eigentlich unerreichbaren Ferne!). Und: nicht nur gegenwärtige Handlungstheoretiker, sondern alle zeitnahen wissenschaftlichen Theorien sollten sich ihre Beispiele (mindestens: *auch*) aus den geschichtlich doch so nahen Phänomenen des antifaschistischen »Widerstands« holen.

2. Zu: Das Konzentrationslager Mauthausen

1 Der Prozeß gegen die Hauptkriegsverbrecher vor dem Internationalen Militärgerichtshof (IMT-Prozeß). Nürnberg 1947, Akten, Band XI, S. 252ff.; die einschlägigen Beweise finden sich vor allem in Band XXXIII.
2 Akten, Band XI, S. 259.
3 Vgl. das vom Verteidiger Kaltenbrunners veranlaßte Affidavit Dr. Mildner. Akten, Band XI, S. 253.
4 Jürgen Habermas (Hrsg.), Stichworte zur geistigen Situation unserer Zeit. Frankfurt a. M. 1979, Band 2, S. 730ff.
5 Akten, Band XI, S. 277–300.
6 Ebd., S. 360ff.
7 Ebd., S. 300.
8 Ebd., S. 301.
9 Ebd., S. 378.
10 Ebd., S. 379. Der gesamte Wortlaut dieser Aussage ist in Band XXXIII der Akten, S. 211–212 gedruckt. Sie wurde vor dem Investigating Officer Paul C. Guth am 7. März 1946 gemacht. – Für ein Gesamturteil über das Lager Mauthausen kann auch die Plazierung im »Sach-Index« in Band XXIII/XXIV Aufschluß geben. Dort (S. 67) ist Mauthausen unter der Rubrik »Vernichtungslager«, neben Auschwitz, Belzec, Lublin, Majdanek, Treblinka und Wolzek, aufgeführt.
11 Siehe oben, S. 163, 167, 171.
12 Akten, Band XXIII, S. 210ff.
13 Akten, Band XI, S. 359f.
14 Dokument 3870 PS, das als Beweisstück US 797 im Prozeß angeführt wurde.
15 Akten, Band XXXIII, S. 213ff.
16 Akten, Band XI, S. 367.
17 Akten, Band XXXIII, S. 279ff.
18 Akten, Band XI, S. 366 und Band XXXIII, S. 281ff.
19 Akten, Band XXXIII, S. 281f. – Die Unterstreichung mit Bleistift findet sich in dem mir von der US-Militärregierung überlassenen Exemplar (W. R. B.).
20 Akten, Band XXXIII, S. 283.
21 Akten, Band XI, S. 447f.

3. Zu: Aus den Akten des Reichssicherheitshauptamtes

1 Selbst 1918/19, zu einer Zeit, da Niekisch in Augsburg bei der Gewerkschaft festen Fuß gefaßt hatte und geradezu als deren Repräsentant galt, blieb seine Rolle in der »Künstlerrepublik« in München und in den Geburtswehen einer »Räterepublik« erheblich nach der Seite der bis dahin oppositionellen Intellektuellenkreise orientiert. Niekisch war dann auch – und auch wir vom Jahrgang 1902 als »Mitläufer« des Versammlungspublikums jener Tage hörten es so – weniger »Arbeiterführer« als »ewiger Vorsitzender«, wie es Mitchell bezeichnete. Erich Mühsam, der später Niekisch keineswegs als Wortführer der Arbeiterinteressen zeichnen zu können glaubte, weist ebenfalls auf diese Zielgruppe der politischen Tätigkeit von Ernst Niekisch hin: es waren keineswegs die Massen, sondern Intellektuelle, Organisationen, Verbände.

Aus der Geschichte Ernst Tollers und dem tapferen Eintreten von Ernst Niekisch für diesen ergibt sich das gleiche Bild: Niekisch brachte es durch Landtagsinterpellationen und Protestkundgebungen fertig, viele und gewichtige Kreise gegen die Verfassungsbrüche in Bayern (Bayern fügte sich einfach nicht den Reichsamnestien und ging stets dickschädlig eigene Wege) mobilzumachen. Selbst den Reichsjustizminister Radbruch brachte er nach Augsburg und ging mit diesem dann nach Rain bei Lech, um die Festungshäftlinge zu besuchen. Niekisch rief für diesen Kampf alle Kreise auf, tatsächlich »alle«; er sprach aber zuerst und vordringlich die intellektuellen Gruppen an. Die Arbeitermassen waren dann selbstverständlich »auch mit dabei«.

Für diese Jahre vgl. die geschichtlichen Darstellungen von: Erich Mühsam, von Eisner bis Leviné. Die Entstehung und Niederlage der bayerischen Räterepublik. Ein Bericht. Berlin 1929; Neuausgabe von H. J. Viesel, Hamburg 1976.

Wolfgang Frühwald und John M. Spalek, Der Fall Toller. Kommentar und Materialien. München 1979.

Allan Mitchell, Revolution in Bayern 1918/19. München 1967 (Übersetzung einer amerikanischen Ausgabe von 1935).

Louis Dupeux, National Bolchevisme. Paris 1979, Band 2. Die dort auf S. 701 ff. angegebenen Archivunterlagen geben über die Tätigkeit Drexels in den paramilitärischen Verbänden der Zeit nach dem Ersten Weltkrieg wenig Aufschluß. Ihr genaues Studium hätte aber die von mehreren Autoren vertretene irrige Meinung, Drexels Übertritt zu Niekisch habe erst 1929 stattgefunden und nicht 1926, widerlegen können. Wer Drexel und Niekisch selbst kannte, weiß, daß sie unmöglich falsche Angaben (z. B. Ernst Niekisch im Einleitungssatz des schon zitierten Bands ›Der Freund und die Freunde‹) über Jahreszahlen machten. Von diesen bei Dupeux erwähnten archivalischen Unterlagen geben eigentlich nur die Akte 33 145 und 33 148 (neue Numerierungen gegenüber den Bezeichnungen bei Dupeux) des Staatsarchivs München einige Aufschlüsse über Drexel. Man muß bedenken, daß die hier verwahrten Akten der amtsgerichtlichen Vereinsregister nur eine *formale*, eben die registergerichtliche Widerspiegelung der Geschicke des »Bundes Oberland e. V.« aufzeigen können. Die Gründe, die Auswirkungen, die geschichtlichen Etappen des betreffenden Vereins finden keinen, oder eben nur einen formalen Niederschlag.

Der Name Drexels scheint hier öfters auf. Wer jene Zeiten erlebt hat, kann die politische Tätigkeit Drexels belegt und archivalisch abgesichert finden, so wie er sie selbst ständig vorgetragen hat.

Wesentlich bleibt – und aus den Akten nicht ersichtlich –, daß Drexel, wie fast alle seines Jahrgangs und vor allem Akademiker, Reserveoffiziere (Drexel war kurz vor Kriegsende Leutnant geworden) und aus dem Bürgertum stammende jüngere Kräfte in Bayern, dem Freikorps Epp angehörte. Beim ersten Wirbel um den »Bund Oberland« war Drexel also nicht dabei. Die Satzung des Vereins stammte vom 31. 10. 1921; dem 1. Vorstand wurde der Prozeß wegen vereinsschädigenden Verhaltens gemacht, gegen diesen siegte dann Dr. Friedrich Weber (Teilnehmer des späteren Marsches zur Feldherrnhalle und mit Hitler dann in der Landsberger Festung inhaftiert.) Am Tage des Hitler-Putsches (in der Nacht) verbot der Generalstaatskommissar von Kahr die NSDAP, den »Bund Oberland« und die »Reichskriegsflagge«. Das war am 9. November 1923. Später, am 20. 2. 1925, meldete Weber den Verein »Oberland« erneut beim Vereinsregister an. Die Satzung war in der Wohnung Webers ausgearbeitet und dort unterschrieben worden. Die erste Unterschrift leistete Edgar Stelzner, später Vertreter des evangelischen Volksdienstes im Bayerischen Landtag.

Dieser – also der zweite – Verein »Bund Oberland« hatte am 17. 4. 1929 auf Burg Hoheneck bei Windsheim eine Mitgliederversammlung abgehalten und Friedrich Weber zum 1. Bundesvorsitzenden, Drexel zum 2. Bundesvorsitzenden gewählt. Das Registergericht erkannte weder die Mitgliederversammlung noch die Wahl an. Weber legte am 26. 10. 1929 sein Amt nieder. Er bezeichnete die Wahl als ungültig. Das Treffen auf Burg Hoheneck jedoch wurde offen als »Wehrtreffen« bezeichnet und Leiter der Tagung war Dr. Weber gewesen. Der in den Registerakten befindliche Programmzettel weist als weiteren, neben Weber verantwortlichen Veranstalter »für die organisatorische Leitung« den Namen Dr. Drexel und als ihm zugeteilt den des »Kameraden Tröger« auf.

Gleichzeitig sind als Vortragende einige damals im politischen Leben bekannte Namen angeführt, u. a. Ernst Niekisch, Otto Strasser, Kleo Pleyer. Das beweist, daß Drexel, der seit 1926 mit Niekisch bekannt war, und ebenso Karl Tröger, es durchgesetzt hatten, daß Ernst Niekisch auf Hoheneck seine Gedanken entwickeln und um weitere Anhänger für diese werben konnte. Niekischs Widerstandskreis gewann so einen festen Kern, eben die aus dem »Bund Oberland« stammenden Anhänger. Weder Drexel noch Tröger traten aber deshalb sofort aus dem »Bund Oberland« aus, wie die der NSDAP beitretenden Oberländer auch nicht sofort aus dem Bund austraten. Neben dieser zur NSDAP tendierenden Gruppe gab es noch die österreichische um den Fürsten Starhemberg, der vor allem viele Steiermärker angehörten.

Der »Bund Oberland« wurde erst am 23. 3. 1933, und zwar von der nationalsozialistischen Regierung, aufgelöst, die ja selbst paramilitärische und den Wehrsport fördernde Unterorganisationen hatte.

Drexels Name scheint in den Registern zum letzten Male am 24. 11. 1929 auf. Er unterschrieb da eine – anscheinend vorbereitete – Erklärung mit vielen anderen Mitgliedern für das Registergericht, daß er für die Einberufung einer neuen Mitgliederversammlung auf den 15. 12. 1929 in München stimme. Dann reißt es ab. Die zum Widerstandskreis Ernst Niekisch übergetretenen Oberländer hatten selbst organisatorischen Boden gewonnen.

Interessant ist in diesem Zusammenhang auch, wie sich aus den Akten des Bayerischen Hauptstaatsarchivs in München – Akt 73684 über Selbstschutzorganisationen, Geheimbünde und Gesetz zur Durchführung des Art. 177 und 178 des Friedensvertrages – ergibt, die Tätigkeit Himmlers in diesem Kreis. Er, der einmal bei Drexel und Tröger dafür geworben hatte, daß wenigstens Teile des »Bundes Oberland« zur NSDAP überträten, bekannte bei einer Vernehmung auf Vorladung am 12. 1. 1926: »Ich war von 1919 bis 1922 Angehöriger verschiedener Freikorps, ›Freikorps Landshut‹, ›Freikorps Bayern und Reich‹, ›Bund Oberland‹, ›Reichsflagge‹. Durch Strasser kam ich als Geschäftsführer der NSDAP nach Landshut.« Hinzugesetzt werden muß, daß dieses »Freikorps Landshut« einige Zeit als »Freikorps Unterland« firmierte und daß das »Freikorps Reichsflagge« keineswegs mit der »Reichskriegsflagge« identisch war.

Alle diese »militärischen Verbände« waren seit dem 24. 5. 1921 verboten. Am 26. 10. 1926 hob Hindenburg auf Grund des Artikels 48 der Weimarer Verfassung im Wege einer Notverordnung dieses Verbot auf (RGBl v. 29. 10. 1926, S. 481). Über das Reichsministerium des Innern meldete das Bayerische Staatsministerium des Innern im Dezember 1926 an die Botschafterkonferenz und deren Präsidenten Briand im Vollzug des Versailler Friedensvertrages, daß keine militärischen Nebenorganisationen mehr vorhanden seien. Sie seien alle nach dem Hitler-Putsch von 1923 »zerbröckelt«. So seien verschwunden: »Wiking«, »Wehrwolf«, »Jungdo«, »Stahlhelm«, »Organisation Rossbach« und der »Tannenbergbund«. »Oberland« wird nicht mehr genannt.

Man muß all diese Vorgänge kennen, um die Aussagen Drexels bei den Gestapo-Verhören verstehen zu können. Er nennt mehrfach Weber, der ja Hitlers Duzfreund war, um sich als zeitweiser Oberländer auszuweisen und vor allem, um die historischen Ausgangspunkte seiner politischen Tätigkeit zu erklären. Viele der Freunde Drexels hatten eine ähnliche Entwicklung als junge Offiziere durchgemacht; denken wir nur an Richard Scheringer, mit dem Drexel bis zu seinem Tode Freundschaft verband.

2 Hermann Schirmer, Das andere Nürnberg. Antifaschistischer Widerstand in der Stadt der Reichsparteitage. Frankfurt a.M. 1974. Hierzu auch die Rede Drexels bei der Eröffnung einer Ausstellung »Antifaschistischer Widerstand 1933–1945« in Nürnberg am 27. 4. 1973, Privatdruck.

3 Fabian von Schlabrendorff, Begegnungen in fünf Jahrzehnten. Tübingen 1979, S. 79.

4 Bei einer längeren Unterhaltung mit Fabian von Schlabrendorff im März 1980 konnten meine Gegenfragen geklärt werden. Von Schlabrendorff bezieht sich für seine Darstellung auf einen Vorgang, der unmittelbar nach der sogenannten »Machtübernahme« im Februar oder März 1933 ihm persönlich bekannt war. Damals war Niekisch von SA-Männern in seiner Wohnung (wie viele andere, Abgeordnete, Wirtschaftsführer, linke Intellektuelle, Künstler usw.) aufgesucht, ausgefragt und unsanft behandelt worden. Bücher und Aktennotizen wurden bei solchen Vorgängen durcheinandergebracht, zum Teil mitgenommen. Niekisch suchte über die Verbindung zu von Schlabrendorff und mit Hilfe der Fäden, die dieser zu mehreren Dienststellen der alten Regierungsbehörden hatte, sich an das preußische Innenministerium zu wenden. Dies gelang. Von dort wurde Niekisch zur Reichswehr weiterverwiesen, die tatsächlich irgendwie für Niekisch bei Dienststellen Zurückhaltung empfehlen konnte (mit damaligem Erfolg).

Dies bezieht sich aber auf einen Vorgang zu einer Zeit, als die Reichswehr noch eingreifen konnte und die alten staatlichen Organe noch nicht von Parteidienststellen funktional ausgehöhlt waren. Daß aber das ganze Zuwarten bis 1937 und vor allem das spätere Verhalten der Parteistellen irgendwie auf Hinweise oder Eingriffe der Reichswehr zurückzuführen sei, kann nicht gesagt werden. Die Reichswehr hatte mindestens seit den ersten öffentlichen Morden vom 30. 6. 1934 auch nicht mehr die Macht, solchen Einfluß zu nehmen. Daß Niekischs Name in Offizierskreisen (teilweise auch aus Vorträgen) durchwegs bekannt und sein politisches Programm für ernsthaft gewertet wurde, trifft sicherlich zu.

5 69 eng beschriebene Seiten im Akt NJ-V-540.

6 Die Aktenbände sind unter der Bezeichnung NJ 14950 ›Polizeiliche Protokolle VII‹, S. 1–207; NJ 1432; NJ 14572 ›Polizeiliche Protokolle VIII‹, S. 208–369; NJ 2875, NJ V-540 verwahrt; außerdem liegt der Akt des Reichssicherheitshauptamtes IV, S. 1007–1337, mit zahlreichen Einvernehmungen und Berichten von Zeugen und Auskunftspersonen vor. Die Bände 327–328 des RSHA enthalten die Vernehmungen aller Leser des ›Widerstands‹ und die Bezieher von Büchern des Widerstandsverlages, der Band 478 die ›KPD-Überwachung‹.

7 Akten des RSHA. Akte NJ 14572 ›Polizeiliche Protokolle‹ VIII, S. 208ff.

8 Verfügung des Vorsitzenden des 1. Senats des Volksgerichtshofs vom 11. Juni 1938. Ebd., Polizeiakt NJ 2875, S. 8.

9 Ebd., Akte NJ-V-540, S. 113.

10 Ebd., S. 49.

11 Ebd., Akte NJ 14572, S. 243.

12 Ebd., S. 257.

13 Akten des RSHA, Abt. IV, S. 1073.

14 Ebd., S. 1080.

15 Ebd., S. 1012.

16 Ebd., S. 1082.

17 Ebd., S. 1077.

18 Ebd., S. 1086.

19 Der von mir herausgegebene Band ›Die Freunde und der Freund‹ erschien 1966; hier Seite 1ff.

20 Ebd., S. 1094.

21 Ebd., S. 1089.

22 Ebd., S. 1099.

23 Ebd., S. 1106.

24 Ebd., S. 1111.

25 Ebd., S. 1137.

26 Archivband 478 des RSHA, S. 10.

27 Ebd., S. 28.

28 Akten des RSHA. Akte NJ 14572, S. 257.

29 Ebd., S. 280.

30 Ebd., S. 281ff.

31 Jahrgang 1973, S. 872ff. Ein Wissenschaftler schreibt nicht von sich ab. Er zitiert sich.

32 Vgl. die Erstausgabe dieses Buches (Stuttgart 1978), S. 182.

33 Köln 1964.

34 S.o., S. XX, Fußnote 1.

35 Siehe Fußnote 1. Auf Seite 123 ist ein Polizeibericht angeführt, der beachtliche Hinweise auf die zielbewußte Politik Ernst Niekischs vermittelt. Der damalige Reichsjustizminister Radbruch hatte »bis spät in die Nacht hinein« im Hause Ernst Niekischs in Augsburg mit diesem »politisch konferiert«.

36 Vor allem: Weg und Krise der abendländischen Ordnung. In: DZfPh 1954, S. 533ff. Ernst Niekisch hat noch 1964 in der DZfPh geschrieben: Bilanz der Ära Adenauer, 525ff.

37 Akten des RSHA. Akte NJ-V-540, S. 113.

38. Ebd.

39 Tübingen 1979.

40 A. a. O., S. 82.
41 A. a. O., S. 87.
42 A. a. O., S. 88ff.
43 Nürnberg 1971. Der Untertitel des Bandes lautet: ›Aufsätze, Kommentare, Glossen‹.
44 Hans Buchheim, Ernst Niekischs Ideologie des Widerstands. Ebd., Jg. 1957, S. 334ff. Niekisch und Drexel hatten diesen Text mehrfach mit mir erörtert und viele Einwendungen dagegen vorgetragen. Am kräftigsten galt die Kritik den Ausführungen am Schluß des Aufsatzes, wo die Niekisch-Gruppe von Buchheim einem »Nationalbolschewismus« zugeordnet und gewissermaßen als Gegenpol zum »Nationalsozialismus« und doch als Zeugnis einer gleichen Abstammung in einer »nationalrevolutionären Gesamtbewegung« gezeichnet wurde. Daß diese Darstellung in der letzten Fußnote Buchheims dann zusammen mit dem Namen eines Autors vorgestellt wird, der vor allem Drexel aus beruflicher Tätigkeit sehr bekannt war, wurde als vollkommen abwegig empfunden.

Es wäre in Buchheims Beitrag auf zahlreiche Einzelbemerkungen zu verweisen. Zum Beispiel findet er zu Recht einen gewissen Wandel im Denken und Tun von Ernst Niekisch nach der Hoheneck-Tagung. Hier hätte der Name Drexels erscheinen müssen. Mit der Zuführung einer, wenn auch nicht allzu großen, aber doch festen »Gruppe«, nämlich der Teile des Bundes »Oberland«, die zu Niekisch stießen, kam die ganze Widerstandsbewegung in eine andere politische Verbindung. Sie wurde realitätsnäher, gerade durch Drexel.

Festzuhalten ist auch, daß Buchheim, der gewiß gerne nach Namen und Daten bei dieser Besprechung fahndete, den Namen von Seeckt gar nicht erwähnt. Die (angebliche!) Reichswehr-Nähe von Niekisch tut er in einer Fußnote (Nr. 49) ab. Zudem vermerkt Buchheim zu Recht, daß solche Hilfe auch nichts genützt hätte, wie viele Fälle deutlich genug belegen.

Daß das Grundkonzept von Buchheim (z. B. Niekischs angebliche »Hegelei«, die dieser mir gegenüber mehrmals deutlich abstritt und als Erklärung für seine stets pauschal verbleibende und nur aus allgemeinen Hegel-Triaden und Hegel-Zitaten geschöpfte Kenntnis dieser Philosophie darauf verwies, daß er sich die ›Phänomenologie des Geistes‹ erst im Zuchthaus in Brandenburg auf Grund einer Sondergenehmigung von einem ebenfalls Inhaftierten, einem wegen angeblich sittlicher Verfehlungen verurteilten Schullehrer, vorlesen lassen durfte und so zum ersten Male den ganzen Text kennenlernte) ungenügend bleibt, beruht zum großen Teil darauf, daß der Verfasser die damals (1956/57) in der Bundesrepublik herrschende Auffassung teilte, ein Großer müsse »Krisen« in Tun und Denken vorweisen, um als »groß« zu gelten, oder wenigstens einen »Wandel« vollzogen haben, um geschichtlich gedeutet werden zu können.

dtv dokumente

2901 Kaiser Friedrich II.
Sein Leben in zeitgenössischen Berichten
Hrsg. v. Klaus J. Heinisch

2902 Das Urteil von Nürnberg 1946.
Mit einer Vorbemerkung v. Lothar Gruchmann

2903 Die russische Revolution 1917. Von der Abdankung des Zaren bis zum Staatsstreich der Bolschewiki.
Hrsg. v. Manfred Hellmann

2904 NS-Vernichtungslager im Spiegel deutscher Strafprozesse
Belzec, Sobibor, Treblinka, Chelmno
Hrsg. v. Adalbert Rückerl

2905 Käthe von Normann: Tagebuch aus Pommern 1945–1946

2906 Reden des Kaisers. Ansprachen, Predigten und Trinksprüche Wilhelm II. Hrsg. v. Ernst Johann

2907 Bismarck und die preußisch-deutsche Politik 1871–1890
Hrsg. v. Michael Stürmer

2908 Rudolf Höß: Kommandant in Auschwitz
Autobiographische Aufzeichnungen
Hrsg. v. Martin Broszat

2909 Der Prozeß Jeanne d'Arc 1431 · 1456
Hrsg. v. Ruth Schirmer-Imhoff

2910 Inge Jens: Dichter zwischen rechts und links
Die Geschichte der Sektion für Dichtkunst der Preußischen Akademie der Künste, dargestellt nach den Dokumenten

2911 Am Hof der Hohenzollern. Aus dem Tagebuch der Baronin Spitzemberg 1895–1914. Hrsg. v. Rudolf Vierhaus

2912 Die Zukunft unserer Demokratie
Initiative · Verantwortung · Gemeinsamkeit
Die Tagung 1978 der Stiftung Theodor-Heuss-Preis und des Politischen Clubs der Evangelischen Akademie Tutzing
Hrsg. v. Norbert Schreiber

2915 Anatomie des SS-Staates. Band 1
Hans Buchheim: Die SS – das Herrschaftsinstrument
Hans Buchheim: Befehl und Gehorsam

2916 Anatomie des SS-Staates. Band 2
Martin Broszat: Konzentrationslager
Hans-Adolf Jacobsen: Kommissarbefehl
Helmut Krausnick: Judenverfolgung